JN028901

Law Practice
民事訴訟法 ［第5版］

山本和彦［編著］ 安西明子＋杉山悦子＋畑 宏樹＋山田 文［著］
Civil Procedure

商事法務

第5版はしがき

　本書の初版の刊行から13年近く，第4版の刊行からでも既に3年弱を経過しました。幸いなことに本書は，自習用の演習教材として多くの読者に恵まれ，法学部や法科大学院の学生の皆さんの民事訴訟法の学習に一定の寄与ができてきたのではないかと考えています。そこで，今般，第4版刊行後の立法や判例の動きに基づきアップデートを図るとともに，若干の新規項目を加えて，より学習効果を高めることを意図して第5版を刊行することとしたものです。

　具体的には，新たな項目として，民事訴訟のIT化（問題③）及び刑事文書の提出命令（問題㊹）の項目を加えました。前者は，令和4年のIT化に関する民事訴訟法の全面改正に対応したものです。IT化は，日本社会全体にとって大きな課題ですが，日本の民事訴訟では対応が遅れていたところ，今般全面的な改正を図り，司法のDXを図ったものです（その全面施行は，2026年に予定されています）。後者は，判例法理が既に定立されている中（最決平成16・5・25民集58巻5号1135頁，最決平成17・7・22民集59巻6号1837頁など）でも，なお新たな判例が積み重ねられており（最決令和2・3・24民集74巻3号455頁など），取り上げたものです。いずれもやや発展的なテーマではありますが，初学者の民事訴訟法の理解をより深めるためにも，このような項目があったほうがよいと判断して新設したものです。これにより，他の項目と併せて，本書の網羅性および学習効果をさらに高められることを期待しています。併せて問題番号についても，従来の基本問題と発展問題別の番号を改め，（基本問題と発展問題の区分は維持しながら）通し番号としてわかりやすくしました。

　以上のような意図に基づく第5版が，これまでの版と同様，多くの読者の手にとられ，民事訴訟法の学習を進めるに際して，お役に立つことができれば幸甚と考えています。

　第5版の編集に際しても，これまでの版と同様，商事法務コンテンツ開発部の吉野祥子さんに全面的にお世話になりました。ここに記して執筆者全員から心よりの御礼を申し上げます。

2024年2月

山本　和彦

初版はしがき

　本書は，法律基本7法についての「基本的な知識の習得」と「実践的な応用力の育成」をコンセプトとする『Law Practice シリーズ』の1つとして企画されたものです。『Law Practice シリーズ』は，法学部の3年生・4年生および法科大学院の未修者コースの学生，さらには法科大学院の既修者コースの受験をめざす学生を対象とする「自習用演習教材」です。

　本書は，5名の執筆者が共同で執筆しました。まず項目の選定については，民事訴訟法の主要な論点を網羅しながら，もう一歩上の段階で学習したほうがよいと思われる事項を落としていくという作業を共同で行いました。また内容の執筆についても，担当者を決めて原稿案を執筆してもらいましたが，その後に一問一問執筆者全員でその内容について協議しながら原稿を確定していきました。その意味で，本書は真の意味で執筆者全員の共同作業といえるものです。以上のような手間のかかる作業を，比較的短期間に，かつ高い水準で成し遂げていただいた執筆者の方々に，編者として厚く御礼を申し上げたいと思います。

　本書を作成するにおいては，以下のような執筆の方針が立てられました。すなわち，民事訴訟法の主要な論点についての基本的な理解を涵養し，民事訴訟法の体系的かつ正確な理解を読者に得ていただくことを本書の達成目標とすることです。そのような目的を達成するためには，その論点に関する基本的な判例を理解することが第1です。ただ，民事訴訟法の判例は必ずしも問題の理解に適切なものばかりではありません（民事訴訟法という手続的な問題で，当事者が最高裁判所まで争うのは，事例がやや普通でない場合もあります）。そこで，各問の設例は，判例の事案そのままではなく，論点をよりピンポイントに理解するため，単純化したり変容させたりしている場合もあります。いずれにせよ，判例の採用している考え方を客観的に理解してもらい，それに対する学説等の批判があればその内容を的確に紹介することに心がけました。なお，各問は基本問題と発展問題とに分類していますが，体系的に民事訴訟を理解していただくという考え方から，それぞれをまとめることはせずに，手続の流れに沿って全体の項目を並べています。

「民訴」は「眠素」といわれます。民事訴訟法は手続に関する法律であり，技術的なものと思われがちで，それが働く場面をビビッドに思い描くことは初学者には大変難しいことです。これまでの民事訴訟法の演習書は，どちらかといえば上級者向けのものが多く，そこでは複雑な事例について高度の理論的検討を要する（学界でも意見が分かれる）ような問題の検討が中心とされてきました。それに対し，本書は，判例を素材にして，民事訴訟法が現に適用される場面をイメージしてもらい，民訴の面白さをお伝えすることにも主眼を置いたつもりです。本書が初学者向けの信頼される演習書として定着し，多くの方々の手に取っていただけることを執筆者一同心より願っています。

　商事法務書籍出版部の吉野祥子さんには，本書の企画段階から執筆会議，さらに最も重要な原稿の「督促」の段階に至るまで，大変なご尽力をいただきました。吉野さんの粘り強い努力と出版に向けた強い意志がなければ，本書がこのような時期に日の目を見ることは決してなかったでしょう。この場を借りて，厚く御礼を申し上げます。

2011 年 2 月

山本　和彦

●凡　　例●

1　法令名の略記

*カッコ内で条数のみを示す場合は民事訴訟法を指す。

*カッコ内で法令名を示す際は，原則として有斐閣版六法全書巻末の法令名略語に
よった。

*平成 29 年成立の民法の一部を改正する法律により改正された前後の民法の文中
の表記については，下記のとおりとした。また，「改正民法」および「民法」の
条文は括弧内では条数のみで示し，「改正前民法」については，「旧○条」のよう
に示した。

改正民法　　　民法の一部を改正する法律によって改正された民法
改正前民法　　民法の一部を改正する法律によって改正される前の民法
民法　　　　　民法の一部を改正する法律によって改正されなかった民法

2　判例の表示

最判昭和 45・9・22 民集 24 巻 10 号 1424 頁
→最高裁判所昭和 45 年 9 月 22 日判決，最高裁判所民事判例集 24 巻 10 号 1424 頁

3　判例集・雑誌等の略称

下民集	下級裁判所民事判例集	判タ	判例タイムズ
金判	金融・商事判例	判評	判例評論
金法	金融法務事情	法教	法学教室
高民集	高等裁判所民事判例集	民集	大審院・最高裁判所民事判例集
ジュリ	ジュリスト	民録	大審院民事判決録
判時	判例時報		

4　文献の略称

伊藤	伊藤眞『民事訴訟法〔第 8 版〕』（有斐閣・2023）
上田	上田徹一郎『民事訴訟法〔第 7 版〕』（法学書院・2011）
重点講義(上)	高橋宏志『重点講義民事訴訟法(上)〔第 2 版補訂版〕』（有斐閣・2013）
重点講義(下)	高橋宏志『重点講義民事訴訟法(下)〔第 2 版補訂版〕』（有斐閣・2014）
重判解	重要判例解説（ジュリ臨時増刊，年度版）
新堂	新堂幸司『新民事訴訟法〔第 6 版〕』（弘文堂・2019）
新堂古稀(上)(下)	青山善充ほか編『新堂幸司先生古稀祝賀・民事訴訟法理論の新たな構築(上)(下)』（有斐閣・2001）
争点	伊藤眞＝山本和彦『民事訴訟法の争点（ジュリ増刊）』（2009）
中野(1)(2)	中野貞一郎『民事訴訟法の論点(1)(2)』（判例タイムズ社・1994・2001）
百選	高田裕成ほか『民事訴訟法判例百選〔第 6 版〕（別冊ジュリ）』（2023） *最新版より古い百選については，版数を示すことにした。
松本＝上野	松本博之＝上野泰男『民事訴訟法〔第 8 版〕』（弘文堂・2015）
三ケ月	三ケ月章『民事訴訟法（法律学全集）』（有斐閣・1959）
民事事実認定	伊藤眞＝加藤新太郎編『判例から学ぶ民事事実認定（ジュリ増刊）』（2006）
山本・基本問題	山本和彦『民事訴訟法の基本問題』（判例タイムズ社・2002）

目　次

第1章

総　　論

訴訟と非訟

　ＡはＢと婚姻していたが，Ｂとけんかをして不仲になり，実家に戻っていた。そこで，ＢはＡに対して夫婦同居の審判（家事別表第2第1項）を家庭裁判所に申し立てたところ，Ａはその住居でＢと同居しなければならない旨の審判がされた。この審判の手続では，Ａの陳述を口頭で聴取する審問の手続が行われたが，それは非公開の審問室でされたものであった。Ａは上記審判を不服として即時抗告を申し立てたが，抗告も棄却された。そこで，Ａは，夫婦同居請求は本来訴訟事件であり，公開の法廷の対審裁判によらないでこれを処理する旨の家事事件手続法の規定（家事33条）およびこれに基づく本件審判は憲法32条および82条に違反するとして，特別抗告（336条）の申立てをした。

　最高裁判所はどのような判断をすることになるか。

●】参考判例【●

① 　最大決昭和 35・7・6 民集 14 巻 9 号 1657 頁
② 　最大決昭和 40・6・30 民集 19 巻 4 号 1089 頁
③ 　最大決昭和 41・3・2 民集 20 巻 3 号 360 頁

●】解説【●

1　非訟事件の意義と訴訟の非訟化

　裁判所は一切の法律上の争訟を裁判する権限を有するが，それに加えて「法律において特に定める権限」を有するものとされる（裁3条1項）。そのうち，重要なものとして，非訟事件を取り扱う権限がある。非訟事件は，訴訟事件のように，純然たる司法の問題ではなく，むしろその実質は行政的な

作用を裁判所が行使するものとされ，非訟事件手続法の適用がある事件類型である。具体的には，家事審判事件や家事・民事調停事件などが代表的なものであるが，そのほかに，会社非訟事件（会社868条以下），借地非訟事件（借地借家41条以下），労働審判事件（労審1条以下）など多種多様な事件類型がある（家事事件手続法等は非訟事件手続法の特別法と位置付けられる）。非訟事件では，訴訟事件のように，公開法廷での口頭弁論は前提とされず，非公開で審理が行われる（非訟30条・家事33条）。また，その裁判も，訴訟のように判決ではなく，決定（家事事件では審判）という簡易な形式で行われ，それに対する不服申立ても，訴訟のように控訴・上告ではなく，抗告という形式による。このような非公開・非対審を原則とする非訟事件手続は，訴訟事件手続に比べて，秘密保護性や簡易迅速性に優れている。

　訴訟事件と非訟事件との境目は必ずしも安定したものではなく，時代の進展に応じて変化してきている。最も大きな変化としては，戦後の民法（親族法・相続法）の改正および家庭裁判所の新設の中で，戦前は訴訟事件として位置付けられていた家事関係事件（例えば，遺産分割事件等）を非訟事件とし，家事審判法（現在の家事事件手続法）を適用することとしたことがある。このような改正にはさまざまな理由があるが，家庭問題に対する裁判所の後見的な関与が重視され，またプライバシーが関わる事件類型での秘密保護の要請もあったものと考えられる。その後，このような「訴訟の非訟化」と呼ばれる現象は，さまざまな分野で進められることになる。例えば，借地借家関係では，借地権譲渡の許可などは従来の訴訟事件から非訟事件とされ，新たに借地非訟事件というジャンルが形成された。そこには，やはり裁判所の裁量の重視と紛争解決の迅速化等の要請が働いていた。その後も，裁判所の新たな関与が求められる場面で，事件を非訟事件として構成する傾向は根強くある。これは，現代社会において，紛争解決の迅速性，秘密保護，裁判所の裁量への期待等非訟事件において実現され得るさまざまな価値に対するニーズが高まっていることを示しているともいえる。

2　非訟化の限界――裁判を受ける権利

　以上のように，訴訟事件を非訟化する傾向は一貫して存在するが，訴訟事件と非訟事件をどのように区別するか，換言すれば，憲法32条および82条

の下で，非訟事件として取り扱うことができるのはどのような事件であるか についてのリーディング・ケースとして，参考判例①がある。これは，戦時 民事特別法・金銭債務臨時調停法上の調停に代わる裁判（抗告が可能である が確定すれば裁判上の和解と同一の効力を有する裁判）について憲法に反する としたものであるが，そこで，「性質上純然たる訴訟事件」である「当事者 の主張する権利義務の存否を確定するような裁判」を非訟事件として扱い， 公開の法廷における対審・判決を認めなければ，それは憲法に違反するとし たものである。そして，そこで問題とされた金銭債務に係る裁判は，性質上 純然たる訴訟事件であり，それを非公開の裁判で処理することは憲法に反す ると判断した。

　それでは，本問のような夫婦の同居義務はどうであろうか。この点につい て判断したものとして，参考判例②がある。同決定は，上記の判例の趣旨を 確認し，「法律上の実体的権利義務自体につき争があり，これを確定する」 ことは司法権固有の作用であり，立法をもってしても決定の形式で裁判をす ることは許されないとした。このような判断は確定判例となっている（その 後のものとして，破産の免責手続の合憲性につき，最決平成3・2・21金法1285 号21頁など参照）。同決定は，多数意見8，少数意見7のきわどい判断で あったが，その最大の焦点となったのが，同居義務とその具体的内容の形成 の区分であった。多数意見は，後者を非訟事件とすることは許されるが，前 者は訴訟事件となるとするのに対し，少数意見は（その理由付けに差はあるも のの）いずれも，婚姻継続中の同居義務については訴訟による確認を認めな い立場による。すなわち，とりわけ同居請求が権利の濫用であるからこれに 応じる義務がないという主張がされる場合に，多数意見はその確定は訴訟に よらなければならないとするのに対し，少数意見はこの点も含めて審判によ ることができるものとする。後者の根拠は，実質的にはプライバシーの保護 や裁判所の裁量権の尊重にあり，これが同居義務履行の具体的態様に関する と解するものである。この点は，家庭裁判所の位置付けや人事訴訟の公開性 の評価等にも関する困難な問題であるが，司法制度改革に基づく平成15年 の改正によって人事訴訟が家庭裁判所に移管され，また人事訴訟法でも一定 の場合に秘密保護を図り得る手続（人訴22条）が設けられたこともあり，多

数意見の妥当性が高まっているとはいえるであろう。このような理解によれば，本問のAの特別抗告は認められないことになろう。

以上のような判例法理を前提にするとき，次に問題となるのは，上記のような非訟事件において前提問題として実体法上の権利義務を判断できるのか，判断した場合それはどのような効力をもつのか，という点である。この点については，参考判例③が判断している。これは，遺産分割の前提問題として相続権や相続財産の範囲など訴訟事件に当たる権利義務の判断をすることができるか，判断した場合のその効力（訴訟で再度争えるか）といった問題に関する。前記の判例準則から，このような訴訟事項について終局的に確定するには，公開の訴訟手続によらなければ憲法に反することは明らかである。問題は，非訟事件の前提問題としてこれらの事項について判断できるかという点であるが，同判決はこれを積極に解した。前提問題としての訴訟事項を判断すること自体は憲法に反せず，そのような判断を前提に終局的審判をできるとする。ただ，そのような審判においてされた前提問題の判断について，爾後に訴えが提起されうること，そしてその訴訟手続で異なる判断がされうることを前提にし，その場合，それを前提とした審判も効力を失う。このような事態の発生は望ましくないが，後は実務的な工夫により対処するほかないということであろう。

3　判例法理に対する批判とその現代的意義

以上のように，純然たる訴訟事件と性質上の非訟事件を区分し，例えば，夫婦の同居義務の存否自体は純然たる訴訟事件であるが，そのような義務の存在を前提に，同居の時期・場所・態様等につき具体的内容を定めることは性質上の非訟事件であるとするのが判例法理である。しかし，これに対して，学説などでは，両者を截然と区別することができるのかについて疑問を呈し，そのような考え方によれば実質的には非訟事件の無制限な拡大を招くという批判も大きい。そこで，実質的に憲法32条の趣旨をまっとうするため，2つの方向が提示される。

第1の方向は，非訟化が目的とするところを実質的に捉え，正当化が可能な目的が現実に存する場合に限って非訟化を認めようとするものである。非訟事件のメリットはいくつかあるが，その主要なものは迅速化と秘密保護に

ある。そして，このような迅速性と秘密保護の要請は，現代社会においては
とくに重要性をもってきている。社会全体，とくに経済社会ではスピードが
重視されるようになっているし，プライバシーや個人情報，企業秘密の保護
の要請は日増しに重要になっているからである。そこで，それに適合した非
訟事件手続の活用の要請が社会の各方面から生じるものであるが，そのよう
な要請が真に合理的なものであるか否かを実質的に判断して非訟化の当否を
考えるという方向ということができる。ただ，そのような迅速性・秘密性の
要請は他方では当事者の手続保障を害する重大なデメリットを生じ得るとい
う点には常に注意が必要である。

　そこで，第2の方向として，非訟化を認めながら，その中で当事者の最低
限の手続保障を非訟事件手続でも確保しようとすることが考えられる。その
ような方向を示す1つの制度として，借地非訟事件手続がある。これは，
1967年に，従来は訴訟手続で扱われていた借地条件の変更や借地権の譲渡
の許可等の裁判について，その迅速な処理を目的として非訟事件とする一
方，当事者の手続保障を図るため，非訟事件手続法の特則として，借地非訟
事件手続規則を定めたものである。そこでは，両当事者の立ち会うことので
きる審問期日の開催により当事者が互いの主張を展開できる機会を保障し，
また裁判所が職権で事実を探知したときは必ず当事者にその点を告知し，反
論の機会を与えなければならないなどのルールが定められている。そして，
このような方向性は，2013年から施行されている非訟事件手続法および家
事事件手続法においても，当事者の手続保障を重視してきめ細かい規律を設
定することで引き継がれている。このように，非訟事件においても，当事者
の手続権を実質的に保障する形で，一方で社会的な要請となっている迅速
性・秘密保護を実現するとともに，他方では憲法32条の保障する裁判を受
ける権利を実質的に担保しようとするのが現在の潮流ということができる。

● 】 参考文献 【 ●

高田裕成・争点12頁／高田裕成・百選4頁／三ケ月章『民事訴訟法研究(5)』（有
斐閣・1972）49頁

（山本和彦）

裁判所の審判権

　Ａは，宗教法人山和寺の代表役員であった。山和寺は，周辺地域の高齢化・過疎化の中で檀家が減少し，収入が激減する状況にあった。そこで，Ａは，アルバイトとして日本文化協会の主催する「僧侶養成通信講座」の講師に就任し，同講座を受講した者に有料で僧侶の資格を授与していた。ところで，山和寺は，包括宗教法人である恵信宗の傘下にあったが，宗教法人山和寺の規則では，同法人の代表役員は，恵信宗の規程によって山和寺の住職の職にある者を充てることとされ，住職は恵信宗の僧侶であることが要件とされていた。恵信宗の規程には，懲戒処分として，①教義に異議を唱えて宗門の秩序を乱した場合には擯斥処分（僧侶の身分を剥奪する処分）ができる旨，②宗制に反してはなはだしく宗派の秩序を乱した場合には剥職処分（宗派の職務を剥奪する処分）ができる旨が規定されていた。なお，恵信宗の教義とは，「釈尊恵信の法門を伝承した開祖大和禅師一流の禅愛一如」であるとされている。

　Ａの前記アルバイトが露見したため，恵信宗は，①の規定を適用し，Ａを擯斥処分とし，Ａに代わって山和寺の新たな住職としてＢを任命した。そこで，宗教法人山和寺（代表者Ｂ）は，Ａに対し，山和寺の境内地の明渡しを求める訴えを提起した。これに対し，Ａは，反訴として，宗教法人山和寺に対し，Ａが山和寺の住職の地位にあることの確認を求めた。

　これらの訴訟において，裁判所は本案判決をすることができるか。本案判決をする場合にはどのような判決をすることになるか。

●】参考判例【●

① 最判平成 21・9・15 判時 2058 号 62 頁
② 最判昭和 56・4・7 民集 35 巻 3 号 443 頁
③ 最判平成元・9・8 民集 43 巻 8 号 889 頁

●】解説【●

1 審判権に関する判例と学説の批判

　宗教団体に関する争いが裁判所に持ち込まれた場合，裁判所が本案判決をすることができるかどうかが問題となる。裁判所法 3 条は，裁判所の権限として，「裁判所は，日本国憲法に特別の定のある場合を除いて一切の法律上の争訟を裁判し，その他法律において特に定める権限を有する」と規定する。そこで，宗教団体に関する紛争が「法律上の争訟」に該当するかが問題となる。「法律上の争訟」の意義としては，一般に，①当該争訟が当事者間の具体的な権利義務ないし法律関係に関するものであり，かつ，②当該争訟が法の適用によって解決されるものであるとされる。

　この点に関する判例の理解は，まず，当該訴訟における訴訟物が，例えば住職の地位の確認のように，単なる宗教上の地位にすぎない場合には，具体的な権利または法律関係の確認を求めるものということはできず，確認訴訟の対象となるべき適格を欠くとする（最判昭和 44・7・10 民集 23 巻 8 号 1423 頁，最判昭和 55・1・11 民集 34 巻 1 号 1 頁など参照）。換言すれば，法律上の争訟の前記①の要件を欠くと考えている。他方，訴訟物が具体的な権利義務・法律関係に関する場合であっても，信仰の対象の価値や宗教上の教義に関する判断が訴訟物の当否を判断する前提問題として当該訴訟の帰趨を左右する必要不可欠のものと認められる場合には，その実質において法令の適用による終局的な解決が不可能なものとして，法律上の争訟には当たらないとされる（前掲・最判昭和 55・1・11，参考判例①②など参照）。換言すれば，このような場合には，前記②の要件を欠くと考えるものである。このように，判例は 2 段階の判断枠組みをとり，訴訟物の段階で宗教上の事項の確認を求める訴えはそもそも許されないとし，訴訟物が世俗的な請求であっても，その前提問題

として宗教上の判断が不可欠な場合にも訴えを却下するという考え方をとる。

しかし，以上のような判例の判断方法に対しては，学説からの批判が強い。まず，訴訟物レベルの判断についても，基本的に確認の利益の問題として捉え，宗教的事項（例えば住職の地位）であっても，それを確認することによって権利義務・法律関係に関する紛争を抜本的に解決することができるのであれば，確認の利益を認めるべきであるとの批判がある。次に，前提問題が宗教的な判断に関する場合には，それをもって訴えを却下してしまうと，訴訟物である世俗的な法律関係について司法上の解決が図られないことになり，原告が泣き寝入りに陥ったり，原告の自力救済を招いたりするおそれがある。これは自力救済を禁止して，法的利益の救済を司法（国家権力）の役割とした近代司法の原理・存在理由を損なうことになりかねない。そこで，学説上は，このような訴訟判決を排して，①宗教団体の自律的決定を尊重してそれに基づいて本案判決をすべきとする考え方（自立的決定尊重説），②宗教的な主張がされた場合には，その主張は訴訟上存在しないものとして扱い，一般的な主張・立証責任の法理により本案判決をすべきであるとする考え方（主張立証責任説）などが提唱されている。

2 宗教上の地位の確認請求

本問において，Aは，反訴として，宗教法人山和寺に対し，Aが山和寺の住職の地位にあることの確認を求めている。住職の地位は，一般に，寺院の葬儀や法要等の仏事を掌り，教義を宣布するなどの宗教的活動の主宰者としての地位にとどまり，法律上の地位ではないと考えられている。その意味で，判例によれば，確認の対象としての適格を欠くものということになる。また，宗教法人山和寺の規則では，同法人の代表役員は，恵信宗の規程によって山和寺の住職の職にある者を宛てることとされているため，住職の地位は必然的に宗教法人の代表役員という世俗上の法律関係の基礎となる（「宛職規定」と呼ばれるものであり，多くの寺院で一般的にこのような形がとられている）。しかし，判例は，このような関係がある場合であっても，確認対象は代表役員の地位とすべきであり，住職の地位について確認請求を認める根拠とはなり得ないとする（前掲・最判昭和55・1・11参照）。したがって，判例に従えば，本件Aの反訴は却下されることになる。

これに対し，前述（1参照）の学説によれば，本件反訴が認められるかどうかは，通常の確認の利益の判断枠組みの中で決せられることになる。そうだとすれば，Aの反訴を認めることが紛争の抜本的解決のために有用であるかどうかが決め手になる。Aが住職の地位にあることが代表役員としての地位を基礎付け，またその他の法律関係の前提となっているのであれば，その点について確認する判決をしておくことは，紛争の抜本的解決に有益であるといえそうである。ただ，このような形で，判決理由の中ではなく訴訟物の判断として主文において宗教的事項を直接問題にすることは，山和寺や恵信宗における信教の自由に直接国家権力（裁判所）が介入するとの印象を与えるとの批判はあり得よう。しかし，この見解によれば，そのような介入は，理由中の判断の場合と大差はなく，むしろ紛争解決という司法の本来の役割に由来するものであり，批判は失当であると答えることになろう。

3 境内地の明渡請求

本問における本訴の訴訟物は，宗教法人山和寺のAに対する（所有権に基づく）同寺の境内地の明渡請求であり，権利義務に関する訴訟であることは明らかである。ただ，そのような請求の理由としてはAの擯斥処分が主張され，その根拠として，Aが恵信宗の「教義に異議を唱えて宗門の秩序を乱した」ことが挙げられている。そして，恵信宗の教義は「釈尊恵信の法門を伝承した開祖大和禅師一流の禅愛一如」であるとされるので，結局，裁判所は，原告の請求の当否を判断するためには，Aが行った行為（僧侶養成通信講座の講師に就任し，同講座を受講した者に有料で僧侶の資格を授与したこと）が「釈尊恵信の法門を伝承した開祖大和禅師一流の禅愛一如」に反するかどうかを判断すべきことになる。ただ，そのためには，必然的に，「釈尊恵信の法門を伝承した開祖大和禅師一流の禅愛一如」とは何を意味するかを確定する必要があることになろう。しかし，裁判所はそのような判断をすることはできないし，またそのような判断をすることは望ましくもないと考えられる。そのような判断は必然的に恵信宗の教義の解釈に介入し，国家権力をもってその内容を確定する結果を招くことになるからである。そうすると，本訴は実質的にみて法律上の争訟には当たらず，山和寺の訴えは却下されるべきことになろう。

しかし，それでは，本件境内地はAが占有を継続することになり，恵信

宗の正当な手続により任命された新住職Bがその活動を行うためには，自力救済等で占有を回復することになりかねない。前述のとおり，学説では，このような判例の帰結は厳しく批判され，①上記教義に違反している事由を原告が主張していないのと同視され，その主張責任を尽くしていないとして，請求棄却の判決をすべきとする見解や，②Aの教義違反による擯斥処分について，恵信宗の自律的決定が正当にされていると認められるのであれば，請求認容の本案判決をすべきとする見解などが唱えられている。ただ，このような考え方については，①宗教上の決定がされていてもそれを訴訟で援用できず，結果として宗教団体の活動が制約されてしまうとの批判や，②自律的決定を尊重することは宗教団体の恣意をそのまま司法が追認することになりかねないとの批判などがあり得る。

　他方，近時の参考判例①は，判例法理に対する上記のような批判も考慮したものか，本問のような場合には，宗教団体としてはむしろ教義の解釈を含まずに判断できる剝職処分によるべきであり，あえて擯斥処分によった結果，裁判所の本案判決を得られなくなってもやむを得ない（宗教団体の自己責任である）という考え方を示唆するような判断をしている。学説の上記①のような考え方も，結局，裁判所が判断できるような世俗的要件を宗教団体の責任で用意すべきであるとの発想を背景にしているようにも思われ，その点で，近時の判例と通底するものがあるようにみえる。

●】参考文献【●

高橋宏志・争点18頁／長谷部由起子・百選6頁／中野⑴6頁／山本・基本問題33頁

（山本和彦）

問題 3 民事訴訟の IT 化

> (1) 貸金返還請求訴訟において，金銭貸付の事実を立証するため，原告Xの申請により，貸付の場に立ち会っていたとされる証人Aを尋問することになった。ただ，Aは業務多忙であるため，ウェブ会議による尋問を希望した。Xはそれに同意したが，被告Yは法廷での尋問を求めている。裁判所は，ウェブ会議での尋問を認めることはできるか。
>
> (2) B弁護士は，2026年4月1日，依頼者から不法行為に基づく損害賠償請求訴訟の提起の依頼を受けた。同月10日に時効期間の経過が迫っていたので，Bは急いで訴状を作成し，4月10日の朝，訴状を裁判所の事件管理システムにアップロードしようとしたところ，インターネットが使えないことが判明した。Bとしては，どのようにすればよいか。

●】解説【●

1 民事訴訟の IT 化の進展：令和4年改正の概要

　従来の民事訴訟においても，情報通信技術の利用は一定程度可能であった。例えば，電話会議システムによる争点整理，テレビ会議システムによる証人尋問，ファックスによる準備書面の交換等である。ただ，インターネット時代の IT には十分対応しておらず，諸外国の IT 化に比べてその遅れが顕著になったこともあり，2017年頃から積極的な IT 化を進めていくことが政府の方針とされた。そこで，まず現行法でも可能な方策として，2020年以降，争点整理手続におけるウェブ会議の利用が可能とされ，折からのコロナ禍もあって急速に普及した。その後，さらに準備書面の提出や交換も裁判所の事件管理システム（mints）を通して行うことも可能となった。

ただ，現行法ではできることに限界があるので，IT化に向けた民事訴訟法の全面改正が企図された。その結果，2022年に民事訴訟法の改正（令和4年改正）が実現した。改正法は，①オンラインにより訴状その他の文書の提出を可能とすること（e-提出），②ウェブ会議によりさまざまな期日の開催を可能とすること（e-法廷），③訴訟記録をデジタル化し，裁判所外からの閲覧やダウンロードを可能とすること（e-事件管理）という「3つのe」を実現し，民事訴訟の全面的なIT化・デジタル化を図ったものである。これによって，諸外国に比べて大きく遅れているとされてきた日本の民事訴訟のIT化は画期的に進展し，世界水準に近づいたものと評価できよう。ただ，訴訟を利用しやすくするためには，このようなIT化をいかに利用者の利便につなげるかという実務上の工夫が重要になってくると考えられる（その一例として，IT化を活用し，当事者の合意に基づき最初の期日から原則として6か月以内に審理を終結する特別な訴訟手続として，令和4年改正は新たに法定審理期間訴訟手続〔381条の2以下〕を導入した）。また，民事訴訟以外の手続（民事執行，民事保全，倒産，人事訴訟，非訟・家事事件等）についても，令和5年改正によって同様にIT化が図られている（その施行は原則として2028年頃になる予定である）。

2　ウェブ会議による期日

　令和4年改正によるIT化として，まずウェブ会議による期日の実施がある。すでに令和4年改正前から，争点整理手続については電話会議システムの利用が可能となっていた。すなわち，弁論準備手続では電話会議システムによって期日を行うことができたし，書面による準備手続でも電話会議を用いた協議が可能とされていた［→問題26］。そして，コロナ禍の中，このような規定に基づきウェブ会議を用いた争点整理が活用された（ウェブ会議は，電話会議に画面が付加されたものであり，従来の規定でも実施可能と解釈されたものである）。そこでは，一方当事者の出頭が必要である弁論準備手続ではなく，両当事者ともにウェブ会議で協議ができる書面による準備手続が活用された。これを受けて，令和4年改正では，弁論準備手続においても，一方当事者出頭要件を削除し，かつ，遠隔地居住要件もなくして，ウェブ会議の活用を可能とした（170条3項参照。この改正事項については2023年から施

行されており，今後どの争点整理手続が実務で使われるか，注目される）。

　以上の争点整理に加えて，令和4年改正は口頭弁論についてもウェブ会議による実施を可能としている。口頭弁論期日は，争点整理とは異なり，公開法廷で行われる手続であり，傍聴人に対する配慮が必要になる。令和4年改正では，裁判所は，相当と認めるときは，当事者の意見を聴いて，ウェブ会議の方法によって口頭弁論期日を実施できるものとされる（87条の2第1項）。その際，裁判所（裁判官・裁判所書記官）は当然法廷にいるし，傍聴人も実際に法廷に来て傍聴することが前提とされ（ユーチューブ等で期日を実況するようなことは想定されていない），当事者・代理人のみがオンラインで期日に出席できる。この改正については，2024年から施行されている。なおこのほか，審尋期日でも電話会議・ウェブ会議の利用が可能とされるし（87条の2第2項・187条3項），検証においてもウェブ会議の利用が認められる（232条の2）。

　議論があったのは証人尋問におけるウェブ会議の利用である。証人尋問については特に直接主義の要請が強く，法廷において裁判官が証人の表情や仕草を直接観察して心証をとる必要が大きいと考えられる一方，証人はその訴訟には無関係の者であり，審理に協力を求めるという観点からは，特に遠隔地居住や多忙な証人についてはウェブ会議による出席を認め，その便宜を図る必要が大きいとも考えられるからである。このような観点から，令和4年改正は，ウェブ会議で証人尋問を実施する要件として，証人の住所・年齢・心身の状態等から法廷への出頭が困難であることや当事者に異議がないことなどを規定したものである（204条）。これによれば，本問(1)のような場合は，Yがウェブ尋問に異議を述べていることから，証人Aの出頭困難の要件が認められるかが争点となるところ，「業務多忙」の具体的な内容にもよるが，要件を満たすと解する余地はあろう。他方，この要件を満たすとしても，裁判所としては，Aの証言の重要性などに鑑み，なお対面で尋問する必要があると考える場合には法廷で尋問を行う余地も認められる。

3　オンラインによる訴状等の提出

　次に，裁判所に提出されるさまざまな文書がデジタル化・オンライン化される（以下の改正は，いずれも裁判所における事件管理システムの構築が前提と

され，2026年から施行の予定である）。まず，オンラインで訴状等の文書を裁判所に提出することが認められる。すなわち，民事訴訟における申立等を行う場合，当事者は，書面に代えて，オンライン（電子情報処理組織），すなわちインターネットを経由して行うことができる（132条の10）。具体的には，裁判所が設置する新たな事件管理システム（Treeesと呼ばれる）に訴状等のPDFを投稿したり，フォーマットに入力したりする形で申立等を行うことができる。そして，本人訴訟ではこのようなオンライン利用は当事者の選択に委ねられるが，代理人弁護士については，その利用が強制され，原則として書面により訴状等を提出することは許されなくなる（132条の11第1項）（なお，訴訟手数料の納付も従来は訴状に印紙を貼っていたが，今後はペイジーという，公共料金等の支払システムで納付されることになる）。

　このように，オンライン申立てが義務化された際に問題となるのは，さまざまな事情でオンラインが使えなくなる場合の取扱いである。規定上は「裁判所の使用に係る電子計算機の故障その他その責めに帰することができない事由により」オンライン申立てができないときは，書面申立ても可能とされる（132条の11第3項）。問題は，この「責めに帰することができない事由」の解釈であるが，裁判所側のシステムに問題が生じた場合がこれに該当することは（条文の例示からも）明らかである一方，申立人側のコンピュータの故障等はこれに当たらないものと解される。議論がありうるのは，本問(2)のように，インターネットが使えなくなったような場合であるが，プロバイダ側に問題があるような場合はこれに含まれると解してよかろう（他方，事務所の所在するマンションの回線不調等についてはなお議論があろう）。

　以上のように，オンラインで訴状等の提出がされることを受けて，提出された訴状等の送達もオンライン経由で可能となる。システム送達といわれる仕組みである。これは，当事者があらかじめオンライン経由での送達を受けることを承諾し，メールアドレスを裁判所に届け出ておくと，裁判所は，送達書類を事件管理システムにアップロードし，その旨をメールで相手方に通知することで，その閲覧やダウンロードを可能にするものである（109条の2）。この場合，相手方当事者の閲覧やダウンロードがあればもちろん，それがなくても，上記通知から1週間の経過によって送達が効力を生じる

（109 条の 3）。また，システム送達が一般化していくことを前提にすると，従来のように郵便切手で送達費用を予納させることも不要になるので，令和4年改正では民事訴訟費用等に関する法律も改正し，送達等の郵便費用を手数料に組み込み，郵券の予納は不要としている。なお，公示送達についても，従来のように裁判所の掲示場に掲示すること等に加えて，裁判所のウェブページにおける公示もされる（111 条）。

さらに，証拠調べの分野でもデジタル化が進展する。社会生活のデジタル化によって，従来紙で作成されていたものの多くが電子データの形をとることになっている。例えば，契約書も紙ベースではなく，電子データの交換によって作成されることが一般的になっている。そこで，訴訟になった場合にも，電子データの証拠調べが必要になることが多い。従来はそのようなデータを一旦紙にプリントアウトして書証として取り調べていたが，令和4年改正は，電子データを直接証拠調べの対象にすることを可能とした。「電磁的記録に記録された情報の内容に係る証拠調べ」である（231 条の 2 以下）。そこでは，書証の規定の多くが準用されているが（231 条の 3），オンラインで提出された電子データをそのままの形で証拠調べすることが想定されている（例えば，従来の文書提出命令は「電磁的記録提出命令」と呼ばれる）。

4　訴訟記録の電子化・裁判所外からの閲覧等

さらに，裁判所において作成されるさまざまな書類も，今回の改正によってすべてデジタル化されることになる。例えば，裁判官の作成する判決書は電子判決書となるし（252 条），裁判所書記官の作成する調書は電子調書となる（160 条など）。このように，裁判所の作成する文書が電子化され，また当事者の提出するさまざまな文書も多くは電子化されることになるとすると，訴訟記録もデジタル化することが効率的となる。そこで，訴訟記録も原則としてデジタル化し，それを電磁的訴訟記録と呼んでいる（91 条の 2 第 1 項参照）。ただ，そのためには，例外的に当事者が書面で提出する文書についても電子化する作業が必要となり，それは裁判所書記官が担当するものとされる（132 条の 12・132 条の 13）。

以上のような形で訴訟記録の電子化が完成すると，その閲覧・謄写の形態も変化する。当事者や訴訟代理人はいちいち裁判所に赴かなくても，オンラ

イン経由で，裁判所外からの訴訟記録の閲覧等が可能になるからである。したがって，当事者および利害関係人の電磁的訴訟記録の閲覧等については，裁判所外の端末からの閲覧やダウンロード（複写）が可能とされる（91条の2第2項など参照。その具体的方法等は最高裁判所規則に委ねられている）。なお，立案過程では，より一般的な形でオンライン閲覧を求める意見もあったが，当事者のプライバシーに対する侵害のおそれもあり，訴えの提起を躊躇する弊害が生じうるので，利害関係のない者は引き続き裁判所に行って裁判所内の端末から記録にアクセスする必要がある（ただ，ある裁判所に行けば日本全国の電磁的訴訟記録にアクセスが可能とされる予定である）。

●】参考文献【●

山本和彦『民事裁判手続のIT化』（弘文堂，2023）

（山本和彦）

第 2 章

訴訟の主体

移　　送

A 銀行（本店・東京都中央区）は，Y₁ 社（本店・奈良県奈良市）に対し，手形貸付をしていたが，その債務について Y₁ の代表者である Y₂ が連帯保証をしていた。この取引は，すべて A 銀行奈良支店において行われていた。A 銀行と Y₁ の間の銀行取引約定書には，当該銀行取引に関して紛争が生じた場合には，A 銀行の本店の所在地を管轄する地方裁判所を専属管轄裁判所とする旨を定める条項があった。その後，Y₁ は業績不振に陥り，債務の履行を遅滞したので，A 銀行は上記貸付債権を不良債権であるとして X 社（本店・東京都新宿区）に譲渡した。X 社は，Y₁ および Y₂ を被告として，東京地裁に上記手形貸付債権および連帯保証債権の履行を求めて訴えを提起した。X 社は，前記銀行取引約定書の条項に基づき東京地裁が管轄権を有すると主張したが，Y₁ らは，①上記条項は公序良俗ないし独占禁止法に反して無効である，②奈良地裁における審理のほうが当事者間の衡平に資するなどと主張し，民事訴訟法 16 条および 17 条に基づき奈良地裁に移送を申し立てた。

このような移送の申立ては認められるか。

●】参考判例【●

① 東京高決平成 15・5・22 判タ 1136 号 256 頁
② 東京地決平成 11・3・17 判タ 1019 号 294 頁
③ 大阪地決平成 11・1・14 判時 1699 号 99 頁

1 移送制度の意義

日本には第1審の審理を担当する複数の裁判所があるので，原告としてどの裁判所に訴えを提起するかが問題となる。裁判所の管轄の問題である。地方裁判所・簡易裁判所のいずれに提訴するかという問題（事物管轄），そしてどこに所在する地方裁判所・簡易裁判所に提訴するかという問題（土地管轄）である。前者については訴額140万円が基準とされ（裁24条1号・33条1項1号），後者については原則として被告の本拠地を管轄する裁判所が管轄権を有するが（普通裁判籍。4条），さまざまな訴訟類型ごとに例外が認められている（特別裁判籍。5条）。

提訴された裁判所が管轄権を有することは訴訟要件である。したがって，管轄権をもたない裁判所に提訴された場合，本来であれば訴えが却下されることになるが，それでは裁判所を間違えた原告に酷であるので，一種のサービスとして管轄権を有する裁判所に事件を移送することとしている（16条1項）。これによって，原告は訴えを提起し直す必要はなく手間が省けるし，提訴手数料を二重に負担したり，提訴期間（時効期間）を徒過したりするおそれがなくなる。なお，当該裁判所が管轄権を有しないと考える被告は移送の申立てをすることができ，裁判所はそれに応じなければならず，移送決定や移送の申立てを却下する決定に対しては即時抗告をすることができる（21条）。

以上のように，管轄を誤った場合が典型的な移送の対象であるが，管轄権を有する裁判所に提訴がされた場合であっても，なお移送が認められることがある。そのような場合のうち最も重要なものが，遅滞を避ける等のための移送（いわゆる裁量移送）である（17条。ほかに，簡易裁判所から地方裁判所への裁量移送〔18条〕や当事者の申立て・同意による必要的移送〔19条1項〕などがある。前者との関係では，さらに16条2項および最決平成20・7・18民集62巻7号2013頁も参照）。これは，当事者や証人の住所等さまざまな事情を考慮して，訴訟の著しい遅滞を避け，また当事者間の衡平を図るため必要があると認められるときに，他の管轄裁判所に対してされる移送である。管轄裁判所が複数ある場合，当初の裁判所選択権を有するのは原告であるが，原告の選択した裁判所が審

理の便宜から相当でなく，また被告にとって衡平を欠くような場合には，裁判所の職権で，また被告の申立てにより，管轄裁判所を変更することを可能にしたものである。

　本問では，合意管轄を基礎とする東京地裁の管轄について，当該管轄合意が無効であるとの被告の主張に基づき，東京地裁に管轄権がないとして，民事訴訟法 16 条により被告の本拠地である奈良地裁に移送が求められている（なお，Y_2 についての管轄は，Y_1 に対する請求との併合請求の裁判籍〔7 条〕に基づくものと思われるので，Y_1 に対する請求が管轄違いとなれば，当然に Y_2 に対する請求も管轄違いとなろう）。また，仮に東京地裁に管轄があるとしても，奈良地裁における審理のほうが当事者の衡平に適うという理由で，同法 17 条により奈良地裁に対する移送も求められている。以下では，順次この両者について検討する。

2　民事訴訟法 16 条による移送——管轄合意の効力

　まず，民事訴訟法 16 条に基づく管轄違いによる移送である。本問では，A 銀行と Y_1 との間で専属的管轄合意が存在するとされる。有効な管轄合意があれば，本来管轄権がない裁判所にも管轄権が生じる（11 条）。そこで，本件管轄合意の有効性が問題となるが，その前提として，本問原告 X は A 銀行から債権譲渡を受けたものであるが，このような者も A・Y_1 間の管轄合意を援用できるかが問題となる。この点について，参考判例①は，管轄合意は「訴訟法上の合意ではあるけれども，内容的にはその債権行使の条件として，その権利関係と不可分一体のものであり，いわば債権の属性をなすものである。そして，本件のような記名債権においては，その属性，内容は当事者間で自由に定めうるものであるし，その譲渡の際には，それらの属性，内容はそのまま譲受人に引き継がれるべきものである。とすれば，本件債権について上記の管轄合意の効力は，X にも及ぶことになる」として，債権譲渡に基づく管轄合意の承継を認めている。単なる債権の譲渡によっては訴訟上の合意である管轄合意の拘束力は引き継がれないとする反対説もあるが，一方的な債権譲渡によって合意地で紛争解決を図り得る債務者の地位を奪うことは相当ではないので，上記裁判例のような立場は正当なものであろう。

　次に，Y_1 らは，このような管轄合意が公序良俗に違反し，または独占禁

止法に違反して無効であると主張している。後者の主張は、独占禁止法における優越的地位の濫用の禁止（独禁15条・一般指定14項）に違反するというものであろう。ただ、判例は、ある合意が不公正な取引方法の禁止に反しても、それだけでそのような合意がただちに無効になるものではなく、公序良俗違反になってはじめて無効になると解するもののようであるので（最判昭和52・6・20民集31巻4号449頁）、実際には公序良俗違反が問題となろう。この点は公序良俗の意義に関する実体法上の問題でもあるが、すべての取引が奈良支店で行われているにもかかわらず、いったん紛争が生じた場合には、東京地方裁判所の専属管轄とするような合意は、紛争案件の本店への集中というA銀行の立場からみた経済合理性はあるかもしれないが、Y₁との取引上の力関係の格差を利用した不合理な合意として、公序良俗に反すると解される余地もあるように思われる。

仮に管轄合意が無効とされたときは、民事訴訟法16条に基づき管轄違いによる移送が問題となる。ただ、本問ではなお注意を要すると思われるのは、義務履行地の裁判籍（5条1号）である。債権譲渡によって、本件請求権の債権者はXになっているところ、特段の合意がなければ、債務者は債権者の現在の住所地で債務を履行しなければならない（民484条1項）。Xの本店所在地は東京であるので、義務履行地管轄を理由に、移送が否定される余地も残る。

3 民事訴訟法17条による移送——裁量移送の考慮要素

以上のように、Y₁らの①の主張が認められない場合には管轄合意によって東京地裁の管轄権が認められることになるし、あるいはその主張が認められても、義務履行地管轄が認められる場合にも東京地裁の管轄権が認められる。このような場合には、奈良地裁にも、被告の本店所在地（4条1項・4項）に基づく管轄権が存在する。そこで、複数の管轄裁判所が併存する場合の裁量移送（17条）の可否が問題となることになる（17条移送は裁判所の広範な裁量に基づくものであり、性質上最高裁判所が判例準則を定立することは期待し難く、下級裁判所における個別事例の集積が重要な分野である）。なお、民事訴訟法17条による移送は、専属管轄については許されないが（20条1項）、専属管轄が合意によって形成されたものである場合（いわゆる専属的合

意管轄の場合）には，そのような適用排除はされず（20条1項括弧書参照），なお移送が可能とされるので，Y_1らの①の主張が認められなくても，17条移送は可能である（その意味で，民事訴訟法17条による移送が相当と認められるときは，微妙な管轄合意の効力をあえて判断する必要は乏しい）。

　その場合に考慮されるべき要因にはさまざまなものがある。代表的なものとしては，証拠調べの便宜（証人や検証物の所在地），原告・被告の本拠地，原告・被告の経済力などがあり得る。そして，本問では，仮に管轄合意の効力が否定され，義務履行地の管轄のみが問題となる場合，それが債権譲渡によって生じていること（A銀行がそのまま債権を保有していれば，義務履行地は奈良であったと解されること）をどのように評価するかという問題を生じ得る。この点につき，参考判例①は，管轄原因（義務履行地）の脆弱性ともいうべきものを考慮している点が興味深い。すなわち，債権譲渡によって債権者の住所が変更され，義務履行地が変わることが債務者の予測可能性を害すること，それが合意管轄により予測可能性を担保しようとした趣旨に反することなどから，移送を肯定したものである。とくに債権譲渡（あるいは債権者の本拠地変更）によって生じた義務履行地のみが管轄原因である場合には，裁量移送を肯定する方向に働くファクターとなり得よう。

　また，本問では，仮に争点とされるのがY_2の保証意思の有無という点であるとすれば，その証拠方法は，Y_2本人のほか，A銀行の奈良支店の担当者やY_2の関係者など奈良に多く所在すると考えられるし，XとY_1やY_2の経済力の格差を考えても，Yらに東京に来て裁判に臨むように求めることは相当に酷である可能性がある。以上のような要素を諸々勘案すれば，「訴訟の著しい遅滞を避け，又は当事者間の衡平を図るため」には，本問では事件を奈良地裁に移送して，奈良地裁において審理判断をする必要があると解される余地が十分にあろう。

●】参考文献【●

花村良一・争点46頁／安西明子「当事者間の衡平を図るための移送」判タ1084号（2002）4頁

（山本和彦）

> 　XはYに対し，土地の所有権確認の訴えを提起した。第1審はX
> の請求を認容したところ，Yが控訴したが，控訴審は，Yの控訴を認
> 容してXの請求を全部棄却する判決をした。ところが，控訴審判決
> の直後，Xの訴訟代理人Aは，司法修習の同期会に出席して同期生
> と話をしている中で，たまたま当該事件の控訴審の裁判長であった
> B裁判官がYの訴訟代理人であったC弁護士の義父である（Bの長
> 女がCの妻である）という事実を知った。驚いたAは早速Xに連絡し
> て協議をしたところ，Xとしては，それでは控訴審がYを勝たせた
> のは当然であり，あまりに不公平な裁判であり，許し難いと激怒し
> た。そこで，Xより，原判決は，B裁判官が裁判の公正を妨げる事情
> があったのにもかかわらず，それを秘匿して裁判したもので，Xの忌
> 避権を不当に蹂躙したものであると主張して，上告した。
> 　Xの上告は認められるか。

●】**参考判例**【●

① 最判昭和30・1・28民集9巻1号83頁
② 最決平成3・2・25民集45巻2号117頁

●】**解説**【●

1　除斥・忌避制度の存在意義

　裁判は，常に公平中立な裁判官によって行われなければならない。裁判官
がいずれかの当事者に肩入れして不公平な裁判をするとき，裁判制度の正統
性は崩壊する。また，多くの裁判官は当事者などと一定の関係があったとし
ても実際には公平・中立に職務を執行することが期待できるが，当事者や一

般国民の立場からみると，そのようにみえないことがある。裁判官が相手方当事者の妻であったと知ったとき，敗訴した相手方当事者，また一般国民は公平な裁判がされたと感じるであろうか。裁判制度の正統性・信頼性を維持するためには，公平性・中立性それ自体のみならず，公平性・中立性の外観もまた重要なのである。ただ，裁判官も「神」ではなく社会的な活動をする人間である以上，訴訟当事者や訴訟事件との間に一定の関係が生じる場合がありうる。そこで，民事訴訟法は，訴訟事件を担当する裁判官とその訴訟の当事者や事件との間に一定の関係が存在する場合に，裁判官をその訴訟事件の職務から排除する制度を設けている。これが除斥・忌避の制度である。

　具体的には，まず民事訴訟法23条において，一定の事由が除斥原因として規定されている。裁判官と当事者との間に一定の関係（配偶者，親族，共同権利者・義務者等の関係）があったこと，裁判官と事件との間に一定の関係（証人，鑑定人，代理人，補佐人，仲裁人，前審関与等の関係）があったことといった定型的な事由を抽出して，そのような事由が存在した場合には，当事者の申立て等がなくても当然に裁判官が職務から排除されることにしている（そのような裁判官が排除されないまま判決に関与した場合には，絶対的上告理由〔312条2項2号〕のみならず，再審事由〔338条1項2号〕にもなる）。

　ただ，このような定型的事由だけでは，公平性・中立性の外観を確保するためには十分ではない。以上のような事由に該当しなくても，裁判官の公平性・中立性を疑わせる事態は多くある。例えば，当事者と裁判官が無二の親友である場合，逆に不倶戴天の仇敵である場合，また，裁判官が（弁護士であった時代に）その事件について法律意見書を執筆している場合などである。そこで，民事訴訟法は，そのような場合にもなお裁判官を職務から排除できるようにするための受け皿として，忌避の制度を設けている。すなわち，「裁判官について裁判の公正を妨げるべき事情」という一般的な要件の下に，当事者の忌避の申立てに基づき，裁判官を職務から排除することを可能としたものである。このように，忌避は除斥を補い，多様な状況の下で公平・中立性の外観の確保を可能にしたものであるが，除斥とは異なり，忌避の裁判によってはじめて裁判官は職務から排除される（その意味で，除斥の裁判は確認的な裁判であるが，忌避の裁判は形成的な裁判ということができる）。

2 忌避の判例

　以上のように，忌避の制度は，裁判にとって最も重要な本質といえる公平性・中立性を確保するための制度である。他方で，その要件は一般条項的なものになっているので，裁判所の運用がその具体的な意義を決することになる。この点で，最高裁レベルの判例は必ずしも多くはないが（参考判例①に加え，規則制定に関与した最高裁判所の裁判官は当該規則をめぐる訴訟において忌避されるかについて論じる参考判例②が存する程度である），一般的に忌避の運用に消極的なのではないかという印象を与える。著名な判例として，本問と同様，原審裁判所の裁判長が一方当事者の訴訟代理人の女婿であったという事案について，参考判例①は「原審における裁判長たる裁判官が，原審におけるＹの訴訟代理人の女婿であるからといつて，右の事実は民訴35条〔現行23条〕所定事項に該当せず，又これがため直ちに民訴37条〔現行24条〕にいわゆる裁判官につき裁判の公正を妨ぐべき事情があるものとはいえない」として忌避に理由がないとしている。本判決は，忌避要件について一般論を示さず，単に本件はそれに当たらない旨の結論を述べるにすぎない。また学説は，裁判官と当事者・事件との特殊な関係からみて，裁判官が不公平な裁判をするおそれがあるとの疑いを当事者に抱かせるような事情を忌避事由と解する。あくまで当事者・事件との特殊な結び付きを示す客観的事情が必要とされ，訴訟の過程での証拠の採否や訴訟指揮などは通常それ自体では忌避事由には該当しないと解される。この判決によれば，本問においてもＸの上告は認められないことになろう。

　上記判決が忌避事由該当性を否定した理由は明らかではないが，おそらく職業裁判官は，その訓練や倫理から，たとえ訴訟代理人と密接な関係があったとしてもそれによって訴訟指揮や訴訟の結論を左右することのないよう自らを律することが可能である，との信念があるのではないかとみられる。確かに，日本の裁判官の公平性や倫理感は一般に高い評価に値すると考えられる。しかし，忌避制度を考える際に重要であるのは，前にも述べたように，現に中立かどうかということに加えて，外部（当事者・一般国民等）から中立にみえるかという中立性の外観の問題である。そのような観点からすれば，参考判例①の判断は，一般国民の視点からみて大きな疑問があることは

否定できない。ほとんどの学説も参考判例①を批判するところである。国民の司法に対する信頼性が大きな問題とされる現代社会においては，この半世紀以上前の判例を今後維持することは難しく，参考判例①が判例としての価値を有するかには，疑問もあろう（実際には，現在このような場面では，通常の裁判官は事件を回避しているとみられ，その結果，このような事項が正面から争われる事案が将来にわたって生じない可能性もあろう）。このように考えれば，現在では，Ｘの上告は認められる余地もあろう。

　参考判例①を含めて，従来の忌避事由に関する裁判例は，上記のような中立性の外観に関する国民の目線を離れたものが多いように感じられる。例えば，当事者の一方と裁判官とが別件訴訟の対立当事者である場合（神戸地決昭和58・10・28判時1109号126頁）や，裁判官がかつて一方当事者の顧問弁護士事務所に所属していた場合（東京地決平成7・11・29判タ901号254頁）などにも忌避を否定しているが，疑問の否めないところである。「李下に冠を正さず」との方向が長期的には司法の信頼に寄与するのではなかろうか。

　ただ，裁判所がこのような対応をとるについては，裁判官の不足や濫用的な忌避申立ての実情が指摘されることがある。前者は，特に支部など裁判官の少ない裁判所では，ある裁判官が忌避されることにより他の裁判所からの転補等が必要になる（その結果，事件処理が遅滞する）おそれもあることから，忌避を認めるのに躊躇するという事情である。実務の問題として理解できなくはないが，中立性の外観が司法の命であることに鑑みれば，むしろ司法行政上の配慮が必要となろう（当該裁判所所属の裁判官全員を訴えるなど濫訴に当たるような場合の施策は別途の問題としてあろう）。また，後者も濫用的忌避申立てに対する対策は必要であるが（これについては，後述3参照），真面目な忌避申立ての場合とは区別して考えるべき問題であろう。

3　忌避をめぐる議論

　忌避をめぐる議論の中で，いくつか取り上げておくと，1つは，2でもふれた濫用的な忌避申立てに対する対策として，申立ての対象となった裁判官が自らその申立てを却下できるかという問題である。一般には，忌避申立ての対象となった裁判官はその裁判に関与できない（25条3項）。自己の公正さを問題とする裁判に自ら関与することは，忌避の裁判の中立・公正自体に

疑いを生じさせるからである。しかし，その忌避申立てが忌避権の濫用であることが明らかな場合には，当該裁判官が，自らその申立てについて，却下の裁判ができると解する下級審裁判例が多くある（参考判例③，東京高決昭和39・1・16下民集15巻1号4頁，名古屋高決昭和53・12・7判タ378号110頁，東京高決昭和56・10・8判時1022号68頁，高松高決昭和58・10・18判タ510号127頁など）。これを簡易却下とよぶ。学説は，簡易却下は制度の本質に反するとして消極説が有力であったが，最近は，裁判例に賛同する見解が一般的になっている。公正な裁判と濫用・訴訟遅延防止とのバランスの問題であるが，濫用が明らかな場合は簡易却下を認めてもよいと解される。なお，刑事訴訟法には明文で簡易却下を定める規定があり（刑訴24条），民事訴訟法改正の際には同様の規定を設けることが検討されたが，他方では忌避申立てをより実質化すべきであるとの意見も出される中で，忌避権の濫用に対する措置のみを立法化することには強い反対があり，断念された（法務省民事局参事官室『一問一答新民事訴訟法』〔商事法務研究会・1996〕51頁）。ただ，この点は近時の非訟事件手続法等の改正の中で，立法がされ（非訟13条5項，家事12条5項），将来的には民事訴訟法の改正につながる可能性もあろう。

　また，学説上議論されている問題として，裁判官自身が忌避になりうる事由を認識している場合には，その点を当事者に開示する必要があるのではないか，という点がある。忌避事由開示義務の問題である。参考判例①でも，忌避事由に該当する事情が当事者に明らかにされていなかった点が上告理由で問題とされているが，仮に裁判官に忌避事由の開示義務を認め，義務違反があった場合には法律違反とすれば，当事者の救済が拡大されよう。この点，仲裁法において，仲裁人についてそのような忌避事由の開示義務を明定し（仲裁18条3項・4項），義務違反があった場合には仲裁判断の取消事由になると解されていること（同法44条1項6号）も参考になろう。

●】参考文献【●

薮口康夫・争点48頁／秦公正・百選10頁／小島武司「忌避制度再考」『手続法の理論と実践(下)』（有斐閣・1981）1頁

（山本和彦）

問題 6　当事者の確定

> 　XはAと土地の売買契約を締結し，土地の所有権移転登記をしたが，Aがその代金を支払わない。そこで，2022年4月，Xは，訴状にAを被告と表示して，売買代金支払請求の訴えを提起した。ところが，Aはすでに2021年12月に死亡しており，Aの長男Yが唯一の相続人であった。訴状は，Aの住所に送達され，Yが同居人として受領していた。第1審では上記のような事情が判明せず，Yが訴訟代理人として選任したB弁護士が期日に出頭したが，特段の主張・立証をせず，X勝訴の判決が言い渡された。控訴期間が経過して，上記判決が確定した後，Yは，前記訴訟はすでに死亡していたAを被告とする無効な判決であると主張して，請求異議の訴えを提起した。
>
> 　このような訴えは認められるか。

●】参考判例【●

① 大判昭和11・3・11民集15巻977頁
② 大判昭和10・10・28民集14巻1785頁
③ 最判平成19・3・27民集61巻2号711頁

●】解説【●

1　当事者の確定の問題

　訴状には当事者を記載しなければならない（134条2項1号）。当事者が誰であるかは，訴訟のさまざまな場面で問題となる。例えば，まず訴状は当事者である被告に対して送達されるし（138条1項），口頭弁論期日の呼出しも当事者に対して行われる（139条）。裁判官の除斥の対象となるのも当事者との関係である（23条1項1-3号）。証拠調べについても，当事者を尋問す

るには当事者尋問の手続により，第三者の場合の証人尋問とは異なる手続がとられる。さらに，判決は原則として当事者に対してのみ効力を有する（115条1項1号）。換言すれば，民事訴訟手続では当事者に対して手続保障を付与する代わりに判決の効果を及ぼすのであり，第三者に対しては手続保障がされない代わりに判決の効果も及ばないとされる。したがって，誰が個々の訴訟の当事者であるのかは，民事訴訟手続において決定的な重要性を有する問題であるということができる。

　ただ，誰が当事者であるかは，ほとんどの場合は，前記の訴状の記載によって明瞭である。訴状の当事者欄に記載された者が当事者となるのが大原則である。ところが，場合によっては，そのような形で当事者を決めることに疑問が生じる場合がある。そのような場合に，当事者の確定が問題となる。当事者の確定の問題は，当事者の特定の問題とは異なり，前者は裁判所の責任により，後者は原告の責任によるとされる。例えば，訴状で，被告欄に「甲又は乙」と記載されているときは，当事者は特定されておらず，訴状の補正に原告が応じなければ，訴状は却下される（137条）。これに対し，訴状では，原告は特定の甲を当事者として特定しているが，訴訟の具体的な状況の中で誰を当事者とすべきかが明らかではない場面も生じる。そのような場面においては，訴訟の進行に責任をもつ裁判所が誰を当事者とするかを確定する必要があることになる。これが当事者の確定の問題である。

　その意味で，当事者の確定が実際に問題となる場面は稀である。具体的に問題とされるケースとして，以下のような場合がある。まず，本問にもあるような当事者死亡の場合である（「死者名義訴訟」とよばれる）。このような場合，仮に死者を被告とすると，当該訴訟事件の係属は生じていないと考えられる。なぜなら，民事訴訟では二当事者対立の原則があるところ，死者は法人格を有しないので，そこでは被告が存在しないことになるからである。訴訟事件が係属していない以上，訴状の補正（137条）や訴訟手続の受継（124条1項1号）もあり得ないことになる。原告はあらためて相続人等を被告として訴えを提起する必要があるはずである。しかし，それでは，原告に再訴の負担（手数料等）が生じ，時効の完成猶予等の提訴による利益を失わせる可能性があり，不都合を生じる。

その他の場面として，ある者が第三者の名前を騙って原告または被告として訴訟に関与する場合がある（「氏名冒用訴訟」とよばれる）。このような場合に，仮に被冒用者（名前を騙られたもの）を当事者とすると，当該事件の係属をまったく知らなかった者を当事者とする違和感を生じることになるが，冒用者を当事者とすると，訴状その他の訴訟手続にはまったく名前が出ていない者を当事者と考えることになり，いずれにせよ困難な問題を生じる。さらに，法人格の否認が問題となる場合にも問題を生じ得る。例えば，甲社を被告として提訴したところ，すでに甲社は商号変更をして乙社になっており，営業所等も同じであるが，資産等のないまったく空の会社として甲社が新たに設立されていたような場合である。実体法上法人格否認の法理が甲社と乙社の間に適用されるような場合，訴訟の当事者を甲社とするか乙社とするかが当事者の確定の問題として生じることになる（このような問題が生じたケースとして，最判昭和48・10・26民集27巻9号1240頁参照）。

2　確定基準に関する考え方

　以上のように，当事者の確定が問題となる場合に，どのような基準で当事者を確定するかについて，さまざまな考え方が提唱されている。最も基本となる考え方として，表示説がある。これは訴状における当事者の表示を基準に当事者を確定するという考え方である。訴状において原告が表示した者が当事者であるとする理解は素直なものといえよう。ただ，訴状の当事者欄だけではなく，訴状の全体的な記載を踏まえて誰が当事者として表示されているかを判断すべきであるとの理解（「実質的表示説」ともよばれる）が現在では一般的である。当事者欄に甲が被告とされていても，訴状の全体からすれば乙が被告とされていると解されれば，被告は乙と表示されていると解して，当事者欄の補正を命じるべきことになる。

　しかし，表示説では必ずしもうまく解決できないケースが生じる。例えば，死者名義訴訟では，前述のように，表示どおりに死者を当事者とすると，訴訟の係属が生じないことになりかねないし，氏名冒用訴訟では，訴訟係属をまったく知らない被冒用者が当事者となってしまう。そこで，これらの場合にも対応できる考え方として，原告または被告の意思により当事者が確定するとする見解（意思説）や当事者らしく振る舞ったかどうかにより当

事者が確定するとする見解（行動説）などが生じた。例えば，被告とした者がすでに死亡している場合には原告の意思としては相続人を被告としたはずであるので，相続人を被告と確定したり（意思説），冒用者が実際には原告として振る舞っている場合には，冒用者を原告と確定したり（行動説）するわけである。しかし，意思説や行動説は，その意思が明確であるのか，行動した者を明確に特定できるのか，などさまざまな問題点も指摘されている。

　最近では，学説も多様化している。例えば，訴訟進行の程度に応じて当事者確定の基準を異なるものにする規範分類説は，これから手続を進めるに当たって当事者を確定する場面（行為規範）では表示説による一方，すでに進行した手続の当事者を確定する場面（評価規範）では正当な当事者とその者に対する手続保障という観点から確定するとの立場をとる。他方，当事者確定の議論の守備範囲を提訴時に限定して，すでに進行した訴訟の結果を維持できるかという問題は，訴訟承継の類推適用や任意的当事者変更など別の理論枠組みで対処するという見解なども生じている。

　本問のような場合には，表示説によれば，被告はAになると考えられ，意思説では，原告の通常の意思として，Aが死亡していればその唯一の相続人であるYを被告にする意思が通常と認められれば，Yが被告と解されることになろう。行動説でも，Yが代理人を選任して期日に出頭していることから，Yを被告と考えてよい。さらに，規範分類説においても，評価規範としては，やはり正当な当事者であり，訴状の送達を受けて手続保障の与えられたYを被告と考えてよいとみられる。

3　判例の状況

　それでは，この問題について判例はどのような態度を示しているのであろうか。まず，原則的な立場としては，判例は表示説によっていると考えてよいと思われる。ただ，例外的な場面では，微妙な評価が求められる。最近の例として，参考判例③がある。これはいわゆる光華寮事件に関する判決であるが，原告が中華民国か中華人民共和国かが激しく争われた事件で，最終的に「原告として確定されるべき者は，本訴提起当時，その国名を『中華民国』としていたが，本件が第1次第1審に係属していた昭和47年9月29日の時点で，『中華人民共和国』に国名が変更された中国国家というべきであ

る」とする。そこでは，訴状の当事者欄のみならず，提訴前後のさまざまな事実が考慮されており，実質的表示説からの説明も不可能ではないが，意思説や規範分類説に近いものとの理解もあり得よう。

　他方，本問のような死者名義訴訟については，参考判例①がある。そこでは，本問のような事案で，原告は被告の記載を誤ったものと解して，訴状の訂正によるべきものであったと判示している。本問のような場合，前述のように，表示説によれば，Ａが被告となり，訴状却下という帰結となるのに対し，意思説によれば，Ｘの合理的な意思を勘案し，相続人であるＹを被告とする意思であったものと解して，訴状の記載の誤りとしてその補正によって処理するという扱いが可能となる。参考判例①をまさにそのような措置をとったものであり，意思説によった判例と理解できなくもない。しかし，参考判例①後の判例の流れをみると，必ずしもそのようには言い難い。すなわち，大判昭和16・3・15（民集20巻191頁）は，死者名義訴訟において判決が確定した場合にその判決の効力は相続人には及ばないとするが，これは原告の推定的意思のみで相続人が当事者となるものではないことを示すものと考えられる。また，最判昭和41・7・14（民集20巻6号1173頁）は，やはり死者名義訴訟で控訴審まで相続人が訴訟追行していながら，上告審段階で訴状送達前の被相続人の死亡を主張することは信義則に反するとした。これも，当事者は本来被相続人であることを前提にしながら，当事者として行為してきた相続人がその死亡（訴訟が係属していないこと）を主張することは信義則違反となるとしたものと解されよう。以上のように，判例の立場は明らかでないが，最後の判例によれば，本問でも，当事者はＡと考えながらも，Ｙが請求異議の訴えを提起して，Ａの訴訟係属前の死亡を主張することは信義則に反すると解される余地もあろう。

　他方，氏名冒用訴訟については，当初の判例は，被冒用者は訴訟当事者としての地位に就くものではなく，判決効は被冒用者には及ばないと判示していた（大判大正4・6・30民録21輯1165頁，大判昭和2・2・3民集6巻13頁）。これらの判例は，学説からいわゆる行動説をとるものとして理解されていたところである。しかるに，参考判例②は，被冒用者名義の委任状の偽造による訴訟代理人によって訴訟が追行されたときは，被冒用者が当事者となり，

その者に判決効が及ぶことを前提として，再審の訴えを認めたものであり，従来の判例を変更して表示説を採用したものとする理解もされた。ただ，同判決は，氏名冒用訴訟について，①訴訟行為が冒用者の行為として行われ，判決が冒用者に対して言い渡された場合と，②委任状の偽造により訴訟代理人を選任し，被冒用者名義で訴訟行為をさせ，判決が被冒用者に対して言い渡された場合とを分け，①は冒用者が当事者となり判決効も被冒用者には及ばないが，②は被冒用者が当事者となりその者に判決効が及ぶとしているものである。すなわち，従来の判例は①の類型に関するものであり，本件は②の類型に関するものとして，区別を図ったものとも解されよう。

　以上のように，この点に関する判例はやや混沌とした状態を形成している。いずれにしても（現在でも大審院の判例が多く参照されることからもわかるとおり），このような問題が発生すること自体が稀有の事柄であり，最近の光華寮判決も示すとおり，問題が生じた場合に適宜の解決を図っていくほかはない問題であろう。ただ，民事訴訟法の基本的な考え方を学ぶためには大変興味深い題材を提供しており，皆さんにもぜひ自分の頭で考えていただきたい問題である。

●】参考文献【●

松原弘信・争点56頁／松下祐記・百選12頁／小田司・百選14頁／福永有利『民事訴訟当事者論』（有斐閣・2004）428頁

（山本和彦）

当事者能力

　Ｙはいわゆる預託金会員制のゴルフ場を運営する株式会社であり，Ｘは本件ゴルフ場の会員によって組織され，会員相互の親睦等を期することを目的とするクラブである（なお，Ｘには固定資産はなく，規則等にもＸが財産を管理する方法等について具体的に定めた規定もない）。ＸとＹとの間には協約書が締結されており，そこでは，Ｘは一定の要件を満たす場合に，Ｙの経理内容を調査することができる旨が規定されていた。Ｙは，いわゆるバブルの崩壊を受けて経営状況が悪化の一途を辿っており，会員に対する預託金の返還が困難になり，預託金の返還猶予を求める状態にあった。そこで，Ｘは本件協約書に基づき，Ｙの計算関係書類等の謄本の交付を請求したが，Ｙはそのような交付を拒絶した。そこで，Ｘは訴えを提起して，上記謄本の交付を請求した。

　この訴訟において，Ｙは，Ｘは固定資産を有しておらず，他にＹの財産から独立して存立基盤となり得るＸ固有の財産は存在せず，また財産管理の方法についても具体的に定めた規定がないので，独立した権利義務の主体たるべき社団としての財政的基盤を欠くと主張して，Ｘには当事者能力が認められないとして，訴えの却下を求めた。

　裁判所はどのように判断するべきか。

●】参考判例【●

① 最判平成 14・6・7 民集 56 巻 5 号 899 頁
② 最判昭和 37・12・18 民集 16 巻 12 号 2422 頁
③ 最判昭和 42・10・19 民集 21 巻 8 号 2078 頁

●】解説【●

1　法人格のない団体の当事者能力

　ある法主体が民事訴訟において当事者となるためには，その者に当事者能力が認められることが大前提となる。民法上の権利能力が認められる主体（自然人・法人）については当然に当事者能力が認められるが（28条），実体法上法人格を有しない団体が当事者能力を有するかは1つの問題である。法人格がなくても社会的には1個の法主体として活動している以上，その社会活動・経済活動に関して紛争が生じた場合には，その者を当事者として紛争の解決を図ることが，その団体にとっても紛争の相手方にとっても便宜に資する場合は多い。そこで，法は，法人でない社団または財団であっても，一定の要件を満たす場合には当事者能力を認めることとしている（29条）。

　ただ，問題は，どのような要件を満たしていれば，このような団体にも当事者能力が認められるかである。この点について，一般的な準則を示したと考えられている判例として，参考判例③がある。これは，特定地域の住民によって構成される団体が当事者能力を有するかが問題となった事案であるが，判例は，実体法上の権利能力なき社団の要件を満たす団体については，当事者能力を有するものとして，実体法上の基準と手続法上の基準を一致させたものである。この判決ではその点についてはとくに理由は示されておらず，当然の前提とされている。確かに民事訴訟法29条は単に「法人でない社団」とのみ規定しているので，文言上はそれを権利能力なき社団と同視することは相当であるし，実体法が権利能力なき社団という概念の下で達成しようとした目的が，構成員から独立した財産について，社団との取引相手等に排他的責任財産を保障するという趣旨であるとすれば，その要件を満たす者に訴訟当事者となる地位を認めることも自然であるといえよう。

　そして，そのような前提の下では，原告が民法上の権利能力なき社団の要件を満たしているかどうかが検討されることになる。最判昭和39・10・15（民集18巻8号1671頁）がその要件を明示しているが，そこでは，①団体としての組織性，②多数決原理，③構成員の変動に影響されない団体の存続（対内的独立性），④団体としての主要な点（代表方法，総会運営，財産管理

等）の確定が挙げられている（これは民法学の通説の考え方を採用したものとされる）。参考判例③でとくに問題とされた点は、本団体が地方公共団体の下部組織にすぎないのではないかという点であった。仮にこれが法人の下部組織にすぎないとすれば、団体としての組織性ないし対外的な独立性を欠き、独立の社団とはいえず、権利能力なき社団としては認められないことになろう。しかし、本件団体は、特定地域の住民を構成員とするが、それら住民が当然に構成員となるものではなく、加入には区長の承認等を必要とし、現に加入していない住民もあるとされ、一定の住民を排除する組織である以上、行政区画ではあり得ないことになる。そして、上記②から④の要件についても当てはめがされ、権利能力なき社団としての性質が認められたものである。

　これに対して、「訴訟法上当事者能力を有するのは実体法上の権利能力なき社団だけである」という命題については、参考判例③の射程外と考えられる。この判決は、あくまで原判決が原告を権利能力なき社団と認定したことの当否のみを論じているのであり、権利能力なき社団に当たらないとなった場合に、ただちに当事者能力を否定することまでは意味していないと思われるからである。しかし、この点は、参考判例①においては、「民訴法29条にいう『法人でない社団』に当たるというためには、団体としての組織を備え、多数決の原則が行われ、構成員の変更にかかわらず団体そのものが存続し、その組織において代表の方法、総会の運営、財産の管理その他団体としての主要な点が確定していなければならない」とされ、民事訴訟法29条の「法人でない社団」と民法上の権利能力なき社団の要件が完全に同一視されている。これにより、少なくとも現在では、権利能力なき社団の要件を満たさない場合は、当事者能力が認められないとの判例準則が確立しているとみられる。

　その結果、権利能力なき社団の要件を満たしているとは言い難い民法上の組合について当事者能力が認められるかが問題となる。組合の当事者能力については、参考判例②がある。これは、民法上の組合について当然に当事者能力を認めた判決である。この判決と前記判例準則との関係については、さまざまな見方があり得ようが、少なくとも現在では、民法上の組合について

は，社団とは異なる当事者能力の要件を設定し，すべての組合について当事者能力が認められると解することは困難であり，参考判例②の考え方は，その後の判例により変更され，現在では法人格なき社団の要件を満たす組合のみに当事者能力が認められると解するのが相当であろう。

2　固有財産の必要性

以上のように，現在では実体法上の権利能力なき社団の要件を満たすかどうかが当事者能力を認める判断基準になると解されるが，その際に1つの問題となるのは，社団の財産に関する要件である。判例上は，「財産の管理その他団体としての主要な点が確定して」いることが求められるところ，本問のように，固有の財産が存在せず，財産管理の方法についても具体的に定めた規定がないような場合に，当事者能力が認められるかという問題である。

この点について判断した判例として，参考判例①がある。これは，本問と同じような事案において，上記要件のうち「財産的側面についていえば，必ずしも固定資産ないし基本的財産を有することは不可欠の要件ではなく，そのような資産を有していなくても，団体として，内部的に運営され，対外的に活動するのに必要な収入を得る仕組みが確保され，かつ，その収支を管理する体制が備わっているなど，他の諸事情と併せ，総合的に観察して，同条にいう『法人でない社団』として当事者能力が認められる場合がある」としたものである。従来の判例では，実質的な社団財産の存在，つまり財産面での構成員からの独立性（財産的独立性）が独自の要件となるかは明確ではなかったところ，学説上は，構成員から独立して管理される独自の財産の存在を必要とする見解もあったが，金銭請求の被告となる場合は要件となるがそれ以外の場合には独立の要件とはならないとする見解や独立の要件性を否定する見解もあった。参考判例①は最後の見解を採用したものとみられる。従来の判例における権利能力なき社団の要件を素直に理解したものといえる。

ただ，参考判例①も，財産的基礎をまったく不要とするものではなく，「固定資産ないし基本的財産」までは必要なく，「必要な収入を得る仕組み」や「収入を管理する体制」などが備わっているといった事情を総合的に考慮すべきものとしており，何らかの財産的基礎はやはり必要と考えているものとみられる。団体固有の財産を完全に欠如して団体としての運営が可能であ

るとは考えにくいので，参考判例①の下でもやはり財産的基礎は団体性を検討する重要な資料とはなろう。参考判例①によれば，本問の場合には，Yの主張のみではXの当事者能力はただちには否定されず，Xについて，「必要な収入を得る仕組み」や「収入を管理する体制」などが備わっているといえるか，さらに判断を要するものと解される。

3　当事者能力と実体権・当事者適格

最後に，実体法上権利能力が認められない主体に当事者能力が認められる場合，その判決はどのようになるのであろうか。当事者能力が認められても，その者に権利能力が認められない以上，その者に実体権が帰属することを前提とした判決はすることができないと解されるからである。

この点について，当事者能力が認められる以上，当該訴訟手続の限りで権利能力も認められるべきであるとする見解も有力に存在する。しかし，それは判例の採用するところではないとみられる。例えば，最判昭和47・6・2（民集26巻5号957頁）は，権利能力なき社団に帰属する不動産に係る登記請求をする場合には，社団名義の登記請求はできず，代表者個人名義の登記を求めるべきことを判示する。この判決は，登記請求の場面において，権利能力なき社団に当事者適格を否定する趣旨とも解されるが，一定の場合に，当事者適格を認める判例として，最判平成6・5・31（民集48巻4号1065頁）は，入会団体の当事者能力を前提に，「村落住民が入会団体を形成し，それが権利能力のない社団に当たる場合には，当該入会団体は，構成員全員の総有に属する不動産につき，これを争う者を被告とする総有権確認請求訴訟を追行する原告適格を有するものと解するのが相当である」とした。入会権の対外的主張における原告適格については，権利の帰属主体である村落住民全員の固有必要的共同訴訟となるとするのが従来の判例であったが（最判昭和41・11・25民集20巻9号1921頁），本判決は手続上の便宜から団体自身にも当事者適格を認めたものである（最判平成26・2・27民集68巻2号192頁も，社団の原告適格を認めるが，登記名義については前記判例と同旨を前提とする）。これは，実体権は団体構成員に総有的に帰属することを前提にしながら，団体に訴訟担当（法定訴訟担当か任意的訴訟担当かは議論がありうる）としての当事者適格を認めたものであろう。

以上のように，権利能力なき社団に当事者能力を認めれば問題がただちに
解決するわけではなく，そのような主体に実体権を認めるかどうか，実体権
を認めない場合にはどのような論理で当事者適格を認めるか，その場合にど
のような要件で訴訟追行を認めるか，などさまざまな派生的問題が生じるこ
とには注意しなければならない（さらに，権利能力なき社団を被告として判決
をした場合に，その強制執行の手続がどのようになるのかも問題となる。1つの解
決策を示した判例として，最判平成 22・6・29 民集 64 巻 4 号 1235 頁参照）。

●】参考文献【●

中島弘雅・争点 58 頁／栗原伸輔・百選 18 頁／酒井博行・百選 20 頁／工藤敏
隆・百選 22 頁／山本弘「権利能力なき社団の当事者能力と当事者適格」新堂古
稀㊤849 頁

（山本和彦）

代表権と表見代理

　　XはY株式会社との間で建設用機械の売買契約を締結して，当該機械を引き渡したが，Y社が代金を支払わないので，2022年12月，売買代金支払請求の訴えを提起した。その際，訴状には，Y社の代表者として，Y社の商業登記簿に代表取締役として記載されていたAの名を記載した。Aが代表取締役として登記された経緯としては以下のような事情があった。すなわち，同年8月，Y社は臨時の株主総会を開催し，従来の取締役は全員辞任し，新たにAほか1名が取締役に選任され，即日Aらから取締役就任の承諾を得て，同日取締役による互選の結果，AがY社の代表取締役に選任され，この点についてもAの承諾を得たということである。ところが，Aは，当時他社で自動車の運転手として勤務しており，上記臨時株主総会に出席したこともなければ，Y社の取締役および代表取締役に就任することを承諾したこともなく，事後にその承諾を求められたが，これを拒絶していたとされる。

　　第1審では以上のような事実は判明せず，訴状はAの住所に宛てて送達されたが，第1回口頭弁論にY社側は誰も出頭せず，Xの請求を全部認容する判決がされた。ところが，当該判決書がY社の本店に送達されたためそのような訴訟の係属を初めて知ったY社の関係者は，Aと協議をして，Aの名で弁護士を代理人として選任し，控訴を申し立てた。控訴審では，Y社は，以上の事実関係を主張して，AはそもそもY社の代表取締役ではなく，同社の代表者としての資格を有するものではないから，AをY社の代表者として提起された本件訴えは不適法であるとし，Xの請求を認容した第1審判決を取り消し，Xの訴えを却下することを求めた。控訴審裁判所はどのような判決をすべきか。

●】参考判例【●

① 最判昭和45・12・15民集24巻13号2072頁
② 最判昭和43・11・1民集22巻12号2402頁
③ 最判昭和41・9・30民集20巻7号1523頁

●】解説【●

1　訴訟における法人の代表権

　原告は，訴えを提起するに当たり，被告を特定する必要があるが，具体的には，訴状に被告の「法定代理人」を記載しなければならない（134条2項1号）。そして，当事者が法人である場合には，法人はその代表者によって訴訟追行することになるところ，民事訴訟法中法定代理人に関する規定は法人の代表者について準用されるので（37条），訴状に被告法人の代表者が記載されるべきことになる。原告が被告法人と密接な取引関係等を有している場合は，この点の記載は容易であるが，そのような密接な関係を有しないときは，商業登記簿の記載に従って，その点を記載せざるを得ないことになる。問題は，その記載が何らかの事情によって誤っていた場合である。

　訴状において誤って被告の代表者が記載されていたときは，その後の手続の進行はどのようになるであろうか。まず，被告法人に訴状が送達されることになるが（138条1項），法人に対する送達は，その代表者を「送達を受けるべき者」として行われる。そして，送達場所は代表者の住所・居所等が原則となるが，本人である法人の営業所等においてすることもできる（103条1項）。仮に法人営業所等に送達されて，法人の従業員等が訴状を受領すれば（106条1項による補充送達となる），真の代表者が訴訟係属を知ることが可能となり，その申出等によって裁判所が訴状の補正等を命じることになろう。他方，登記簿等に誤って記載されている代表者の住所等において送達がされた場合，（その者からの通知等がない限り）法人関係者が訴訟係属を知る機会はなく，訴訟手続がそのまま進行する可能性が高い。その場合，結局，被告側は口頭弁論に出頭せず，被告欠席のまま判決がされることになろう。被告が欠席すると，原告が主張する事実はすべて自白したものとみなされ

（159条3項），原則として原告勝訴の判決がされることになる。

　以上のような形で原告勝訴の判決がされた場合，その判決には法令違反の瑕疵があることになる。当事者は真の代表者によって代表されなければならないからである。したがって，判決言渡後に被告がそのような瑕疵に気付いたときは，その判決に対して控訴することができ，控訴審裁判所は，第1審の訴訟手続に関する法令違反を理由として，その判決を取り消すことになる（なお，判決書も誤った代表者の住所に送達された場合は当該送達も無効であるので，判決書の送達日から進行する控訴期間〔285条参照〕は進行せず，常に控訴を提起することができる）。ただ，原告が被告の代表者を誤った原因が誤った商業登記簿の記載にあり，そのような記載が被告側の過誤に起因する場合も，なお上記のように，原判決を取り消すことが相当であろうか（とりわけ，上記のように，判決の言渡しから長期間を経て初めて控訴がされたような場合は，法的安定を保護すべき要請は大きい）。そこで，原告のそのような信頼を保護する方法として，私法上同様の信頼保護の法理として認められる表見法理の訴訟手続における類推適用が問題となる（なお，原告の代表者が誤っていた場合にも，被告の信頼保護のために同様の問題が生じうる）。

2　訴訟における表見法理の適用

　私法上の表見法理として，民法の代理人に関するものとして，代理権授与の表示による表見代理（民109条），権限外の行為の表見代理（同法110条）および代理権消滅後の表見代理（同法112条）がある。また，商法上のものとして，表見支配人（商24条），表見代表取締役（会社354条），表見代表執行役（同法421条）などがあるとともに，商業登記の効力に関しては，「故意又は過失によって不実の事項を登記した者は，その事項が不実であることをもって善意の第三者に対抗することができない」ものとされる（商9条2項）。仮にこのような規定が民事訴訟手続における代表者にも類推適用されるとすれば，法人の側の過誤に基づき誤った記載がされている商業登記簿を信頼した善意の原告は保護されるべきものと解される余地があることになる。

　しかしながら，判例は，このような私法上の表見法理の民事訴訟手続への類推適用を一般に否定している。この点について，最高裁判所は，まず商法9条2項と同旨の私立学校法28条2項について訴訟上の代表権への適用を

否定し（参考判例③），さらに商業登記自体の効力（商9条）についても同様の判断をした（参考判例②）。そして，本問と類似の事案について，会社代表者について実体法上の表見法理の適用を否定したのが，参考判例①である。そこでは，「民法109条および商法262条〔現行会社354条〕の規定は，いずれも取引の相手方を保護し，取引の安全を図るために設けられた規定であるから，取引行為と異なる訴訟手続において会社を代表する権限を有する者を定めるにあたっては適用されないものと解するを相当とする。この理は，同様に取引の相手方保護を図った規定である商法42条1項〔現行会社13条〕が，その本文において表見支配人のした取引行為について一定の効果を認めながらも，その但書において表見支配人のした訴訟上の行為について右本文の規定の適用を除外していることから考えても明らかである」と判示した。

　以上のように，判例は，①表見法理は取引相手方を保護する規定であり，訴訟手続は取引行為とは異なること，②同じく表見法理を定める表見支配人に関する旧商法42条1項は訴訟行為を明文で排除している（会社法13条も対象を「裁判外の行為」に限定している）ことである。これに対し，学説は現在でも，適用肯定説が圧倒的多数である。その論拠は，①真の代表者による訴訟追行の要請も，登記を信頼した原告の保護の要請を考えると決定的ではないこと（民事訴訟法36条の規定も代理権につき外観を尊重するものと解しうる），②会社法13条も登記に対する保護を否定するものではないことなどである。とくに，②との関係では，本問のような場合に，その保護の対象が登記を信頼した原告であり，他方で被告会社側の帰責事由も当然の前提とされるとすれば，商法9条2項の類推適用を考える可能性は十分あり得よう（上記判例はその点の否定論を前提とするのではないかとする見解もあるが，なお論議の余地はあり得よう）。

3　本問の取扱い

　以上のように，表見法理の類推適用を認めれば，本問においては，Aを代表者として訴訟を追行した結果はY社にも及ぶことになり，原判決には瑕疵はなく，控訴審でそのまま訴訟が追行されることになる（ただ，Aに代表権が存しないことが判明した以上，控訴審では，真の代表者による訴訟の追行を図るべきであり，口頭弁論期日の呼出し等もY社の真正の代表者またはその特別代理人に対してすべきことになろう）。

他方，表見法理の類推を認めない場合には，控訴審はどのように判断すべきであろうか。この点について，参考判例①は以下のように判断する。すなわち，このような場合は「訴状は，……Ｙ社の真正な代表者に宛てて送達されなければならないところ，記録によれば，本件訴状は，Ｙ社の代表者として表示されたＡに宛てて送達されたものであることが認められ，Ａに訴訟上Ｙ社を代表すべき権限のないことは前記説示のとおりであるから，代表権のない者に宛てた送達をもってしては，適式な訴状送達の効果を生じないものというべきである。したがって，このような場合には，裁判所としては，……Ｘに対し訴状の補正を命じ，また，Ｙ社に真正な代表者のない場合には，Ｘよりの申立に応じて特別代理人を選任するなどして，正当な権限を有する者に対しあらためて訴状の送達をすることを要するのであって，Ｘにおいて右のような補正手続をとらない場合にはじめて裁判所はＸの訴を却下すべきものである。そして，右補正命令の手続は，事柄の性質上第１審裁判所においてこれをなすべきものと解すべきであるから，このような場合，原審としては，第１審判決を取り消し，第１審裁判所をしてＸに対する前記補正命令をさせるべく，本件を第１審裁判所に差し戻すべきもの」とする。したがって，本問の場合，控訴審は，原判決を取り消し，事件を第１審に差し戻してＸに補正の機会を付与すべきことになろう（このような場合の民事訴訟法308条による差戻しは必要的なものと解される）。

●】 参考文献 【●

田頭章一・百選36頁／名津井吉裕・争点148頁／竹下守夫「訴訟行為と表見法理」鈴木忠一＝三ケ月章監修『実務民事訴訟講座⑴』（日本評論社・1969）169頁

（山本和彦）

訴訟代理人の代理権

訴訟代理人の代理権

> 　Ｘは，Ｙに対して，建物収去土地明渡しを求める訴えを提起した。Ｘは地主で，Ｙに建物建築の目的で土地を賃貸していたが，Ｙが地代を支払わないので，建物収去土地明渡しを求めたものである。Ｘには訴訟代理人としてＡ弁護士が付き，Ｙは同じくＢ弁護士が代理しており，それぞれの委任状においては訴訟上の和解についても授権がされていた。この訴訟において，以下のような内容の訴訟上の和解がされた。
>
> ⑴　ＹはＸから係争地を金１億円で買い受ける。売買代金は，５年間の分割払とする。
>
> ⑵　上記買受代金の支払を担保するため，係争地および建物にＸのために抵当権を設定する。
>
> 　ＡやＢは，以上のような和解をする権限があったものといえるか。

●】参考判例【●

①　大判昭和 8・5・17 新聞 3561 号 10 頁
②　最判昭和 38・2・21 民集 17 巻 1 号 182 頁
③　最判平成 12・3・24 民集 54 巻 3 号 1126 頁

●】解説【●

1　訴訟代理人の権限

　民事訴訟手続における代理としては，法定代理と訴訟代理があり，訴訟代理にはさらに，個別の訴訟委任によって代理権が授与される訴訟委任に基づく訴訟代理と，会社法上の支配人のように，本人の意思に基づき一定の地位に就いたことから当然に代理権が授与される法令上の訴訟代理とがある。訴

訟委任に基づく訴訟代理人となることができるのは，原則として弁護士に限られる（54条1項）。訴訟委任に基づく訴訟代理人の訴訟代理権の範囲については，法律が特別の定めを置いている。すなわち，委任を受けた事件について，反訴，参加，強制執行等に関する訴訟行為をし，弁済を受領するなどの行為については，当然にその権限を有し（55条1項），弁護士である訴訟代理人については，それを制限することができない（同条3項）。他方，反訴の提起，訴えの取下げ，和解，控訴，上告，複代理人の選任等については，特別の委任を受けなければすることができない（同条2項）。

　民法においては，任意代理権の範囲については，代理権授与行為，言い換えれば代理権を授与する当事者の意思に基づき定まるものとされている。これは，任意代理が当事者の意思にその根拠を有するものであることからすれば，自然な規律といえよう。それに対し，民事訴訟では，上記のような形で包括的なものとしてあらかじめ代理権の範囲を法定しているのは，①手続の明確性・円滑性を確保する要請，および，②弁護士資格を有する代理人に対する信頼に基づくものとされる。他方，和解など一定の行為については，特別の授権事項としているのは，これらの行為が勝訴を求める当事者（依頼人）の通常の意思から必ずしも導き出せないものであることや，当事者に対して重大な効果を有するものであることなどを根拠とするものと解される。

　実務上は，特別授権事項を含めて，委任事項欄が不動文字で印刷された定型の委任状用紙に，相手方名，裁判所名，事件名等を記入して弁護士に対する委任状が作成されるのが一般であるとされる。したがって，実際には，特別の委任があることは争われないのが通常である。ただ，とりわけ訴訟上の和解の権限を巡って，それがどのような範囲に及ぶかが問題とされる例がある。訴訟上の和解にあっては，その内容が非定形的なものであり，また訴訟物以外の権利義務関係をも和解の内容に含めることが多く（和解における互譲の内容として訴訟物以外の法律関係を取り込むことができることは当然と考えられており，このことが和解の紛争解決機能の柔軟性をもたらしている），そのような場合に訴訟代理人の和解の権限が及ぶかどうかが問題になるからである。

　2　和解権限の範囲に関する考え方

　訴訟代理人の和解の権限が訴訟物の範囲に限定されるかどうかについて

は，学説上，以下のような考え方がある。

(1) **厳格説**　訴訟代理権は，本人の明示の授権がない限り，訴訟物またはこれと同一性を有するものに限られるとする見解である。訴訟代理人が訴訟物以外の権利を処分することを認めると，不当に本人の利益を害するおそれがあることを根拠とする。また，特別授権が実際には，上記のように，定型の委任状によってされている状況も援用される。しかし，実務上は，訴訟物以外の権利について和解の対象とすることは日常的であり，その際に常に個別授権を必要とすることは煩に堪えないとの批判がある。

(2) **無制限説**　これは，いったん訴訟代理人の代理権が授与された以上，その代理権の範囲は本人の権限と同様，無制限なものであり，訴訟物以外の一切の権利関係をも含めて和解する権限があるとする見解である。これは，上記のような実務の状況を踏まえた実務上の便宜に加え，訴訟代理人については一般に弁護士としての職業倫理に対する信頼があること，訴訟上の和解にあっては和解内容について裁判所のチェックもあることなどから，その範囲を制限しなくても，当事者本人の利益が害されることはないとする。しかし，弁護士倫理や裁判所の監督に過度に期待することは相当でないという立場からは，なお本人の利益の観点から，何らかの範囲の制限が必要であるとの批判がある。

(3) **折衷説**　厳格説と無制限説の中間的な見解で，訴訟代理人の和解権限は訴訟物である権利関係に限定されるものではないが，一定の基準に基づきなお制約されるとする見解である。一方では厳格説の説く当事者本人の利益を害するべきでないとの要請があり，他方では無制限説の説く実際上の便宜があることから，本人の利益を害しない範囲で，訴訟物を超えた和解の権限を認めようとするものである。ただ，いかなる基準に基づき和解権限の範囲を決定するかについては，一般の取引観念に照らしてその法律関係に関する譲歩が通常予想されるかを基準とする見解，和解権限に含ませる社会的必要性や現実的便宜，当事者本人に対する利益・不利益等の要素を総合的に考慮してその範囲を決定するべきとする見解，その事項が紛争解決の目的のため必要・有用であるか，当事者にとって紛争解決として予測の範囲内にあるかという要素を基準とする見解など多様な考え方が提唱されている。

以上のような学説の対立があるところ，この点についてはいくつかの判例がある。まず，参考判例①は，一部請求訴訟において，請求されていない残部を含めた債権の全部について，和解権限を認めた判例であるが，その理由において「訴訟代理人が本人に代て斯る和解を為したる場合に於て，当該訴訟代理人は訴訟の目的と為りたる請求に付てのみ和解の代理権を有し其の他の部分に付ては之を有せざるものと速断するを得ざるは論なし」として，一般的に，訴訟代理人が訴訟物を超えて和解権限を有することを前提とする。また，参考判例②は，貸金訴訟事件における被告訴訟代理人の和解権限として，弁済期日の延期と分割払の利益を受ける代わりに，被告所有の土地に当該貸金債権を担保するための抵当権を設定する旨の和解をする権限も含まれるとしたものである。その根拠としては，当該抵当権の設定が「訴訟物に関する互譲の一方法としてなされたものであること」を挙げる。さらに，参考判例③は，やや複雑な事案であるが，前訴の請求と後訴の請求が異なる請求権であっても，いずれも「一連の紛争に起因するもの」であることを根拠にして，和解権限を認めたものである。以上のように，判例はその性質上，必ずしも一般的な見解を明らかにするものではないが，少なくとも，上記(1)の厳格説を採るものではないとみられる。ただ，それ以外のいかなる立場に立つのか，無制限説によるのか，折衷説によるのか，後者の場合にどのような基準で和解権限の範囲を決定するのかについては，判例は明らかではないといえる。今後の判例の集積に期待されるところである。

3　本問の取扱い

　以上のように，判例の立場は必ずしも明らかなものではないが，本問で問題となるのは，①係争地の賃借権の終了による土地の明渡しの請求において，訴訟物となっていない土地の売買をする和解の権限をＡおよびＢが有するか，②本件土地建物の上に訴訟物となっていない抵当権を設定する権限をＢが有するか，という点である。仮に厳格説を採るとすれば，①および②ともに，訴訟代理人の和解権限は否定されることになり，和解は無権代理によって締結されたことになる。したがって，ＸおよびＹは，ともに訴訟上の和解に拘束されることを拒否できる（例えば，ＸがＹに対し売買代金の支払を求めて強制執行をした場合，Ｙは請求異議の訴え等によって争うことができ

る）。しかし，これが判例の採用するところではないことを前述のとおりである。他方，無制限説によれば，①および②ともに，訴訟代理人の和解権限は当然に認められることになる。問題は，折衷説による場合である。この場合は，結局，当事者本人の保護の観点と和解の便宜の観点からさまざまな要素を考慮すべきことになるが，本問のような場合には，和解権限は認められることになるように思われる。借地関係の紛争に際しては，借地人による底地の買受けという形で紛争が終結することはしばしばみられるところであるし，和解で分割払の合意をするにはそれを担保する措置についても併せて合意されることが一般的であるからである（後者については，参考判例②において，判例上も和解権限が認められうる場合に該当する）。そうすると，本問においては，和解の権限が認められるものと解してよいであろう。

　なお，以上のように，評価規範として代理人の和解権限が認められるとしても，なお和解を成立させるに際しての裁判所の行為規範としては，考えるべき問題があるように思われる（さらに，代理人弁護士の観点からみるときは，弁護士倫理や弁護過誤の問題を生じうる）。当事者本人の意思が明確ではない場合においては，和解内容がきわめて多様なものであり，本人の具体的意思に反する可能性が否定し難いこと（本問でも，Xの本意としては，係争地は父祖代々の所有地であり，どのようなことがあっても所有権を維持したいと考えていたかもしれない），和解が紛争の解決内容に直結し当事者の権利義務内容に与える影響が甚大であることなどを考えれば，和解締結時における本人の意思確認を求めることが考えられよう。そして，さらにその点を一定の限度で和解の効力に反映させることも考慮に値しよう（垣内・後掲新堂古稀(上)417頁以下参照）。ただ，このような理解は，他方で和解の円滑性を害するおそれがなくはなく，結局，民事訴訟全体の中で訴訟上の和解の重要性をどのように位置付けるかにも関連する問題であるが，なお検討を要しよう。

●】参考文献【●

柳沢雄二・百選38頁／垣内秀介・争点68頁／垣内秀介「訴訟上の和解と訴訟代理権の範囲」新堂古稀(上)417頁

（山本和彦）

第3章

訴　　え

筆界確定訴訟

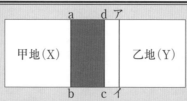

　Yは，2002年に前所有者から乙地を買い受け，所有権移転登記を経由した。同年，Yはabcdで囲まれた部分（網掛け部分）に自宅を建て，以後中断することなくここに居住してきた。Yが買い受けた当時，不動産登記上，甲地の所有権名義人はAであった。当時より甲地上に建物はなく，Aが時々様子を見にくる程度であった。2020年にAが死亡し，Xが甲地を相続した。

　2022年，Xは，甲地・乙地の筆界はcdを結ぶ線であると主張し，Yに対して筆界確定訴訟を提起した。Yは，筆界はabを結ぶ線であると主張し，仮に筆界がcdを結ぶ線であったとしても，abcdで囲まれた部分について取得時効が成立しているので，Xは当事者適格を欠くと述べた。

　裁判所が，網掛け部分についてYの取得時効が成立すると判断する場合，Xの当事者適格を認めてcdを筆界とする判決を出すことはできるか。また，仮にこのような判決が出され，Yが控訴したとして，控訴審がアイを筆界とする判断に至った場合，どのような判決をするべきか。

●】 参考判例 【●

① 最判平成7・3・7民集49巻3号919頁
② 最判昭和38・10・15民集17巻9号1220頁

③　最判昭和43・2・22民集22巻2号270頁

④　最判昭和58・10・18民集37巻8号1121頁

●】解説【●

1　筆界と所有権界

　筆界は，不動産登記法上，「表題登記がある一筆の土地……とこれに隣接する他の土地……との間において，当該一筆の土地が登記された時にその境を構成するものとされた2以上の点及びこれらを結ぶ直線をいう」（123条1号）と定義される。土地の所有権の境界（所有権界）とは異なり，不動産登記で公示される土地の区画（筆）を示す公法上の境界線である（登記所備え付けの地図に示される）。歴史的・客観的に定まっているものだから，筆界が不明の場合にも私人が筆界を定めることは許されず，裁判所が「発見」ないし「形成」すべきものとされる（最判昭和42・12・26民集21巻10号2627頁など参照）。判例は，このような二重性（筆界と所有権界，公益性と私益性）を前提としつつ，審判対象を公法上の境界（現行法上の「筆界」）とする特殊な訴訟類型として，境界（筆界）確定訴訟のルールを確立してきた（参考判例③など。2参照）。

　ところで，一般的には筆界と所有権界は合致する（あるいは事実上そのように推論される）が，地図の未整備，筆界の目印とされた土地の特徴の変容，あるいは，1つの筆の一部につき時効取得や所有権移転がされたが分筆がなされていない等の理由で，筆界と所有権界にずれが生ずる場合がある。このような場合，不動産取引が（公信力はないにせよ）不動産登記による公示に基づいて行われていることから，不正確な筆界に基づく不動産取引は，結局取引当事者たる権利者（登記名義人）の私的利益を害することになる。そのため，公法上の境界線ではあるが，私人に正確な筆界確定を求めるインセンティブが生ずるのである。

　上記のとおり，判例によれば筆界確定訴訟の結果と所有権の範囲は異なり得るが，その場合には，確定された筆界を所有権範囲にあわせて分筆し，必要ならば隣接する区画（筆）と合筆することとなる（ただし，後述のように，このような二重性を不合理とする批判説も有力である）。

2　筆界確定訴訟の特色と問題性

　第1に，当事者の処分権が制約される。まず，原告は筆界を定めるべき隣地を特定し具体的な筆界を主張して確定を求めるのが一般であるが，筆界の位置については申立事項拘束主義（246条）は適用されない。同条の適用を認めると，原告の主張した筆界と裁判所が真の筆界とする線がわずかでもずれる限り常に請求棄却判決をせざるを得ず，当事者の負担が重いばかりか，客観的に正確な筆界を画するという公益も満たされないからである。そのため，裁判所は，当事者の主張にかかわらず真の筆界を発見すべきであり，証明の不成功を理由に請求棄却判決をすることはできないとされる（実際には，上記のとおり，争いの実質を示すために具体的な筆界の所在につき主張・立証がなされるのが一般であるが，これは攻撃防御方法と理解すべきである）。また，当事者間で筆界の位置について合意をし，これを内容とする訴訟上の和解をすることも許されない（前掲・最判昭和42・12・26）。請求の放棄・認諾も，これによって筆界を確定する効果は認められないから，許されない。

　第2に，筆界の客観的な正確性を担保するために，弁論主義ではなく職権探知主義が適用される。したがって，当事者の主張がなくとも，裁判所は証拠調べから得られた事実を直接裁判の基礎とすることができるし，自白の拘束力も認められない。ただし，職権探知主義といえども，職権証拠調べから得られた主張のない事実を裁判の基礎とする場合には，これらを当事者に開示し，反論・反証の機会を保障するなどの審尋請求権を保障すべきである（人訴20条参照）。実際は，職権探知主義の下でも，当事者が積極的に事実・証拠を提出しなければ，およそ審理の充実化は困難であるから，主として問題となるのは自白の拘束力であろう。

　第3に，訴訟の目的は筆界の形成的な確定であることから，形成訴訟として分類される。ただし，一般の形成訴訟で審判対象とされる実体法上の形成原因はこの訴訟では存在せず（具体的な法律要件が存在しないため，主要事実・間接事実の区別も存在しない），裁判所が多様な事実を総合的に考量する必要があることから，実質的には非訟の性質をもつ形式的形成訴訟とされる。

　第4に，当事者適格は，隣接地の実体法上の所有権者に認められる。これは，この訴訟が実質的には所有権界確定の意義をもつことを反映している

（最判昭和 59・2・16 判時 1109 号 90 頁参照）。もっとも，このルールに従えば，本問の前段のように，取得時効の成立により X の主張する筆界（cd）が Y の所有地内に存することになる場合，X の当事者適格は失われるようにみえる。しかし，次のような手続的理由をも考慮して X の当事者適格を肯定すべきである（参考判例④参照）。すなわち，①実体審理を遂げた後に取得時効の主張が認められれば当然に X の当事者適格が失われるとするならば，訴えを却下せざるを得ず，それまでの審理が無駄になる（参考判例①），②当事者の筆界の主張は審判対象を制約するものではないから，当事者適格の判断をこのような主張に依存させるべきではない，③取得時効成立部分を分筆するとしても，その前提として X・Y 間で筆界を確定させることが必要である。

　第 5 に，筆界の争いについては，広義の行政型 ADR として筆界特定制度が設けられている（不登 123 条以下）。筆界特定登記官が，申立てにより筆界を特定して，迅速な解決を目指す手続である。この筆界特定は当事者に対する法的拘束力を持たないから，後に筆界確定訴訟を提起することは可能である。また，裁判所が，釈明処分の特則として筆界特定手続記録の送付を嘱託する等して審理の充実を図ることができるし，判決において筆界特定と異なる筆界を定めることもできる（同法 147 条・148 条）。訴訟手続と筆界特定手続の連携により，当事者・裁判所の負担軽減と筆界確定の正確性が期待される。

　以上のような特殊性（とくに第 1〜第 3）に対して，学説においては，この訴訟類型（伝統的には境界確定訴訟）では所有権界と筆界の両方の確定を審判対象とすることが当事者の意思に合致し，紛争の抜本的解決となるとし，訴訟原則についても，手続保障の観点から，処分権主義や弁論主義をより広い範囲で認めるべきとの批判が強い。この批判を前提として，本問後段の問題を考えてみよう。

3　筆界確定訴訟における不利益変更禁止原則

　本問後段は，筆界確定訴訟における不利益変更禁止原則の適用を問う趣旨である［不利益変更禁止原則→問題74］。この原則は，一般的には，控訴審は不服申立ての限度においてのみ第 1 審判決の取消し・変更をすることができ，控訴人は第 1 審判決よりも不利な判決を受けることはないことを意味す

る（304条。附帯控訴により審判対象が拡張された場合は別である。293条）。

　判例は，この原則は処分権主義に基礎付けられるから，筆界確定訴訟では，申立事項拘束主義（246条）と同様に適用されないとする（参考判例②）。その実質的な理由としては，①客観的に正確な筆界を確定する公益性のほか，②筆界が入り組んでいる場合などには不利益な変更か否かが判然としないことも挙げられる（なお，本来は控訴の利益の判断においてもこの問題は発生するはずであるが，筆界確定訴訟においては原理的には勝訴・敗訴の観念がないので，控訴の利益も，当事者適格が認められる限りは常に認められる）。そうすると，本問のような単純な事例では②を考慮する必要はなく，①により，不利益変更禁止原則は判決段階では適用されず，控訴審は原判決を取り消してアイを筆界とする旨の判決を出すことができるとの結論となる。

　これに対して，③不利益変更禁止原則の趣旨は控訴人が控訴により不利益を被るリスクを減ずることにあり，①の申立事項拘束主義不適用の趣旨とは異なるとの批判や，④不利益変更か否かの判断が困難な事案においては，不利益性について控訴人に主張・立証を求めれば足りると考えられる（職権調査事項について，当事者の主張・立証を手がかりにすることは矛盾しない）から，不利益変更禁止原則の適用を認めるべきとの批判も十分成り立つ。これらの批判説によれば，本問の控訴審は，アイを筆界とする判決を出すことはできず，cdにとどめるべきことになろう。

　なお，判例に従う場合にも，当事者には十分な手続保障が要求される。裁判所は不意打ちを避けるためにアイを筆界とする旨の主張について釈明する義務があり，当事者の主張していない事実や職権証拠調べの結果については当事者に提示し，主張や反対証拠を提出する機会を与えるべきであろう。

●】参考文献【●

杉本和士・百選70頁／宇野聡「不利益変更禁止原則の機能と限界（2・完）」民商法雑誌103巻4号（1991）580頁／山本・基本問題57頁

（山田　文）

将来給付の訴え

　Y病院はXの自宅の隣地で開業した2年前からX宅との境界にエアコンの室外機10台を設置し，年中稼働させてきた。

　Xは，本件室外機の騒音により精神的・身体的被害を受けていると主張して，Yに対して，①全室外機の撤去，②室外機設置時から口頭弁論終結時までに生じた精神的・身体的被害を理由とする損害額の支払，③口頭弁論終結時から将来の被害がやむときまでに生ずる精神的・身体的被害を理由とする損害額の支払を求めて提訴した。Yは，騒音は騒音規制法および関係条例上の基準を超えたとしてもごくわずかであるのに対して，室外機を全部撤去し代替策を講ずるには莫大な費用がかかること，室外機設置時から防音対策を行っており，損害は発生していないこと，X主張の不法行為が将来継続するか否かは予測できないことを主張して，①②請求につき棄却判決を，③請求につき訴え却下判決を求めた。裁判所は，口頭弁論を終結時に，室外機を発生源とする騒音は受忍限度を超えているとの判断に至り，①②請求については一部認容判決を出すこととした。

　③請求について，裁判所はどのような判決を出すべきか。仮に③請求を認容する判決を出し，これが確定した場合，Xはどのようにして判決の実現を図ることになるか。その場合，Yはどのような点で不利益を受けるか。

●】参考判例【●

① 最大判昭和56・12・16民集35巻10号1369頁

② 最判平成19・5・29判時1978号7頁

③ 最判平成24・12・21判時2175号20頁

1 将来給付の訴えの利益

給付訴訟は, 口頭弁論終結時に給付請求権が現存する, 現在給付の訴えを原則とする。口頭弁論終結時にいまだ存在しない請求権の存否を判断しても, その後の事情の変動によって裁判所の判断が不当に帰する可能性があり, 紛争解決基準としての意味をなさないばかりか, その判決を債務名義として強制執行がなされれば債務者側が執行不許のための手続(請求異議訴訟〔民執 35 条〕)をとる必要と負担が生ずるからである。

しかし, それでは, 当該給付請求権をめぐる争いが将来生ずる蓋然性が高い場合にも原告には事前にはなすすべがないことになり, 当事者間の公平の観点からは適当でない。そこで, 訴えの利益の要件を加重し, 「あらかじめその請求をする必要がある場合」(135 条), すなわち将来給付の訴えの利益が認められる場合に限り, このような訴えを適法としている。一般的には, 将来, 履行期が到来しても債務者の任意の履行を期待できない場合(例えば, 現在すでに債務者が債務の存在を争っている場合), および, 給付内容の性質上, 履行期の到来時に即時に履行がなされなければ, 債務の本旨に反する結果となる場合(例えば, 講演のように, 特定日時の履行を内容とする債務), または, 債権者に著しい不利益を与える場合(例えば, 扶養料の支払を内容とする債務)には, 将来給付の訴えの利益が認められる。

本問の①②請求は現在給付であるが, ③請求は口頭弁論終結後に発生するであろう騒音を理由とする損害賠償請求であり, 将来給付である。しかも, Y の現在の不法行為が将来も継続するという予測を前提とする点に特徴がある。このような継続的不法行為の類型における将来給付の訴えの要件につき, 参考判例①(大阪国際空港事件)は, ⑥将来の請求権の基礎となるべき事実関係・法律関係がすでに存在し, その継続が予測されること, ⑪請求権の成否や内容に関し, 債務者に有利な影響を与える事情の変動があらかじめ明確に予測し得る事由に限定されていること, ⑪このような変動を請求異議事由として加害者(債務者)側に提訴および証明の負担を課しても格別不当ではないこと, を挙げて, 制限的な解釈を示した。これらを備える場合に

は，将来実際に請求権が現実化した時に，あらためて訴訟を提起して当該請求権の存在につきすべての要件を立証することを必要としない，「いわゆる期限付請求権や条件付請求権」と同視できるから，将来給付の請求の適格が認められるという論理である。もっとも，この判示に対しては，「適格」という概念によって定型的に行う判断は硬直的となり得るとして，より柔軟に適法性を検討するべき（具体的には，⑩の要件が手掛かりとなろう）とする批判も有力に主張されている。2では，この要件の適用範囲について検討しよう。

2　継続的不法行為に基づく将来給付の訴え

(1)　**土地の不法占有に基づく将来の損害賠償請求**　Xの所有する土地をYが権原なく占有している場合，Xが所有権に基づいて，Yに対する土地明渡請求，不法占有開始時から口頭弁論終結時までの賃料相当損害金の支払請求，および，口頭弁論終結時以降，明渡しを履行するまでの賃料相当損害金の支払請求を併合して提訴することは，実務上よく見られる。ここで第3の請求は継続的不法行為に基づく将来給付の訴えであるが，一般的に，適法性が認められる。参考判例①の示す3要件をあてはめると，ⓐ現在すでに不法占有が認められ，債務者が訴訟で争っていることから不法占有の継続が予測され，ⓑ変動事由があらかじめ予測でき（例えば，債務者による占有の終了，新たな占有権原の取得など），ⓒ債務者に請求異議の訴えの提起の負担を課しても格別不当でないと解されるからである。

なお，⑩の要件に挙げられている請求異議訴訟について説明しておく。将来の賃料相当損害金の支払を認める請求認容判決が確定した後，Yが不法占有を続ける場合には，Xはこの確定判決を債務名義として強制執行開始の申立てをすることができる（民執22条1号。なお，「事実の到来」すなわちYの不法占有を証明して執行文の付与を得る必要はないと考えられる。民執27条1項参照）。仮に，Yが口頭弁論終結後に占有を止めたにもかかわらずこの申立てがなされる場合には，Yは実体法上の請求権（損害賠償請求権）の消滅を異議事由として請求異議の訴えを提起し，強制執行を排除することができる（同法35条）。このように，将来給付の訴えを認容する帰結として，Xの「あらかじめ債務名義を得ていつでも強制執行できるようにする」という利益が保護される一方で，不当な（不当に帰した）執行がなされるおそれがあ

り，その排除のためには Y が提訴負担を負うことになる。そのため，上記
�iiiの要件において，原被告の負担の比較衡量が要求されるのである。もっと
も，X は明渡請求を認容する確定判決を有するならば，いつでもその執行
の開始を申し立てることができるはずである。にもかかわらず将来給付請求
（損害賠償請求権）を認容する確定判決を債務名義とする強制執行を選択した
場合，その後の任意の時期に明渡しの執行を申し立てることを X の完全な
自由に任せてよいかは，議論の余地があり得よう。

(2)　**公害などの継続的不法行為に基づく将来給付請求**　　(1)で見た将来給付
の請求適格という判断枠組みは継続的不法行為一般に適用されるが，判例
は，公害などの継続的不法行為の事案では，その具体的な当てはめにおいて
請求適格を否定する判断を重ねてきた。リーディングケースとなったのは，
前述の参考判例①である。判旨は，航空機の離発着から生ずる騒音・振動に
基づく将来の損害賠償請求については，将来も不法行為の継続が予測される
としても，「それが現在と同様に不法行為を構成するか否か及び賠償すべき
損害の範囲いかん等が流動性をもつ今後の複雑な事実関係の展開とそれらに
対する法的評価に左右されるなど，損害賠償請求権の成否及びその額をあら
かじめ一義的に明確に認定することができず，具体的に請求権が成立したと
される時点において初めてこれを認定することができるとともに，その場合
における権利の成立要件の具備については当然に債権者においてこれを立証
すべく，事情の変動を専ら債務者の立証すべき新たな権利成立阻却事由の発
生としてとらえてその負担を債務者に課するのは不当である」として，前述
の�ii�iiiの要件を欠くと判断した。

　この判断に対しては，事態の流動性による予測可能性の低さを理由とする
のであれば請求権の存在を認める期間を限定することで対応できる，また，
給付請求権が成立した時点ごとに債権者にその立証の負担を負わせるのは，
当事者間の公平や訴訟負担の重さからみて不当である，といった批判がなさ
れた。その後，これと同様の事案である横田基地事件において，控訴審判決
は，上記の批判に応えて，口頭弁論終結の日の翌日から 8 か月ないし 1 年の
短期間であれば継続する不法行為の法的評価（受忍限度を超えるか否か）や損
害賠償請求額等に変化がないであろうことを前提として，この間に限り将来

給付の請求適格を認めた。しかし上告審はこれを破棄し，将来給付請求部分について請求適格を否定したのである（参考判例②。反対意見も参照）。

(3) **本問について** それでは，本問の③請求の適格は認められるか。これも継続的不法行為であるが，規制値を上回る騒音をXに到達させない方法は多様であるから，Y（債務者）にとって有利となる事情の変動をあらかじめ明確に予測し得る事案ではない。さらに判例のいう請求適格論に依拠するならば，ここでも訴えを却下すべきとの考え方もあり得る。

しかし，参考判例②の控訴審判決がいうように，口頭弁論終結後の少なくとも数か月は請求適格を認めて請求認容判決を出しても，Yにとって不当執行とならない蓋然性が高く，他方で，Xの室外機撤去請求（本問の①請求）や参考判例①②における飛行場使用の差止請求など損害発生の根本原因を除去する請求は認容されないことも多いから，公平の観点から，将来給付請求の適格を認める余地もあろう（(1)で述べた現在給付と将来給付の選択における公平性の考慮とパラレルに考えることができよう）。

なお，判例は，上述の通り，土地占有の事案では将来の損害賠償請求権の成否や変動事由の予測可能性の高さを指摘して将来給付の訴えを認めているが，実際には土地価額が予測を超えて急激に上昇・下落することがあり，最高裁判所自身，このような損害額の変動については前訴確定判決の既判力が及ばないとの判断をしている（最判昭和61・7・17民集40巻5号941頁）［→問題53］。したがって，損害額の予測可能性は請求適格の判断基準として絶対的なものではないと考えられよう。このように考えるならば，Yの請求異議の訴えの提起負担を判例よりも縮小的に評価し，将来給付の訴えの請求適格をより広く認める考え方もあり得よう。

● 】参考文献【 ●

安西明子・私法判例リマークス37号（2008）112頁／秋山幹男・争点106頁／山田文・百選44頁

（山田　文）

確認の利益⑴：遺言無効確認の訴え

Aは「私は，長女Yに，別紙目録の不動産を遺贈する」と記載した自筆証書遺言を作成した。Aには，遺言目録中の不動産のほかにはめぼしい財産はなかった。その1年後にAは死亡し，家庭裁判所で上記遺言の検認がなされた。相続人は3人の子（Y・X₁・X₂）のみであり，遺言執行者の指定はなかった。

X₁は，この遺言はYがAを誘導して書かせたものであり，無効であると考えた。晩年，Aに認知症の症状がみられたためである。X₂は，この遺言は長子相続制度の名残りであり，憲法24条に反して無効と考えた。

X₁は，Yに対して，遺言無効確認訴訟を提起した。Yは，遺言作成は過去の行為であり確認の利益がないとして訴えの却下を求めた。

裁判所は，どのような判断をするべきか。また，仮に裁判所が本件訴えを適法としたうえで請求棄却判決をし，これが確定した場合，X₂はあらためて本件遺言の無効確認訴訟を提起できるだろうか。

●】 参考判例 【●

① 最大判昭和45・7・15民集24巻7号861頁
② 最判昭和47・2・15民集26巻1号30頁
③ 最判昭和61・3・13民集40巻2号389頁
④ 最判平成11・6・11判時1685号36頁

●】 解説 【●

1 確認の利益

確認の訴えの訴訟要件として，確認の利益が必要とされる。確認対象は理

論上無限に存在するから，相手方および裁判所が不必要な訴訟係属に対応しなくてすむよう，具体的な紛争の解決に必要な訴えに限定する必要があるからである。一般に，確認の利益を判断する際には，①確認訴訟の手段としての適切性（補充性原則），②確認対象の適切性，③即時確定の利益を検討するべきと考えられている。これらの要素を検討する際には，正当な当事者が選択されているかも考慮されることになる（これを第4の独立の要件とする説もある）。

(1) **確認訴訟の手段としての適切性**　例えば，貸金の返還について争いがある場合，どのような訴訟を提起すべきか。第1に，貸金返還請求訴訟が考えられる。これは給付訴訟だから，請求認容判決が確定した場合，判決効として既判力と執行力が生ずる（114条1項，民執22条1号）。第2に，債権存在確認訴訟も考えられる。しかし，この訴訟で請求認容判決が確定しても，債権の存在について既判力が生ずるにとどまる。債務者が任意履行をしない場合，債権者は債務名義を得るために給付訴訟を提起しなければならないから，特段の事情がない限り，確認訴訟は迂遠であると同時に被告に再応訴を負担させることとなり，許されない。これを確認訴訟の補充性とよんでいる。

なお，提訴時には確認訴訟の選択が適切であったが，後に不適切となる場合もある。例えば，保険会社が保険金請求者に対して保険金支払債務不存在確認訴訟を提起することは，債務をめぐる争いを債務者側のイニシアティブで解決する手段として，一般的に認められている（消極的確認訴訟の攻撃的利用といわれる。なお，この種の訴訟でも主張・立証責任の所在は実体法により定まることに注意）。しかし，係属後に被告が保険金支払請求の反訴を提起した場合，本訴の確認の利益を認める必要性は失われ，本訴は却下される（最判平成16・3・25民集58巻3号753頁。なお，反訴と同一の訴えを別訴で提起した場合には，二重起訴に当たると考えられる〔142条〕。一般的には給付訴訟が維持されることになるが，ここで例示した別訴を維持し本訴を却下する扱いが適当かも考えてみよう）〔→問題⒅〕。

(2) **確認対象の適切性**　確認対象は，原則として，現在の権利関係ないし法的地位である。その理由として，①過去の権利関係・法的地位を確認したところで，現時点までに変更が生じた可能性もあるから，現在（正確には

口頭弁論終結時）の法的紛争解決にとり有益でない，②将来の権利関係・法的地位を確認するためには予測に基づく判断をせざるを得ず，予測が外れた場合には判決は無駄となり紛争解決に役立たない，③事実関係を確認対象としても，それが現在の法律上の紛争を解決することには直接つながらないし，法適用の要件を構成する事実関係を対象とするのであれば，直截に，その効果たる法律関係を対象とするべきである，といった説明がなされてきた。もっとも，これらの原則については現在では例外も認められている。

まず，①に関しては，過去の権利関係・法的地位の確認であっても，それが，現在の法律関係の基礎（先決関係）となっていたり，確認判決により権利関係が確定されることでそこから派生するさまざまな紛争を包括的に解決できるような場合には，確認対象として認められる。

判例は，いわゆる国籍訴訟（最大判昭和32・7・20民集11巻7号1314頁）において，現在の紛争を解決するための必要性を重視して確認対象の適切性を判断するという枠組みを明らかにした。同様の判断は，子の死亡後に親が提起した親子関係確認訴訟においてもみられる。判旨は，親子関係は生存する者にとって身分関係の基本となる法律関係であり，これを確認する判決に基づいて戸籍訂正を求める等，生存者の現在の法的紛争を解決するために必要性が認められるとして，確認の利益を肯定している（参考判例①。被告適格は，人事訴訟法12条3項の類推適用により，検察官に認められた）。

さらに，遺産確認訴訟（参考判例③）においても確認対象が問題となった。特定財産が遺産に帰属するか否かが確認対象であるが，これを当該財産がかつて被相続人の財産に属していたか否かの判断と解するならば，過去の法律関係を対象とすることになるからである。参考判例③は，現時点（口頭弁論終結時）において当該財産が分割前の相続財産として相続人の共有に属することを対象とするとして現在の法律関係への読み換えを通じて，適切性を認めた。

次に，上記②に関しては，将来の権利関係・法的地位をそのまま確認対象とすることはできないとしても，判例は，それを条件付きの現在の権利関係・法的地位と言い換えることができるような法律関係がある場合には，確認の利益を認めている（参考判例④）［→問題⑬］。

最後に上記③については，確かに，事実関係そのものの存否を確認して
も，紛争解決に直接資するとはいえない場合は多い。しかし，当該事実関係
が争いの基礎となり，それから派生する法的紛争を抜本的に解決するために
有用であれば，事実関係であっても，確認対象とすべき場合もあると考えら
れる。民事訴訟法自体，証書成立の真否という事実を対象とする確認訴訟を
明文で認めているのである（134条の2）。

　(3) **即時確定の利益**　　以上の要件のほか，原告の具体的な法律上の地位
や権利利益が被告により否定され，原告の権利関係・法的地位に現時点で不
安・危険が生じており，確認訴訟によって即時に解決するにふさわしい程度
に紛争が成熟していることが必要である。例えば，推定相続人が，存命中の
被相続人の財産処分の有効性を確認訴訟によって争う場合，推定相続人の法
的地位は期待にすぎないから，原告の法的地位に危険が現に生じているとは
いえず，即時確定の利益は認められない（最判昭和30・12・26民集9巻14号
2082頁）[→問題13]。

2　遺言確認訴訟の対象

　以上を踏まえて本問を検討しよう。本問の確認対象をAの遺言行為の有
効性とするならば，過去の法律行為の効力を確認対象とすることになるか
ら，1(2)①に該当し，確認の利益は否定されることになりそうである。

　しかし，相続人X₁の法的地位は，遺言無効を前提とすれば法定相続分の
持分権を有することになるから，現在生じている遺産分割をめぐる紛争を包
括的に解決するためには，遺言の有効性について既判力をもって確定するこ
とが有益である。相続人は持分権確認訴訟や持分権に基づく移転登記請求訴
訟で争うことが可能といっても，これらの訴訟の間で遺言の有効性について
統一的判断がなされるとは限らない。また，実務的には，X₁はいきなり上
記のような訴訟を提起するよりも遺産分割手続（家事調停，家事審判）を利
用するのが一般的であるが，ここでも，遺言の有効性について紛糾し家事調
停不成立となり，また家事審判が出されてもその前提たる遺言の有効性判断
がさらに訴訟で争われ既判力をもって有効性が否定されれば遺産分割審判の
やり直しが必要となりうる。このように考えると，遺言の有効性判断は，単
に過去の一時点における法律行為の確認ではなく，現時点における法的評価

であり，かつ，現在の法律関係を変動させる要件であることがわかる（井上・後掲112頁参照）。

判例は，参考判例②において遺言無効確認訴訟を適法と認めたが，その理由付けとして，「遺言が有効であるとすれば，それから生ずべき現在の特定の法律関係が存在しないことの確認を求めるものと解される」として現在の特定の法律関係への「言い換え」に言及している。これは，伝統的な対象適格要件たる「現在の法律関係」を意識した（あるいはそこからの過渡期であることを示す）表現と推測されるが，上記の考察からは，このような「言い換え」の可能性は本質的な要件ではなく，現在の法律関係の基礎となる法的評価である場合には，過去の法律行為を対象とすることもできると考えるべきであろう。

3 遺言無効確認訴訟の当事者適格

遺言の有効性判断が相続人の法的地位・権利関係の基礎となり，実体法上も分割前の遺産につき相続人の共有関係が成立することを前提とすると，遺言無効確認訴訟は，相続人全員に合一確定をもたらすべく，必要的共同訴訟（少なくとも類似必要的共同訴訟）とすべきとも考えられる。しかし，判例（最判昭和56・9・11民集35巻6号1013頁）は，遺言無効確認訴訟の確認対象は相続財産に対する権利の全部または一部の不存在の主張であり，相続人全員を当事者とする必要はないとした。ここには，依然として，確認対象を現在の特定の法律関係の存否に還元する態度がみられる。

この判例に従うならば，本問の X₁ は単独で Y のみを被告として遺言無効確認訴訟を提起でき，仮に請求棄却判決が確定しても，X₂ はあらためて同一遺言につき無効確認訴訟を提起できる。X₂ が勝訴した場合には，X₁・X₂ の持分割合は異なる結果となるが，既判力の相対効によればやむを得ないということになる。これに対し，確認訴訟の紛争解決・予防機能を重視するならば，遺言無効確認訴訟を必要的共同訴訟とすることも考えられる。提訴に同意しない相続人について被告とする方法を認める余地もあるだろう（最判平成20・7・17民集62巻7号1994頁参照。最判平成16・7・6民集58巻5号1319頁が，相続人たる地位の不存在確認訴訟を必要的共同訴訟としていることも，参照せよ [→問題63・64・65]）。また，判例は遺言の内容は多岐に渡り，

争いのない相続人もいることから必要的共同訴訟のハードルを回避したもの
とも考えられる。そうであれば，少なくとも類似必要的共同訴訟を扱う余地
はあるように思われる。

　なお，前掲・最判昭和56・9・11は相続分および遺産分割の方法を指定し
た遺言を対象としており，その射程についても検討を要しよう。

●】参考文献【●

井上治典・百選〔第2版〕（1982）110頁／伊藤眞「確認訴訟の機能」判タ
339号（1976）28頁／川嶋隆憲・百選46頁

（山田　文）

確認の利益⑵：敷金返還請求権

　Xは，10年前に，建物所有者Yとの間で本件建物の賃貸借契約を結んだ。Xの主張によれば，この契約締結の際，XはYに保証金名目で300万円を差し入れたということであるが，その趣旨は賃貸借契約書その他の書面では明らかとされていない。

　その後，Xは契約更新を重ねたが，近辺の地価が上昇したことから，YはXに賃料の増額を申し出た。Xはこれを拒絶したが賃借はそのまま続けたいと述べたため，Yは賃料増額を求めて調停を申し立てた。この調停において，上記保証金の趣旨が争われた。Xは，これはいわゆる敷金であり，賃料不払などの賃貸借契約から生ずる債務を担保する目的の金銭であって，契約終了時にはYはその2割を償却し8割（240万円）を返還する義務が生ずると主張した。Yは，保証金名目の金銭の差入れの事実を争い，仮に差入れの事実が認められるとしても返還約束は存在しないと主張した。

　Xは，本件賃貸借契約の継続を前提としながら，契約終了時には240万円の返還請求権が存在することを確定するために，保証金返還請求権確認訴訟を提起した。Yは，この訴えは確認の利益を欠くから却下すべきであると主張している。

　裁判所は，この訴えを適法と認めることができるか。

●】 **参考判例** 【●

① 最判平成 11・1・21 民集 53 巻 1 号 1 頁
② 最判平成 11・6・11 判時 1685 号 36 頁
③ 最判平成 16・3・25 民集 58 巻 3 号 753 頁
④ 東京地判平成 19・3・26 判時 1965 号 3 頁

⑤　最判平成 21・12・18 判時 2069 号 28 頁

● 〕解説【 ●

1　将来の法律関係を対象とする確認の利益

　確認訴訟の訴訟要件としては，訴えの利益（確認の利益）が重要となる。給付訴訟や形成訴訟と異なり，確認訴訟の訴訟物は理論上は無限定であるから，確認の利益という概念を通じて，確認判決によって紛争解決を図るのが最も有効かつ適切である訴訟に限定する必要が高いからである。

　そこで，学説・判例（最判昭和 30・12・26 民集 9 巻 14 号 2082 頁等）は，現に，原告の権利または法律的地位に危険・不安が存在し，それを除去する方法として，審判対象たる法律関係等の存否について，被告に対して確認判決を得ることが必要かつ適切である場合に確認の利益が認められるとし，これを，①確認訴訟によること（方法）の適切性，ⅱ確認対象の適切性，ⅲ原告の権利・地位に現に不安・危険が生じていること（即時確定の必要性）の 3 つの基準から分析・判断してきた（さらに，ⅳ被告選択の適切性をも挙げる説もあるが，一般的には被告適格の問題として扱えば足りるであろう〔→問題12〕）。そして，各基準につき，①確認訴訟の補充性（給付訴訟や形成訴訟が可能な場合には確認の利益は認められない。参考判例③参照），ⅱ現在（口頭弁論終結時）の権利または法律関係を確認対象とし，事実や過去ないし将来の法律関係を対象としない，ⅲ現在，原告の権利・地位に具体的な不安・危険が生じていることが必要である，といった原則が導かれてきた。

　ただし判例は，ⅱについて，紛争が，審判対象とされた事実や過去の法律関係から派生しており，その存否の確認が現在の紛争の抜本的な解決に資するならば（紛争解決機能），事実や過去の法律関係も確認対象として認められるとの規範を確立している（最大判昭和 45・7・15 民集 24 巻 7 号 861 頁等）。事実や過去の法律関係が現在の原告の権利・法的地位の基礎となっており，現に具体的な不安・危険が生じているならば，その除去（紛争解決）のために確認の利益が認められるのであり，ⅱを判断するにあたりⅲが重視されているといえよう。学説も，多くはこの傾向に好意的であるが，事実と法律関係を峻別し，事実の確定は法的判断のための手段にすぎないとして，事実の

対象適格を否定する考え方もある。

　他方，判例も，⑪について将来の権利義務・法律関係の存否を確認対象とすることには謙抑的である。将来の法律関係について裁判所が予測することには限界があり，実際に生じた事態と齟齬があった場合には，判決による紛争解決機能が期待できないからである。例えば，遺言者が病気のため弁識能力喪失の常況にあり，遺言を有効に変更する可能性が事実上ない場合であっても，遺言者の生存中には，推定相続人が遺言者および受遺者を被告として遺言無効確認を求めることはできないとする（参考判例②）［→問題⑫］。遺言により将来発生すべき法律関係（遺言の有効性を前提として発生する遺産の帰属）をめぐる紛争については，相続開始後に遺言無効確認訴訟を許せば足りるからである。判例は，被告たる受遺者の法的地位は，遺言者の遺言の取消し等単独行為によって変動することを理由としている。

　もっとも，この事件（参考判例②）では遺言取消しの可能性はほぼなかったこと等を考慮すると，その実質的な理由は，即時確定の必要に基づくとの説明も可能である。すなわち，⑪に従い被告ではなく原告の法的地位に着目すると，原告は遺言者生存中に遺言者の財産について何らの権利を有しないので，現にその法的地位が危険にさらされているとはいえず，したがって即時確定の必要を欠く（前掲・最判昭和30・12・26参照）。当事者の実体法上の地位の不確定性ないし脆弱性を前提として（紛争の成熟性と表現されることもある），将来の法律関係の確認の利益を判断する考え方といえる。

　これらに対して，参考判例②の事案の原告の地位は法律上の期待権であるから即時確定の利益を認めるべきであったとの批判もなされている（後掲・中野論文）。また，手続的な観点とくに紛争予防的機能を重視して，将来高い蓋然性で紛争の発生が予測されるならば，事前に紛争解決基準を示して紛争を予防する必要が認められ，確認の利益が肯定されるとの考え方も成り立つ。当事者の実体法上の地位については，紛争発生の蓋然性や紛争解決基準をあらかじめ提示する必要性を判断する要素として考慮することになろう。

2　条件付法律関係を対象とする確認の利益

　判例の流れを前提とすると，本問の保証金返還請求権（民法622条の2参照）についても，賃貸借契約が終了して返還請求権が現実化した時点ではじ

めて確認の利益が発生することになりそうである。仮に X の主張する事実を前提としても，賃貸借終了までに賃貸借契約から生ずる債務額が差入金額を超えることもあり得るから，賃貸借終了時に 240 万円の返還請求権が存在するかは不確定といわざるを得ない（そして返還請求権が現実化した時点では，特段の事情がない限り，給付訴訟を提起することが適当であろう）。

しかし参考判例①は，本問と同様の事案において，金銭の差入れにつき敷金とみたうえで，その「返還請求権は，賃貸借終了後，建物明渡しがされた時において，それまでに生じた敷金の被担保債権一切を控除しなお残額があることを条件として，その残額につき発生する」とし，賃貸借契約終了前においても条件付きの現在の権利として認められると判示した。また，参考判例⑤は，遺留分減殺請求（改正前民 1031 条）を受けた受遺者が価額弁償の意思表示（改正前民 1041 条）をしたが，遺留分権利者から目的物の現物返還請求も価額弁償請求もされていない場合に，弁償額につき争いがあり，受遺者が判決でこれが確定されたときは速やかに支払う意思がある旨を表明したときには，弁済額の確定を求める訴えには確認の利益があると判断している。

このように，将来の法律関係であっても，条件付きの法律関係として現在の法律関係に引き直すことができる場合には，確認対象の問題はクリアされる。これらの判例を前提とするならば，本問についても確認の利益を肯定できよう。このような確認の利益の考え方は，前述のような確認訴訟の紛争予防的機能を拡張する点からみても適切と考えられる。

このような考え方を採った場合，本問について確認の利益を認めることができるかについては，両様の解釈があり得るように思われる。すなわち，条件付法律関係を対象とするといっても，予測に基づく判断を要する点では遺言者生存中の遺言無効確認訴訟と変わらないから，確認の利益は認められないとの考え方である。これに対し，原告の実体法上の地位に着目して，推定相続人は相続開始時まで被告の財産に対して何らの法的権利を有していないが，本問の賃借人は金銭差入れと返還約束の主張が認められれば返還請求権という実体的地位を現に有することを重視するならば，両判例を区別（ディスティンギッシュ）することも可能であろう。参考判例⑤の受遺者も，すでに弁償額支払の意思表示をしており，実体法上，債務者としての地位を認め

てよいと考えられよう。

3 将来の労働契約上の地位

最後に，条件付法律関係に引き直すことを経由せず，端的に将来の法律上の地位を対象とする確認訴訟を適法とした裁判例に言及しておこう。

参考判例④は，被用者Xら（外勤の正規従業員）が雇用者Y（保険会社）に対して将来の労働契約上の地位確認訴訟を提起した事案である。Xらの主張によれば，Xらの所属する職種そのものを，Yが具体的な日程を定めて全面的に廃止する方針であることが発表され，Xらは地位の保全を求めてYと折衝を試みたが失敗し，この訴訟を提起したとされる。

本件では，将来の労働契約上の地位を確認対象とすることに即時確定の利益があるかが問題となったが，裁判所は，「将来の法律関係であっても，発生することが確実視できるような場合にまで，確認の訴えを否定するのは相当ではない。……権利又は法律的地位の侵害が発生する前であっても，侵害の発生する危険が確実視できる程度に現実化しており，かつ，侵害の具体的発生を待っていたのでは回復困難な不利益をもたらすような場合」には認めるべきとし，当該事案について確認の利益を認めた上で本案判決を行った。

このように，将来の法的地位の発生の確実性，侵害発生の危険の現実性，事後の救済では回復困難な不利益の存在が認められる場合には，現在の法的地位に引き直すことなく，端的に将来の法的地位を確認する利益を認める考え方は，確認訴訟の予防的救済機能を重視する考え方に沿うものであり，学説からは好意的に受け止められている。今後の判例の方向性に留意する必要があろう。ただし，この判決が現在の判例法理との関係で先駆的な方向性を示しているとしても，参考判例②が判示するような，現時点に引き直した場合に原告に実体的な法的権利・利益が認められない事案とは区別するという意味でのディスティンギッシュは，なおあり得るようにも思われる。

●】参考文献 【●

今津綾子・百選52頁／上田竹志・百選54頁／野村秀敏・百選〔第5版〕62頁／中野貞一郎『民事訴訟法の論点Ⅱ』（判例タイムズ社・2001）56頁以下

（山田　文）

当事者適格
（紛争管理権）

　X会は，A湾の近辺に在住する20名（X₁～X₂₀。以下，「Xら」という）を会員とし，A湾の環境保護を目的とするNPOである。法人格はない。会の規約において代表はX₁とされ，代表の選出方法や会の意思決定方法（多数決），会費の管理方法が定められている。

　5年前，Y電力会社がA湾の一部海域を埋め立てて火力発電所を建設する計画を立て，地元の漁業者・農業者との間で環境保全および損失補償について協議を開始した。X会は，この頃から反対派の住民とともに計画の撤回・見直しを求めてYおよび行政当局との話し合いを継続し，環境評価（アセスメント）に係る情報開示の要請，環境保護計画の提案などを行った。しかし，Yは漁業者・農業者との間で環境保護協定および損失補償額について合意に至った時点で埋立てに着手し，今春，火力発電所が完成し，操業を開始した。

　そこで，X会は，Yの行為によって生態系が変化し，環境権が侵害されると主張して，Yに対し，火力発電所の操業差止めと埋立区域の原状回復を求めて提訴した（なお，X会は，Xら各人の人格権に基づく請求はしていない）。Yは，X会の構成員はA湾付近で漁業や農業を営む者ではないから，X会は原告適格を欠くと主張した。X会は，A湾付近の環境保持という公益のために地域の代表として本訴を提起・追行しているのだから，原告適格があると述べた。

　裁判所は，X会の当事者適格を認めることができるか。

●】 **参考判例** 【●

① 最判昭和60・12・20判時1181号77頁
② 最大判昭和45・11・11民集24巻12号1854頁

1　拡散利益と当事者適格

　環境の保護，景観の保持，消費者の利益の保護のように，不特定多数の人が享受する利益を拡散利益と呼ぶ。実体法上，どのような拡散利益がどのような要件で誰に認められるかは困難な問題であるが，訴訟法上は，誰に当事者適格を認めて訴訟追行させることが適切な紛争解決のために必要かが１つの重要な論点をなしてきた。伝統的には，当事者適格を基礎付けるのは実体的な管理処分権と考えられてきたが，拡散利益に関しては，そもそも請求権が誰に帰属するのかが明確でないため，管理処分権者の範囲を確定できないからである。

　一般的に，環境保護を目的とする訴訟で差止請求がされる場合，その法的構成として，所有権等の物権に基づく妨害排除請求権，人格権に基づく差止請求権，不法行為に基づく差止請求権，環境権に基づく差止請求権などが考えられる。前三者は，それぞれ物権の権利者，人格権者，不法行為により侵害を受ける権利・利益の主体が権利者であり，各人が管理処分権者として当事者適格を有する（福永・後掲227頁）。本問の住民やXらも，人格権が認められる限り，各人が当事者適格を有するはずである。もっとも，この場合，理論的には，反対派の住民の数だけ訴訟が提起されることになる。つまり，仮にYがX₁に勝訴しても，X₂に敗訴すれば操業を止める債務を負い，反対派住民全員に敗訴したと同じ結果となるから，応訴の負担が大きく，法的安定性も損なわれる。しかも，このような人格権は，その性質上，極めて広い範囲の（理論的には日本中の）人に認められる可能性があり，原告適格者数は膨大となる。

　これらに対して，環境権は，より集団的な性質を有するとの考え方が有力に主張されている。良い環境を享受する権利・利益は，土地の所有権や漁業権のような個別の利用収益権とは別に，環境を共有する人々に（個別の被害がなくとも）平等に認められるべきであり，したがって，環境をどのように利用・支配するかは（例えば地域住民全体のような）集団に属する利益と考えるからである。具体的な内容については議論が分かれており，地域住民全員

に入会権のように総有的に属する利益であり，当事者適格は，固有必要的共同訴訟［→問題63・64・65］に準じて認めるべきとする考え方，各人には実体的な処分権はなく，多数人が集団的に主張してはじめて訴えの利益が認められる本質的集団訴訟とする考え方（谷口安平「集団訴訟の諸問題」鈴木忠一＝三ケ月章監修『新・実務民事訴訟講座(3)』〔日本評論社・1982〕175頁），一定の集団に固有の利益とする考え方（福永・後掲233頁）などが論じられてきた。これらを前提とすると，本問のA湾付近住民に集団的に当事者適格が認められることになり，上記のYの応訴負担等の問題は回避できる。もっとも，総有権的な構成を採る場合にはA湾付近住民全員の必要的共同訴訟や住民全員による訴訟担当者への授権や団体の構成（任意的訴訟担当［→問題16]）が必要となり，その実現可能性は小さくなる。集団的利益とする場合には，その範囲や集団の訴訟上の地位なども問題となり得る。

2　紛争管理権概念の変遷

(1)　紛争管理権説の登場と批判

1で述べた隘路を解決するために，訴訟提起前の紛争交渉過程で紛争原因の除去に重大な役割を継続的に果たしていた者に「紛争管理権」を認め，その後の訴訟追行権を与えるべきとの考え方が提唱された（伊藤・後掲『民事訴訟の当事者』90頁）。実体法上の管理処分権によって当事者適格を基礎付ける伝統的な考え方の下では，環境権のような生成中の権利については当事者適格者を特定できないことに鑑み，紛争交渉過程における真摯な取組みという事実的な側面に着目し，このような者ならば誠実な訴訟追行を期待できるとして当事者適格を認めようとする考え方である。この考え方によれば，本問のXらないしX会は固有の当事者適格を得ることになり，地域住民による訴訟追行権の授権（任意的訴訟担当）という構成を採る必要はない。その点でも実体法的なアプローチを排除した考え方であるといえよう。

しかし，参考判例①は，本問と類似の紛争でXらが団体を構成していない事案において，紛争管理権論を含めて，Xらの原告適格を否定した。原判決が，環境権に基づく差止請求権が実体法上の権利として確立していないことを理由に訴えを却下したのに対して，最高裁判所は職権で原告適格の問題を採り上げ，①法律上の規定がないためXらは法定訴訟担当に当たらな

い，②住民からの授権が存在しないためXらは任意的訴訟担当に当たらない，③紛争管理権論は「そもそも法律上の規定ないし当事者からの授権なくして右第三者が訴訟追行権を取得するとする根拠に乏しく，かかる見解は，採用の限りでない」，④Xらには自己固有の差止請求権に基づく訴訟追行権も認められない，との理由でXらの原告適格を否定したのである。

このように，紛争管理権説は判例上明確に否定された。学説からも，紛争管理権の要件が実体法上の権利関係とは異質の事実関係を内容としており，紛争概念をはじめとして要件が不明確である，提訴前の紛争管理者の要件が示されていない，訴訟追行結果たる判決効が住民に及ぶことを正当化する根拠が示されていないなどの批判がなされた。なお，最後の点に関しては，同説は，判決の効力は有利不利を問わず住民に及ぶが，紛争管理権者と路線を異にする住民は別途提訴することができるとしていた。したがって，提訴しない住民は紛争管理権者の訴訟追行を黙示的に承認しているとの説明も不可能ではなかったといえよう。

とはいえ，確かに，紛争管理権説を本問のXらに適用して，当事者適格の有無を判断しようとするならば，訴訟担当の要件とのバランス上，その専門性の程度，住民および相手方との利害関係，紛争交渉への関与の態様など誠実な訴訟追行を期待し得るかの要件や，Xらのうち一部の者が欠けた場合の当事者適格の有無やX会への授権などを検討する必要があり，要件の不明確性は否めない。なお，紛争管理権説自体は，実質的には法定訴訟担当構成を採っていたことにも留意すべきである（後に，一種の任意的訴訟担当構成へと改説された。(2)参照）。

(2) **紛争管理権説の再構成**　上記のとおり，参考判例①は，Xらの原告適格が任意的訴訟担当に当たるかを職権で検討した。その要件は，判例（参考判例②）［→問題16］によれば，①弁護士代理原則・訴訟信託禁止の潜脱に該当せず，②訴訟担当者の訴訟追行に合理的な理由が認められることであるが，これらと紛争管理権の要件との関係は明確でなかった。

これらの批判を受けて，紛争管理権説は，一種の任意的訴訟担当として再構成された（伊藤・後掲「紛争管理権再論」203頁参照）。すなわち，本問のX会のような環境保護団体が住民の包括的授権を得ており，上記の任意的訴訟

担当の要件を満たす場合には，住民のための訴訟追行権が認められるべきである。その際，紛争管理権の要件であった①提訴前からの紛争交渉における重要な役割を果たしていたことが，弁護士代理原則の潜脱ではないことを基礎付け，②当該団体が訴訟追行しなければ住民の権利実現が図られないという事情が，訴訟追行の合理的理由をなすから，結論として，紛争管理権者には任意的訴訟担当が認められるとする。

このように，任意的訴訟担当という伝統的な枠組みに紛争管理権論を組み込む考え方は，当初のように紛争管理権概念によって直接当事者適格を基礎付けるわけではなく，その意味で後退したともいえる。が，環境訴訟のような拡散的利益を対象とする訴訟で，実体的な管理処分権概念が有効に働かない場合にも当事者適格を認める手がかりを提供する点で，重要性は失われていないといえよう。

また，同じく拡散利益とされる消費者利益の保護のために，2006年の消費者契約法の改正により，事業者の不当行為の差止めを求める消費者団体訴訟制度が創設されたことも，この種の訴訟の当事者適格を考える際の手がかりとなる（消費契約12条以下。その後，2013年の消費者裁判手続特例法の制定により，特定の団体が被害回復を求めることも可能となった）。この制度では，一定の要件（法人格，過去の経験・実績，組織性，専門家・法律家の関与等）を満たして内閣総理大臣により認定された適格消費者団体は，不特定多数の消費者の利益のために，消費者契約法に反する事業者の不当行為や無効条項の使用差止めを求める差止請求訴訟の当事者適格を有する。判決効は，勝敗にかかわらず，消費者全体に及び，判決確定後は，他の適格消費者団体が同一事業者に対して同一請求について提訴することはできない。適格消費者団体の当事者適格を，固有の適格と見るか，判決効に着目して法定訴訟担当と見るかは両論が可能であるが，環境訴訟についても，同様に，不特定多数人の利益を集積し実現する方法として，環境団体訴訟の制度を立法的に検討することも考えられよう。

さて，この任意的訴訟担当として再構成された紛争管理権説によるならば，本問のX会に当事者適格を認める余地はあると考えられる。まず，X会は法人格がないが，規約上代表の定めがあり，メンバーの出入りによって

も団体としての同一性が保たれ，会の意思決定方法や財産の管理方法が定められていることから，民事訴訟法 29 条により当事者能力を認めることができる社団と考えられる［→問題⑦］（最判昭和 39・10・15 民集 18 巻 8 号 1671 頁，最判平成 14・6・7 民集 56 巻 5 号 899 頁参照）。次に，規約上，環境保護に関する A 湾地域住民からの包括的授権を得ていると考えられる場合で（あるいは，提訴にあたり住民の個別的な授権を得ている場合もあろう），かつ，上記①②の要件を満たすべく，X 会の紛争交渉過程における継続的で重要な役割を果たしたことの実績，X 会の提訴によりはじめて住民の権利実現・紛争解決が可能となること，X 会が本件訴訟の追行において少なくとも住民と同程度の専門性を有すること，などが認められれば，任意的訴訟担当として当事者適格が肯定される可能性があろう。

●】参考文献【●

伊藤眞『民事訴訟の当事者』（弘文堂・1978）90 頁／伊藤眞「紛争管理権再論」『竜嵜喜助先生還暦記念・紛争処理と正義』（有斐閣・1988）203 頁／福永有利『民事訴訟当事者論』（有斐閣・2004）219 頁／山本和彦・重要判例 250（2022）74 頁

（山田　文）

法人でない社団の登記請求権

X会は，P会社の従業員で構成される法人でない親睦団体であり，構成員は常時500名を超える。Xの現在の代表はAである。規約によれば，Xの意思決定機関は年1回開催される総会であり，出席者の過半数の賛成により決議がなされる。

Aは，X専用の会館の建設を企画し，その用地として土地甲を所有者Yから1億円で購入することを総会に諮ったところ，過半数の賛成を得て可決された。そこでAは，XY間で甲の売買契約を締結し，1億円をYに支払った。

その後，Yが甲の所有権移転登記に協力しないので，Aは，XY間の売買契約の成立を主張して，A名義への所有権移転登記手続請求の訴えを提起した。訴状の原告欄には「X　上記代表者A」，被告欄には「Y」と記載され，また，Xが上述の性質を有する団体である旨も記載されている。

Yは，「本件訴えの原告適格はXには認められないから，本件訴えは却下されるべきである」と主張した。

証拠調べを経て，裁判所は，Xが民事訴訟法29条の適用のある社団であることを前提としたうえで，Aの本案に関する主張はすべて認めることができ，Yは甲の所有権移転登記手続に協力する義務があると判断するに至った。裁判所は，どのような判決をするべきか。

● 】 参考判例 【 ●

① 最判平成6・5・31民集48巻4号1065頁
② 最判平成23・2・15判時2110号40頁
③ 最判平成26・2・27民集68巻2号192頁

1　法人でない社団の当事者能力と当事者適格

　本件Xは，法人でない社団であり，民事訴訟法29条の適用を受けると考えられる（最判昭和37・12・18民集16巻12号2422頁，最判昭和39・10・15民集18巻8号1671頁等）[→問題[7]]。同条の趣旨は，法人でない社団であっても，それが1個の社会実体として活動したり取引主体となることが想定されるため，そのような実体を訴訟上にも反映させることが紛争の相手方にとっても便宜であることから，一定の要件を満たす社団には当事者能力を認めることにある。本件Xは，判例等により確立された同条の要件を満たすと考えられるので，まず，当事者能力を認めることができる。

　問題は，登記請求権を訴訟物とする給付訴訟の原告適格を認めることができるか，である。民事訴訟法29条の趣旨を単純に当てはめれば，Xに原告適格を認めてよいようにみえるが，いくつか検討すべき点がある。

　まず，Xに権利能力を認めることができるかが問題となる。権利能力がないとすれば，給付請求認容判決が確定しても実体権の帰属先が存在しないから，請求棄却判決をせざるを得ないからである。そこで，誰を実体権の帰属主体とし，それとの関係で，Xに原告適格を認めるとすればどのような根拠に基づくかを検討する必要がある。

　また，不動産登記については，不動産登記法上，登記申請者・義務者の本人確認を要するが，法人でない社団に関しては，社団および代表者の証明について，法人登記簿のような定型的で蓋然性の高い審査資料を登記官に提出することが困難との事情がある。そのため，登記実務・判例ともに，法人でない社団（X）または社団代表者の肩書きのついた個人名義（X代表者A）の登記のいずれも認めていない（最判昭和47・6・2民集26巻5号957頁）。したがって，Xが原告適格を有するとしても，A個人名義への移転登記を求めざるを得ないが，そのような請求の意義や問題点も検討を要する。

　さらに，当事者適格の議論において検討するべきは，適格を認められたものによる訴訟追行の結果（特に敗訴判決で終わった場合）を，X構成員に及ぼすことができるか，である。紛争の相手方は判決確定による法的安定性を期

待するが，他方で，X構成員が別訴を提起することができなくなるのはなぜか，その理由を説明する必要があろう。

2 社団固有財産に係る登記請求訴訟の原告適格

(1) **登記請求権の帰属主体と原告適格**　民事訴訟法 29 条の適用のある社団に実体法上の権利能力がないとすると，上記のとおり原告適格を認めても請求認容判決を得ることができず，同条の実質的な意義が失われるとして，当該事件限りで権利能力を有するとする考え方も有力に主張されてきた。しかし，判例は，このような考え方を採用せず，社団の財産は，その構成員全員に総有されると解している（最判昭和 32・11・14 民集 11 巻 12 号 1943 頁，最判昭和 55・2・8 判時 961 号 69 頁等参照）。したがって，いわゆる管理処分権を前提として当事者適格を考えるならば，本件土地甲の移転登記手続請求の訴えは，X構成員全員を原告として行う固有必要的共同訴訟となる。もっとも，そのためには 500 名以上の会員全員が原告となることに同意しなければならないし，多数の当事者の間で訴訟資料や訴訟状態の統一化を図るために手続が煩雑となるおそれがあり，現実的ではない。

　そこで，判例は，次のような判断を示して，この問題に手続的に対応してきた。すなわち，①X代表者は，構成員全員のために信託的に当該不動産の登記名義人となったものであり，移転登記請求の原告適格が認められる（前掲・最判昭和 47・6・2。新旧代表者間での移転登記請求の事案における判断であるが，参考判例③で引用されている），②Xの総会決議により登記名義人とされた構成員は，構成員の全員（権利帰属主体）から登記名義人となることを委任され（実体法上の委任），かつ，登記請求訴訟を自己の名において追行する権限を与えられている（訴訟追行権の授権）から，自己への移転登記手続請求の訴えの原告適格が認められる（参考判例③），③「権利能力のない社団の構成員全員に総有的に帰属する不動産については，実質的には当該社団が有しているとみるのが事の実態に即している」ことを前提として，X自身に原告適格を認める（参考判例③）と判断してきた。結局，判例は，社団代表者，規約に基づく決議により授権された者のほか，社団自身にも原告適格を認めるに至ったことになる（なお，前掲・最判昭和 47・6・2 は，傍論において，社団自身の原告適格を否定していた）。

それでは，これらの判例において，原告適格はどのような性質のものと解されているか。当事者適格の考え方として管理処分権を前提とするならば，登記請求権が構成員全員の総有にかかるとすると，上記①〜③で整理したように，判例が示す原告適格はいずれも構成員全員を被担当者とする訴訟担当と考えられる。その根拠として，任意的訴訟担当または法定訴訟担当が考えられるが，見解は分かれる。

　①前掲・最判昭和47・6・2が「社団構成員の総有に属する不動産は，右構成員全員のために信託的に社団代表者個人の所有とされる」と論じている点や，②（参考判例①）が総会決議における委任・授権を認定している点からは，任意的訴訟担当と解することも可能である。もっとも，任意的訴訟担当は，本来被担当者全員の授権に基礎付けられるところ（明文の任意的訴訟担当の規律として，30条参照），総会決議は規約の定める割合の賛成を得れば成立するから，決議に反対した構成員も被担当者となるかが問題となりうる。この点については，社団という概念は，構成員全員の意思をとりまとめる機能を説明する意義があるとしたうえで，とくに団体性の強い総有という共同所有形態においては，その必要性が顕著であると説明することもできよう。

　他方，法定訴訟担当説をとれば，上記の決議反対者の問題をクリアすることができる。また，参考判例①③が，決議等の授権に関する事実を認定せず，登記手続・訴訟手続の便宜・実益の観点から社団の原告適格を認めていることからも，判例は明文規定のない法定訴訟担当を創設したものと解することもできよう。③判決は，「当事者適格は，特定の訴訟物について，誰が当事者として訴訟を追行し，また，誰に対して本案判決をするのが紛争の解決のために必要で有意義であるかという観点から決せられるべき事柄である」として，実体的な権利の帰属や管理処分権にふれていないことも特徴的である。とはいえ，同判決は上記①②の点を排除したわけではないし，事案との関係で授権を要しない（固有財産の処分に関する決議があれば足りる）と判断したにとどまるものと考えられよう。

　ところで，上記の説明は，X構成員を被担当者とする訴訟担当が，Xの訴訟追行およびAの登記保持を含む包括的なものであることを前提としている。これに対して，A個人への登記移転を求める訴えにおいては，Xの

ほかにＡも構成員からの授権を得ているものとして，いわば二重の訴訟担当がなされていると解する考え方もありうるように思われる（⑵参照）。

なお，Ｘが法人でないことから生ずるもう１つの違いとして，ＡがＸ代表として訴訟追行をする際の資格の問題がある。参考判例①は，法人でない社団が総有権確認の訴えを提起する際に原告適格を肯定する判断をしているが，その訴訟で実際に訴訟追行をする社団の代表者については，規約上，財産の処分に必要とされる決議等による授権が必要と判断している。法人の代表であれば当然に訴訟追行が認められることとの相違に留意すべきであろう。

⑵ **社団代表者への移転登記に伴う問題**　上記の通り，Ｘの請求はＡへの移転登記を求めるものであり，確定した請求認容判決を債務名義とする執行によって，Ａ個人の名義で所有権移転登記がなされることになる（この場合の執行は，民事執行法174条１項本文により，裁判の確定と同時にＹの意思表示の擬制の効果が生ずるから，Ａが承継執行文〔民執27条２項〕を得る必要もない）。

そうすると，Ａ固有の債権者が，土地甲を引当財産として強制執行をする等のおそれも否定できない。これは，Ｘが法人でないために生ずる問題であるが，民事執行法上は，Ｘが第三者異議の訴えを提起してＸの所有権を主張し，強制執行の不許を求める方法が用意されている（民執38条１項）。さらに，Ｘの債権者がＸの所有する不動産（登記名義人はＡ）に対して強制執行をする場合の執行方法についても，やはり所有権の帰属と登記名義人のずれが問題となるが，これについては，最判平成22・6・29（民集64巻4号1235頁）〔→問題⑦〕を参照されたい。

⑶ **社団を原告とする判決の効力**　Ｘに原告適格を認めた場合に，その判決の効力，とくに既判力はＸ構成員に及ぶと考えられるか。この問題が論じられるのは，とくに相手方Ｙが勝訴した場合であるが，Ｘ構成員，とくに決議に反対した構成員による再訴を封ずることがＸＹ間の公平に適うと考えられる。そうでなければ，ＹはＸ構成員の数だけ応訴しなければならないからである。他方，Ｘ構成員の手続保障は，Ｘ内部の意思決定の問題に収れんすると考えるべきであろう（したがって，解釈上Ｘの構成員の授権が認められない場合やＸの意思決定手続に関する規約に問題があったりその不遵守

等がある場合には，Xの原告適格〔場合によっては当事者能力〕が認められないとの結論もあり得よう）。

　X構成員への判決の効力について，Xの原告適格として訴訟担当構成を採る場合には，構成員は被担当者として判決の効力を受けることになる（115条1項2号）。上述のように，任意的訴訟担当構成において，決議に反対した構成員に判決効を及ぼすことには困難もあり，社団の性質や共同所有形態によって個別の判断を要する場合もあり得よう。

　これに対して，Xに事件限りの実体権の帰属を肯定する考え方を前提とする場合には，判決効はXのみに及び，構成員への判決の効力は，いわゆる反射効ないし判決の反射的効力で説明されることになる［→問題55］。

　以上より，本設例の裁判所は，Xの原告適格を認めて，請求認容判決をすることができると考えられる。その主文は，「被告YはAに対し，別紙目録記載の土地甲について，＊＊年＊月＊日付売買を原因とする所有権移転登記手続をせよ」と記載されることになる。「X代表者A」に対する移転登記手続ではないことに注意されたい（参考判例③参照）。

●】 **参考文献** 【●

工藤敏隆・百選22頁／名津井吉裕「不動産登記請求訴訟における権利能力なき社団の当事者適格」法教409号（2014）63頁／山本弘「法人格なき社団をめぐる民事手続上の諸問題(1)(2)」法教374号（2011）127頁・375号141頁

（山田　文）

任意的訴訟担当

　A国は，日本で国債を発行し，多数の日本の個人や企業がそれを購入していた（いわゆるソブリン・サムライ債）。この発行の際，A国は，債券の内容等を債券の要項で定めた上，B銀行との間で，Bを債券管理会社として管理委託契約を締結した。本件管理委託契約には，債券管理会社は，本件債券保有者のために本件債券に基づく弁済を受け，または債券を保全するために必要な一切の裁判上または裁判外の行為をする権限および義務を有する旨の条項があった。本件要項は，本件債券の内容のほか，上記授権条項の内容をも含むものであり，発行された本件債券の券面裏面にその全文が印刷され，本件債権者に交付される目論見書にも本件授権条項を含めてその実質的内容が記載されていた。その後，A国は債券の元利金の支払をしなかったので，B銀行は，債券管理会社として本件債券保有者のために，A国に対し，債券元利金の支払を求めて訴えを提起した。

　B銀行に原告適格は認められるか。

●】 参考判例 【●

① 最大判昭和 45・11・11 民集 24 巻 12 号 1854 頁
② 東京高判平成 8・11・27 判時 1617 号 94 頁
③ 東京高判平成 8・3・25 判タ 936 号 249 頁
④ 最判平成 28・6・2 民集 70 巻 5 号 1157 頁

●】 解説 【●

1　代理と訴訟担当

　民事訴訟において，他人の権利や法律関係について訴訟を追行できる場合

として，代理と訴訟担当がある。代理は，他人を当事者として本人がその代理人として訴訟を追行する場合であり，訴訟担当は，他人を利益の帰属主体としながら本人が当事者として訴訟を追行する場合である。代理および訴訟担当ともに，本人の訴訟追行権が他人の意思・授権に基づくかどうかによって，法定代理ないし法定訴訟担当と訴訟代理ないし任意的訴訟担当とに区別される。

　このうち，法定代理は，訴訟上の代理人の代理権が当事者の意思に基づかない場合をいい，親権者・後見人・不在者財産管理人など実体法上の法定代理人と，訴訟法上の特別代理人（35条）に分かれる。法人や法人格なき団体の代表者も，法定代理人と同視され，法定代理に関する規定が準用される。また，法定訴訟担当は，当事者の訴訟追行権が利益帰属主体の意思に基づかない場合をいい，破産管財人や取立訴訟の差押債権者など財産の管理処分権が実体法上第三者に帰属する場合と，人事訴訟における検察官・成年後見人などの職務上の当事者に分かれる。

　他方，訴訟代理は，訴訟上の代理人の代理権が当事者の意思に基づく場合をいう。訴訟代理人には，訴訟追行の委任を受けて代理権を授与される訴訟委任による代理人と，当事者の意思によって一定の法的地位（支配人・船長等）に就くことによって法令上当然に代理権も授与される法令上の訴訟代理人とに分かれる。訴訟委任による訴訟代理人は原則として弁護士でなければならないという弁護士代理の原則が適用になる（54条1項本文）。訴訟委任による代理人を法律の専門家である弁護士に限定して，当事者の保護および訴訟手続の円滑な進行を図る趣旨である（ただ，簡易裁判所においては，裁判所の許可により，弁護士でない者も代理人となることができる許可代理の制度がある。同項ただし書）。訴訟委任による訴訟代理権は，手続安定の要請と代理人である弁護士に対する信頼に基づき，その範囲は包括的なものとされ，これを個別的に制限することは許されない（55条3項）。ただ，上訴の提起や訴えの取下げなどとくに重要な行為については，当事者の保護のため，その特別の委任を要するものとされる（同条2項）。

　最後に，任意的訴訟担当は，当事者の訴訟追行権が利益帰属主体の意思に基づく場合をいう（判例などでは「任意的訴訟信託」と呼ばれていることもある

が，現在では「任意的訴訟担当」という呼び方が一般的である）。民事訴訟法その他の法令に明文のある場合として，選定当事者（30条），手形の取立委任裏書人（手形18条），サービサー（債権管理回収業に関する特別措置法11条1項）などがある。このうち，選定当事者の制度は，共同の利益を有する多数の者が当事者適格を有する場合に，その中から1人または数人を選定して，選定された者が当事者となる制度である。これによって，多数の者が当事者となる負担を軽減するとともに，訴訟手続の単純化を図ったものである。近時はさらに，当事者になっていない者も既存の訴訟の当事者を選定当事者とすることも認められ（30条3項），その活用が図られている。

　このように法定された個別の場合以外に一般的にいかなる場合に任意的訴訟担当が認められるかについては，明文の規定がない。そこで，上記の訴訟代理の制度などとの関係で，どのような範囲でどのような要件の下に任意的訴訟担当が認められるかが問題となる。特に，選定当事者制度との関係では，担当者となるべき者が本来の当事者適格を有していない場合が問題となる。本問はそのような点を問題とするものである。

2　任意的訴訟担当が認められる要件

　任意的訴訟担当について，かつての判例は，厳格な態度をとっていた。すなわち，組合の業務執行組合員が各組合員の授権に基づき任意的訴訟担当を行う場合について，組合の代理人または各組合員の選定当事者としてであればともかく，任意的訴訟担当によることは許されないとしたものがあった（最判昭和37・7・13民集16巻8号1516頁）。しかるに，そのような姿勢を大法廷判決によって正面から転換したのが，参考判例①である。

　この判決は，建設工事共同事業体（いわゆるジョイントベンチャー）という民法上の組合について，自己名義で請負代金の回収や組合財産の管理をする権限を有していた者が，他の組合構成員から授権を受けて，任意的訴訟担当として施主の契約打切りによる損害賠償を求めた事件において，当該原告の原告適格を認めた。そこでは，選定当事者の制度は存在するが，これは任意的訴訟担当が許される原則的な場合を示すにとどまり，それ以外の場合に任意的訴訟担当が許されないと解すべきではないとする。そして，「任意的訴訟信託は，民訴法が訴訟代理人を原則として弁護士に限り，また，信託法

11条〔現行10条〕が訴訟行為を為さしめることを主たる目的とする信託を禁止している趣旨に照らし，一般に無制限にこれを許容することはできないが，当該訴訟信託がこのような制限を回避，潜脱するおそれがなく，かつ，これを認める合理的必要がある場合には許容するに妨げない」と判示した。そして，本件では，組合の業務執行組合員に対する構成組合員からの任意的訴訟担当については，上記のような規律の潜脱のおそれはなく，合理的必要を欠くものでもないので，任意的訴訟担当が認められるとした。

　すなわち，参考判例①は，民事訴訟法上の弁護士代理の原則と信託法上の訴訟信託の禁止が任意的訴訟担当を無制限に許容できない根拠としながら，①そのような規律の趣旨を回避・潜脱するものでないことと，②それを認める合理的必要があることを要件に，（選定当事者によらない）任意的訴訟担当を認めたものである。同判決は，最高裁判所として初めて，任意的訴訟担当が認められる要件を示したものとして，その後の裁判例や学説における議論に大きな影響を与えた。

　しかしながら，上記要件は極めて一般的であり，また価値判断を伴うものであることは否定できない。その結果，下級審裁判例も事案に応じた個別的な判断をしているように見える。例えば，参考判例②は，参考判例①と同様に，組合の業務執行組合員であるが，明示的な形で訴訟追行の授権がされていない場合においてもなお，任意的訴訟担当の成立を認めたものである。他方，参考判例③は，コンピュータの保守業者がユーザーのために損害保険金の支払を求めた事案において，合理的必要を欠くものとして任意的訴訟担当の成立を否定した。学説からは，裁判例について，被授権者が共同利益者の一員である場合には原則として許容される一方（参考判例①のほか，東京地判平成2・10・29判タ744号117頁，東京地判平成3・8・27判時1425号100頁など），被授権者が共同利益者以外の者の場合には否定例が多いとされる（参考判例②のほか，東京地判平成14・6・24判時1809号98頁，東京地判平成17・8・31判タ1216号312頁，東京地判平成17・8・31判タ1208号247頁など）。また，団体がその構成員の権利について提訴する場合も消極的と解されている（東京地判平成3・8・27判時1425号94頁，東京地判平成17・5・31訟月53巻7号1937頁など。以上の分析につき，特に八田・後掲60頁参照）。

3　本問の考え方

　本問と同様の事案については，参考判例④がある。同判決はまず，参考判例①の一般論を引用する。そして，問題となった授権の有無に関して，このような管理委託契約を本件債券保有者のためにする第三者のための契約と解する。そして，本件授権条項は本件要項の内容を構成し，本件債券保有者に交付される目論見書等にも記載されていた上，社債に類似した本件債券の性質から，本件授権条項の内容は本件債券保有者の合理的意思にも適うとする。以上から，本件債券保有者は，本件債券の購入に伴い，本件債券に係る償還請求訴訟の提起も含む本件債券の管理を管理会社に委託することについて受益の意思表示をしたものとし，訴訟追行権の授与を認めた。受益者が拡散して個別授権の調達が現実的ではないという本件の特殊性に鑑み，約款と同様の手法で，アクセス可能性と内容の合理性から受益者の合理的意思を推認し，授権の意思表示を認めたものといえる。

　次に，授権の合理性については，本件債券は多数の一般公衆に対して発行されるものであるから，本件債券保有者が自ら適切に権利を行使することは合理的に期待できないことを前提に，本件債券と社債との類似性に鑑み，合意により本件債券について社債管理会社に類した債券管理会社を設置し，社債の規定に倣った本件授権条項を設けるなどして，訴訟追行権をも認める仕組みが構築されたとする。そして，管理会社はいずれも銀行であって銀行法に基づく規制・監督に服することや，本件管理委託契約上，公平誠実義務や善管注意義務が認められることなどから，管理会社において本件債券保有者のために訴訟追行権を適切に行使することが期待できるとして，合理性要件の充足も認め，結論として，管理会社に訴訟追行権を認めることは，弁護士代理の原則の回避や訴訟信託の禁止の潜脱のおそれがなく，かつ，これを認める合理的必要性があるとして，管理会社の原告適格を肯定した。ここでも，会社法上の社債管理者（会社702条以下）と同様の仕組みが契約でとられていること，特に公平誠実義務や善管注意義務が課されていることから，授権の合理性を肯認したものである。

　以上のような参考判例④の趣旨は，本問の設例の場合にも妥当するものと考えられる。したがって，本件管理委託契約の中身が社債管理会社の規律と

同様であり，公平誠実義務や善管注意義務を定めているようなものであれば，任意的訴訟担当の成立を認めてよく，X銀行の原告適格を認めることとなろう。前記判例は，債券の額面や提訴の動機（時効中断のためのもの）といった個別事情は基本的に考慮していないので，本件設例の債券保有者の性質や時効期間が迫っていたのか等の個別事情による場合分けは不要であろう。なお，サムライ債の発行が多額に及び，一般投資家もそれを購入している状況で，その内容を個別契約に委ねている現状には批判もあり得，会社法と同様の明文規定を求める立法論も考えられる（仮に会社法705条1項のような条文が設けられれば，Xの原告適格は法定訴訟担当として基礎付けられることになろう）。

●】参考文献【●

八田卓也・争点60頁／中本香織・百選28頁／水元宏典・百選30頁／山本克己「民法上の組合の訴訟上の地位(1)」法教286号（2004）72頁

（山本和彦）

一部請求の残部に対する時効の完成猶予

　　Yは，XがYに対して有する売掛金債権について，20×0年6月24日にその債務の承認を行った。その後，Xは，Yによる上記債務承認によって同日から5年が経過する20×5年6月24日には消滅時効が完成してしまうと考えて，20×5年4月16日到達の内容証明郵便で，Yに対し，上記売掛金債権の支払の催告（本件催告）をし，さらに同年10月14日には，Yに対して上記売掛金債権のうちの一部であることを明示して5300万円の支払を求めて提訴した（第1訴訟）。第1訴訟では，Yからの相殺の抗弁が提出され裁判所はこの相殺に理由ありと判断したうえで，現存する売掛金債権の額は7500万円であるとの認定がなされ，Xの請求を全部認容する判決が言い渡された（なお20×9年9月18日確定）。

　　Xは，20×9年6月30日，第1訴訟における裁判所の認定に沿って，第1訴訟で訴求していなかった売掛金債権の残額2200万円の支払を求める訴え（第2訴訟）を提起した。これに対し，Yは，本件催告から6か月以内に民法147条1項各号，148条1項各号，149条所定の時効の完成猶予の措置を講じなかった以上は，残額については消滅時効が完成していると主張して，時効の援用をした。

　　第1訴訟の提起による時効の完成猶予の効力が，第2訴訟についても及ぶかについて検討せよ。

●】 参考判例 【●

① 最判昭和34・2・20民集13巻2号209頁
② 最判平成25・6・6民集67巻5号1208頁

1 訴え提起による時効の完成猶予

訴えの提起がなされることによって，訴訟係属に伴う訴訟法上の効果のほか，一定の実体法上の効果が生じるとされており，その代表的なものが時効の完成猶予（民147条1項1号，民訴147条）である。

訴えの提起によって時効の完成が猶予される根拠については，訴えが権利者の確固たる権利主張の態度と認められるという点に求める見解（権利行使説）と，判決によって訴訟物である権利関係の存否が確定され，継続した事実状態が既判力によって否定されることに求める見解（権利確定説）との対立が古くから存在する。

2 訴え提起による時効の完成猶予の及ぶ範囲

民法147条1項1号が定める裁判上の請求による時効の完成猶予は，本来権利を主張する者が原告として特定の請求権を行使する場合を予定していると考えられる。したがって，訴え提起によって生じる時効の完成猶予の及ぶ範囲は，当該訴えにおいて定立された訴訟物の範囲と一致するのが本筋と思われる。

しかしながら，従来の裁判例の中には，訴訟物として直接主張されていない権利関係であっても，時効の完成猶予の対象となることを認めた例が少なからず存在する（なお，以下で取り上げる過去の裁判例はいずれも現行民法以前のものであることから，用例も時効中断効という語を用いて紹介することをお断りする）。大別して，①当該訴訟における被告の権利主張等に時効中断効を認めたもの（原告の提起した給付訴訟において被告により主張された留置権の抗弁に当該被担保債権の消滅時効の中断を認めた事例〔最大判昭和38・10・30民集17巻9号1252頁〕など），②訴え提起の時点では権利行使されていない訴訟物と異なる他の訴訟物についても時効中断効を認めたもの（最判昭和38・1・18民集17巻1号1頁，最判昭和62・10・16民集41巻7号1497頁，最判平成10・12・17判時1664号59頁〔裁判上の催告〕），という2つの類型に分類される。

②類型に属する事例について時効の完成猶予の及ぶ範囲の拡張を認めるた

めには，前訴と後訴との訴訟物の同一性を基準とするという考え方からの脱
却が求められるが，裁判例の傾向としても，両請求の「請求原因の共通性」
や「経済的利益の共通性」という観点から，時効の完成猶予の及ぶ範囲の拡
張の当否を考えるべきという方向にあるものと評価できよう。

3　裁判上の催告

　2で掲げた②の類型に属する裁判例のうち，「裁判上の請求＝訴訟物」と
いう図式を緩和するために，裁判上の請求概念を拡張するという考え方や裁
判上の請求に準ずる効力を認めるという考え方のほかに，裁判上の催告とい
う概念を用いるものもある。

　もともと，裁判上の催告という概念は，訴え等による権利主張はあったが
結局実体判断に至らなかったような場合（訴え却下，相殺の抗弁につき実体判
断がされなかった等）に，裁判上での確認には至っていないがその主張は裁
判外の催告よりもはるかに明確な権利主張であり，強い催告として訴訟係属
中は催告が不断に継続するものと考えるべきとして，訴訟終結後 6 か月内に
訴えを提起すれば時効の完成猶予の効力（提唱当時は時効中断効）は維持さ
れるものとして提唱されたものである（我妻榮「確認訴訟と時効中断」同『民
法研究Ⅱ』〔有斐閣・1966〕219 頁以下参照）。

　この考え方は，改正前民法 149 条を補完するものともいえ，必ずしも訴訟
物の異なる請求による時効の完成猶予の及ぶ範囲の拡張という問題解決のた
めに用いられることを想定していなかったのではないかと推察されるが，論
者である我妻博士は，この考えを押し及ぼすことにより，明示的一部請求の
提訴により実際には主張がなかった残部請求についても時効の完成猶予の効
果を維持できるとしていた。

　なお，改正民法においては，解釈論として認められていた裁判上の催告と
いう概念を立法的に認めるに至った（改正民 147 条 1 項柱書括弧書）ことか
ら，従来の裁判例において裁判上の催告を用いて時効の完成猶予の拡張を認
めてきた事案については，改正民法の下においても影響はないものと思われ
る。

4　一部請求訴訟による時効の完成猶予の及ぶ範囲

　本問のような，数量的に可分な請求権についての一部請求後にする残部請

求については，判例の採用する明示的一部請求肯定説（前訴において一部請求
である旨が明示されている場合には，残部の支払を求める後訴提起を認める）
の立場による場合には，明示による訴訟物の分断を認めることになる［→問
題50］ことから，②の類型と同様の問題意識が生じてくる（他方，一部請求
による訴訟物の分断を認めない見解に立つと，一部請求訴訟による時効中断効も
債権全体に及んでいるということになり，このような問題は生じない）。

　この問題についてのリーディングケースとされる参考判例①は，「裁判上
の請求＝訴訟物」という図式を堅持し，明示的一部請求の場合の訴訟物は明
示された債権の一部だけであることから，時効中断効もその一部の範囲にお
いてのみ生ずる，という判断を示している。もっとも，参考判例①には少数
意見が付されており，一部請求訴訟の係属中であればいつでも請求の拡張と
いう方法で残額全部についても容易に判決を求め得る場合には，「裁判上の
請求に準ずべきもの」として時効中断効が残部にまで及ぶとする。

　この最高裁の法廷意見に対しては，明示的一部請求では残部についての後
訴提起を可能としながら，その残部自体が消滅時効にかかってしまう可能性
があるというのでは，右手で与えたものを左手で奪うようなものだと批判し
て，これに反対する見解が学説上では多数といえる（理論構成の差異により
見解がさらに分かれる。詳細については，川嶋四郎『民事訴訟法』〔日本評論社・
2013〕283頁以下参照）。

　このような学説上の反応をも考慮してか，民法改正作業の過程において
は，明示的一部請求訴訟の提起による時効の停止（現行法では時効の完成猶
予）は，債権の全部に及ぶという考え方が提案されていた（「民法（債権関
係）の改正に関する中間試案（平成25年2月26日決定）」第7の7(2)）が，
最終的には成案に至らなかった（後に現れる参考判例②のような考え方で対処
可能と考えたためであろうか）。

　他方，参考判例②は，参考判例①を引用して，明示的一部請求に係る訴え
による時効中断効は，その一部についてのみ生じ，残部について，裁判上の
請求に準ずるものとして消滅時効の中断の効力が及ぶものではない旨を述べ
つつも，①債権の一部とその残部とは請求原因事実を基本的に同じくするこ
と，②明示的一部請求の訴えを提起する債権者は，将来にわたっておよそ残

部の請求をしないという意思の下に請求を一部にとどめているわけではないのが通常と考えられること，などを理由に，残部につき権利行使の意思が継続的に表示されているとはいえない特段の事情がない限り，明示的一部請求の訴えの提起は，残部についても，裁判上の催告として消滅時効の中断の効力を有するべき，との判示をした。これは，時効の完成猶予の及ぶ範囲を訴訟物の範囲よりも緩和させる近時の傾向にも沿うものといえ，上述した我妻博士の理解とも親和的である。

　しかしながら，このような考え方に対しては，消極的確認訴訟で債権者たる被告が権利主張したが訴え自体が却下されてしまった場合のように実際に権利主張があった場合と，訴訟係属中には主張がなかった権利関係が問題となる事案とは明らかに場面が異なるとして，後者の場合に裁判上の催告概念を適用することには疑問も呈せられている。また，両請求の「請求原因の共通性」や「経済的利益の共通性」という観点から，時効の完成猶予の範囲の拡張の当否を考えるべきという傾向があることを踏まえても，一部請求と残部請求とでは経済的利益は異質であり，一部請求の訴えによる残部に対する時効の完成猶予の拡張は認められないのでは，といった指摘もなされている。

　なお，従前より裁判上の催告と称されてきた概念は，改正民法においても同様の考え方が立法的には採用されたといえるが（民147条1項柱書括弧書），明確には「裁判上の催告」という語を用いてはおらず，この場合も含めて「裁判上の請求」として立法されている。したがって，改正民法下においても参考判例②の法理は基本的には妥当とすると考えられるところ，明示的一部請求の訴えの提起によって，特段の事情のない限り，残部についても「裁判上の請求」（同1項1号）があったものと表現するということになろう（潮見佳男『民法（全）〔第3版〕』〔有斐閣・2022〕102頁参照）。

5　催告の繰返しと時効の完成猶予

　参考判例②は，明示的一部請求訴訟の提起によって，残部については，裁判上の催告としての時効の完成猶予が及んでいるとの構成を採っていることから，この判例理論を前提とする場合には，債権者としては，明示的一部請求訴訟の判決確定後6か月以内に，改めて残部についての時効の完成猶予の措置を講じなければならないということになる。

ただ，本問のように，消滅時効の完成前に債権全体について裁判外の催告（本件催告）があり，その後6か月以内に残部について裁判上の催告がなされたものと判断されるところにおいては，残部については催告の繰返しがなされた状態となる。

　民法150条2項は，催告の繰返しを認めるといつまでも時効が完成しないという問題を生じることから，二重の催告についてはその効力を認めないとする従来の民法学の一般的な理解を明文化しているが，同条項が想定しているのは，裁判外の催告が繰り返された場合であって，本問のような再度の催告がいわゆる裁判上の催告である場合にも時効の完成猶予の効力があるかについては，解釈に委ねられることになる（潮見・前掲103頁）。

　参考判例②は，本問類似の事例において，本件催告から6か月以内に旧民法153条所定の措置が講じられなかった以上は，残部については消滅時効が完成したと判示し，再度の催告が裁判上の催告である場合にも催告の繰返しにあたるとの判断を下しているが，現行民法下においてもこの判例理論が妥当するかどうかが注視される。

　他方，本問のような事情（消滅時効完成前に一度裁判外の催告がなされている）が存するような場合にあっても，債権者に残部についての時効の完成猶予の利益を確定的に与えるべきとする場合には，参考判例②のような裁判上の催告概念を用いた処理ではなく，一部請求訴訟の提訴によって残部についても当然に裁判上の請求があったとする理論構成が別途求められることになる。

●】参考文献【●

中島弘雅「提訴による時効中断の範囲」新堂幸司ほか編『中野貞一郎先生古稀祝賀・判例民事訴訟法の理論（上）』（有斐閣・1995）321頁以下／鎌田薫ほか『民事法Ⅲ〔第2版〕』（日本評論社・2010）191頁以下［山本和彦］／山本和彦「いわゆる明示的一部請求と残部についての消滅時効の中断」金法2001号（2014）18頁以下

（畑　宏樹）

(1)　Aは，Bに対して，2000万円の売買代金債権を有するとして，その支払を求めて訴えを提起した。その訴訟において，Bは，当該売買契約は，Aの給付した商品に瑕疵があったため解除したので，売買代金債権は存在しないと主張するとともに，仮に売買代金債権が存在するとしても，BはAに対してやはり未払の2000万円の売買代金債権を有するとして，対当額で相殺する旨の予備的抗弁を主張した。その後，Bは，別訴で，上記2000万円の売買代金債権の支払を求めて訴えを提起した。

裁判所は，この訴えを適法とすべきか。

(2)　Aは，Bに対して，2000万円の売買代金債権を有するとして，その支払を求めて訴えを提起した。他方，BはAに対してやはり未払の2000万円の売買代金債権を有するとして，その支払を求めて別訴を提起した。そこで，当該別訴において，Aは，Bに対する上記2000万円の売買代金債権により，対当額で相殺する旨の抗弁を主張した。

裁判所は，当該相殺の抗弁を適法とすべきか。

●】参考判例【●

① 最判平成3・12・17民集45巻9号1435頁
② 最判平成18・4・14民集60巻4号1497頁
③ 東京高判平成8・4・8判タ937号262頁

●】解説【●

1 二重起訴禁止の趣旨

　裁判所にすでに係属する事件については，当事者は，さらに訴えを提起することはできない（142条）。二重起訴の禁止と呼ばれるルールである。そのようなルールの趣旨としては，①重複した訴訟において異なる内容の判決が出された場合に判決効が抵触してしまうおそれがあること，②裁判所が重複した審理を強いられることになり，訴訟経済に反すること，③相手方が重複した審理に付き合わされ，不当な負担を強いられることが挙げられる。

　二重起訴の禁止が適用される範囲については議論があるが，通説的な見解は，訴訟物が共通である場合に適用を限定する。それは，上記の制度趣旨との関係で，①の点を重視し，判決効，すなわち既判力が生じるのは訴訟物を対象とするので，仮に争点を共通にする場合であっても，訴訟物が異なれば，判決効の抵触という事態は生じないからである。そして，訴訟物が異なれば，当事者は別訴を提起する権利を有しており，裁判所や相手方がその点の審理に付き合わされることは制度の予定するところとされる。また，この規律に違反した場合の効果として，訴えが却下される（つまり二重起訴に反しないことが訴訟要件とされる）とするのが通説的見解であり，それを前提にすれば，争点共通の場合に常に訴えを却下してしまうのは過剰な規律になってしまうからである。

　これに対して，近時の有力な見解は，このルールの適用範囲を必ずしも訴訟物が同一の場合に限定せず，両訴訟で主要な争点が共通であるような場合にも及ぼそうとする。このような場合であっても，審理が重複する限りにおいて，上記②や③の不都合は同様に生じるからである（さらに，いわゆる争点効を認める見解や信義則による同一争点の遮断を認める見解に立てば，①に類する弊害も生じ得ることになる）。そして，このような見解によれば，二重起訴に反する場合の効果も，訴えを却下するだけではなく，併合審理を強制するなど実質的に審理の重複を生じない形で柔軟な対応をすべきことになる。

　さて，二重起訴の禁止は以上のような趣旨に基づくとされるが，通説判例によれば，訴訟物が重複した場合に適用が限定される。それは，とくに上記

①の趣旨を重視し，訴訟物以外の判断（判決理由中の判断）には既判力が生じないことをその根拠とするものである。しかるに，判決主文にのみ既判力が生じるとの原則（114条1項）に対する例外として，民事訴訟法は相殺の抗弁の場合を定める。すなわち，相殺のために主張した請求の成立または不成立の判断は，相殺をもって対抗した額について既判力を有するとされる（同条2項）。そうであるとすれば，相殺の抗弁についても二重起訴禁止の趣旨が妥当しないかが問題となろう。ある請求権を相殺の抗弁の自働債権として主張するとともに別訴でも請求した結果，両者で異なる判断がされた（例えば，相殺の抗弁との関係では自働債権が認められなかったが，別訴では請求が認容された）場合，矛盾した既判力が発生することになり，前述のような二重起訴禁止の趣旨がこの場合にも妥当するように思われるからである。ただ，この点については，具体的な状況ごとに考察する必要があると考えられており，⒜まず相殺の抗弁が提出された後に別訴が提起された場合（抗弁先行型）と，⒝まず別訴が提起された後に相殺の抗弁が提出された場合（抗弁後行型）とに分けて考えられている。

2　相殺の抗弁と二重起訴の禁止――抗弁先行型

　本問⑴は，まず相殺の抗弁が主張された後に，同じ債権を訴訟物として別訴を提起することができるか，という問題である。この場合には，二重起訴を禁止する趣旨，すなわち，①既判力抵触のおそれ，②重複審理のおそれ，③相手方の負担のおそれはいずれも妥当し，別訴は許されないのではないかと一応考えられる。実際，この点についての最高裁判所の判例はいまだ存しないが，参考判例③は，このような別訴について，「相殺の抗弁の自働債権の存否についての判断については既判力が生ずるのであるから，これについて別訴を許すことは，裁判所の判断の矛盾抵触を招くおそれがあり，訴訟経済にも反するから，許されない」としている。

　ただ，この場合には，前訴に相当するものは相殺の抗弁であり，相殺の抗弁は（独立の訴えとは異なり）必ず判断される保障がないという点が問題となり得る。例えば，本問⑴で，Aの売買代金債権が契約解除により存在しないということになれば，そもそも相殺の抗弁は判断されないことになる。しかるに，別訴が却下されることになれば，Aの訴訟に関する判決が確定

した後でなければ，Bは自己の売買代金債権について提訴できないことになり，不当ではないかという見方が生じうる。しかし，参考判例③は，仮に提訴ができなくても，相殺の抗弁は裁判上の催告の効果を有し，消滅時効期間は進行しないので，Bに与える不利益は著しいものとはいえないとした。

その点とも関連して議論がありうるのは，仮に別訴はできないとしても，Bは，Aの請求に対する反訴として，支払請求ができないかということである。参考判例③は，（反訴ではなくAの請求とBの請求との弁論が併合された場合についてであるが）将来において両訴訟の弁論が分離されることもありえないとはいえない以上，やはり許されないとしていた。ただ，このような場合は，Bの反訴は，Bの相殺の抗弁が判断されることを解除条件とする予備的反訴となるものとみられ（通常の予備的反訴は，本訴請求の棄却等を解除条件とするが，この場合は相殺の抗弁に関する判断を解除条件とする点で特殊なものである），予備的反訴の場合には（予備的併合と同様，矛盾した判断を避けるために）弁論の分離は禁じられると解されることから，そのような問題は生じない。したがって，後述する参考判例②の趣旨からも，Bは別訴ではなく予備的反訴として売買代金請求をすべきと解されることになろう。

3　相殺の抗弁と二重起訴の禁止——抗弁後行型

本問(2)は，まず別訴が提起された後に，同じ債権を自働債権として相殺の抗弁を主張することができるか，という問題である。この場合にも，前記の二重起訴禁止の趣旨は同様に妥当し，相殺の抗弁は許されないのではないかと一応考えられる。ただ，この場合は，さらに，①Aの提訴→Bの提訴（別訴または反訴）→Aの相殺という経緯をたどった場合と，②Bの提訴→Aの提訴（別訴または反訴）→Aの相殺という経緯をたどった場合とでやや利害状況を異にするように思われるので，別途考えてみよう。

まず，②の場合は，Aがなぜ相殺を最初から主張しなかったかが問題となるが（考えられる場面としては，当初はBの請求を否定できると判断してあえて相殺まで主張せず別訴等によっていたが，だんだんと危なくなってきたので予備的に相殺の主張をしたということが考えられる），問題状況は2の場合に類似する。Aの訴訟が別訴である場合には，最初に相殺ではなく別訴を選択したのだから，それを取り下げない限り，相殺の抗弁が認められなくてもやむ

をえないと考えられよう。他方，Ａの訴訟が反訴である場合には，２でも
みたように，それが予備的反訴だとすれば問題は生じないと考えられる。な
ぜなら，その場合は弁論の分離が許されず，上訴審でも審理は共通にされる
ので，判決の矛盾のおそれや訴訟経済を害するおそれはないといってよいか
らである。そこで，参考判例②は，このような場合には，Ａの反訴が当然
に予備的反訴に変更されることになり，そうだとすれば二重起訴の禁止に該
当しないと判示する（ある請求を予備的請求に変更することは訴えの一部取下げ
を含むもので，相手方の同意を要するとする余地もあるが，この場合は実質的に
相手方の不利益は考えられないので，同意は不要であろう）。やや技巧的な解釈
ではあるが，１つの解決策ではあろう（同様に，最判平成27・12・14民集69
巻8号2295頁は，本訴請求債権が時効消滅したと判断されることを条件に，反訴
における当該債権を自働債権とする相殺の抗弁について，本訴の判断と矛盾する
おそれはなく，審理も重複しないとして，その主張を認めている）。

　他方，本問の場合である①のケースはやや事情が異なる。この場合には，
Ａとしては，最初に提訴したが，Ｂが何らかの事情があって相殺の主張では
なく提訴（別訴または反訴）をしてきたので，相殺の担保的機能を活用して
（とくにＢの資力に問題がある場合がクルーシャルである）相殺を主張しようと
したもので，このような事態の発生についてＡの責めに帰すべき事由はな
いように思われる。それにもかかわらず，相殺を許さないことはＡに酷で
あろう。そこで，問題は結局，二重起訴の保護法益（判決効の抵触防止・訴
訟経済等）と相殺の保護法益（担保的利益等）のいずれを重視するかの政策判
断の問題になるように思われるが，参考判例①は，この場合も二重起訴禁止
の趣旨が妥当するとして，相殺の抗弁の主張は許されないと判示した。1つ
のありうべき判断ではあるが，相殺の担保的機能（実体法の趣旨）をより重
視する判断もありうるところであり，なお議論は続いている。なお，Ｂの訴
えが反訴である場合（あるいはＡの訴えとＢの訴えの弁論が併合されている場
合），前述の趣旨からすれば，Ａの訴えを何らかの形で予備的なものと理解
し，弁論の分離を禁止し，上訴審でも併合審理が強制されるとすれば，あえ
て二重起訴により規制する必要はないかもしれない。ただ，Ａの訴えが反訴
である場合は予備的反訴というテクニックが利用できたが，本訴である場

合には論理的に「予備的本訴」という概念がないため，問題をうまく処理する枠組みがないということになる（解除条件付の訴え（本訴）の取下げが認められるかという問題となろうか）。困難な問題であるが，なお検討を要しよう（この点につき，本訴請求債権（自働債権）と反訴請求債権との間に密接な関係性がある場合に，弁論分離が禁止され，二重起訴に当たらないとして部分的に問題の解決を図ったものとして，最判令和2・9・11民集74巻6号1693頁参照）。

●】参考文献【●

山本弘・争点92頁／内海博俊・百選74頁／内山衛次・百選78頁／重点講義㊤140頁

（山本和彦）

訴訟物

　Ａは自転車で横断歩道を横断中，Ｂの運転する自動車に衝突し，傷害を負った。そこで，Ａは，Ｂに対して，自動車損害賠償保障法に基づき，損害賠償請求の訴えを提起した。

　(1)　Ａは，治療費100万円，逸失利益800万円，慰謝料300万円の合計1200万円の支払を求めて訴えを提起したところ，裁判所は，証拠調べの結果，治療費50万円，逸失利益500万円が当該事故に起因する損害であると判断したが，慰謝料については450万円を認め，合計1000万円の支払を命じる一部認容判決をしようと考えている。このような判決をすることは適法か。

　(2)　上記1000万円の支払を命じる一部認容判決が確定した後，Ａに前訴当時予想できなかった後遺症が発生し，それについての治療費，逸失利益および慰謝料の合計1500万円の支払を求めて，ＡがＢに対して再度訴えを提起した。裁判所はどのように判断すべきか。

●】参考判例【●

①　最判昭和48・4・5民集27巻3号419頁
②　最判昭和61・5・30民集40巻4号725頁
③　最判昭和42・7・18民集21巻6号1559頁

●】解説【●

1　訴訟物に関する考え方

　民事訴訟においては，裁判所による法的判断になじむように，原告は特定された審判の対象を提示しなければならない。このような審判の対象のことを訴訟物と呼ぶ（なお，「訴訟物」の概念は講学上のものであり，民事訴訟法は

訴訟物を指して「請求」という語を用いていることが多く〔258条1項・259条1項など〕，従来審判の対象は「訴訟上の請求」とも呼ばれてきた）。訴訟物概念は，本案判決の主文において判断すべき事項の最小の基本単位を構成し，訴訟のさまざまな局面で基準を提供する。例えば，訴えの併合（136条），訴えの変更（143条），二重起訴（142条），申立事項と判決事項（246条），既判力の客観的範囲（114条）などの場面である。その意味で，訴訟物は民事訴訟手続の全体の骨格となるべき重要な概念であるということができる。

訴訟物は，審判の対象を画するものであるから，訴状における請求の趣旨・原因の記載によって訴訟手続の当初から特定されていなければならない。訴訟物の同一性をどのような基準で決定するかについては，実定法規範は存在せず，解釈に委ねられている。この点で，実体法上の権利または法律関係ごとに訴訟物を観念する旧訴訟物理論（実体法説）と，各訴訟類型の差異を強調して，実体法上の請求権から独立した形で訴訟物を観念する新訴訟物理論（訴訟法説）とが対立しているところである。このような議論は，とりわけ既判力の範囲（判決による紛争解決の範囲）をどのように理解すべきかといった問題を中心に，かつて激しく展開されたところである。ただ，現在では，学説においてはなお新訴訟物理論が有力であるものの，実務においては旧訴訟物理論が支配的であり，膠着したまま沈静化の方途をたどっていると評価することができよう（詳細は，山本・後掲111頁参照）。いずれにせよ，本問との関係では，このような議論は差異を生じない。

本問との関係で問題となるのは，同一の事実関係・法律関係を基礎としながら，どの範囲の請求権が単一の訴訟物として考えられるかという問題である。本問(1)との関係では，損害の種目（治療費，逸失利益，慰謝料等）がどの範囲で単一の訴訟物と考えられるかが問題となり，本問(2)との関係では，時間的な経過の中で，どの範囲の損害が訴訟物として単一のものと考えられるか（事後的に生じた後遺症に基づく損害も訴訟物として同じと考えてよいか）が問題となるものである。本問(2)については，一部請求や既判力の問題とも密接に関連するが，ここで考えてみたい。

2 訴訟物の単一性の基準

損害賠償請求訴訟において，どのような範囲で訴訟物をひと固まりのもの

と考えるのか，という点については，かつてさまざまな議論のあったところである。一方の極には，ある事故で生じた損害についてはすべて単一の訴訟物であるとする理解があり，他方の極には，個々の損害費目ごとに異なる訴訟物を観念する理解があり，その中間にさまざまな考え方が存在した。本問(1)においては，損害の総額については1200万円の支払請求に対して1000万円の請求を認容しているので，前者の考え方によれば何ら問題はないことになる。これに対し，損害費目ごとにみれば，慰謝料について，300万円の請求に対して450万円の判決をしているものであり，慰謝料請求を単一の訴訟物と捉えれば，これは原告の申立てを超えた判決であり，民事訴訟法246条に反することになる。

　この点について，参考判例①は，「同一事故により生じた同一の身体障害を理由とする財産上の損害と精神上の損害とは，原因事実および被侵害利益を共通にするものであるから，その賠償の請求権は1個であり，その両者の賠償を訴訟上あわせて請求する場合にも，訴訟物は1個であると解すべきである」と判示している。したがって，これによれば，本問(1)の場合には，裁判所はそのような判決を適法にすることができることになろう。実質論からしても，実体法において慰謝料の調整的機能などといわれるように，積極的損害（治療費等）や消極的損害（逸失利益等）を積み重ねていっても，総額として必ずしも十分な賠償額にはならないと裁判所が考える場合に，慰謝料額を積み増して適正な賠償額を確保するということは十分にありうることと考えられる。そのような場合に，慰謝料について原告の請求額に拘束されるとすれば，そのような調整が柔軟に図られないおそれが生じ，相当ではないと考えられよう。

　それでは，判例は一般論として訴訟物の単一性をどのような基準で判断しているものであろうか。参考判例①は「原因事実および被侵害利益を共通にする」点を重視し，原因事実（事故等の単一性）と被侵害利益（人損か物損か等）をメルクマールとして理解しているように見える。そのような理解を確認するものとして，参考判例②がある。これは，原告の撮影出版した写真について同意を得ずにモンタージュ写真を作成発表したとして，被告に対し，著作財産権（複製権）および著作者人格権（同一性保持権）を侵害したとして

合計 50 万円の損害賠償請求をしたところ，判決は「同一の行為により著作財産権と著作者人格権とが侵害された場合であっても，著作財産権侵害による精神的損害と著作者人格権侵害による精神的損害とは両立しうるものであつて，両者の賠償を訴訟上併せて請求するときは，訴訟物を異にする 2 個の請求が併合されているものであるから，被侵害利益の相違に従い著作財産権侵害に基づく慰謝料額と著作者人格権侵害に基づく慰謝料額とをそれぞれ特定して請求すべきである」とした。ここからも，原因事実と被侵害利益の同一性が求められている（原因事実が同一であっても被侵害利益を異にすれば訴訟物は別である）ことが明らかにされている。

3　後遺症の取扱い

　同一事故（原因事実共通）において，後日新たな損害が発生した場合には，そのような損害の賠償請求はどのように考えられるであろうか。これが後遺症の取扱いの問題である。1 つの考え方として，後遺症は新たな損害であり，被侵害利益を異にするので，別個の訴訟物であるとする理解があり得る。これによれば当然に後訴は可能ということになる。これは「被侵害利益」の捉え方に係る問題であり，新たな障害を被侵害利益と理解すればこのような考え方も成立可能であるが，一般には，侵害された利益は身体の完全性それ自体であり，後遺症もその枠内にあるもの，すなわち，被侵害利益としては同一性を失わないものと解されているように見られる。仮に後遺症とされる障害が事故と同時に発生していたとすれば，その分の損害賠償は当然同一の訴訟物と考えられていたとすれば，時期的に遅れて発生したからといって，訴訟物を異にするとの理解は便宜的にすぎるからである（ただ，後に被害者が死亡した場合には，傷害に基づく慰謝料請求と生命侵害に基づく慰謝料請求とは被侵害利益を異にし，訴訟物を異にすると解される。最判昭和 43・4・11 民集 22 巻 4 号 862 頁参照）。

　そこで，このような損害は，訴訟物としては同一であるとしても（その結果，前訴判決の既判力が及ぶものであるとしても），前訴判決の基準時（口頭弁論終結時）後に発生した新たな損害であるとする理解が生じ得る。そのように考えられるとすれば，前訴判決の既判力は及ばず，原告は新たな請求が可能となる。しかし，実体法の一般的な理解によれば，不法行為による損害

は，観念的には，原則としてすべて行為の時点で発生すると解されている。たとえ人間の目にはまったく新たに発生したものであっても，神の目から見ればその原因はすでに事故の時点で存在していたのであり，損害賠償請求権も事故の時点で発生していたとされる。したがって，それが現実に発現したのが基準時後であっても，基準時後の新たな事由とはいい難いということになる。

そこで，確かに神の目から見れば，そのようにいえるかもしれないが，現実に訴訟を追行するのが人間である以上，前訴の時点で実際上請求できなかった損害については，既判力は及ばないとする理解があり得る。既判力の範囲は，場合によっては，訴訟物よりも狭い範囲に限定されるとする考え方である。しかし，既判力の及ぶ範囲というものは，訴訟手続の具体的な状況によっては左右されないとする理解が一般的である。そのような具体的事情をいちいち考慮すると，既判力の範囲が一義的に定まらず，法的安定を害し，不当な紛争の蒸返しや解決の引延しに濫用されるおそれがあるからである。そのような理解を前提にすれば，このような考え方はとり難いことになる。

そこで，参考判例③は，このような場合を一部請求の問題として処理をした。すなわち，前訴は，後遺症部分の損害を除外した明示の一部請求であると理解し，後遺症部分の残部請求には既判力は及ばないと解するものである。後遺症部分を排除するということが必ずしも訴状等で明示されていないとしても，いわば弁論の全趣旨の中で明示があったものとみなすという考え方かと思われる。このような明示性の理解は，やや技巧的かと思われるが，個別の事案に即した柔軟な処理が可能な枠組みとして，判例が採用したものと考えられる。ただ，これに対しては，一部請求に関する判例の判断枠組みに関する議論［→問題50］を含め，なお学説上はさまざまな異論もあるところである。

●】参考文献【●

山本克己・争点 108 頁／出口雅久・争点 112 頁／我妻学・百選 146 頁／金美紗・百選 162 頁／伊藤眞ほか『民事訴訟法の論争』（有斐閣・2007）31 頁以下

（山本和彦）

引換給付判決と処分権主義

　YはXとの間でX所有の建物（以下，「本件建物」という）について2年間の定めのある賃貸借契約を締結し，引渡しを受けた。その後，契約の更新が繰り返されたが，2023年になってXから解約の申入れがあり，Yがこれを拒絶した。そこで，Xは，契約終了に基づき，本件建物の明渡しと契約終了から明渡しまでの賃料相当損害金の支払を求めて訴えを提起した。

　口頭弁論において，Xは，解約の正当事由として，本件建物を高層ビルに立て替えて収益性を上げる経済的必要性を主張するとともに，建物明渡しと引換えに2000万円の支払をすると述べた。Yは，正当事由の存在を争い，請求棄却判決を求めた。

　裁判所は，証拠調べを経て，Xが3000万円の立退料を支払うならば正当事由が認められるとの判断にいたった。

　⒤裁判所は，どのような審理および判決をするべきか。⒥仮に，Xが，4000万円の支払をすると述べていた場合，裁判所のなすべき審理および判決は異なるか。

●】**参考判例**【●

① 最判昭和46・11・25民集25巻8号1343頁
② 最判昭和33・6・6民集12巻9号1384頁

●】**解説**【●

1　立退料の性質

　本問では，賃貸期間終了後に契約の更新がなされ，期間の定めのない契約となっており，賃貸人が適法な解約申入れをしてから6か月を経過した時点

で賃貸借契約は終了する（借地借家26条1項・27条1項）。もっとも，この解約申入れは，賃貸人の建物使用を必要とする事情などのほか，「建物の賃貸人が建物の明渡しの条件として又は建物の明渡しと引換えに建物の賃借人に対して財産上の給付をする旨の申出をした場合におけるその申出を考慮して」正当事由があると認められなければならない（同法28条）。ここでいう「財産上の給付」を，一般に立退料と呼ぶ。かつては，正当事由は解約申入れから6か月維持されるべきであり，訴訟係属中に立退料支払を申し出たり増額しても正当事由は補完されないとの見解もあったが，現在は通説・判例ともに，口頭弁論終結時に正当事由が認められれば足りるとしている。

　立退料は，それが正当事由を認めるために必要か否か，必要であるとして妥当な金額がいくらであるかは，具体的な事案ごとに，賃貸人および賃借人の事情に応じて決定される。正当事由は規範的要件であって裁判所の総合的判断にかかるとされ，また立退料額も客観的な基準が確立されているわけではなく裁量的判断によるとされており，そのため，立退料額の判断は非訟的性質を有すると考えられている。

2　処分権主義と申立事項拘束主義（246条）

⑴　**申立事項と判決事項**　　民事訴訟では，当事者が審判対象たる権利関係について実体法上の処分権を有していることを反映して，当事者が，訴えの提起，審判対象の特定，審判対象の実体的処分および訴訟の終了について自由に決定できるとの原則を認めている。これを広く処分権主義と呼ぶが，そのうち，審判対象を特定し，その上限を明示する権限については，申立事項に関する処分権主義，あるいは，申立事項拘束主義と呼ばれる（246条）。私的自治原則の訴訟手続への反映である。

　この意味での処分権主義は，裁判所に対して当事者（原告）の申立て以外の事項について実体法上の審判をすることを許さない（審判した場合はこれを不意打ちとみなす）という効果とともに，相手方（被告）に対して攻撃防御の目標を明らかにする機能を有する。したがって，判決事項が申立事項の範囲内である限り，また，判決内容が申立ての趣旨の合理的解釈の範囲に含まれている限り，両者の間に相違があっても処分権主義には違反しない。例えば，金1000万円の損害賠償債権に基づく支払請求に対して金1200万円の支

払を命ずる判決は違法だが，金800万円の支払を命ずる判決は被告にも想定される範囲であり，一部認容・一部棄却判決として適法である。問題は，このような量的一部認容ではなく質的一部認容判決をどこまで認めることができるかである。

(2) 引換給付判決の意義——Xが同額の負担を申し出た場合　本問のXが口頭弁論で3000万円の立退料支払を申し出た場合，「XのYに対する金3000万円の支払と引換えにYはXに本件建物を明け渡せ」という主文の判決を言い渡すことは，全部認容判決として認められる。もっとも，この判決が確定した場合にも，既判力の客観的範囲は賃貸借契約終了に基づく建物明渡請求権にとどまり，3000万円の支払請求権について既判力や執行力が生ずるわけではない（ただし，信義則による拘束力は認められよう）。したがって，この判決を債務名義としてYがXに対して3000万円の支払を求めて強制執行を開始することはできず，Xの明渡しの強制執行開始を制約するにとどまる（借地借家28条，民執31条1項）。

それでは，本問のように，①申し出ている立退料が低額（2000万円）である場合，②申し出ている立退料が高額（4000万円）である場合，裁判所は立退料を増減した上で引換給付判決を出すことができるだろうか。さらに，③Xがまったく立退料の申出をしていない場合，引換給付判決を出すことはできるだろうか。(3)で①②の問題を，(4)で③の問題を扱うこととする。

(3) 引換給付判決の適法性（その1）——Xが一定額の負担を申し出た場合
①の場合（Xが金2000万円の立退料を申し出ている場合）について，同様の事案を扱った参考判例①は，裁判所が正当事由を認めるのに足りる妥当な額（本問では3000万円）の支払と引換えに明渡判決をした原判決を支持し，上告を棄却した。その理由として，Xは立退料として2000万円もしくはこれと格段の相違のない一定の範囲内で裁判所の決定する金員を支払う旨の意思を表明し，かつ，その支払と引換えに明渡しを求めているとして，Xの意思表示を根拠としている。学説も，おおむねこの結論には賛成しているが，説明の仕方は一律ではない。

1つの考え方は，引換給付の申出と訴訟物を切り離し，原被告の不意打ち防止機能を重視した上で，立退料提供の有無およびその額は，正当事由の評

価根拠事実の主張であると同時に申立事項の範囲を画するとの前提に立つ。したがって，判決における立退料額と原告の申し出た立退料額との間にずれがあっても，原被告の予想の範囲内であり不意打ちとならない限りでは処分権主義違反とならないと説明する。この考え方によれば，大幅な増額は両当事者にとり予想外であり申立事項の範囲外だが，予想の範囲内ならば質的一部容認判決として適法と説明できる。これに対して，②の場合（申出額が高額である場合）については，同様にずれが小さいならば減額も可能とする考え方も有力であるが，立退料を減額することは原告の申立てよりも有利な判決となるとして，違法とする説も多い。

第2の考え方は，引換給付の申出の有無により訴訟物は異なることを前提に，立退料支払の負担付きの明渡請求権と無条件の明渡請求権は訴訟物（請求権）を異にし，前者を訴求した場合には，提示された立退料は原告の求める利益の上限を意味するとの前提に立つ。これによれば，①の場合は原告の利益を一部否定する一部認容判決として説明でき，立退料の大幅な増額は通常想定される原告の不利益を超えるので処分権主義に反するということができよう。②の場合（申出額が高額である場合）は，申立事項＝訴訟物の上限を超える判決であり違法と説明される。

参考判例①は，上記①の場合について，無条件の明渡請求と負担付きの明渡請求は同一の訴訟物であるとした上で，上述のように原告の意思に基づいて立退料の増額を認めており，明確ではないが，第1の考え方に近いように思われる。仮に引換給付判決を認めないとすると請求棄却判決とせざるを得ないが，前述の強制執行の場面を想定すると，実際には引換給付判決を求める意思であるとの解釈が合理的な場合も多いと考えられる。いずれの考え方を採る場合でも，裁判所は正当事由を基礎付ける主要事実としての立退料の要否および増額の必要性について，両当事者に積極的に釈明を求め，とりわけXが2000万円の支払を上限としているかを慎重に確認するべきである（真に2000万円を上限とする意思であれば，請求棄却判決をすべきである）。

なお，②の場合に3000万円の支払との引換給付判決をすることは，上述のとおり，民事訴訟法246条違反となるとの理解が伝統的には多数と考えられる。同条が被告に対して不意打ち防止の機能を有することからも，基礎づ

けられよう。もっとも，原告の意思としては請求棄却よりも，低額の立退料支払との引換給付判決を望むとの意思解釈が合理的であろうし，立退料額の変更を促すために，裁判所の釈明義務を認めてよいと考えられる。被告にとっても，十分な不意打ち防止がなされる限りでは，再応訴の煩を避けるメリットもあり，執行力がないことをも与え併せると，変更後の立退料申出額を前提とした引換給付判決の適法性を認める余地もあろう。

(4) 引換給付判決の適法性（その2）——Xが無条件の明渡請求をする場合

(2)(3)の場合（Xが無条件の明渡請求のみを訴求する場合）にどのような判断をするべきかについては明示する最高裁判例はなく，学説は分かれている。実務上は，裁判所の釈明により，Xが適当な立退料額を提示し引換給付の申出をしたり，裁判所の定める立退料額を支払う旨を主張するなどするため，問題が顕在化することは少ない。しかし，理論的には，釈明がなされてもなお無条件の明渡請求を維持し立退料支払を申し出ない場合に引換給付判決をすることができるかが問題となる。

判例が前述の第1の考え方に近いとするならば，無留保の明渡請求に対して引換給付判決をすることも，立退料額が原被告の予想の範囲内であって不意打ちとならない限りでは処分権主義との関係では許されることになろう（高田裕成ほか編『注釈民事訴訟法(4)』〔有斐閣，2017〕971頁［山本和彦］，青山善充「演習」法教140号〔1992〕112頁，近藤・後掲312頁）。もっとも，釈明がなされても主張を変更しない場合には，原告の意思解釈として，引換給付判決が通常の予測の範囲内であるかは自明とはいえないであろう。また，民事訴訟法246条の問題とは別に，立退料の支払申出が正当事由の評価根拠事実であることから，弁論主義の第1原則により，口頭弁論においてXがこの主張をして初めて，立退料との引換給付判決が適法となる点に注意すべきである（近藤・後掲312頁）。

上記第2の考え方によれば，無条件の明渡請求と負担付きのそれは訴訟物が異なるから，訴えの変更がない限り（あるいは黙示の変更を認めるべき事情がない限り），引換給付判決をすることは処分権主義違反となる（伊藤235頁）。立退料の必要性やその金額について裁量的判断が予定されているとしても，立退料提供は原告の自由な意思にかかっており，原告がそれを求めな

い場合にまで裁量権を認めることはできないとされる（兼子一ほか『条解民事訴訟法〔第2版〕』〔弘文堂・2011〕1356頁［竹下守夫］。下村・後掲118頁も同旨か）。もっとも，この考え方によると，無条件の明渡請求が立退料提供がなく正当事由が認められないために棄却され判決が確定した後，原告は立退料提供を申し出たうえで，それ以外は同一の主張をして明渡請求訴訟を提起できることになる。前訴で被告が立退料の存否について反訴を提起するなどの方策がない以上，被告に再訴への応訴を強いることが適当か，という観点も考慮する必要があろう。

●】参考文献【●

近藤崇晴・百選Ⅱ〔新法対応補正版〕（1998）312頁／中山幸二・百選148頁／下村眞美・争点116頁

（山田　文）

　Xは，リフォーム業を営むYに対して300万円を貸し付けている（以下，「甲債権」という）。YはZ宅の内装を請け負い，Zに対して200万円の請負代金債権（乙債権）を有していたが，ZはYによる塗装が，自己の思い描いていた色と微妙に違っており，その結果に満足しておらず，Yに対する支払をしていなかった。ところで，その後，同様にYにリフォームを依頼した顧客らから，リフォームの結果に対する苦情が殺到し，そのうわさを聞き付けた他の顧客からのリフォーム依頼が取り消されるなどした結果，Yの経営状況は次第に悪化していった。XはYに対して甲債権の支払を求めたいが，Yには乙債権を除き，これといった財産はない。そこで，XはZに対して，乙債権の支払を求めて訴えを提起した（以下，「本件訴訟」という）。

(1)　本件訴訟では，乙債権についてはZの義親によってすでに弁済がされていたと判断されて請求棄却判決が出され，確定した。その後，Yは弁済を受けていないと主張して乙債権の支払を求めてZに訴えを提起することはできるか。

(2)　本件訴訟が係属している間に，Yが，甲債権はそもそも存在しないのでXの訴え提起は不適法であると考えて，乙債権についてZに対して給付を求める訴えを提起するにはどうしたらよいか。

●】参考判例【●

①　最判昭和48・4・24民集27巻3号596頁

●】解説【●

1 債権者代位訴訟の法的構造

債権者は，自己の債権を保全するため必要があるときは，債務者に属する権利を行使することができる（民423条）。この権利を債権者代位権といい，これを訴え提起の方法で行使した場合を債権者代位訴訟とよんでいる。以下では，代位する債権者（本問ではX）を代位債権者，債務者（本問ではY）に属する権利の債務者を第三債務者（本問ではZ）と呼び，代位債権者の債務者に対する債権を被保全債権，債務者の第三債務者に対する権利を被代位権利と呼ぶ。債権者代位訴訟では，代位債権者が債務者に代わって被代位権利を訴訟物として訴えを提起することになり，その法的構造が，代位債権者が得た判決の効力が債務者に及ぶのかという問題と関連して問題となる。

平成29年民法改正（以下、単に「改正」とする）前の通説の立場は，債権者代位訴訟は，訴訟物である被代位権利につき，債権者が責任財産保全のために実体法上の管理権を付与され，これに基づいて当事者適格を付与されて訴えを提起するのであり，法定訴訟担当［→訴訟担当については問題⑯参照］であると位置づけていた。この見解によると，代位債権者が得た確定判決の効力は，民事訴訟法115条1項1号により代位訴訟の当事者のみならず，同項2号により債務者に及ぶことになる。もっとも，代位債権者と債務者とは，代位の要件等をめぐって利害が対立することが多いにもかかわらず，代位債権者が得た敗訴判決の効力が当然に債務者に及ぶことに対しては批判もあり，債権者代位訴訟のように訴訟担当者と本人との利害関係が対立する場合には，既判力が本人に及ぶ場合を勝訴判決に限定する見解，代位債権者は訴訟担当者としてではなく，自己固有の適格に基づいて訴えを提起しているので，当然には債務者には判決の効力は及ばないと構成する見解も見られた。また，訴訟告知をして債務者に債権者代位訴訟に参加する機会が与えられた場合にのみ判決効が拡張されるという見解も示されていたが，改正前民法では，債権者代位訴訟の係属を債務者に告知することを義務づける規定もなく，解釈論としては限界もあったため，立法による手当てが望まれていた。

改正民法においては，上記のような問題点を解決するために，債権者代位

訴訟を提起した場合には，代位債権者は遅滞なく債務者に対して訴訟告知をしなければならないとして（民423条の6），債務者に訴訟参加の機会を与えた（参加の方法については後述）。

ところで，改正民法においては，債権者代位権が行使された場合であっても，債務者は被代位権利について取立てその他の処分権限を失わない。つまり，債権者代位訴訟が提起されても，債務者は被代位権利についての当事者適格を失わないことになる。そのため，管理処分権が代位債権者に移り，債務者が当事者適格を失うことを前提として（大判昭和14・5・16民集18巻557頁参照），債権者代位訴訟を法定訴訟担当と構成するこれまでの考え方が維持できるのかは問題となる。しかしながら，訴訟物の帰属主体に当事者適格が残り，担当者と当事者適格が併存することは法定訴訟担当の成立を妨げるものではなく，法定訴訟担当という構成は維持できるものと考えられる。

2　小問(1)──債権者代位訴訟の判決効

債権者代位訴訟の法的構造を法定訴訟担当と解すると，代位債権者が受けた判決が確定すれば，それが勝訴判決であれ敗訴判決であれ，債務者に効力が及ぶことになる（115条1項2号）。そのため，本問のYには，Xの敗訴判決の効力が及び，Yは乙債権について給付の訴えを提起することはできなくなり，仮に提起したとしても棄却される。

代位債権者が受けた敗訴判決を受ける可能性のある債務者の手続保障は，訴訟告知によって図られる（民423条の6）。民法改正前から，債務者に訴訟参加の機会を与えるために訴訟告知をするのが望ましいと考えられていたが，これを義務づける規定がなく債務者の手続保障が十分に図られてないとして，現行民法で訴訟告知を義務づける規定が置かれた。改正民法の下では，代位債権者は訴え提起後，遅滞なく訴訟告知をすることが必要である。仮に訴訟告知がなされなかった場合には，明文の規定はないものの，代位債権者の当事者適格の基礎が欠けるとして，訴えは不適法却下される。また，訴訟告知をしたにもかかわらず，債務者が訴訟に参加しなかった場合であっても，代位訴訟の判決の効力は債務者に及ぶ。さらに，訴訟告知の効力である参加的効力（53条4項・46条）も及ぶため，例えば，代位債権者が敗訴した後に，債務者が代位債権者の不当な訴訟行為により，被代位権利の行使ができなくなっ

たと主張して不法行為に基づく損害賠償請求訴訟を提起することはできない。

3　小問(2)──**債務者が参加する方法**

　債権者代位訴訟が提起されても債務者は被代位権利について処分権を失わ
ず，当事者適格を有するが，別訴で被代位権利を訴求することは重複訴訟に
該当して許されない（142条）。他方で，債務者が代位訴訟に参加して，審
理が併合され，分離される可能性がなければ，重複訴訟禁止の趣旨に反せず
許容される。参加の仕方は，債務者が代位債権者による代位権行使を争って
自己への給付を求めるのか，あるいは代位債権者側に参加をするのかによっ
て異なる。

　まず，債務者が代位権行使について争わず，代位債権者と共同戦線を張り
たいと考えた場合，債務者には補助参加の利益があるため，債権者側に補助
参加をすることができるし（42条），債務者は判決効を受ける立場にあるの
で，補助参加の従属性（45条1項ただし書・2項）の制限を受けない共同訴
訟的補助参加をすることもできる。加えて，債務者は代位訴訟が提起された
後も被代位権利について処分権限を失わず当事者適格を有し，さらに判決効
を受ける立場にあるため，当事者として共同訴訟参加（52条）をすること
もできる。共同訴訟参加後の訴訟形態は類似必要的共同訴訟となりそうであ
る（40条）。もっとも，代位債権者の請求と債務者の請求は，訴訟物は同じ
であるものの，給付の相手が異なるために，請求の趣旨は異なる。そのた
め，訴訟物も給付の相手も同じであることを前提とする，通常の共同訴訟参
加・類似必要的共同訴訟とはやや異なる点には注意が必要である。なお，債
務者が訴訟参加をして権利行使をした場合，代位の要件が欠けるのかが問題
となるが，債務者が真摯に訴訟追行をするとは限らないために，債務者の訴
訟参加よって直ちに債権者による代位権行使は妨げられるものではなく，代
位訴訟は却下されない。そして，被代位権利があると判断された場合には代
位債権者と債務者の双方の請求が認容されることになる。

　参加後の訴訟形態が類似必要的共同訴訟であると，民事訴訟法40条の規
律に服する。そのため，当事者の1人が単独で行った有利な訴訟行為はすべ
ての当事者との関係で効力を有するが，不利な訴訟行為は訴訟行為を行った
当事者のみならずその他の当事者に対しても効力を有しないこととなる。た

だし，被代位権利の本来の債権者である債務者が単独で行った自白等の不利な行為の効果は効力が生ずるという考え方も示されている。

これに対して，本問のように債務者が代位債権者による代位権行使について争いたい場合に，債務者が第三債務者側に補助参加，ないしは共同訴訟的補助参加をすることも可能であるが，加えて，民法改正前は，独立当事者参加（権利主張参加）をすることが認められていた（参考判例①）。この判例では，独立当事者参加をすれば，債務者の提起した訴えと代位訴訟との併合審理が強制され，訴訟の目的は合一に確定されるため，重複訴訟の禁止の趣旨に反しないとした上で，代位債権者が訴訟追行権を有していれば，債務者は訴訟追行権を有しないため，当事者適格を欠くものとして訴えは不適法となり，債権者が訴訟追行権を有しないことが判明したときは，債務者は訴訟追行権を失わず，訴えは適法となるとしていた。本来，権利主張参加は参加人の請求が本訴の請求と論理的に両立し得ない場合に認められるが，この判例は当事者適格が両立しない場合にも独立当事者参加を認めたものであり，権利主張参加の制度を借用した判例と評価することもできた。

改正民法のもとでは，代位訴訟が提起されても債務者は被代位権利について当事者適格を失わず，代位権行使が適法である場合でも，債務者による訴え提起は適法となるため，上記判例がそのまま妥当するかは問題となりうる。上記判例はもはや適用されず，債務者は独立当事者参加をすることはできず，共同訴訟参加のみができるという考え方もありうるが，片面的に当事者適格が両立しない場合がある，つまり，債務者の主張通り被保全債権が存在しない場合には，債権者の当事者適格が否定されることに加えて，被保全債権の存否をめぐって争いがあれば，債務者が債権者による訴訟追行をけん制する必要があるので，権利主張参加を認めることもできよう。

●】 参考文献 【●

山本和彦「債権法改正と民事訴訟法——債権者代位訴訟を中心に」判時 2327 号（2017）121 頁／越山和広「債権者代位訴訟における債務者の権利主張参加」法時 88 巻 8 号（2016）35 頁／畑瑞穂・百選 214 頁

（杉山悦子）

第4章

訴訟の審理

郵便に付する送達

Y信販会社は，Xに対して，Xの妻がX名義のカードを利用したことによる貸金の支払を求めて訴えを提起した（前訴）。裁判所書記官Pは，訴状記載のXの住所に訴状の送達を試みたがX不在で成功しなかったので，Yに対して，Xが上記住所に居住しているか，および就業場所について調査し回答するよう求めた。

XはR社に勤務していたが，送達が試みられていた時期には長期出張に出ていた。Rは，出張中の社員に同社宛で郵便物が送付された場合は転送し，外部から照会があれば連絡先を伝えていた。Xは，出張前に，Yの担当者に対して，「実際に稼働する場所はS社だが，郵便物はR気付で送付してほしい」と要望していた。

Yの担当者は，Pの照会について具体的な調査をしないまま，Xと家族が訴状記載の住所に居住していること，Xの就業場所は不明であるが1か月で出張から戻る旨を回答した。PはXの就業場所を不明と判断し，住所宛に訴状の付郵便送達を実施したが，X不在のため送達できず，裁判所に還付された。その後，X欠席のまま擬制自白に基づく全部認容判決が言い渡され，Xの住所に送達された。Xの妻がこれを受領したがXに渡さなかったため，Xは控訴せず，同判決が確定した。Xはこの判決に基づいてYに弁済した。

Xは，Yの誤回答に故意または重過失があるとして，①敗訴判決による損害の賠償および②前訴に関与する機会を奪われたことによる精神的損害の賠償を求めて，Yに対し訴えを提起した（後訴Ⅰ）。また，Z（国）に対して，前訴で訴状等の送達が違法であったために訴訟関与の機会が奪われたまま敗訴判決が確定したとして，国家賠償法1条1項に基づく損害賠償請求訴訟を提起した（後訴Ⅱ）。裁判所は，後訴Ⅰ，後訴Ⅱにおいてどのような判決をするべきか。

●】参考判例【●

① 最判平成 10・9・10 判時 1661 号 81 頁
② 最判昭和 44・7・8 民集 23 巻 8 号 1407 頁

●】解説【●

1　付郵便送達の要件

　送達は，当事者など訴訟関係人が訴訟上の書類の内容を確実に了知する機会を保障し，これによって訴訟行為をするための手続保障を与えることを目的として，法定の方式で書類を交付しまたは交付を受ける機会を与える，裁判機関の行為である。訴状など訴訟法律関係の基礎となるべき重要な書類は，送達しなければならない。

　このような目的から，送達は，書類を受送達者に交付する交付送達を原則とする（令和4年改正102条の2）。送達場所は，原則として受送達者の住所などであるが，住所などが知れないとき，住所などでの送達に支障があるとき，または就業場所での受領を受送達者が申し出たときは，就業場所での送達も可能である（103条1項・2項）。

　本問では，訴状に関しては，Ｘの長期不在により住所における交付送達も補充送達（106条1項）もできなかった（判決はＸの妻が受領し，補充送達がなされているが，Ｘとの事実上の利害対立を理由として，実際には判決書をＸに渡していない。このような場合には補充送達を無効とする考え方もあるが，判例は無効とはしていない。[→問題77] なお，本問ではＸの同意がないため，判決〔電子判決書〕は書面で送達される〔令和4年改正255条2項1号〕)。このような場合，本来は就業場所での交付送達がなされるが（103条2項），本問では書記官ＰはＸの就業場所を不明と判断したため，Ｘの住所に宛てて書留郵便に付する送達を実施した（107条1項1号。付郵便送達）。交付送達は，送達書類を受送達者に手渡したり，あるいは少なくともその支配圏に置くこと（差置送達，補充送達）によって効力を生ずるが，付郵便送達は，受送達者への書類の到達の成否にかかわらず，発送によって効力を生ずる（107条3項）。したがって，付郵便送達が有効であれば，本問のように実際には裁判

所に還付された場合にも送達の効力が生じ，訴状等の送達により前訴は有効
に係属したことになる。

付郵便送達は上記のように受送達者の了知の確実性が弱いので，実施要件
が厳格であると同時に，実施する場合には了知の可能性を高めるために，書
記官は，書留郵便に付する送達をした旨，および，送達書類については書留
郵便として発送した時に送達があったものとみなされることを受送達者に通
知しなければならない（民訴規44条）。旧法下の実務を明文化した規定であ
り，普通郵便等での通知が予定されている。ただし，これは受送達者の手続
上の利益を考慮した訓示規定と解されている。また，このような通知がなさ
れていても，普通郵便ならば他人が処分することは容易であり，本問ならば
Xの妻が処分するなどしてXには到達しなかった可能性も高い。

2　書記官の資料収集における裁量とその限界

付郵便送達の要件は1のとおりであるが，送達の実施は裁判所書記官の固
有の職務権限に属しており，参考判例①は，要件判断のための資料収集等は
書記官の裁量に委ねられるとしている。このような裁量性が認められるの
は，大量の訴訟事務の効率的処理の要請に基づくと考えられるが，そうで
あっても裁量権行使には合理性が求められるから，本問の後訴Ⅱを判断する
ためには，裁量権の逸脱がなかったかを検討する必要がある。

さて，参考判例①は，本問類似の事案において，(i)Xの就業場所が不明
か否かの判断の基礎となる資料の収集方法は書記官の裁量に委ねられてお
り，Yの回答書に格別疑念を抱かせるものがない本件では資料収集方法は
相当であると判断した。また、判示事項ではないが，(ii)民事訴訟法107条1
項・2項の文言から明らかなように，付郵便送達実施の要件が満たされる場
合でも，実施するか否かは書記官の裁量に委ねられている。そこで，実施の
判断の合理性も本問に即して検討してみよう。

まず(i)について，就業場所が不明と判断されることによって受送達者の手
続保障が大幅に脆弱化することを前提とすると，その判断は慎重になされる
べきであり，参考判例①のように書記官の手続裁量を認めるとしても，それ
には限界があると考えるべきであろう（新堂・後掲513頁）。調査・資料収集
の責任は書記官にあることを前提として，事案および当事者の性質，原告の

保持する情報および調査能力などを考慮しつつ，特段の事情がない限り，資料収集のコストにかかわらず調査義務を肯定する方向で検討すべきものと考えられる。さらに，本問では，Ｙの回答書はＸは出張中としながら就業場所を不明とする矛盾した内容を含んでおり，ＰがＹの調査先の確認等をしなかったことには，裁量権の逸脱があったということもできよう（大渕・後掲も参照）。

　また，(ii)についても，仮にＹの回答書をそのまま基礎とするとしても，Ｘが出張から戻る日程が明らかであること，Ｘの家族が住所地に居住していることから，夜間等の補充送達を試みる，Ｘの戻る日程に合わせて住所での交付送達を試みるといった送達方法を採ることが，より妥当な手続裁量の行使といえるのではないだろうか。

　このように考えると，本問の後訴Ⅱについては，参考判例①の結論とは異なり，書記官には裁量権の範囲の逸脱があり，国家賠償法１条１項に基づく損害賠償請求権を認める余地もあるといえよう。

3　原告の調査義務

　参考判例①は，本問の後訴Ⅰ請求①類似の請求について，Ｘ敗訴により生じたと主張される損害賠償請求は，既判力のある確定判決と実質的に矛盾するとして原則として許されないが，当事者の一方の行為が著しく正義に反し，既判力による法的安定の要請を考慮してもなお容認し得ないような特別の事情がある場合に限り例外的に許されるとする。ここで想定されているのは，参考判例②が示すように，原告が故意により被告の訴訟関与を妨げたり裁判所を欺罔する等して確定判決を取得するような事案（判決の騙取ともいわれる）においては，再審（による確定判決の取消し）を経由せずに直接損害賠償請求の訴えを提起し，確定判決と矛盾する主張をすることができるという判例法理である。したがって，本問のＹ担当者のように少なくとも故意は認めにくい事案は，射程外と考えられる。上記のように，職権送達主義の下では調査・資料収集の責任は裁判所にあり，Ｙは誠実な調査義務を負うにとどまるから，本問においてはこのような判断は妥当と考えられよう。

　なお，参考判例①は，本問の後訴Ⅰ請求②類似の請求については，既判力ある判断と実質的に矛盾する損害賠償請求ではないとして，原判決を破棄し

差し戻した。この法廷意見に対しては，判決の結論にかかわりなく手続関与を妨げられたとの一事をもって損害賠償請求権が発生するものではないとの反対意見がある。したがって，法廷意見は勝敗にかかわりなくいわば純粋に手続に関与することに法的利益を認め，損害賠償請求権が成立し得ると考えているようである。具体的には，参考判例②の要件が満たされない場合に認められるのだとすれば，本問の後訴ⅠではＹに対する損害賠償請求権が認められる可能性があろう。

●】参考文献【●

大渕真喜子・百選 80 頁／山本和彦・私法判例リマークス 20 号（2000）124 頁／新堂幸司「郵便に付する送達について」太田知行＝荒川重勝編『鈴木禄弥先生古稀記念・民事法学の新展開』（有斐閣・1993）509 頁

（山田　文）

公示送達

【第1訴訟】　Cは，X（訴訟代理人A）およびZ社（代表者Y，訴訟代理人B）を共同被告として，建物収去土地明渡請求の訴えを提起した。この時点で，XはYに対して第2訴訟を提起することを匂わせており，XとZ社の利害対立は明らかであった。

【第2訴訟】　X（訴訟代理人A）はY（訴訟代理人B）に対して，X所有建物の不法占有による損害賠償請求の訴えを提起した。訴状におけるYの住所は，第1訴訟でZ社の送達場所とされた住所と同一であったが，この送達は奏功しなかった。その後，Yの住所についてXから3回の調査報告とそれぞれで判明した住所について上申がなされ，それぞれの住所で送達が試みられたが，奏功しなかった。そこでXは公示送達の申立てをし，書記官はこれを認めて公示送達をした。

ところで，各当事者の訴訟代理人は，職務上，第1訴訟の経過を了知していた。第2訴訟で送達の不奏功が続いていた頃，AはたまたまBに会ったので，第2訴訟を提起したがYの住所がわからないので教えてほしいと依頼した。数か月後，BはYから了解を得たとして，AにYの住所を葉書で通知した。しかし，その時点で第1審の口頭弁論は終結しており，また，この住所ではすでに送達が失敗していたので，Aはこの通知を放置した。

その後，第1審判決（請求認容判決）が公示送達によりYに送達された。Bは，偶然出会ったAからこの事実を知った。

このような事情の下で，Yは，訴訟上，どのような救済を求めることができるか。

●】参考判例【●

① 最判昭和54・7・31判時944号53頁
② 最判平成4・4・28判時1455号92頁
③ 最判昭和42・2・24民集21巻1号209頁
④ 大判昭和16・7・18民集20巻988頁

●】解説【●

1 公示送達と受送達者の手続保障

　送達は，訴訟書類の内容を名宛人に了知させる（ないし了知の機会を与える）裁判所の訴訟行為であり、受送達者の手続保障の第1歩である。とくに被告にとっては，送達がなされなければ訴訟係属を了知することがないから，確実な送達が要請される。そのため，送達は職権で行われ，また，受送達者に送達書類を交付する，交付送達が原則とされている（令和4年改正102条の2）。さらに，交付送達が困難な場合のために，付郵便送達（107条）が補充的に認められている［→問題22］。

　以上は，住所等の送達場所が明らかな場合に当てはまるが，これが不明の場合（110条1項1号）には，現実の送達は不能となる。付郵便送達もできない場合（同項2号）には送達の方法が尽きることになるが，訴状が送達できなければ訴訟は係属しないから，被告の行方不明という原告に帰責性のない理由で原告の裁判を受ける権利が妨げられることとなる。これを避けるために，送達すべき書類を裁判所書記官が保管し，いつでも送達を受けるべき者に交付する旨を裁判所の掲示場に掲示する方法で送達を行う方法，すなわち公示送達が用意されている（111条1号）。この方法では，受送達者が書類を実際に受領する可能性は事実上ゼロであるが，法律上の擬制により，掲示から2週間の経過をもって受送達者への送達の効果が発生する（112条1項本文。本問の判決のように2回目以降の公示送達の効力は，掲示の翌日に生ずる。同項ただし書参照）。

　本問のように，被告住所が不明である場合には，訴状から始まって判決にいたるまで一切の送達すべき裁判書類が公示送達により送達され，被告がこ

れに気づいた時点では上訴期間（判決の送達から2週間の不変期間。285条本文）が徒過しているのが一般である。被告が訴状の内容を実際に了知することが保障されるわけではないことは公示送達制度の予定するところだが，被告の深刻な不利益を考慮すると，このような事態は最小限に抑えられるべきである。

　その方法として，まず公示送達の許否に関する裁判所書記官の調査義務を明確化し，その裁量権を合理的な範囲に制約することが考えられる［付郵便送達につき→問題22］（最判平成10・9・10判時1661号81頁参照）。もっとも，この判例では被告の住所の調査に係る書記官の裁量権は広く認められており，本問に即して考えても，調査は相当であって，裁量権の逸脱が問題となるとは考えにくい（ただし，大阪地判平成21・2・27判タ1302号286頁のように厳格な調査義務を命ずる裁判例もある）。それでは，公示送達により手続参加の機会のないままに敗訴判決を受けた被告には，他にどのような救済方法が考えられるだろうか。

2　受送達者の救済──再審

　まず，本問のYが再審の訴えを提起し，確定した第2訴訟判決を取り消し，あらためて第1審からやり直すことが考えられる。控訴の追完（97条。後述3）に比べて期間制限も緩やかであり（342条），審級の利益も害されないから，救済としては最も徹底している。

　しかし，どの再審事由が認められるかが問題となる。可能性があるのは，民事訴訟法338条1項3号ないし5号の類推適用ないし拡張解釈であるが，3号事由については，判例（最判昭和57・5・27判時1052号66頁）は，原告が不実の公示送達の申立て（故意またはなすべき調査を怠ったために被告の住所を誤った場合）をした事案においてすらこれを否定しているので，判例にしたがうならば，本問のように，少なくとも原告が故意に不実の申立てをしたのではない事案では認められる可能性は低いとみることもできる。また，後者（5号事由）については，原告の公示送達の申立てについて詐欺罪等の有罪確定判決等が必要となり（338条2項），再審事由を認めるのはきわめて困難である。

　もっとも，事実上利害対立する代人に補充送達がなされ，受送達者が裁判

書類を受領できず，手続への実際の関与の機会がなかった場合には，補充送達を有効としながらも民事訴訟法 338 条 1 項 3 号の類推適用により再審事由が認められるとする近時の判例（最決平成 19・3・20 民集 61 巻 2 号 586 頁）［→問題⑰］との類比では，不実の公示送達がされた被告にも再審による救済が認められてよいとも考えられる。確かに，公示送達制度は受送達者への送達を擬制する特殊な制度であり，被告が実際に裁判書類を受領しない場合に常に送達を無効とすると，制度として成り立たない。しかし，不実の公示送達は公示送達制度が予定していた事態ではなく，この場合にも原告の判決を得る権利を被告の手続関与の機会より優先させる必要は認められず，再審事由の判断においては，異なる判断をする余地があろう。なお，いずれの場合も再審を認めると確定判決を得た原告の地位を不安定化させるとの批判があり得るが，補充送達のような，いわば被告の内部的事情により被告の手続関与の機会が失われた場合よりも，原告の申立てによる公示送達のほうが，不安定化もやむを得ないと説明しやすいようにも思われる。

3　受送達者の救済──上訴の追完

　再審以外の救済方法として，公示送達が有効であることを前提に，訴訟行為の追完（97 条）が可能かを考えてみよう。判例は，公示送達の有効性を広く認めており，不実の公示送達であっても違法でないと判断しているので，これを前提とする（ただし，判例の考え方は公示送達が裁判であった旧法下では妥当したが，書記官の処分とされている現行法下では，裁判を無効化するわけではないので，追完が認められるような場合にはそもそも送達が無効であったと解すべきとの批判がある）。

　本問では，訴状・判決ともに有効に送達され，控訴期間徒過によって第 2 訴訟判決は確定したことになるので，Ｙが「その責めに帰することができない事由」により控訴期間を遵守できなかったことを主張立証できれば，公示送達がなされたことを知った時から 1 週間以内に限り，控訴をすることができる（97 条 1 項）。そこで，Ｙの帰責事由の有無が問題となるが，公示送達については被告がこれを知らないのが通常なので，被告には常に帰責事由がないことになり，公示送達制度が不安定化する恐れがある。他方，上述のように，公示送達制度も，不実（に帰した）公示送達を申し立てた原告のた

めに被告の手続関与の権利を犠牲にすることまで認めているとは考えにくい。

そこで，97条1項を両当事者の公平のための規定と解し，原告の故意・過失と，被告の判決がされることへの予測可能性を考量する考え方が有力である。以下，原告に故意がある場合や住所につき悪意である場合（「濫用事例」）と，本問のように故意は認められない場合（「通常事例」）を分けて考えてみよう。

(1) **濫用事例**　参考判例③は，原告が故意に被告の住所を偽って訴状に記載し，公示送達を申し立てた事案において，被告の責めに帰すべからざる事由により控訴期間を遵守することができなかったとして控訴の追完を認めた。ここでは，被告の予測可能性等にはふれず，申立てにおける原告の故意のみを認めて被告の帰責性を否定している。これに対して，参考判例②は，原告側の公示送達によらざるを得なかった事情についても取り上げ，被告側の本訴提起の予測可能性等の事情と総合的に考量すべき旨を判示した。この事案では，被告に弱い帰責性が認められるものの，原告が故意に転居先不明として公示送達を申し立てた等の濫用性（「制度を悪用したとの非難を免れない」）が認められるとして，被告の帰責性が否定されている。

(2) **通常事例**　これに対して，通常事例では，被告（受送達者）の無過失を要求する判例がある（参考判例④）。すなわち，被告が訴訟提起を予測しえたかを問い，予測可能性が認められるならばそれに対応する調査や住所変更届等を行ったかを問題とする。

本問におけるYは，第2訴訟提起を予測でき，実際に訴訟代理人Bを通じてXが送達に苦労していることを了知しており，かつ，第1訴訟の経過から少なくともBには，第2訴訟がYに不利益な内容であることは容易に推測できたはずである。したがって，早晩判決が言い渡されるであろうことも十分予想できたのに，Y（職務上の責務としては訴訟代理人B）が何らの調査もせず放置していたことには帰責性があるということも可能である。本問と同様の事案を扱った参考判例①は，このように判断して上訴の追完を認めなかった（なお，現行法は送達場所届出義務を課しており（104条），これを怠ったYの帰責性やBの過誤は否定しがたいであろう）。YはXとの関係では救済されないが，訴訟代理人Bに対して弁護過誤に基づく損害賠償を訴求

する余地はありそうである。

●】参考文献【●

河野正憲・百選〔第 3 版〕（ 2003 ） 102 頁／梅本吉彦「不意打防止と訴訟法理論」新堂幸司編著『特別講義民事訴訟法』（有斐閣・ 1988 ） 393 頁／山本弘「送達の瑕疵と判決の無効・再審」法教 377 号（ 2012 ） 112 頁

（山田　文）

訴え取下げの合意

　Ａは自己の費用で本件家屋を建築してＸに贈与した。しかしＸ名義の所有権保存登記手続を行う前に病気に倒れ，Ａの子Ｙが本件家屋を占有した。その後，ＹはＸの明渡請求に応じず，本件家屋についてＹ名義で所有権保存登記手続を完了した。

　ＸはＹに対して本件家屋の所有権確認および保存登記抹消登記手続を求めて訴えを提起した。口頭弁論において，Ｙは，「訴訟係属後，裁判外でＸとＹは話し合いを持ち，ＹがＸに示談金を支払い，Ｘが本件家屋についての請求権を放棄して本件訴訟を取り下げる旨の和解が成立した。ＹはＸに対して示談金を支払ったので，Ｘは訴えを取り下げるべきである。」と主張した。

　裁判所が，Ｙの主張する和解契約の成立およびＹの示談金の支払の事実が認められると判断する場合，どのように訴訟関係に反映させるべきか。

　また，Ｘが訴え取下げ合意に基づいて訴えの取下書を裁判所に提出し，その翌日に，「取下書は裁判外でＹから脅迫されて作成したもので，真意に基づくものではなく無効である」と主張し，裁判所がこれを認める場合，どのような判断をするべきか。

●〕参考判例 【●

① 最判昭和 44・10・17 民集 23 巻 10 号 1825 頁
② 最判昭和 46・6・25 民集 25 巻 4 号 640 頁
③ 最決平成 23・3・9 民集 65 巻 2 号 723 頁

●】解説【●

1 訴訟上の合意の意義

　訴訟手続に関する当事者の合意の効力については，任意訴訟禁止の原則から，訴訟上は一切無効である（裁判所に対して拘束力を有しない，または顧慮されない）との考え方もかつて有力であり，大審院時代には，裁判外での訴え取下げ合意は無効な契約であるとする判決もあった（大判大正12・3・10民集2巻91頁）。しかし，任意訴訟禁止の目的が，裁判所固有の権限の侵害や訴訟手続の安定性・迅速性の阻害のおそれを予め排除するという公益性にあるとするならば，もともと当事者に処分権限が認められている処分権主義や弁論主義に属する事項についてする合意であって，対象が特定されていて効果の予測可能性があるものは，民事訴訟法上の明文規定がなくとも，有効と考えてよいであろう。明文規定があるものとして，管轄合意（11条），訴訟上の和解（267条），不控訴の合意（281条1項ただし書）などがあり，明文規定のないものとして，不起訴の合意，証拠制限契約，および本テーマで問題となる訴え取下げ合意などがある。

　このような合意を一般に訴訟上の合意と呼ぶが，その性質については争いがある。大きく分けると，私法上の契約として有効である（当事者に一定の義務が生ずる）が直接訴訟上の効果をもたらすわけではないとする私法契約説，当事者の合意が直接訴訟上の効果をもたらす（裁判所を拘束する）と構成する訴訟契約説，私法契約の効果と訴訟契約の効果が同時に発生するとする併存説が挙げられる。訴訟上の合意には，当事者間の合意であって私法上の意思表示の瑕疵の規定が適用されるべき側面と，私法上の合意が履行されない場合でも訴訟上の効果の発生を期待する側面があるとするならば，併存説のような構成が合理的と考えられよう。

2 訴え取下げ合意の意義

　訴え取下げ合意の効力について，私法契約説に立ち，合意により原告が権利保護の利益を喪失し，訴えの利益を欠くに至ったとして訴えを却下すべきとする考え方（参考判例①③）のほか，原告の信義則違反により説明する考え方（最判昭和51・9・30民集30巻8号799頁参照）がある。

これに対して，訴訟契約説，併存説は，結論としては訴訟終了宣言をするべきと論ずる。まず訴訟契約説は，裁判外での合意であっても，訴えの取下げという訴訟上の効果の発生を目的とする合意であるから，訴訟上の訴え取下げ（261条）と同様に扱うべきとする。訴えの取下げによって訴訟係属そのものが消滅するので（262条1項参照），訴訟判決ではなく，訴訟終了宣言をすべきことになるのである。ただし，訴えの取下げと異なり，取下げの効果を主張する者（被告）が取下げ合意の存在を主張・立証する必要があり，これが認められてはじめて訴訟係属の消滅の効力が発生することになる。また，併存説は，訴訟行為としての訴えの取下げ合意の効果として訴訟係属が消滅することから，やはり訴訟終了宣言をするべきと説明する。

　両説は結論において異ならないが，本問で併存説によれば，私法上のXの訴え取下げ義務，その条件としてのYの給付義務を想定することができ，かつ，仮にXが義務を履行しない場合であっても，訴訟行為としての取下げの効力に着目して訴訟終了宣言を説明することが容易である。これに対して，訴訟契約説では，私法上の訴え取下げ義務を認めることは困難である（ただし，同説からは，訴え取下げ義務を認めることは訴訟契約説と矛盾せず，また，この義務を認めるとしても，訴訟係属の消滅という訴訟上の効果がもたらされなかった場合にXに対する損害賠償請求権を基礎付けるにとどまるから，さほど意味はないとの再反論がなされている）。

　このようにみてくると，本問の裁判所は，私法契約説に立って訴えを却下するか，訴訟契約説ないし併存説に立って訴訟係属の消滅を前提に訴訟終了宣言判決をするかを選択すべきことになる。

　両者の相違として，私法契約説に立つ場合には，訴えの取下げという訴訟行為の効果は発生していないから，再訴禁止の効力（262条2項）は生じないことを指摘できる。もっとも，同説は民事訴訟法262条2項の類推適用を認めており，その限りでは両者に違いは見いだせない。そうすると，両者の差違は，訴訟係属の消滅という訴訟上の効果をどのように説明するかという理論面に収れんされるが，この点では訴訟契約説ないし併存説の説明がより実情を反映しているといえよう。

3　訴訟行為への私法規定の適用

　訴訟上の合意が訴訟行為としての性質をもつとして，訴訟行為に意思表示

の瑕疵がある場合，私法規定を適用して取消しとその効果を認めてよいかが問題となる。全面的に適用すると，意思表示の瑕疵のある訴訟行為を前提とするその後の訴訟行為が連鎖的に効力を失うことになり，手続の安定性を害するからである。そのため，伝統的には，私法規定は適用されないと考えられてきた（ただし，判例も絶対的に適用を排除しているわけではない）。これは一見すると表意者に酷であるが，再審事由に該当する場合が多く，それを先取りして類推適用し，当該訴訟行為を無効とみなすことができるから，表意者の救済に不足はないとされる（再審事由の訴訟内顧慮といわれる）。

　例えば，本問後段の場合，Ｘは脅迫という刑事上罰すべき他人の行為により取下げの意思表示をしたとして，民事訴訟法338条1項5号を類推適用して取下げの取消しを認めるのである。本来，5号事由を主張する場合には有罪の確定判決など同条2項の要件が必要であるが，前訴係属中に再審事由を主張する場合は，この要件は不要と考えられる（参考判例②参照）。同条2項のような重い要件を課するのは法的安定性を保護するためであるが，前訴係属中ならばそのような保護は必要なく，むしろ前訴終結前に迅速にその瑕疵を治癒することがその趣旨にそうからである。

　もっとも，常に再審事由の訴訟内顧慮によって救済がもたらされるわけではない。非財産上の訴訟につき欺罔により訴えの取下げをさせても刑罰の対象とならない可能性があることや，瑕疵が錯誤による場合には再審事由を援用できないといった限界が指摘されている。したがって，端的に私法規定の適用を認めるべき場合もあると考えられる。その際には，上記のような手続の安定性の要請に鑑み，訴訟を処分する意思表示であれば広く私法規定の適用を認め，当該訴訟行為の後にも連鎖的に訴訟法律関係が形成される場合には，限定的に，再審事由のみを顧慮するといった解釈も考えられよう。

●】 参考文献 【●

棚橋洋平・百選182頁／竹部晴美・百選180頁／伊藤眞「訴訟行為と意思の瑕疵」小山昇ほか編『新演習法律学講座⑿』（青林書院・1987）433頁

（山田　文）

時機に後れた攻撃防御方法

X は，Y に対し，自己の所有地を賃貸し，Y は同土地上に建物を建築し，居住していた。その後，土地の賃貸借期間が終了したところ，Y は借地契約の更新を請求したが，X は，それに対して異議を述べ，借地契約が終了したとして，Y に対し，建物収去土地明渡しを求めて訴えを提起した。当該訴訟手続においては，更新拒絶についての正当事由（借地借家 6 条）の有無が争点になり，X が土地を使用する必要性や従来の借地契約の経緯などについて，3 回の口頭弁論期日および 6 回の弁論準備手続期日において両当事者は主張・立証を展開した。そして，争点とされた事項について集中証拠調べが行われたが，2 回の証拠調べ期日が終了した時点において，Y は建物買取請求権（同法 13 条）の行使を主張した。

裁判所は，このような主張を許すべきか。

●】参考判例【●

①　最判昭和 46・4・23 判時 631 号 55 頁
②　最判平成 7・12・15 民集 49 巻 10 号 3051 頁

●】解説【●

1　攻撃防御方法の提出時期の規制

　民事訴訟においては，一般に複数の期日が開かれ，その攻撃防御の結果を受けて判決がされる。口頭弁論期日は，仮に何回続行されたとしても，法律上は一体のものとみなされる。口頭弁論一体の原則といわれるものである。そうすると，当事者がどの期日に攻撃防御方法を提出しても，法的には等価なものと考えられ，提出時期には規制がないとも考えられる。かつてはこの

ような考え方に基づき，攻撃防御方法はどの時期に提出してもよいとする随時提出主義という原則がとられていた。

　しかし，理念的にはそのような考え方はあり得るとしても，現実には，訴訟手続が相当程度進んだ後にまったく新たな主張や証拠が提出され，そのような主張・立証をそのまま許すと，手続が遅滞することになる。とくに実際の訴訟手続は，まず当事者の主張に基づき争点・証拠の整理の作業を行い，その後に証拠調べを行うという段階を踏んで進められるとすれば，争点整理の段階で提出されなかったような新たな主張が証拠調べの段階で出てくると，争点整理の結果が無駄になるおそれがある。そこで，訴訟手続に一定の段階を設けて，事実の主張はある段階までに行わなければならず，その後は新たな主張は許されないという考え方が生じてくる。法定序列主義といわれるものである。

　ただ，このような考え方は，訴訟手続を厳格に段階付けることになり，審理に秩序をもたらすものではあるが，逆に手続を硬直化するおそれも大きい。当事者にはさまざまな事情があり，一定の段階までに主張が出せなかったからといって，一律に批判できるとは言い切れないからである。そこで，このような厳格な序列を求めるのではなく，訴訟の審理の状況に応じて適切な時期に攻撃防御方法の提出を求めるという中間的な考え方が生じる。つまり，随時提出主義のように当事者の自由に委ねるのではなく，法定序列主義のように厳格な序列を定めるのでもなく，その中間として，適切な時期の提出を求めるものであり，適時提出主義と呼ばれる。民事訴訟法156条が採用する考え方である。

　これによれば，当事者は，訴訟の進行に応じ適切な時期に攻撃防御方法を提出しなければならない。この考え方は，訴訟追行に当たって当事者は信義誠実に基づき行動しなければならないという信義誠実の原則（2条）からも導き出されるものである。ただ，この規律については直接の制裁はない。つまり，適切な時期に提出されなかった攻撃防御方法が不適切な時期に初めて提出された場合に，それを当然に許さないとはされていない。実際に法的効果を有する規制として存在するのは，時機に後れた攻撃防御方法の却下の規律（157条）である（そのほか，審理計画が立てられた場合の攻撃防御方法の提出規制〔157条の2〕，準備書面の提出規制〔162条〕，争点整理がされた場合の

攻撃防御方法の提出規制〔167条・174条・178条〕，控訴審における攻撃防御方法の提出規制〔301条〕などがある）。

2　時機に後れた攻撃防御方法の却下要件

　当事者が故意または重大な過失により時機に後れて提出した攻撃防御方法は，これが訴訟の完結を遅延させることとなるときは，裁判所は却下することができる（157条1項）。つまり，このような却下ができる要件としては，①攻撃防御方法の提出が時機に後れていること，②それが当事者の故意重過失に基づくこと，③その提出により訴訟の完結が遅延することである。

　まず，①の時機後れの要件である。当該攻撃防御方法の性質に鑑み，それが時機に後れているといえるかが問題となる。控訴審においても，時機に後れているかどうかは，第1審における審理経過を併せて総合的に考慮される必要がある。これは，1で述べた適時提出主義の原則と関連するが，「適切な時期」ではないからといって，当然に「時機に後れた」ことになるわけではない。通常は，争点整理が終了した後に，争点整理の前から存在していた新たな事実を主張することは，時機に後れたものになろう。

　次に，②の当事者の主観的要件である。攻撃防御方法の提出が時機に後れたことが当事者の故意または重過失に基づくものでなければ，却下することはできない。単なる軽過失による場合は排除されているので，重過失ありとして却下の対象になるのは，通常人であればそのような攻撃防御方法が存在することに少しの注意を払えば容易に気付くはずであるのに，気付かなかったような場合に限られる。

　最後に，③の訴訟完結遅延の要件である。故意または重過失によって時機に後れた攻撃防御方法であっても，その審理によって訴訟の完結がとくに遅延しないのであれば，却下する必要はない。例えば，新たな事実の主張があり，その認定には証人尋問を必要とする場合であっても，他にも審理すべき事項があり，証人尋問が予定されており，それと同じ期日に尋問をすればよい場合には，訴訟の完結は遅延しないことになる。この結果，控訴審で新たな攻撃防御方法が提出された場合，それは原則として時機に後れたものになると解されるが，控訴審において他の事項についての審理が予定されているときには，訴訟の完結が遅延しないことも多いとみられる。

以上のように，時機に後れたものとして攻撃防御方法を却下する要件は厳格であり，その認定は難しい場合がある。一般的にいって，従来の裁判所の運用は，この規律の適用にはあまり積極的ではなかったように見受けられる。日本の裁判所は伝統的に実体的真実の解明に強くコミットする傾向があり，多少訴訟の遅延を招くおそれのある攻撃防御方法であっても，それによって真実が解明される可能性があるのであれば，審理をすることになりがちであったように思われる。ただ，争点整理および集中審理を重視し，当事者の信義則を強調する現行法の下では，やや運用の方向も変わりつつあるようにもみられ，今後の実務の動向が注目される。

3　本問の場合──既判力の時的限界との関係

　本問は，新たな攻撃防御方法として，建物買取請求権という形成権の行使が問題となる場合である。形成権の行使も攻撃防御方法に該当するので，それが却下されるかどうかは，前記のような民事訴訟法 157 条 1 項の要件を満たすかにかかっている。まず，①の時機後れの要件については，争点整理が終結し，さらに集中証拠調べが終わった時期にされた主張であり，これを満たすことは問題ないであろう。③の訴訟完結遅延の要件については，建物買取請求権の行使に伴いどのような事項について審理の必要が生じるかが問題となるが，建物買取請求権が成立し，原告の訴えが建物の引渡請求に変更され，被告から建物代金の支払との同時履行の抗弁が出されれば（そのような抗弁が出されるのが通常であろう），建物の時価の審理が不可欠となる。それには証人尋問や鑑定等の新たな証拠調べが必要になろう。そうすると，③の要件も通常満たされることになる。

　他方，②の要件は，本問の事実関係からは具体的事情は必ずしも明らかでない。被告としては，正当事由の存在を争いながら，他方で正当事由の存在を前提とした建物買取請求権を主張するのは，自分の主張の弱みを認めることにつながり，期待しがたく，当初に主張しなかったことには重過失までは認められないという見方もあろう。しかし，そのような場合であっても，仮定的な主張として，建物買取請求をすることは期待できないとはいえず，重過失を認める考え方も十分に成立すると思われる。仮定的な主張すら躊躇されるというような事態は通常想定できないと考えられるからである。

以上のように，建物買取請求権の主張を却下することは十分に考えられる（参考判例①も却下を認めた例である）。ただ，さらに注意を要すると思われるのは，建物収去判決確定後においても建物買取請求権の行使は既判力によって遮断されず許されるとする判例の存在である。参考判例②は，建物収去土地明渡判決確定後に借地人が建物買取請求権を行使して請求異議の訴えを提起した場合，前訴確定判決の既判力によって建物買取請求権の主張が遮断されることはないとして，同権利の行使によって賃借人の建物収去義務は消滅し，その限度で前訴判決の執行力は失われるとして，請求異議を認めたものである。

　その結果，仮に本問の場合に建物買取請求権の主張を時機に後れたものとして却下したとしても，建物収去判決確定後にＹが建物買取請求権を行使して請求異議の訴えを提起することは許されることになりそうである。それであれば，むしろ当初の訴訟の時点で，この点についても決着をつけておくことが当事者の便宜に資するという見方もありえよう。そのような理解に立てば，建物買取請求権のような権利については，例外的に却下を認めないという扱いになろう。しかし，他方では，請求異議の訴えを起こすということはＹにとっては負担になるのであり，適切な時機に建物買取請求権を行使しなかったサンクションとして，Ｙにそのような負担（起訴責任）を課すという考え方も可能である。そのように解すれば，判例のような解決策（時機に後れた攻撃防御方法にはなるとしながら，請求異議事由としては認めること）もそれなりに合理的な取扱いといえよう。困難な問題であるが，それぞれさらに考えてもらいたい。

●】参考文献【●

石渡哲・争点144頁／倉部真由美・百選154頁／菅野雅之・争点138頁

（山本和彦）

弁論準備手続

　Ｘは，Ｙに対して，家屋の建築工事に関する請負代金の支払請求訴訟を提起した。それに対し，Ｙは，Ｘのした工事の中には，Ｙが注文していないものが含まれており，それを差し引けばすでに本来の請負代金は全額支払っている旨を主張して争った。裁判所は，争点を整理する必要があるとして，事件を弁論準備手続に付した。

　(1)　弁論準備期日において，当初Ｙは，口頭のやりとりの中で工事内容にも言及した可能性はあるが，契約内容として明確に合意したものではないと陳述したが，後の期日ではそのような口頭のやりとりそのものを否定する立場に転換した。弁論準備手続終結後の口頭弁論期日において，Ｘは，Ｙが弁論準備期日で述べた内容の逐語的な記録を書証として提出した。裁判所はこのような書証を認めるべきか。

　(2)　弁論準備手続終結後，口頭弁論期日の冒頭において，ＹはＸがした工事の内容に瑕疵があるので，請負代金の減額を求める旨の主張を新たに追加した。Ｘは，そのような主張を弁論準備手続でしなかった理由の説明をＹに求めたが，Ｙは説明を拒否すると述べた。裁判所は，このような新主張をどのように扱うべきか。

●】参考判例【●

① 　東京地判平成 12・11・29 判タ 1086 号 162 頁
② 　東京地判平成 11・9・29 判タ 1028 号 298 頁

●】解説【●

1　争点整理手続

　民事訴訟においては，当事者の主張しない事実は判決の基礎とできず，ま

た当事者間で一致した事実はそのまま判決の基礎とされる（弁論主義）。したがって，一方当事者が主張し，他方当事者が争う事実で，判決の結論に影響する事実のみが証拠調べの対象となる。また，書証によって認定される事実や書証等から判断しておよそ人証によって証明することが不可能と考えられる事実については，人証による証拠調べの対象とする必要はない。そこで，訴訟を充実した迅速なものにするためには，訴訟手続の早い段階で，当該事件における争点がどの事実であり，どの事実について人証調べを中核とした証拠調べ期日の対象にするかといった点について，両当事者および裁判所の認識を一致させる作業が重要になる。これが争点整理の手続である。

　このような争点整理の手続が民事訴訟において重要であることについては，以前からコンセンサスがあった。しかし，現行法制定前はこの点の実務は極めて不十分なものであったことは否定し難い。争点整理のための手続として設けられた準備手続や準備的口頭弁論は実務ではほとんど用いられていなかった。その結果，証拠調べが行われた後に新たな争点が明らかになって当事者の主張があらためて行われたり，場合によっては判決作成の段階で新たな争点の存在に裁判官が気付き，不意打ち的な判決がされたりすることも稀ではなかった。このような実務の状況を改善するため，現行法制定の直前の時期には，法律に規定のない運用として，弁論兼和解の手続が行われていた。これは，和解期日の中で準備書面の提出や裁判官の釈明など弁論に相当する手続も併せて行う運用であり，実質的な争点整理を行うものとして，広く活用されていた。しかし，明文の規定がなく，その不透明性には批判もあった。

　そこで，現行法を制定するに際しては，争点整理手続の整備が１つの中心的な課題とされたところである。その結果，現行法は，争点整理の手続として，個々の事件の特性に適合した複数の手続を用意した。弁論準備手続，準備的口頭弁論および書面による準備手続である。このうち，実務上，ほとんどの場合を占めるのが弁論準備手続であるが（これについては，２参照），準備的口頭弁論は口頭弁論の中で争点整理専門の手続を設けるもので，公開の法廷で争点整理を行う必要がある場合や争点整理の中で併せて人証調べをする必要がある場合などに利用が想定されている。また，書面による準備手続は，ドイツ法などをモデルとした新規の手続であるが，書面の交換で争点整

理を進めながら，場合により電話会議システムによる協議を利用するもので，当事者・代理人が遠隔地にある場合などに利用が想定されている（双方当事者が出頭しないでも，ウェブ会議による争点整理が実施できるツールとして，コロナ禍の中，その利用が急増した）。

2　弁論準備手続の概要

弁論準備手続は，前述した旧法下の弁論兼和解の運用を取り入れながら，旧法の準備手続を改善したものである。裁判所は，争点および証拠の整理の必要があると考えるときは，事件を弁論準備手続に付することができるが，その際には，必ず当事者の意見を聴かなければならない（168条）。手続方法の選択に当事者の意思を反映させる趣旨である。弁論準備手続の期日は，口頭弁論ではないので公開の必要はないが，当事者双方の立会いが保障され，裁判所が相当と認める者および当事者の申し出た者の傍聴が許される（169条）。当事者の立会いが運用上必ずしも保障されていなかった弁論兼和解に対する批判に応えるとともに，率直な意見の交換に不可欠とされる非公開審理を正面から認めながら，一定の者の傍聴を可能にしたものである。

弁論準備手続における審理については，裁判所の訴訟指揮，釈明，擬制自白等手続の進め方に関する規律は，口頭弁論の場合と基本的には同じである（170条5項）。実際上は，弁論準備室といった通常の会議室と同じ体裁の部屋で，裁判官と両当事者・代理人が率直に争点・証拠についての意見を述べ合い，口頭のやりとりの中で争点が煮詰まっていくことを期待している。また，弁論準備手続で，証拠の申出に関する裁判その他の口頭弁論期日外ですることのできる裁判や文書の証拠調べをすることができる（同条2項）。これによって，円滑に口頭弁論に移行することを可能にするとともに，争点整理にとって不可欠な書証を可能とするものである。また，一方当事者が遠隔地にいる場合など裁判所への出頭が困難なときは，いわゆる電話会議システムを利用した手続も可能とされる（同条3項・4項）。一方当事者が期日に出頭することが条件であるが，これによって，例えば，大阪の代理人は東京地裁の事件について，30分程度の期日に出頭するために，往復6時間以上をかけて移動するという不便が解消される。なお，弁論準備手続は，受命裁判官によって行うこともできる（171条）。合議体の場合には，主任裁判官や

裁判長が受命裁判官として争点整理を担当することが多い。

　弁論準備手続が終結したときは，その後の証拠調べによって証明すべき事実を裁判所と当事者の間で確認しなければならない（170条5項・165条1項）。この「証明すべき事実」がまさにその訴訟における争点であり，これが争点整理の目的である。そして，当事者は，口頭弁論において，弁論準備手続の結果を陳述しなければならない（173条）。直接主義の要請であり，とくに上記争点とされた事実を明らかにする必要がある（民訴規89条）。そのようにして争点が整理された後に，争点とされていない事実に関する主張・証拠を当事者が提出しようとする場合が問題となるが，そのような当事者は，相手方当事者の求めがあるときは，弁論準備手続終結前に提出できなかった理由を説明しなければならないものとされている（174条・167条）。

3　本問の考え方

　本問(1)で問題とされているのは，弁論準備手続においてある主張をして，後にそれを撤回したような場合に，そのような経緯を証拠にして提出できるか，という問題である。そのような証拠を提出する当事者の意図は，そのような主張が変遷すること自体，当該当事者の言い分が信用できないことを示す点にあるものと思われる。しかし，前述のように，争点整理が円滑に，また実効的に行われるためには，当事者が口頭で活発なやりとりをする必要があると考えられる。そして，そのためには，ある期日において一定の主張をしたとしても，それが誤りであると後日判明したときは，自由に撤回できる余地が認められることが重要と思われる。そうでなければ，当事者（とくに代理人）は口頭でのやりとりに慎重になり，すべては書面の交換でやりとりされるという書面主義に陥り，弁論準備手続は形骸化するおそれがあろう。

　以上のような懸念から，参考判例①は，「民事訴訟法は，弁論準備手続において当事者及び裁判所が自由闊達な議論を行い，その法律的主張の当否や証拠の意味合い等について種々の角度から吟味しあい，主張・証拠（争点）を整理し，事案の理解を深めつつ，充実した審理を進めることを目的としているところ，右のような訴訟活動は，当事者間の片言隻語に基づき，揚げ足をとる類いのものであって，不公正であるばかりか，弁論準備手続の本来の目的を達することができなくなるおそれがある」として，そのような証拠は

証拠としての適格性を欠くとしたものである。弁論準備手続のあり方に警鐘を鳴らすものであり，正当な態度というべきであろう。

　本問(2)において問題となるのは，弁論準備手続終結後の新たな事実の主張である。これについては，２でみたように，弁論準備手続において提出できなかった理由の説明を求める相手方の権利（「詰問権」）が認められる。この点は立案時に大きな論点とされた問題で，旧法の準備手続における失権効（原則として新たな主張ができないとする効果）を認めるべきとする見解もあったが，実務界を中心に，そのような厳格な効果を認めると，かえって弁論準備手続でさまざまな事実が主張され，争点整理が円滑に進まなくなるという意見もあったため，穏健な制裁にとどめたものである。ただ，相手方の求めにもかかわらず十分な説明をできない場合には，そのような主張・証拠は時機に後れた攻撃防御方法として却下される（157条）場合が多いと考えられる［157条の適用については，→問題25］。実際に弁論準備手続の審理の経過を考慮して，同条を適用したものとして，参考判例②などがある。

　本問(2)では，Ｙは，Ｘの求めにもかかわらず，弁論準備手続において工事の瑕疵の主張をできなかった理由についての説明を拒否している。これは，民事訴訟法の規定に反する極めて不誠実な態度であり，それ自体当事者間の信義誠実の原則（２条）に反するといえる。そのような態度を考慮し，また工事の瑕疵が新たに主張された場合，裁判所としては，その瑕疵の有無・内容および損害額等について，検証や鑑定を含めて多くの証拠調べを要することは明らかであり，同法157条の要件を満たす場合が多いものと解される。したがって，裁判所は，原則として，このようなＹの主張は却下し，従前の争点整理の結果に基づき口頭弁論におけるその後の審理を進めていくべきことになろう。

●】参考文献【●

福井章代・争点140頁／山本和彦「弁論準備手続」ジュリ1098号（1996）53頁

（山本和彦）

弁論主義(1)：所有権取得の経過来歴

　資産家であるＡはすでに妻を亡くしたが，亡妻との間にＸとＢの２名の子がいた。Ａが死亡したため，Ｘ・Ｂが共同相続した。その後Ｂが死亡し，Ｂの妻Ｃが単独相続をした。ＢからＣに対しては，相続を原因としてある土地の所有権登記がされていたが，これを知ったＸが，当該土地はＡの相続財産に含まれると主張し，Ｃに対して共有持分権に基づく所有権移転登記請求訴訟を提起した。

　Ｘの主張は以下のようなものであった。本件土地は生前にＡがＤから購入したものであるが，税金対策上ＤからＢに対する所有権移転登記をしていたのにすぎず，実質的にはＡの相続財産に属する以上，Ａの死亡によりＸも相続による２分の１の持分を有するにいたった。これに対してＣは，本件土地はＤからＢが直接購入して所有権を取得したのであり，Ｂの死亡によりＣがその権利を相続したと反論した。

　裁判所が証拠調べを行ったところ，証人尋問の結果から，本件土地はＤからＡに対して売却されたところ，Ａの家業を手伝っていたＢに対して死因贈与があったことが判明した。

　裁判所はＡからＢへ死因贈与があったという事実を認定した上で，Ｘの請求を棄却することはできるか。

●】 参考判例 【●

① 最判昭和 25・11・10 民集 4 巻 11 号 551 頁

② 最判昭和 55・2・7 民集 34 巻 2 号 123 頁

③ 最判昭和 57・4・27 判時 1046 号 41 頁

1 弁論主義とその適用範囲

弁論主義とは，訴訟物である権利関係を基礎付ける事実を確定するのに必要な裁判資料の収集を当事者の権限と責任に委ねる原則である。

弁論主義はさらに以下の3つの内容に分けられる。第1に，裁判所は，当事者が主張しない事実を判決の基礎とすることはできない（第1テーゼ）。第2に，裁判所は，当事者間に争いのない事実については判決の基礎としなければならない（第2テーゼ。自白の拘束力）。第3に，事実認定の基礎とする証拠は，当事者が申し出たものに限られる（第3テーゼ。職権証拠調べの禁止）。本問では，このうちの第1テーゼが問題となる。

弁論主義の第1テーゼからさらに派生する原則として，訴訟資料と証拠資料は峻別される。訴訟資料とは当事者の主張する事実であり，証拠資料とは，証拠調べの結果から得られる資料であるが，証拠資料によって訴訟資料を補うことは第1テーゼによって禁じられる。すなわち，証拠調べの結果からある事実を認定することができる場合であっても，当該事実を当事者が主張していない以上，その事実を基礎として判決をすることは認められない。

このような弁論主義が適用される事実については争いがあるものの［→問題28］，通説は，これを主要事実にのみ適用され，間接事実や補助事実には適用されないとする。主要事実とは，権利の発生，変更，消滅という法律効果の判断に直接必要な事実である。これに対して，間接事実とは，経験則や論理法則の助けを借りることによって主要事実を推認するのに役立つ事実を指し，補助事実とは証拠能力や証拠力を明らかにする事実である。したがって，主要事実については，証拠資料として現れていても当事者が主張しない限り判決の基礎とすることは許されないが，間接事実や補助事実については当事者が主張しなくとも判決の基礎とすることができる。

また，第1テーゼからは，主張責任という概念も導かれる。第1テーゼによると，ある事実が口頭弁論において主張されない限り，その事実を認定することができず，その事実に基づく法律効果の発生は認められない。ある主要事実を主張しないために判決の基礎とされず，その結果それに基づく法律

効果の発生を有利に援用しようとする当事者は不利益を被るが，この不利益を主張責任という。主張責任の分配は証明責任の分配と一致し［証明責任の分配については→問題[36]，その適用対象も通説によると主要事実に限られる。

2　主要事実と間接事実の分類

　以上のように，弁論主義の適用の有無が違ってくるために，係争事実を主要事実と間接事実に分類することは重要な意味を有する。ある事実がいずれに該当するかを判断するのに有益な方法として，当該事実が当事者から主張されると仮定したら，これが抗弁事実に当たるか積極否認事実に当たるかを考える方法がある。

　積極否認とは相手方が主張責任，証明責任を負う事実と両立しない事実を導入することをいう。例えば，原告が被告に自動車の売買代金を請求する訴訟において，原告が売買契約の成立を立証するために代金支払の約束があったことを主張したとする。これは民法555条によって売買契約の成立を直接基礎付ける主要事実であり，権利の発生を主張する原告に主張責任，証明責任がある。これに対して，被告が自動車代金はいらないという口約束があった，すなわち贈与があったと反論する場合，この主張は原告主張の代金支払の約束とは矛盾する事実であるので，積極否認となる。そして，口約束の事実があるとすれば，代金支払約束が存在していた蓋然性は低くなる。このように，積極否認事実は，主要事実の不存在を推認させる方向に働く事実であり，主要事実の存否の判断に影響を与える事実であるため，間接事実に該当する。

　他方で，抗弁とは，相手方が主張する事実を認めた上でこれと両立する新たな事実を導入するものである。抗弁事実については主張責任，証明責任ともに主張者自身にある。上記の例において，被告が代金支払の約束の存在を認めつつ，代金は弁済したと主張した場合を考えると，この弁済という事実は，代金支払約束という原告主張の主要事実とは矛盾するものではなく，その存否の推認に影響を与える事実ではない。しかしながら，権利が事後的に消滅したという事実を新たに導入するための抗弁に該当し，被告が主張責任，証明責任ともに負うことになる。

　要するに，抗弁事実であれば主要事実であり，積極否認事実であれば間接

事実である。

3　所有権取得の経過来歴と弁論主義の適用範囲

　上記のような分類を参考にすると，土地の所有権を主張する者はどのような事実を主張しなければならないであろうか。すなわち，所有権を主張する者は，どのような事実について主張責任を負うか。そもそも，ある人が土地の所有者であるかどうかを判断する場合には，その者が時効取得などの方法で土地を原始取得した場合を除き，売買や贈与，相続などといった所有権取得に至る経緯（経過来歴）を審理する必要がある。とすると，理屈の上では，ある土地について承継取得があった場合には，承継の前主が所有権者であったかどうかを判断しなければならず，その判断のためには前主の前主が所有権者であったことを判断しなければならず，原始取得があった時点までさかのぼって審理することが必要となる。しかしながら，これはナンセンスであるので，実際には，ある者が過去の特定時点で所有者であったという点につき，両当事者で合意が得られた場合には，それを前提に，その者以降の所有権の経過来歴を審理することになる（厳密には権利自白の成否が問題となる点について山本・後掲 114 頁参照）[権利自白については→問題31]。

　一般には，甲が所有権を有する土地につき乙が承継取得した場合，乙が自己の所有権を基礎付けるために主張しなければならない事実は，①（前々主丙に所有権があることについて当事者の合意があることを前提として）前主甲が丙から土地の所有権を承継取得したことを基礎付ける事実，②甲から乙への権利の承継を基礎付ける事実，例えば売買契約の存在を基礎付ける事実を主張しなければならない。これらの事実は主要事実となり，当事者が主張しない以上，これを判決の基礎として乙の所有権の存在を認めることはできない。

　理論的に詰めてみると，①②の事実のみで乙が所有権者であることが確定されるわけではない。というのも，②の承継がある前に消滅時効などで甲の権利が消滅することもあるし，甲が丙に土地を譲渡することもあり得るからである。したがって，甲の下で権利が消滅したと考えられ得る事情が一切存在しないことが明らかになって，はじめて乙が所有権を取得したといえるはずである。しかしながら，このような事実の不存在を主要事実として乙に主張責任を負わせるのは，不可能を強いることであり当事者間の公平に反す

る。むしろ，このような甲の所有権喪失を基礎付ける事実は乙が証明責任を負う①②の事実を前提としてこれと両立する事実であり，抗弁事項ということができる。そうであれば，乙の権利取得を争う者（例えば丙）が主張責任・証明責任を負うことになり，かつ主要事実となる。したがって，このような事実が証拠調べの結果明らかになったとしても，当事者が主張しない限り，判決の基礎とすることは弁論主義に違反する。

　他方で，甲がそもそも所有権を取得した事実はなかったとか，甲から乙への承継の事実がなかったという事実については，乙が証明責任を負う①②の事実と両立しない事実であるので，積極否認の対象となり，間接事実になる。このような事実については，当事者が主張していなくても，証拠調べの結果などから明らかになれば判決の基礎とすることができる。

4　相続の場合

　本問のような相続の場合には，どうであろうか。参考判例②は，「相続による特定財産の取得を主張する者は，(1)被相続人の右財産所有が争われているときは同人が生前その財産の所有権を取得した事実及び(2)自己が被相続人の死亡により同人の遺産を相続した事実の2つを主張立証すれば足り，(1)の事実が肯認される以上，その後被相続人の死亡時まで同人につき右財産の所有権喪失の原因となるような事実はなかったこと，及び被相続人の特段の処分行為により右財産が相続財産の範囲から逸出した事実もなかったことまで主張立証する責任はなく，これら後者の事実は，いずれも右相続人による財産の承継取得を争う者において抗弁としてこれを主張立証すべきものである」とする。

　これを本問に当てはめてみると，Xが主張する所有権取得経歴は，①Dから被相続人であるAに売買がなされ，②相続によってAからXに土地の持分権が移転したというものである。これに対して，Cは，Dから土地を買い受けたのはAではなくてBであり，そのBからCが相続をしたと主張するにとどまる。このような事実は，被相続人であるAが所有権を取得したという主要事実と両立しない積極否認事実にすぎない。これに対して，Aが所有権を取得したことを認めつつ，AからBに死因贈与により所有権が移転したこと，すなわちAの事後的な処分行為により本件土地が相続財産

から逸失したという事実を主張する場合には，これは「被相続人の特段の処分行為により右財産が相続財産の範囲から逸出した事実」として抗弁事項となり，主要事実に該当する。したがって，ＣがＡからＢへの所有権移転の事実を抗弁として主張していない以上，裁判所が証拠調べの結果このような事実を認めたとしても，これを判決の基礎とすることは弁論主義に違反して認められない。

●】**参考文献**【●

重点講義㊤434頁以下／山本克己「弁論主義違反」法教289号（2004）112頁／下村眞美・百選90頁

（杉山悦子）

弁論主義(2)：一般条項

> XはYに600万円貸したが，Yが弁済しないので，支払請求訴訟を提起した。Yは債務を弁済したと主張して争ったが，Aの証人尋問の結果，X・Y間の消費貸借契約は，Yの野球賭博の資金とすることを目的としており，そのことを両者が認識していたことが明らかになった。
>
> 裁判所は，公序良俗違反を理由にX・Y間の契約を無効として，Xの請求を棄却することができるか。

●】参考判例【●

① 最判昭和36・4・27民集15巻4号901頁
② 大判昭和13・3・30民集17巻578頁

●】解説【●

1 弁論主義の適用範囲

　弁論主義の第1テーゼによれば，裁判所は当事者の主張しない事実を判決の基礎とすることはできないが，通説によれば，これが適用される事実は主要事実である［→問題27］。主要事実とは，訴訟物である権利の発生，変更，消滅という法律効果の判断に直接必要な事実をいい［主要事実と間接事実の意味については，→問題30］，通常は法律要件事実と一致する。ただし，法律要件が，具体的事実ではなく，具体的事実に基づいてなされる一定の規範的評価を示す概念によって定められている場合がある。過失（民709条），正当事由（借地借家28条），権利濫用（民1条3項），信義則（同条2項），そして本問で問題となった公序良俗違反（同法90条）などがその例である。これらの規範的評価を含む概念は，一般条項ないしは規範的要件とよ

ばれる。なお，民法の世界では，「一般条項」という文言を用いる場合には，権利濫用，信義則，公序良俗等を指し，過失，正当事由等は含まないと考えられているが，民事訴訟において弁論主義の適用が問題となる場合においては，法律要件が規範的な概念で定められている場合を広く一般条項とよぶため，過失等も一般条項として扱われる。ただし，権利濫用等については，後述のように，狭義の一般条項とよばれて，特別な考慮がなされることがある。以下では，とくに断りがない限り，このような広い意味で一般条項という文言を用いる。

　一般条項が問題となる場合に，弁論主義が適用され，その結果，当事者が主張しない限り裁判所が判決の基礎とすることのできない主要事実は，一般条項そのものであるのか，あるいは，それを基礎付ける具体的事実であるのかが問題となる。これが問題となる具体的な場面としては以下のものが考えられる。

　第1に，当事者が一般条項を主張し，それを基礎付ける具体的事実をも主張している場合である。第2に，当事者が一般条項については主張しているにもかかわらず，それを基礎付ける具体的な事実を主張していない場合である。第1の場合で，一般条項も具体的事実も主張しているが，証拠調べの結果，当事者主張の事実は存在せず，別の具体的事実が認定できる場合も，ここに分類できる。第3に，当事者が具体的事実のみを主張しているが，上位概念である一般条項そのものについては主張していない場合である。そして，第4に，当事者が一般条項も具体的事実も主張していない場合である。いずれの場合においても，証拠調べの結果，一般条項を基礎付ける具体的事実の存在が明らかになったとして，裁判所が一般条項を認定することは弁論主義の第1テーゼに違反しないか。第1の場合には，主要事実を一般条項そのものとみるのか，具体的事実そのものとみるのかによって結論に差はなく，弁論主義違反はない。これに対して，第2，第3の場面においては，主要事実を何と捉えるかによって結論が異なってくる。また，一般条項には公益性が強いものから弱いものまで，多様なものが含まれることを考えると，第3と第4の場面の扱いに際しては，一般条項の性質に応じた考慮が必要となる。

2　一般条項と主要事実

　一般条項の主要事実が何かという問題は，第2の場面を念頭に置いて論じられることが多い。過失を例にとって考えてみよう。

　例えば，車にはねられた歩行者が，運転者に対して不法行為に基づく損害賠償請求訴訟を提起し，運転者の過失を主張したとしよう。歩行者は，運転者が法定速度を超えて運転をした点に過失があると主張したが，証拠調べの結果，スピード違反はなく，わき見運転があったことが判明した場合，裁判所は，わき見運転による過失を認定することができるであろうか。

　従来の通説は，一般条項そのものが主要事実であり，それを基礎付ける具体的事実は間接事実であると解していた。この見解によれば，当事者は，過失の事実のみ主張していれば足り，スピード違反やわき見運転の事実は間接事実にすぎないので，当事者が主張していなくても，裁判所は証拠調べの結果からこれらの事実を認定することは可能である。この見解によれば，上記の例のように，当事者がスピード違反の有無について主張・立証をしているにもかかわらず，裁判所はわき見運転の事実を認めて過失を認定することも可能になるが，当事者の訴訟活動とは異なる事実を認定することは，不意打ちを与えることになる。

　そこで現在の通説は，主要事実は，裁判所の審判の対象となる，すなわち証拠によってその存在を証明できるような具体的な事実でなければならず，評価概念である一般条項は証明の対象とはならないので主要事実ではなく，それを根拠付ける具体的事実こそが主要事実であると解している。この見解によれば，当事者が主張していないわき見運転の事実を認定して過失があったと評価することは認められない。一般条項を根拠付ける具体的事実を準主要事実とよんで弁論主義の適用を認める見解もあるが，結論には違いはない。

3　公益性の高い一般条項の扱い

⑴　**公益性が高い一般条項と主要事実**　　本問で問題となった公序良俗違反も一般条項であるので，現在の通説によれば，これを基礎付ける具体的事実が主要事実となり，弁論主義が適用されることになりそうである。すると，第3の場面のように，当事者が具体的事実を主張してさえいれば，一般条項について主張していなくても，裁判所はこれを認定することができることに

なりそうである。参考判例①も，「当事者が特に民法90条による無効の主張をしなくとも同条違反に該当する事実の陳述さえあれば，その有効無効の判断をなしうるものと解するを相当とする」としており，具体的事実に弁論主義が適用されると解しているように思われる。

　もっとも，多数説は，公序良俗違反や，権利濫用，信義則違反などについては，一般条項のうちとくに公益性が高いものであり，当事者の私的処分には委ねられていないため（狭義の一般条項ともよばれる），そもそも弁論主義が適用されないと指摘する。そうであると，証拠資料からこれらを基礎付ける事実を認定することができるのであれば，第4の場面のように，具体的事実についてすら当事者が主張していなくても，裁判所は一般条項を適用することまで認められる。

　しかしながら，この立場によると，当事者が具体的な事実をまったく主張していないにもかかわらず，一般条項を適用することが当事者の手続保障を害することにならないかが問題となる。例えば，公序良俗違反等を阻却する事由について相手方当事者の争う機会を奪う結果になるからである。そのため，公序良俗違反を基礎付ける事実が証拠などから出ている場合には，裁判所は釈明して，当事者による事実の主張や法的討議を促すべきであるとしつつ，当事者が釈明に応じなくても事実を認定することができるという考え方もある。また，このような種類の一般条項についても，原則としてそれを基礎付ける事実について弁論主義も適用され，当事者が主張しない場合には裁判官が釈明で主張を促し，当事者がこれに応じなければ事実認定できないという見解や，公益に関わる公序良俗違反については弁論主義の適用は排除され，具体的事実の主張は不要だが，当事者の保護を目的とした公序良俗違反については適用が認められ，具体的事実の主張は必要であるという見解も主張されている。

　また，狭義の一般条項のうち，当事者の利益保護を目的とする権利濫用や信義則については，原則どおり，基礎となる具体的事実に弁論主義が適用されるという見解もあり，狭義の一般条項全体について，公益性の強弱に応じた個別的検討が必要という見解もみられる。

(2) **本問の扱い**　　本問で問題となった公序良俗違反は，公益性の強い一般条項であり，主要事実はこれを基礎付ける具体的な事実である。したがって，Ｘが公序良俗違反を主張していなくとも，これを基礎付ける具体的事実を主張している場合には，裁判所は証拠調べの結果，公序良俗違反を認定して売買契約を無効とする判断をすることはできる。仮に，Ｘが具体的事実を主張していない場合，あるいは，主張した具体的な事実が公序良俗違反を認定するに足りない場合であっても，Ａの証人尋問の結果公序良俗違反を認めることができるので，この場合にも公序良俗を認定できるかどうかについては，上記のように見解は分かれているが，多数説によれば，認定できることになろう。

●】 参考文献 【●

大濱しのぶ・百選 94 頁／山本和彦「狭義の一般条項と弁論主義の適用」『広中俊雄先生古稀祝賀・民事法秩序の生成と展開』（創文社・1996）67 頁

（杉山悦子）

釈明義務

　X・YはAの不動産上に抵当権を有しており，当初Xは1番，Yは2番抵当権者であったが，その後順位変更登記がされてYが1番，Xが2番抵当権者となった。XはYに対して，順位変更の合意はなかったとして，順位変更登記の抹消登記手続請求訴訟を提起した。

　第1審での争点は，Yが抗弁事実として主張した，X・Yが抵当権順位変更の合意をした事実が認められるかであった。Yが立証のために提出した抵当権順位変更契約書のX作成名義部分の成立が争われたため，Yは，X代表者Bの署名がB本人の自署によるものかを判断するために必要であるとして筆跡鑑定の申立てをした。ところが，裁判所は申出を採用することなく，作成名義の真正を認め，Yの抗弁事実を入れて請求を棄却した。

　控訴審裁判所は，筆跡について特段の証拠調べをすることなく，人証のみに基づいて作成名義が真正に成立したとはいえないと判断し，Y抗弁事実を排斥し，第1審判決を取り消して請求を認容した。

　控訴審裁判所に釈明義務違反はあるか。

●】参考判例【●

① 最判平成 8・2・22 判時 1559 号 46 頁
② 最判昭和 39・6・26 民集 18 巻 5 号 954 頁
③ 最判昭和 45・6・11 民集 24 巻 6 号 516 頁
④ 最判昭和 51・6・17 民集 30 巻 6 号 592 頁
⑤ 最判平成 22・10・14 判時 2098 号 55 頁
⑥ 最判令和 4・4・12 判時 2534 号 66 頁

●】解説 【●

1　釈明権

　民事訴訟法 149 条によると，裁判長は，訴訟関係，すなわち当事者の請求，主張・立証に関するすべての事項を明瞭にするために，口頭弁論期日や期日外において，事実上および法律上の事項に関して当事者に問いを発し，または立証を促すことができる。このような権限を釈明権という。

　弁論主義の原則によれば，判決の基礎となる事実や証拠の提出は当事者に委ねられる。裏を返せば，裁判所は，当事者が主張，提出しない事実や証拠については考慮する必要はない。弁論主義の根拠を，民事訴訟の対象となるのが私的自治の原則が妥当する私人間の権利義務に関する紛争であり，訴訟手続においてもこの原則を尊重したものと理解して，その点を強調するのであれば，当事者の主張が不明瞭であったり，重要な事実や証拠について不提出であるがゆえに敗訴するのは当事者の自己責任であり，裁判所があえて提出を促したりする必要はなかろう。

　しかしながら，このように勝つはずの当事者が不注意から負け，真実とは異なる判決が出されるのを放任するのは正義感情に反し，裁判制度に対する信頼を損なうことにもなりかねない。このことは，現行法が本人訴訟を認めており，訴訟追行能力が不十分で提出すべき事実や証拠の提出がされない場合が少なくないことを考慮するとなおさらである。また，弁護士が訴訟代理人として任命されている場合であっても，弁護士の不注意から重要な主張が提出されない場合に，当該主張を判決の基礎とすることができずに敗訴した責任のすべてを，弁護士を選任した当事者に押しつけるのも容易に正当化できないであろう。弁論主義の根拠についても，私的自治の尊重のみならず，真実発見に直結するからとか，当事者に十分な手続保障を与えるためであると説明されることもあり，このような立場からは，上記のような結果は容認できないであろう。

　そのため，裁判所に釈明権を認め，当事者の申立てや主張の不明瞭な点について質問したり，矛盾点を指摘することが認められている。このような補充的な釈明を消極的釈明という。加えて，当事者が提出している申立てや主

張などが不当・不適当である場合や，当事者が適当な申立てや主張，証拠提
出等をしない場合に，裁判所がそれを積極的に促す是正的な釈明も認められ
る。これを積極的釈明という。判例においては，売買契約の連帯保証債務の
履行を求める訴えから，請負契約の代金債務と連帯保証債務の履行を求める
訴えに変更する積極的な釈明権の行使が適法とされている（参考判例③）。

釈明は，このように，弁論主義の形式的な適用による不都合を回避し，実
質的な当事者平等の原則を回復するとともに，事案の真相を解明して真の紛
争解決を可能にするための制度であり，弁論主義を修正・補充するものとし
て認められている。もっとも，最終的に事実や証拠の提出を判断する権能は
当事者にあるため，当事者は裁判所の釈明に応ずる義務はない。

2　釈明義務

釈明は裁判所の権限であるにとどまらず，適切に釈明権を行使することは
裁判所の義務である。これを釈明義務という。釈明義務については明文の規
定はないが，当然にあるものと考えられている。ただし，いかなる場合に釈
明義務が認められ，これに違反した場合にいかなる効果・制裁が用意されて
いるかは解釈に委ねられている。

ある学説によれば，釈明義務の考慮要素として，以下の点が挙げられる。
①判決における勝敗転換の蓋然性があったかどうか。釈明権を行使すると勝
敗が逆転するとか，判決主文に重要な変更が生ずる蓋然性が高い場合には釈
明義務を肯定しやすい。②当事者の申立て・主張における法的構成に不備が
ないか。当事者を勝訴させる資料がすでに顕出されているが，法的構成に不
備があるために敗訴の可能性がある場合には，釈明義務を認めやすい。③期
待可能性があるか。釈明権の行使を待たずに，当事者が適切な申立てや主
張・立証することが期待できない事情があれば，釈明義務を肯定しやすい。
④釈明権の行使や不行使により，当事者の公平を害さないか。公平を著しく
害するような行使は許されない。⑤その他の要素，例えば紛争の抜本的解決
に資するのであれば釈明義務を肯定する方向に，逆に訴訟遅延を引き起こす
ような場合には否定する方向になる。これらの諸要素を総合考慮して，釈明
義務の有無が判断される（中野・後掲223頁）。

また，当事者の不注意や懈怠による立証不足があり，釈明権を行使しない

場合に不合理な内容の判決が下されないかという実体的正義の側面と，当事者に不意打ちを与えるおそれがあるか，当事者間の実質的公平を図る必要性があるかという実質的手続保障の側面も考慮すべきである。

裁判所が，釈明権を行使すべきであるにもかかわらず，これをしなかった場合には，釈明義務違反として上告または上告受理申立理由（312条3項・318条1項）となる。判例においては，原告が，自己が所有するある地域上の立木が不法に伐採されたとして損害賠償請求したところ，当該地域の一部のみが原告所有に属すると心証を得た場合に，そこで伐採された立木の数量，価格等について審理するために，当事者に新たな証拠方法の提出を促す釈明権を行使しなかったことを違法とするもの（参考判例②），時効消滅した債権による相殺（民508条）について，相殺適状が発生した時期について当事者主張とは異なる時期が考えられる場合に，釈明権を行使しなかったことを違法としたものがある（参考判例④）。また，第1審，第2審通じて信義則違反を基礎づける具体的な事実が弁論に顕出されているにもかかわらず，当事者が信義則違反について主張せず，かつ，そのような法律構成を採用することが予測できない状況にあったにもかかわらず，信義則違反を認定したことに，釈明権行使を怠った違法があるとするもの（参考判例⑤）もある。信義則は一般条項であるため［→問題28］，事実問題のみならず，法的問題についての裁判所の釈明義務，すなわち法的観点指摘義務を積極的に認めたものである。

3　証拠調べと釈明義務

(1)　**証拠調べ場面での釈明義務**　釈明義務は，当事者の申立てや主張のみならず，証拠の申出に関しても認められる。例えば，瑕疵ある証拠申出がされている場合，当事者が証拠申出を行わない場合，争点事実を証明するにはすでに行われた証拠だけでは不十分な場合などである。

とくに，裁判所が証拠調べの結果一定の心証形成をした場合に，相手方に反証の申出を促す釈明義務があるかについては，見解が分かれる。肯定説，否定説もあるが，原則否定しつつも，控訴審が原審と異なる法的見解をとるため新たに証拠が必要となり，かつ証拠申出が訴訟記録からみて可能な場合，控訴審が原審の事実評価と異なる事実評価を行うため，これを当事者に

示してさらに証拠申出を行う機会を与えなければ不意打ちの判決となる場合には，証拠申出を促す義務があるという折衷的な見解もある（竹下守夫＝伊藤眞編『注釈民事訴訟法(3)』〔有斐閣・1993〕152頁［松本博之］）。

(2) **本問における釈明義務**　　本問では，裁判所の積極的釈明義務の範囲が問題となる。

釈明義務に関する学説の基準に照らすと，本問では，②は問題とならないところ，①確かに，実務では筆跡鑑定は一般に信憑性に問題があるといわれ，専門性の高い鑑定人の確保が難しいために，決定的な立証手段とされてはいないが，筆跡鑑定を行えば申出の当事者Yに有利な鑑定結果が得られる余地があるので，勝敗転換の蓋然性がないとはいえない。③控訴審裁判所において，第1審と同様に筆跡鑑定の申出をする可能性があったかどうかについては，例えば，Yが裁判所に対して，文書の成立の真正に疑問を抱いた場合には筆跡鑑定をするように釈明をするよう申し出ているような場合には（参考判例①においてはかかる申出があった），裁判所の釈明がなければ，Yが自発的に鑑定を申し出る期待可能性もない。④第1審では，筆跡鑑定の申出がなされたにもかかわらずこれが黙示に却下されているので，控訴審で筆跡鑑定を申し立てたとしても，純粋に新たな証拠申出とはいえず，釈明をしてもXに不意打ちを与えるものではなく，当事者の公平を害するとはいえない。また，仮に，上記のように，Yが控訴審裁判所に対して鑑定の申立てについて釈明権を行使するよう申し出ているような場合には，釈明権を行使することなく文書の真正について第1審と異なる判断をすることは，Yにとって不意打ちになり，実質的手続保障，当事者の実質的平等の点からも問題がある。したがって，釈明義務は肯定されよう。

●】参考文献【●

中野貞一郎『過失の推認』（弘文堂・1978）215頁／加藤新太郎「立証を促す釈明についての釈明義務」NBL614号（1997）56頁／加藤新太郎・百選〔第3版〕（2003）126頁

（杉山悦子）

間接事実の自白

XはYに対して500万円の貸金債権（以下，「本件債権」という）を有しているが，期日になってもYが弁済をしないので，貸金返還請求訴訟を提起した。これに対してYは次のように主張した。Xは訴外Aより家屋を買戻特約付きで700万円で買い受け（以下，「本件家屋」という），その代金支払として200万円支払い，加えて本件債権をAに譲渡し，Yはこれを承認した。その後，YはAに対する債権と相殺して本件債務を完済した。これに対してXは，本件家屋を買い受けたことは認めたが，債権譲渡の事実を否認し，さらには売買契約も合意解除されたと主張した。第1審はXの自白した売買契約締結の事実を前提とすると，残額代金債務と本件債権額が同じであることを考慮すると，売買代金の支払として債権譲渡があったと推認できると判断して，Xの請求を棄却した。控訴審になって，Xは本件家屋の買受けの事実について自白を撤回し，代わりに，XがAに貸付けを行い，売渡担保として本件家屋の所有権をXに移転したこと，および本件債権についてはAに取立委任のために譲渡をしたが，取立委任も解除されたと主張した。

証拠調べの結果，売渡担保の存在を基礎付ける事実が明らかになった場合，売渡担保の事実を認定し，債権譲渡の事実を否定してXの請求を認めることができるか。

●】 参考判例 【●

① 最判昭和41・9・22民集20巻7号1392頁

●】解説【●

1 弁論主義と間接事実

　弁論主義［その内容について→問題[27]］が適用される対象は主要事実のみであるのか，あるいは間接事実も含まれるのか。

　主要事実とは，訴訟物たる権利の発生，変更，消滅という法律効果の判断に直接必要な事実であり［→問題[28]］，間接事実とは，経験則や論理法則の助けを借りることによって主張事実を推認するのに役立つ事実である（民訴規53条1項参照）。また，補助事実とは，証拠の証拠能力や証明力を明らかにする事実を指す。

　一般には，弁論主義が適用されるのは，主要事実に限定されると考えられている。したがって，間接事実については当事者が主張していなくても，その事実を認定することができるし，自白の拘束力も否定される。その根拠は，間接事実に弁論主義を適用すると自由心証主義（247条）を不当に制約するからである。具体的には次のように説明がされる。主要事実を判断する方法としては，間接事実から推認する方法と，証拠資料から推認する方法がある。たとえば，消費貸借契約の成立要件である金銭授受という主要事実を立証する方法としては，急に金回りがよくなったという事実（間接事実）を立証して主要事実を推認する方法もあるが，金銭授受の受取書（証拠）を提出して直接立証する方法もある。すなわち，主要事実との関係では間接事実と証拠は同じレベルにあるところ，証拠資料については自由心証主義により裁判所はその存否を自由に認定することができるので，間接事実の存否についても自由に認定できなければならない。にもかかわらず，間接事実にも弁論主義が適用されるとすると，他の証拠からある間接事実の存在が判明しても，当事者が主張していないために，それを判決の基礎とすることができず，主要事実を認定できないという，不自然な事実認定を強いることになり，自由心証主義を制約することになる。

　しかしながら，主要事実と間接事実の区別は容易ではないし［→問題[27]］，一般条項の扱いなどにおいては，主要事実と間接事実の区別が，ただちに弁論主義の適用を決める基準とはならないことが指摘されるようになっ

た［→問題28］。そのため，当該訴訟との関係において勝敗に影響する重要な事実であれば，主要事実・間接事実を問わず弁論主義を適用するという見解や，主要事実・間接事実の区別を問わず，原則としてすべての事実について主張が必要であるという見解も主張されるようになった。また，主要事実と間接事実の区分は基準として残しつつも，主要事実の認定を左右する重要な間接事実については弁論主義を及ぼすべきであるという見解もある。

2　間接事実の自白

(1)　**裁判上の自白とは**　　通説によれば，裁判上の自白とは，一方当事者が口頭弁論または弁論準備手続においてする，相手方の主張と一致する自己に不利益な事実の陳述を指す。弁論主義の第2テーゼにより，裁判上の自白および擬制自白が成立した事実は，裁判所を拘束し，当事者は証明の必要がない（179条）。そして，当該事実について立証の負担を免れたと信じた相手方当事者の信頼を保護するため，そして禁反言の要請から，自白した当事者は，自由に自白を撤回することが禁じられる［自白の撤回要件については→問題32］。

(2)　**間接事実についての自白**　　主要事実について裁判上の自白が成立する点は争いがないが，間接事実についても自白が成立するか，すなわち，間接事実についても弁論主義の第2テーゼが適用され，事実について当事者の陳述が一致した場合に自白としての拘束力が生ずるかについては争いがある。弁論主義の適用範囲に関する上記の考慮以外にも，自白特有の考慮が必要である。というのも，自白の拘束力には，当事者に対するものと裁判所に対するものの双方があり，それを分けて論ずることも可能であるからである。

　この点，戦後の最高裁判例では，間接事実の自白は，裁判所を拘束せず，また，当事者も拘束しないとしてきた。すなわち，裁判所は当事者が自白した間接事実とは異なる事実を認定することができるし，当事者も自由に自白を撤回することができる。

　通説も間接事実の自白の成立を否定してきた。間接事実の自白が真実に反する場合であっても，この事実を基礎として主要事実の存否について判断しなければならないとすると，裁判官に無理な事実認定を強要するために，自由心証主義に反するからである。

ただし，折衷的な見解もあり，例えば，原則として間接事実の自白の成立を否定しつつも，自白がある場合には，証拠調べをすることなく裁判所が事実認定をすることを認める見解もある。

　逆に，自由心証主義を害するおそれがあることを理由に，裁判所に対する拘束力を否定しながらも，禁反言の要請という点では主要事実と区別をする必要はないとして，自白当事者に対する拘束力は肯定して，撤回を否定する見解もある。

　最近では，肯定説，すなわち，間接事実の自白に，当事者のみならず，裁判所に対する拘束力まで認める見解も有力である。主要事実と間接事実の区別が困難であることに加え，自由心証主義を害するという点では，誤った主要事実について自白が成立する場合と変わりがないことがその理由である。また，自白した当事者に対する拘束力のみ肯定する折衷説に対しては，自白した当事者がこれに反する事実を前提とした弁論ができないにもかかわらず，裁判所は別の証拠調べをして，自白された事実と異なる間接事実を認定することができるため，手続保障の点で問題があると批判する。

　ただし，自白された事実とは別の間接事実を証拠に基づいて認定することは可能であり，その結果，自白された間接事実から主要事実への推論が別の間接事実の認定により妨げられることはある。例えば，貸金返還請求訴訟の被告が，契約成立の時期に金回りがよくなったと自白したが，それは相続によるものであると認定された場合，裁判所は金回りがよくなったという事実に拘束され，そこから金銭消費貸借契約に基づいて原告から金銭を受け取ったという主要事実を認定することができるが，相続という間接事実が認定されれば，原告から上記主要事実の認定は妨げられる。また，この見解は，自白された間接事実を打ち消すに足る別の間接事実を認定することができれば自白の拘束力は消えるとするが，この点では自白の拘束力を徹底して認めているわけではない。

　また，争点整理手続の実効性を高めるために，間接事実の自白を肯定すべきであるという見解もあり，その見解によれば，別の間接事実から，自白された間接事実が存在しないと認められる場合にも，当然に自白の拘束力が認められる。

3　本問の扱い

　本問において，Ｙの抗弁における主要事実は債権譲渡であり，本件建物の買受けという事実は，この主要事実を認定する材料となる間接事実である。判例や通説の立場によれば，間接事実の自白は，裁判所も自白した当事者も拘束することはなく，自白の撤回は自由に認められ，証拠調べの結果明らかになった売渡担保の事実を認定して，債権譲渡の事実を否定することはできる。

　これに対して，間接事実の自白を肯定する見解であれば，買受けの事実があった点について裁判所も当事者も拘束され，自白の撤回の要件を満たさない限り，自白を撤回することは認められない。

●】参考文献【●

重点講義㊤491頁／石田秀博・百選108頁／中西正・民事事実認定46頁

（杉山悦子）

権利自白

　Xの夫Aは，函館発の民間機に乗って松島に向かっていたところ，この民間機は飛行中に，訓練中の自衛隊機と空中接触して墜落し，この事故によって死亡した。国（Y）との和解交渉に不満を抱いたXは，Yに対して国家賠償請求訴訟を提起した。Xは，自衛隊機について，事故の発生状況や態様について詳細に指摘した上で，自衛隊機のパイロットは，民間機の飛行ルートに侵入しないように訓練すべき注意義務があったにもかかわらず，これを怠ったので過失があると主張した。これに対して，Yは，Xの主張する具体的事実のうち衝突場所や衝突時刻などについては争いつつも，本件事故の発生について，自衛隊のパイロットに安全確認上の注意義務に反した包括的一般的過失があると陳述した。

　裁判所は証拠調べをすることなく，Yの過失を認定することができるか。

●】参考判例【●

① 東京地判昭和49・3・1下民集25巻1＝4号129頁
② 最判昭和30・7・5民集9巻9号985頁

●】解説【●

1　裁判上の自白の対象

　弁論主義の第2テーゼにより，当事者が口頭弁論期日または弁論準備期日において自白した場合，すなわち自己に不利益な事実を陳述してこれが相手方の陳述と一致した場合は，かかる事実は裁判所を拘束するとともに，証明が不要となり，自白した当事者自身も拘束する（179条）。これを裁判上の

自白というが，この自白の対象が主要事実に限られるのか，あるいは間接事実について及ぶのかについて争いはあるものの［→問題30］，基本的には事実の陳述について成立する。しかしながら，訴訟上主張される事実は，実体法上の要件に該当するものとして主張されるため，事実を適用した結果である法律上の陳述についても，一方当事者の主張が相手方の主張と一致することがあり得る。

法律上の陳述には，①法規や経験則の存否や内容，解釈に関する陳述，②特定の事実が特定の法規の構成要件に該当するか否かを評価する陳述，③権利関係，法的効果に関する陳述があり得る。このうち，①については，本来的に裁判所の職責であるために自白の対象とはならない。②についても，事実の陳述として評価される場合もあるが，一般には自白の対象とはならない。これに対して③については見解が分かれる。例えば，所有権に基づく物の引渡請求訴訟において所有権の存在を認める場合や，売掛金請求訴訟において売買契約の成立を認める場合である。これらは，訴訟物の存否を認める請求の放棄や認諾とは異なり，訴訟物の前提となる権利関係や法律効果を認める陳述であり，権利自白といわれる。

判例は，権利自白については，裁判上の自白としての効力を否定するが，事実の自白として評価することができるのであれば，自白の拘束力を肯定する（参考判例②）。

学説においても権利自白を否定する見解があるが，それは法律問題は裁判所の専権に属する事項であり，当事者が自由に処分することができないことを理由とする。しかしながら，訴訟物である権利関係・法律関係については，請求の放棄・認諾・和解という形で当事者の自由な処分が認められている以上，そもそも，法律問題について当事者の処分権が一切排除されているとはいえない。また，例えば，所有権に基づく引渡請求訴訟で，所有権の確認を求める中間確認の訴えが提起され，これが認諾された場合は，所有権の存在を認めざるを得ないので，訴訟物の前提問題である権利関係・法律関係についても当事者に決定権限があるといえる。

そこで，一定程度，権利自白にも効力を認める見解も主張されている。例えば，権利自白があれば，権利の存在については一応証明をする必要はなく

なるが，この権利の存在を否定する事実が弁論に顕出されれば，異なる法律判断をすることができるという見解がある。さらに，権利自白の拘束力を原則として否定しつつも，事実の自白の問題に引きつけて考え，事実の自白としての効力を肯定する見解もある。すなわち，日常的な法律観念に関する陳述については，法規の構成要件に該当する事実を総括的に述べた事実の自白として評価して拘束力を肯定する見解や，権利と合わせて具体的事実が併せて主張され，それを包括的に認める趣旨が認められるのであれば，事実としての自白の成立を認める見解などである。

さらに，正面から権利自白を肯定する見解もある。ただし，無条件に認めるのではなく，日常用いられ通常人が内容を理解している程度の法律概念であることを求める見解や，法律関係の内容を理解した上で，それを争わない意思が明らかな場合にのみ自白の成立を認めるという見解，理解した上での自白が自白主体の法的知識や経験によって保証されている場合や，当事者が状況を十分に把握した上で陳述している場合に限られるという見解のように，自白の成立する場合は限定されている。これは，不十分な知識や誤った判断に基づいて権利自白をした当事者の利益を保護するためである。同様の理由から，自白の撤回も，通常の事実の自白よりも緩やかな要件の下で認められる。また，訴訟物レベルでの請求の放棄・認諾・和解についても，強行法規や公序良俗に違反しない場合，物権法定主義に反しない場合のように，一定の要件の下でしか認められないこととの均衡上，権利自白も同じ要件の下でしか認められない。

2 過失についての自白（本問の扱い）

同様の問題は，過失や正当事由など，具体的事実に関する陳述ではなく，これに対する評価を前提とした法律判断についての自白がされた場合にも生ずる。過失等の法的評価が主要事実であるという伝統的な見解によれば，当事者が抽象的に過失の存在を自認した場合であっても，事実の自白として裁判上の自白としての拘束力を認めることになろう。しかしながら，法的評価そのものではなく，これを基礎付ける具体的事実こそが主要事実であるとする近時の有力な見解に従うと，当事者が過失等を自認した場合には事実自白は成立せず，権利自白の成否の問題となる。

そうであると，権利自白を否定する見解であっても，本問のように，X
が過失を基礎付ける具体的事実を指摘しつつ Y の過失を主張し，Y も X 主
張の事実の細部については争いつつもその他の点については認め，包括的に
過失を認める陳述をしている場合には，過失を基礎付ける事実について自白
があったものとして，証拠調べをすることなく過失を認定することができよ
う（参考判例①）。また，肯定説の立場でも，Y は本件事故の状況につい
て，事前に調査を行ったりして事実を認識し，これを正しく法的評価をする
能力を有していると思われ，X の陳述の内容を正確に理解した上で，自衛
隊機のパイロットの過失を裁判の基礎とするために自認していると評価でき
るため，裁判上の自白としての効力は生じよう。

●】参考文献【●

高見進・民事事実認定 41 頁／重点講義(上)506 頁／松本博之・百選Ⅰ〔新法対応
補正版〕（1998）216 頁／山木戸勇一郎・百選 110 頁

（杉山悦子）

問題 32　自白の撤回

　　X工務店は，Yから2023年5月にYの自宅の水周りの工事の依
頼を受け，工事を完成させたが，Yが報酬代金を支払わないので，そ
の支払を求めて訴えを提起した。この訴訟の中で，Xが同年8月10
日には工事を完成させてYに引き渡したと主張し，Yの代理人である
A弁護士はその事実を認める旨の陳述をした。しかしながら，後に調
査したところ，YがXに依頼した水周りの部分のうち，洗面所の工事
が未完成で引渡しを受けていないことが判明したため，YおよびAは
自白を撤回したいと考えている。
　　どのような事実を主張・立証すれば自白を撤回することができるで
あろうか。

●】参考判例【●

① 最判昭和41・12・6判時468号40頁

●】解説【●

1　裁判上の自白の効果

　弁論主義の第2テーゼより，当事者が自白した事実については，裁判所は
これを判決の基礎にしなければならない。このような効果を，自白の審判排
除効，あるいは不要証効という。そして自白した事実は証拠調べを要しない
（179条）。これを不要証効という。

　また，その結果，自白当事者の相手方は立証の負担が免除されるので，こ
のような相手方の信頼を保護するため，禁反言の見地から，自白当事者は自
白の撤回を制限される。これを不可撤回効という。

2 自白の撤回の要件

(1) **判例**　判例によると，一定の場合に自白の撤回が認められる。

まず，相手方が撤回に同意をした場合である（最判昭和 34・11・19 民集 13 巻 12 号 1500 頁）。不可撤回効の根拠が，相手方の立証負担の免除や，それに対する相手方の信頼の保護にあるため，相手方がこのような利益を放棄する場合には，撤回を認めてもかまわないからである。

また，自白が，相手方や第三者による刑事上罰すべき行為によって行われた場合にも，民事訴訟法 338 条 1 項 5 号の趣旨に照らして撤回が可能である（大判昭和 15・9・21 民集 19 巻 1644 頁，最判昭和 33・3・7 民集 12 巻 3 号 469 頁）。ただし，有罪判決が出されることまでは必要ない。

さらに，自白が真実に反し，かつ自白者の錯誤に基づいてなされた場合にも撤回が認められる（大判大正 4・9・29 民録 21 輯 1520 頁）。錯誤とは事実に関する誤解であり，錯誤について無過失であることまでは必要ない（参考判例①）。しかも，不真実の証明がなされた以上は，錯誤が推定される（最判昭和 25・7・11 民集 4 巻 7 号 316 頁）。

(2) **学説**　相手方の同意がある場合，および，刑事上罰すべき行為に基づく場合に自白の撤回ができる点については争いがない。しかしながら，反真実および錯誤要件については，裁判上の自白の意義，不可撤回効の趣旨の捉え方によって，見解の相違がみられる。

判例と同様の立場を採用する見解によれば，自白した当事者は，自白した事実が真実ではなく，かつそれが錯誤に基づいてなされたことを証明しなければ自白を撤回することができない。自白の拘束力が認められるのは弁論主義によるが，他方で，不利益な事実について陳述した以上は，当該事実が存在する蓋然性が高いという経験則も関係しているので，自白した事実が真実に反する場合には撤回を認めるべきであるが，無制限に撤回を認めると審理を遅延・混乱させる目的で自白を撤回をする可能性もあるので，自白が錯誤に基づく場合に制限すべきであるとする。

さらに，判例の要件のうち，反真実要件のみが必要であるという見解と，錯誤のみが必要であるという見解がある。

反真実要件のみを要求する見解は，錯誤を撤回の要件とすると争点がずれ

て審理が錯綜する可能性を懸念するとともに，自白による相手方の証明責任免除や，相手方の信頼保護という効果を重視する。争いはあるものの，通説によれば裁判上の自白は，相手方が証明責任を負う事実についてなされるのであり（証明責任説），これを前提とすると，自白を撤回するためには，本来証明責任を負担していなかった事実について，その不存在を証明しなければならない。したがって，相手方の証明責任が免除されるという効果は残ることになる。ただし，自白を撤回するために反真実という立証が必要となるために，審判排除効は消えることになる。また，自白の撤回の要件を重くしすぎると自白の成立が難しくなるので，それを避けるべく，一方では広く自白の成立を認めつつ，相手方に信頼を惹起した制裁として反真実の証明という制裁のみで緩やかに撤回を認めるべきであるという見解も，ここに分類される。

　他方で，錯誤があれば自白の撤回，あるいは取消しの主張ができるという見解もある。これは，裁判上の自白を，単なる自己に不利益な事実の陳述と捉えるのではなく，事実を争わない意思として捉える近年の学説の傾向でもある。自白の意思的要素を重視するので，錯誤という意思表示の瑕疵を立証すれば撤回等は可能である。ただし，自白の効力は効果意思に係るものではないので，ここでいう錯誤とは表示意思と効果意思の不一致ではなく，動機の錯誤である。

　また，裁判上の自白を，自白対象事項を訴訟の争点から排除する当事者の明確な意思表示であると理解する近時の見解も，反真実を理由に自白の撤回を認めると，反真実性の立証が必要となり，争点整理を効果的に行い，審判対象を排除するという自白の目的に反する結果になるので，動機の錯誤の問題として処理する。そのため，民法の規定によると，動機が相手に明示または黙示に表示されたことが必要となる（民95条2項）。

　ただし，錯誤に重きを置く立場でも，実際には錯誤の立証は困難であるため，それに代替するものとして反真実の証明を認めるものもある。そもそも錯誤の立証が必要であるといっても，何に対する錯誤が必要であるか，その対象が明らかではない。判例は事実を真実であると誤信することをもって錯誤としているようであるが，重要な争点を重要でないと誤解して自白をする

こともありうる。また，事実を真実と誤信して自白をした場合であっても，動機の錯誤であるので，当然には撤回はできないはずだからである。この立場によると，結局のところ，撤回の際に立証が必要な事項については判例の立場に近づくが，本来的には錯誤も要件となっているので，まずは錯誤を主張させ，その後反真実の立証に入らせる運用が望ましいとされる。

3 本問について

判例の立場であれば，自白した事実が真実に反することの立証に成功すれば，自白が錯誤に基づくことも推定されるので，自白を撤回することは可能である。本問では，Xの工事が未完成であること，およびYが完成済みであると信じたとか，完成については争う必要がない点について錯誤があったことなどを立証することが必要となる。ただし，本問では，自白をしたのが弁護士であり，錯誤に基づいて自白をした点につき過失があった点をどのように評価するかも問題となる。

判例によれば，錯誤に陥った点につき自白者の過失の有無は問わないので，過失があっても撤回をすることができる。この点，動機の錯誤に関する意思表示理論を適用して，少なくとも重過失に基づく場合には自白の撤回を制限すべきであるという見解もある。この見解によれば，無過失か軽過失の場合にのみ撤回ができることになる。

●】参考文献【●

重点講義㊤499頁／田村陽子・百選112頁

（杉山悦子）

訴訟手続の中断・受継

> 　Ｘ国は，日本国内にあるＸ所有の建物をＹが占有していると主張して，所有権に基づき，建物明渡請求の訴えを提起した。訴状の原告欄には，「（原告）Ｘ国，（代表者）Ｘ国駐日大使Ａ，（訴訟代理人）弁護士Ｂ」と記載されていた。第１審係属中に，日本政府は，Ｚ国との条約により，Ｘ国に代えてＺ国を承認したが，裁判所はこの事実を斟酌することなく，手続はそのまま進行した。第１審裁判所は原告の請求を棄却する判決をし，原告が控訴した。
>
> 　控訴裁判所は，この訴訟をどのように扱うべきか。

●】参考判例【●

①　最判平成 19・3・27 民集 61 巻 2 号 711 頁

●】解説【●

1　手続の中断・受継の意義

　訴訟係属中に当事者が交替したり，法定代理権の喪失等を理由として訴訟追行者が変更される場合，訴訟手続にはどのような影響が生ずるだろうか。

　(1)　**当然承継**　　まず，当事者の交替について考えよう。例えば訴訟係属中に当事者が死亡したとき，死者を当事者とする訴訟は無意義である。しかし，実体的権利関係を考えると，（一身専属的な請求でない限り）相続によって当事者の権利義務が相続人に移転しているから，訴訟上も，相続人が新当事者として従前の訴訟を受け継ぐこと（訴訟承継）が，当事者双方にとって便宜である。このように，当事者の権利義務が包括的に第三者に移転し，その第三者が新当事者（承継人）となる場合を当然承継という（124 条 1 項。新当事者の意思を問わず移転するので，「当然」承継と呼ばれる。ただし相続放棄等

の例外がある）。当事者自身の交替のほか，訴訟担当者の交替の場合も同様である。

当然承継は，承継人の意思を要せず，裁判所が承継原因を認識していなくても効果が生ずるので，予期せず当事者となった承継人に訴訟準備のための時間的猶予を与えることが相当である。そこで，当事者の死亡などの承継原因が生じた場合には当然に訴訟手続を中断し，承継人の受継によって初めて手続を再開することとした（124条1項柱書・128条）。中断期間中になされた当事者および裁判所の訴訟行為は，中断についての知・不知にかかわらず，判決の言渡しを除き，無効となる（132条1項）。

当然承継の承継原因を直接規定する条文はないが，中断事由の規定（124条1項各号）から推知することができる。当事者の交替にかかる承継原因は次のとおりである（以下，括弧内は承継人）。すなわち，当事者の死亡（相続人。124条1項1号），当事者である法人の合併による消滅（合併により設立された法人または合併後の存続法人。同項2号），信託の終了（新受託者等。同項4号），訴訟担当者の死亡または資格の喪失（同一の資格を有する者。同項5号），および選定当事者全員の死亡または資格の喪失（選定者の全員または新選定当事者。同項6号）である。また，破産法44条1項・4項により，当事者を債務者とする破産手続が開始された時には破産管財人が，手続終了時には破産債務者が手続を承継する。

中断された手続は，承継人または相手方当事者の受継申立てによって再開される（124条1項・126条。理由がない場合は却下決定をする。128条1項）。当事者の申立てがなくとも，職権で続行を命ずることもできる（129条）。

(2) **訴訟能力・法定代理権の喪失**　次に，当事者が訴訟能力を喪失したり，法定代理人が法定代理権を喪失する場合のように，当事者は交替しないが，実際の訴訟追行者が変更されるべき場合がある。この場合も，訴訟無能力者制度の意義（無能力者の利益保護）と手続保障を考えれば，手続を中断し，新たな訴訟追行者に十分な訴訟準備をさせることが適当である。そこで，法は，この場合にも中断事由を認めている（124条1項3号）。受継の手続は，(1)と同様である。

(3) **中断の例外**　上記のように，中断の制度は新たな訴訟追行者の準備

のためにあるから，当事者に訴訟代理人がある場合は，手続は中断されない（124条2項）。なぜなら，訴訟代理権は，民法上の代理と異なり，本人（当事者）の死亡等によって消滅しない（58条1項各号）ので，中断事由が生じた場合にも，訴訟代理権は存続する。そして，訴訟代理人は係属事件について通暁しており，承継人のために誠実に訴訟追行することも期待できるし，また多くの場合は被承継人と承継人の利害は共通するので，承継人の不利益も考えにくい。そのため，中断事由が発生した場合にも，承継人が当該訴訟代理人に委任したものと擬制し，手続を中断しない扱いとしている。

(4) **特定承継**　最後に，訴訟承継の1類型であるが手続の中断・受継がなされない場合に触れておく。例えば，明渡請求訴訟の審判対象たる不動産が訴訟係属中に被告から第三者に譲渡された場合，原告としては譲受人を当事者として引き受けさせ（50条1項），譲受人との間で確定判決を得ることが有益である。譲渡人を被告として請求認容判決を得ても，訴訟承継主義の下では，譲受人には判決効が及ばないからである（115条1項3号と対比せよ）。このように，審判対象たる権利義務や法律関係が個別的に移転することにより生ずる訴訟承継を特定承継という。

特定承継の方法は2種類ある。1つは，承継人が審判対象たる権利を譲り受けた場合が典型例であるが，譲受人（承継人）が新たな当事者として自ら手続に参加し，従前の義務者との関係で（譲渡につき争いがある場合には，従前の当事者との間でも）確定判決を得る方法である。これを参加承継という（51条による47条〜49条の準用）。いま1つは，承継人が審判対象たる義務を譲り受けた場合が典型例であるが，譲渡人の相手方当事者が譲受人（承継人）に訴訟を引き受けさせる方法である。これを引受承継という（50条3項・51条による41条1項・3項・48条・49条の準用）。承継人には参加のインセンティブがないが，相手方当事者は承継人との間で（譲渡につき争いがある場合には，従前の当事者との間でも）確定判決を得る必要があるためである。なお，義務承継人の参加承継，権利承継人の引受承継も可能である（51条）。

(5) **訴訟承継の効果**　承継人は，原則として，従前の訴訟状態を引き継ぐ（訴訟状態承認義務）。したがって，旧当事者のした自白の撤回や攻撃防御

方法提出の適時性等については一定の制限を受けることになる。もっとも，承継人固有の攻撃防御方法の提出は例外であり，また，旧当事者の訴訟追行態様によるが，承継人の手続保障の観点からすれば，上記の制限を柔軟に解するべき場合もあろう。

2　本問について

　本問は，光華寮訴訟として有名な参考判例①を題材としている。この判決では，国家承認に関する国際法上の諸問題が扱われているが，ここでは，承継に関する手続法上の問題のみを扱うこととする。

　(1)　**当事者の確定**　　本問では，誰を原告と考えるべきか。学説上，当事者確定の基準として，表示説（実質的表示説），意思説，行動説等があり，さらに，確定時によって確定基準を異にすべきことを説く規範分類説がある〔→詳細は，問題⑥〕。判例がどの説を採用しているかは定かでないが，少なくとも訴え提起時に職権で当事者を確定する必要からは表示説によらざるを得ない。さらに回顧的には，当事者の手続保障や審理の重複の回避等を考慮して当事者を確定しているように見受けられ，規範分類説に親和的ともいえよう。

　本問では，表示説，意思説，および行動説によれば原告はＸとなりそうである。しかし，参考判例①は，「原告として確定されるべき者は，本訴提起当時，その国名をＸとしていたが，〔日本政府がＺを承認した〕時点で，Ｚに国名が変更された……国家というべきである」として，ＸないしＺの支配地域を統治する国家たる法主体が，通時的に当事者であり続けている（したがって，名称はＸ，Ｚと変遷があるが，承認の前後で当事者は交替していない）とする。このような抽象的な国家を想定することには学説上は議論があるが，参考判例①によれば，当事者たる抽象的国家を代表する政府（判旨では「具体的な国名」）がＸからＺに交替したことになる。類比するならば，法人の代表者の変更に例えることができよう（37条参照）。

　(2)　**Ｚ承認の効果**　　日本政府のＺ承認により，Ｘの代表権は消滅するから，以降のＸによる訴訟行為は代表される国家（原告本人）との関係では当然に無効となるはずである。

　もっとも，一般的に，代表権消滅の事実は代表者変更のあった当事者（本

間では原告）サイドの内部事情であって，相手方がこれを知らずに訴訟行為をする場合にも常に代表権消滅の効果（訴訟行為の無効）を及ぼすのは酷であるし，法的安定性も害される。そこで，法は，代表権消滅の効果は，当事者本人または代表者（X）から相手方に通知をしなければ生じないとして，代表権の外観に対する相手方の信頼を保護している（37条の準用する36条1項）。本問では，Yへの通知の事実は弁論に現れていないので，代表権消滅の効果は発生しないことになる。

しかし，民事訴訟法36条の趣旨は代表権消滅の事実を知らないYの保護にあるとすると，本問のように条約によってZが承認された場合には，法の不知と同様，Yの不知を前提とすることはできないであろう。参考判例①は，これを公知の事実とし，承認の時点で，通知があった場合と同様に代表権消滅の効果が発生すると判断した。学説の一部が指摘するように，Z承認の事実が日本社会にあまねく知られていたかは疑問の余地があるが，公知性の意義は，実際に知られていることではなく，当該事実の存在が客観的に認められる点にあるのだから，条約締結による承認には公知性が認められるといえよう。

(3) **代表権消滅を理由とする手続の中断**　このように，Xの代表権消滅の効果がZ承認時に発生したとすると，その時点で手続は中断し，新たに代表権を有する者（Z）が受継すべきことになる（124条1項3号）。本問では，第1審係属中の承認の時点で手続は中断されていたことになるが，これが看過され，判決等の訴訟行為が積み重ねられた。したがって，承認時以降の訴訟行為は中断中のものであってすべて無効であり，第1審をもう一度やり直すべきことになる。

ただし，Xには訴訟代理人Bがあるので，本来，中断の必要はない（124条2項）。もっとも，新代表者たるZとXとの間には利害の対立があり，従前の訴訟状態はZの利益にならないであろうし，Xの代理人であったBがZの利益のために訴訟追行をするとは考えにくい。そこで，民事訴訟法124条2項を適用する前提が欠けているため，例外的に，手続を中断すべき場合と考えるべきであろう。Zは，受継後には新当事者としてBを解任することになろう。

(4) **控訴審の判断**　　上記のように考えるならば，Z 承認時以降の訴訟行為はすべて無効であり，第 1 審判決も成立せず，その送達も無効となる（132 条 1 項は，口頭弁論終結後に中断された場合を対象とすると解される）。もっとも，判決を当然に無効とするのではなく，法定代理人を欠く手続であって追認の可能性もあるものとして，上訴により取り消すべき瑕疵と考えることができよう。そこで，本件控訴は有効に係属したものと擬制したうえで，原判決を取り消し，第 1 審で新当事者に受継をさせるために差し戻すべきと考えられる（307 条 1 項の類推適用）。上告の場合には，代理人による訴訟追行がなかったとして 312 条 2 項 4 号により上告することが考えられる。

なお，中断事由の存否は，職権で調査し探知すべき事項であり，当事者の主張がなくとも裁判所が職権で取り上げることに問題はない。

●】参考文献【●

八木良一「当事者の死亡による当然承継」民事訴訟雑誌 31 号（1985）32 頁／古田啓昌「光華寮事件最高裁判決批評」慶応法学 12 号（2009）27 頁／村上正子・平成 19 年度重判 138 頁／山本和彦『最新重要判例250』（弘文堂・2022）29 頁・96 頁

（山田　文）

訴訟上の証明

　Ｘは３歳の頃，化膿性髄膜炎のため，Ｙ（国）が経営するＡ大学医学部付属病院小児科に入院した。Ｘは一時重篤状態であったが，それを脱して軽快しつつあったところ，Ａ病院に勤務するＢ医師によるルンバールの施術（腰椎からの髄液採取およびペニシリンの髄腔内注入）を受けたが，その15分後に突然発作を起こした。その結果，Ｘには，知能障害および運動障害等の後遺症が残った。そこでＸは，これらの障害の原因は本件ルンバールのショックによる脳出血であると主張し，（Ｂおよび）Ｙに対し，治療費，逸失利益，慰謝料等合わせて2000万円の損害賠償を求める訴えを提起した。

　これに対してＹは，本件発作は，治療の経過中にたまたま発生した，化膿性髄膜炎に随伴する脳炎が再燃した結果であり，Ｘの障害も化膿性髄膜炎による後遺症であり，ルンバールと本件発作や後遺症との間には因果関係はないと主張した。

　裁判所は，Ｂの作成したカルテ，Ｂの証言，および複数の鑑定意見（医学的には因果関係が肯定できるとは断言できないとするもの）を考慮した結果，次のような事実を認定した。嘔吐，けいれん等の発作が，Ｘが軽快しつつあった段階で受けたルンバールの施術の15分後に起きたこと，Ｂの都合で施術がＸの食事直後に実施され，Ｘが嫌がって泣き叫ぶなどしたため，施術が通常より長時間かけて実施されたこと，Ｘにはもともと出血の傾向があったため，このような状況の下で脳出血を惹起した可能性があること，発作後退院まではＢはＸの症状の原因を脳出血によるものとして治療をしていたこと，化膿性髄膜炎の再燃の可能性が通常は低く，当時再燃するような特別の事情が認められないことが判明した。

　これらの事実を前提として，裁判所はＸの障害等とルンバールの施術との因果関係を肯定することができるか。

① 最判昭和 50・10・24 民集 29 巻 9 号 1417 頁
② 最判平成 12・7・18 判時 1724 号 29 頁

●】解説【●

1　証明とは

弁論主義の第 2 テーゼの裏返しとして，当事者間で争いのある事実については，裁判所は原則として証拠調べによって事実認定をしなければならない。裁判所の事実認定は，証拠調べの結果と弁論の全趣旨に基づいて，裁判所が自由に形成する心証に基づいて行われる（247 条。自由心証主義）。ここで，裁判官がどの程度の心証を形成すれば，ある事実を存在するものとして認定することができるか。裁判官が事実を認定することのできる心証の程度を証明度というが，証明度がどの程度のものであるかについては，明文の規定がないので，解釈に委ねられている。

2　証明の程度

(1)　**判例・通説**　証明とは，裁判官が事実に確信を得ることであるが，参考判例①によれば，「訴訟上の因果関係の立証は，一点の疑義も許されない自然科学的証明ではなく，経験則に照らして全証拠を総合検討し，特定の事実が特定の結果発生を招来した関係を是認しうる高度の蓋然性を証明することであり，その判定は，通常人が疑を差し挟まない程度に真実性の確信を持ちうるものであることを必要とし，かつ，それで足りるものである」。すなわち，裁判官の単なる主観的確信ではなく，通常人が疑いを差し挟まない程度の高度の蓋然性を基礎に確信を得ることが必要である。

参考判例②は，原爆被害者が，原子爆弾の放射線に起因する負傷や疾病について医療費の給付を求めるのに必要な認定の申請を却下した行政処分の取消訴訟ではあるが，因果関係の立証は通常の民事訴訟と同じであり，相当程度の蓋然性の立証で足りるとした原審判断を取り消し，高度の蓋然性の立証が必要であると判断している。

通説も判例の立場に賛成する。証明度を，後述の有力説のように低く設定

すると，当事者の証拠収集能力が必ずしも十分でない場合には，事実認定が偶然の要素によって左右される可能性があるが，そのような事態を防ぐ必要がある。現状を変更するよりは現状を維持する価値を重視すべきであり，そうであれば，現状を変更しようとする者に，より高度な証明の負担を課すのが望ましい。さらに，公権力による権利の強制を基礎付ける判決の基礎は確固たるものであるべきである。また，証明度が低いと不十分な立証活動によっても勝訴することが可能になってしまうが，当事者による積極的な立証活動を促すためには，証明度は高度な蓋然性であるべきと主張する。

(2) **有力説**　(1)に対して，訴訟法上証明があったというには，高度の蓋然性までは不要であり，証拠の優越さえあれば足りるという学説も有力に主張されている。

すなわち，ある事実の存在について立証する場合，立証活動の結果，その事実が存在しない可能性よりも，存在する可能性が高いと判断することができるのであれば，その事実を認定することができる。この見解は，証明度は，事実認定が誤った場合に原告と被告が被る損失効用，すなわち，誤った事実認定がなされた場合に，当事者および社会が被るコストを比較して決められるべきであるとする。そして，民事訴訟においては，通常，原告と被告は対等であるため，原告側に誤って不利な事実認定がなされるコストと，被告側に誤って不利な事実認定がなされるコストは同じであるはずである。

したがって，証拠の優越，すなわち50パーセントを超える心証を裁判官に得させることができれば，立証に成功したものとして扱うべきであると主張する。また，この見解は，当事者の中には必ずしも証拠収集能力が高くない者もいるので，常に高度の蓋然性の程度まで立証を要求するのは酷であるとも主張する。さらに，給付訴訟や形成訴訟に限らず，確認訴訟という形態の訴えも認められている以上，必ずしも，訴え提起が現状の変更を目的とするものばかりではなく，現状維持の価値を重視して現状変更を主張をする者の証明負担を重くすべきということにはならない，また，証明度が低い場合であっても，裁判官の心証は当事者からはわからない以上，当事者は懸命に立証活動を行わなければならないのであり，当事者の立証活動を促すために証明度を上げる必要性はない，とも主張する。

最高裁は高度の蓋然性の基準を使用しているが，参考判例①では，実質的には高度の蓋然性よりも低い証明度をもって事実認定をしており，また，参考判例②でも，証明度を軽減した原判決を維持している点などから，その一般論とは異なり，証拠の優越を採用しているとも評価されている。

3　本問の検討

本問では，ルンバールの施術とXの症状との間の因果関係が証明できたといえるかが問題となる。鑑定意見でも示されているように，医学的見地からは因果関係が証明できたとはいえないからである。しかしながら，民事訴訟で最終的に裁判官が行うのは法的評価であり，自然科学的な分析を行うのではない。

また，自然科学的な立証を要求すると，法廷に不毛な科学論争を持ち込む可能性もある。したがって，訴訟上の証明に自然科学ほどの厳格さを持ち込むことは避けるべきである。他方で，できる限り客観的真実に沿った判決，紛争解決をするのが望ましいので，自然科学の見地をまったく無視することはできない。そのため，判例の法理のように，通常人が疑を差し挟まない程度に真実性の確信をもち得る程度の立証があれば，因果関係を肯定することが認められる。

本問では，確かに，化膿性髄膜炎の再燃の可能性を完全に否定することはできないかもしれないが，裁判所が認定した事実を前提とすれば，通常人（ただし，まったくの素人という意味ではなく，専門書や専門委員などの助けを借りてある程度の専門知識をもつに至った一般の人が基準となる）であれば，ルンバールの施術とXの症状との間に因果関係があることについて疑いを差し挟まない程度の立証はあったといえるので，因果関係を肯定することはできる。

●】参考文献【●

町村泰貴・百選114頁／伊藤眞・民事事実認定11頁／加藤新太郎・民事事実認定16頁

（杉山悦子）

問題 35　損害額の立証

　Xは，A市に居住し，灯油を購入していたが，石油連盟 Y₁ による生産調整と石油元売業者 Y₂ ら 12 名による値上協定によって高い価格で灯油を購入させられたと主張して，民法 709 条に基づき，Y₁ と Y₂ に対して損害賠償を請求する訴訟を提起した。

　裁判所は，Y₁ と Y₂ に独占禁止法違反の価格協定（独占禁止法 3 条によると，事業者は他の事業者と協定を通じて対価を決定したり，引き上げたりして，競争を実質的に制限することが禁止される）があったと認定し，争点は X の被った損害額となった。

　Xは，現実に灯油を購入した価格と，価格協定があった時点の直前の灯油の市場価格の差額を基礎に損害額を算定したが，裁判所は X の主張を基に損害額を認定して X の請求を認容することができるか。

●】参考判例【●

① 最判平成元・12・8民集 43 巻 11 号 1259 頁
② 最判平成 18・1・24 判時 1926 号 65 頁
③ 最判平成 20・6・10 判時 2042 号 5 頁
④ 最判平成 30・10・11 民集 72 巻 5 号 477 頁

●】解説【●

1　独占禁止法違反による損害の立証

　不法行為に基づく損害賠償請求訴訟においては，被害者である原告が，損害の発生，加害行為と損害の間の因果関係および損害額について主張・立証責任を負う。本問のように，一般消費者が独占禁止法違反による損害の賠償を請求する場合には，損害は，違反行為によって形成された価格（現実購入

価格）と，当該違反行為がなければ形成されていたであろう価格（想定購入価格）との差額である。

したがって，原告は，想定購入価格が現実購入価格よりも安いことについて主張・立証責任を負う。ところが，現実購入価格については主張・立証が可能であるとしても，想定購入価格は現実に存在していなかった価格の立証であるから，これをどのように主張・立証し，また，どのように認定するかが問題となる。

第1次石油ショックの時期に，事業者らの価格協定で高い価格で灯油を購入させられたとして住民らが損害賠償請求をした参考判例①の控訴審判決（仙台高秋田支判昭和60・3・26判時1147号19頁）は，価格協定の締結がない場合でも，具体的な値上時期および値上幅の割合をもって価格の上昇が確実に予測されるような特段の事情のない限り，価格協定直前の小売価格（直前価格）をもって想定購入価格であると推認するのが相当であるとした。特段の事情としては，原油価格の値上り，灯油の需要の飛躍的な増加，いわゆる狂乱物価の時期における一般消費生活物資の顕著な値上り等があるが，これらの立証責任は被告側が負うものとした。

これに対して，参考判例①は，このような推認は厳格な要件の下でしか認められないとし，推認が認められる前提条件としては，価格協定の実施当時から消費者が商品を購入する時点までの間に，商品の小売価格形成の前提となる経済条件，市場構造その他の経済的要因等に変動がないことが必要であり，その点についての立証責任は依然として原告が負うものとした。これらの立証ができない場合には，直前価格から想定価格を推認することはできないので，他に，総合検討による推計の基礎資料となる当該商品の価格形成上の特性および経済的変動の内容，程度その他の価格形成要因をも消費者において主張・立証責任を負うものとした。

2　民事訴訟法248条

最高裁の立場によると，原告の想定購入価格の立証負担はかなり大きなものとなる。そして，このような厳しい要件の下で，損害の立証に失敗すれば，すなわち，裁判官に高度の蓋然性をもって確信を得させることに成功しなければ，原告の請求は棄却される［→問題34］。仮に損害の発生が立証で

きたとしても，損害額の立証ができないために敗訴するという結果を避けるため，民事訴訟法 248 条は，損害の性質上その額の立証が極めて困難であるときには，裁判所は相当な損害額を認定できるとしている。

　もっとも，民事訴訟法 248 条の趣旨と適用対象をめぐっては，立法当時から見解が分かれている。

　まず，同条の趣旨については，損害額の認定に必要な証明度を軽減したものとみる見解（証明度軽減説），損害額の判断は法的評価の問題であり，同条は裁判官の裁量を定めたものとみる見解（裁量評価説），あるいはその双方であり，軽減された証明度を基準とする証明がなされたかを判断し，達しない場合には裁量評価で損害額を定めるという折衷的な見解などに分かれており，立案担当者は証明度軽減説を採用していたといわれる。

　また，立法趣旨との関連性は必然ではないものの，同条の適用範囲についても，慰謝料の算定，幼児の逸失利益の算定，火災で家が焼けた場合の消失家財道具の算定（個々の家財の損害額を積み上げて計算するのではなく，損害保険の火災保険の標準モデル家庭の家財を基準に算定する方法）を例に，どのような場合に適用されるかにつき，見解が分かれていた。

　例えば，証明度軽減説に立つ立案担当者は，民事訴訟法 248 条は慰謝料の算定と幼児の逸失利益の算定に関して集積された判例法理を確認したものであり，これらのケースに適用されるのみであり，焼失家財道具の損害算定の場合には適用はないと考えていた。

　これに対して学説では，証明度軽減説の立場からも，裁量評価説の立場や折衷説の立場からも，慰謝料の算定は，過去の事実を立証するのではなく，そもそも法的評価の対象として裁判官が自由裁量に基づいて定める性質のものであるから，同条は適用されないとするのに対して，焼失家財道具の算定には同条が適用されるとしていた。

　ところで，民事訴訟法 248 条は「損害の性質上」その額の立証が困難な場合に適用されるとしていることから，上記のように，損害をその性質に着目して類型化して同条の適用の有無が検討されてきたが，実際の裁判例では，立案担当者が想定していた損害類型を超えて，事案の性質上損害の立証が困難な場合に，同条を適用するものもみられるようになった。

例えば，参考判例②は，特許庁職員の過失により特許権を目的とする質権を取得することができなかったことによる損害の額について，その立証が困難な場合であっても同条を適用して相当な損害額を認定しなければならないとし，また，参考判例③では，採石権が侵害されたものの，被告が権限なく採石した岩石と，権限を得て採石した岩石が混在しており，両者を区別することができなくても，裁判所は同条を適用して，相当な損害額を認定しなければならないと判示している。ここでは，類型的には損害の立証が困難とはいえなくても，個別具体的な事情の下で，過去に発生した損害額の認定が困難である場合に同条を適用することが肯定されている。さらに，同条が単に「認定することができる」と定めるのみであるのに対して，これらの判例では，裁判所に同条の適用を義務付け，相当な損害額を認定しなければならないとしている。

3 本問と民事訴訟法248条

参考判例①の立場によれば，Xは，価格協定の直前に価格と現実の購入価格の差を立証することに加え，「価格協定の実施当時から消費者が商品を購入する時点までの間に，商品の小売価格形成の前提となる経済条件，市場構造その他の経済的要因等に変動がないこと」についても立証が必要となる。すなわち，一般消費者物価指数の上昇とは関係なく，すなわちその上昇以上に，灯油の価格が上昇したことなどを主張・立証しなければならない。本問では，そこまでXが主張・立証しているとはいえず，損害額の立証には成功せず，請求は棄却されることになりそうである。

そこで，民事訴訟法248条を適用して，裁判所は適当な損害額を定めることはできるであろうか。同条は参考判例①の後に新設されたものであり，同条が本問のようなケースに適用されるかについては明らかではない。そして，同条の適用範囲が判例の蓄積によって広められたとしても，本問の場合には，以下のような特殊性があるため，同条の適用の可否が問題となる。

損害については，加害行為がなかった場合の利益状態と，加害行為があった現在の利益状態の差額を損害とする差額説と，個々の法益について被った不利益こそが損害であり，損害額は，裁判官がこれを金銭評価したものであるという損害事実説とに分かれているが，本問のような独占禁止法違反によ

る損害は，本来的に金銭的損害であり，想定購入価格と現実購入価格の差額が当然に損害であり，かつ，損害額となる。すなわち，損害の立証と損害額の立証は，本来的に重なりあうはずである。ところが，民事訴訟法248条は，損害が生じたことが認められても，損害額の立証が困難である場合に適用されるのであり，損害自体の発生については通常の立証を要求している。したがって，本問では，同条が適用されたとしても，損害の発生自体が立証できないとして，請求が棄却されることにもなりそうである。そこで，本問のように，損害の発生自体の立証が極めて困難な場合にも，同条が類推適用されるかが問題となる。

この点，立案担当者は，損害の発生の立証に同条を適用することを疑問視するが，学説では，類推適用を否定する見解と肯定する見解とがある。

類推適用の有無を検討する前に，損害の立証の性質についてあらためて考える必要がある。判例・通説の採用する差額説の立場は，損害の発生と損害額が重なり合うことを前提としているようだが，民事訴訟法248条がその適用対象を損害額の立証に制限しているのは，立証の場面では，そもそも何らかの損害が発生したことを立証できれば，損害の発生を認めることを前提としているからとも考えられる。

参考判例③は，権限なく採石された石の量自体が立証できない場合であったが，金銭評価前の損害の発生は認め，損害額についてのみ民事訴訟法248条を適用している。ここから，具体的な量として把握できる損害の発生自体が立証できなくても，何らかの損害が発生したことを立証すれば，同条の「損害が生じたことが認められる場合」となり，あとは損害額の算定に同条を適用すれば足りることになりそうである（これは，本問の損害を損害事実説に親和的である）。この考え方を前提とすると，本問のケースでは，価格協定があり，その結果，わずかでも灯油価格が上昇したことを立証すれば，損害の立証としては足り，損害額の立証の場面において，具体的には想定購入価格の立証の場面において同条を適用すれば足りることになろう。

公共工事の談合事例において同条を適用する下級審裁判例（東京地判平成18・4・28判時1944号86頁，東京地判平成18・11・24判時1965号23頁，東京高判平成20・7・2 LEX/DB25440325等）も，そのような損害論を前提として

いるようである。

　これに対して，具体的な量として把握できる損害の発生自体の立証が必要だという見方もあり得る。とすれば，本問のような独占禁止法違反の場合には，現実購入価格が想定購入価格よりも高いことが立証できなければ，損害の発生自体が立証できないのであり，価格の差があったと認めるためには，想定購入価格について通常の立証が必要になりそうである。このような考え方を前提とした場合に，民事訴訟法248条の適用を否定するか，あるいは原告救済の必要性を強調して同条の類推適用をするかどうかが問題となる。後者の見解を採用するのであれば，本問のケースでも，裁判官は裁量に基づき，あるいは低い証明度でも損害の発生を認定し，さらに損害額についても相当な額を定めることができることになる。

　ところで，民事訴訟法248条を用いて損害額を算定する場合には，裁判所がどの程度の額を認定すべきかが問題となる。下級審裁判例には，同条が損害額の算定が困難な中で被告に損害賠償義務を負わせる以上，ある程度手堅く控えめな金額をもって認定することもやむを得ないとするもの（公共工事の談合事例で契約金額の5パーセントを損害額と認定した前掲・東京地判平成18・4・28，前掲・東京地判平成18・11・24，名古屋地判平成21・12・11判時2072号88頁。有価証券報告書等虚偽記載に基づく損害賠償請求に関する東京地判平成24・6・22金法1968号87頁）と，不法行為に基づく損害賠償請求権が，社会に生起した損害の公平な分担という見地から認められていること等に配慮して，損害額を確実に発生したであろうと考えられる範囲に抑えた額に限定するのは相当でなく，訴訟上提出された資料等から合理的に考えられる中で，実際に生じた損害額に最も近いと推測できる額を認定すべきであるとしたものに分かれている（契約金額の7～10パーセントで認定するものとして東京地判平成19・10・26判時2012号39頁，名古屋地判平成21・8・7判時2070号77頁，東京高判平成23・3・23判時2116号32頁。東京高判平成28・9・14判時2323号101頁も参照）。

●】参考文献【●

三木浩一「民事訴訟法 248 条の意義と機能」河野正憲ほか編『井上治典先生追悼論文集・民事紛争と手続理論の現在』（法律文化社・2008）412 頁／山本克己「自由心証主義と損害認定」竹下守夫編集代表『講座新民事訴訟法(2)』（弘文堂・1999）304 頁／長谷部由起子「損害額の認定」法教 397 号（2013）15 頁／杉山悦子・百選 116 頁

（杉山悦子）

証明責任の分配

　Ｙは，土地をＸから賃借して，その上に建物（本件建物）を建築・所有している。その土地の一部をＡに転貸し，Ａはその上に建物を建築した。Ｘは，この転貸がＸの承諾を得ずに行われたことを理由に，Ｘ・Ｙ間の賃貸借契約を解除して，本件建物収去・土地明渡しを求める訴えを提起した。これに対してＹは，転貸については事前にＸの承諾があると主張して，Ｘ名義の承諾書を提出したが，第１審では鑑定の結果，承諾書の真正が認められず，Ｘの同意はなかったものとして請求は認容された。控訴審において，Ｙは，仮に無断転貸であっても，民法612条による無断転貸による解除権の発生は信頼関係を破壊させるような信義則違反がある場合にのみ認められるところ，Ｘはそのような事実を主張・立証していないので解除は認められないと主張した。

　Ｙの主張は認められるか。

●】**参考判例**【●

① 　最判昭和41・1・27民集20巻1号136頁
② 　最判昭和43・2・16民集22巻2号217頁

●】**解説**【●

1　証明責任

(1)　**証明責任とは**　　裁判所は，当事者に争いのある事実については，証拠調べの結果と弁論の全趣旨を考慮して自由な心証に基づいて認定されなければならない（自由心証主義。247条）。しかしながら，証拠調べの結果と弁論の全趣旨を考慮したにもかかわらず，事実の存在・不存在について裁判所

が確信を形成し得ない場合もある。このような状態を真偽不明あるいはノンリケットという。この場合に，裁判をしないという選択肢ではなく，現行法は証明責任という制度を用いて，事実の存在あるいは不存在を仮定することで裁判することを可能にしている。証明責任とは，法令適用の前提として必要な事実について，訴訟上真偽不明の状態が生じたときに，その法令適用に基づく法律効果が発生しないとされる当事者の負担をいう。例えば，貸金返還請求訴訟において，返還約束の事実については，原告に証明責任があり，この事実が真偽不明になった場合，金銭返還請求権の発生という法律効果が認められず，請求は棄却される。

(2)　**主観的証明責任と客観的証明責任**　　上記意味における証明責任は，裁判官が，自由心証主義による事実認定に努めたが，それでも真偽不明に終わった場合，つまり，自由心証主義が尽きた段階に機能するものであり，客観的証明責任とよばれる。客観的証明責任はこのように，訴訟の最終段階，すなわち判決を書く段階において機能する。

　これに対して，訴訟の開始段階，あるいはその途中における当事者の行為を規律する概念として，証拠提出責任（主観的証明責任）がある。証拠提出責任はさらに，抽象的証拠提出責任と具体的証拠提出責任とに分けられる。抽象的証拠提出責任は，事実が何も証明されないことによる敗訴を避けるために，証拠を提出しなければならない責任である。これは訴訟開始前から抽象的に定まっており，客観的証明責任の分配と一致する。

　これに対して，具体的証拠提出責任とは，ある事実について裁判官の暫定的心証が形成された場合に，この事実が証明されることで不利益を受ける当事者が，その心証を引き下げるために活動をしなければならない責任である。これは一種の行為責任でもあり，立証の必要ともよばれる。例えば，貸金返還請求訴訟において，原告は金銭授受の事実と返還約束について客観的証明責任，抽象的証拠提出責任を負い，裁判官にこれらの事実について確信を得させるための立証活動を行わなければならないが，被告も，これらの事実について裁判官が確信を形成することを避け，真偽不明に持ち込むための立証活動を行わなければならない。当事者からは必ずしも明らかではないものの，裁判官の心証に応じて，事実上の立証の必要性が，原告と被告の間を

行き来するが，これが具体的証拠提出責任である。

2 証明責任の分配

(1) **法律要件分類説**　法律効果発生の基礎となる特定の要件事実について，客観的証明責任を負うのがどちらの当事者であるのかを定めるのが，証明責任の分配である。これは，民法117条1項・453条，自動車損害賠償保障法3条但書のように明文の規定がある場合を除き，一般には法規の解釈によって定められる。

　通説は，実体法規をその法的効果に応じて，権利発生を基礎付ける権利根拠規定，権利根拠規定に基づく法律効果の発生を妨げる権利障害規定，いったん成立した権利を消滅させる権利消滅規定に分類し，それらが有利に働く当事者がその要件事実について証明責任を負うとする。つまり，権利根拠規定については権利者と主張する者が，権利障害規定と権利消滅規定については義務者と主張する者が証明責任を負う。このように，法律効果発生の要件を分類して，それを基礎として証明責任の分配を決する見解を，法律要件分類説という。

　例えば，貸金返還請求訴訟においては，金銭授受と返還約束が請求権発生を基礎付けるために必要な権利根拠事実であり，請求権を主張する原告たる権利者が証明責任を負う。これに対して，通謀虚偽表示による無効（民94条）を主張する場合，これは権利発生を妨げる権利障害事実であるので，被告である債務者が証明責任を負う。また，弁済の事実は，いったん発生した貸金返還請求権を消滅させる事実であるので，権利消滅事実であり，被告たる債務者が証明責任を負う。

　実際には，本文とただし書，1項2項という法規の表現形式は，証明責任の分配を識別する際に有益である。本文や1項が権利根拠規定である場合には，ただし書や2項は権利障害事由となる。例えば，民法505条の相殺を主張する場合，同条1項本文は権利根拠規定であり，本文記載の事項は，相殺の効力を主張する当事者（通常は被告）が証明責任を負う。これに対し，同項ただし書は権利障害規定であり，債務の性質上相殺が許されないことについては，相殺の効力を否定する当事者（通常は原告）が証明責任を負う。2項は1項本文に対しては，権利障害規定となり，相殺制限特約の存在や第三

者の悪意について，相殺の効力を否定する当事者（原告）が証明責任を負う。

(2) **利益衡量説**　法律要件分類説に対して，必ずしも実体法が証明責任に配慮して定められているわけではないので，実体法の規定の仕方のみで定めるのは妥当でなく，そのような規定がされた根拠を明らかにしなければならないという批判がなされ，法規の立法趣旨，当事者間の公平の観点，すなわち，証拠との距離，立証の難易，事実の蓋然性の高低などの実質的要素を考慮して分配を決すべきであるという有力説もあった。

(3) **修正法律要件分類説**　実際には，個々の法規について，利益考量説の揚げる要素を考慮しつつアドホックに証明責任を判断することは困難であるため，原則として法律要件分類説を採用しつつも，それを修正する要素として，上記事由を考慮する見解が多数を占めるようになっている。

　例えば，民法 588 条の準消費貸借契約の成立を主張する場合，旧債務の存在は，条文の構造からは権利根拠規定として，債権者が証明責任を負うようにも解されるが，旧債務の権利証書をなくす場合が多いことなどに配慮して，公平の観点から，旧債務の不存在について債務者が証明責任を負う（参考判例②）。

3　本問における証明責任の所在

　民法 612 条 2 項は，賃借人による無断転貸の場合に解除権を認めているが，判例（最判昭和 28・9・25 民集 7 巻 9 号 979 頁）では，「賃借人の当該行為が賃貸人に対する背信行為と認めるに足らない特段の事情」がある場合には，本条に基づく解除権は発生しないものとされている。この要件は判例によって付け足されたものであり，法律要件分類説の立場からも，証明責任の分配は明らかではない。

　1 つの考え方として，解除権を抑制するために，賃借人側に背信行為と認められる特段の事情が存在する場合にのみ解除権が発生するとして，特段の事情の主張・立証責任は賃貸人側にあるという見解があり得る。

　これに対して，無断転貸を含む「背信行為」を解除権の発生要件とする不文の法規が形成されたとして，背信行為は権利根拠要件であり，無断転貸の事実はこれを推認させる間接事実であるとする見解も主張された。この見解によれば，「背信行為と認めるに足りない特段の事情」は，この推認を揺る

がす間接反証事実であり，その証明責任は賃借人側にある。ここで，間接反証とは，ある主要事実について証明責任を負う者が，経験則からみて主要事実を推認させるに十分な間接事実を一応証明した場合に，相手方がその間接事実とは別個の，しかもそれと両立し得る別の間接事実を証明することによって主要事実への推認を妨げ真偽不明に持ち込む証明活動をいう。本来，相手方は主要事実について証明責任を負わないので反証をすれば足りるところ，間接反証理論によれば，別個の間接事実については本証を行わなければならない。無断転貸の事例では，背信行為が主要事実であり，無断転貸はこの背信行為を推認させる間接事実であり，賃貸人がこの間接事実を証明した場合には，背信行為の存在が強く推認されるので，賃借人としては，無断転貸という間接事実自体を真偽不明に持ち込むか，特段の事情として，無断転貸とは別個の，しかも両立する間接事実を本証することによって，かかる推認を妨げて，背信行為という主要事実を真偽不明に持ち込むことが必要となる。しかしながら，この見解に対しては，そもそも，間接事実について証明責任を観念する点で問題があるとか，背信行為という一般条項を主要事実として捉える点で無理があるなどの批判がされている。

そこで，多数説は，無断転貸を解除権発生の権利根拠事実とし，「背信行為と認めるに足りない特段の事情」を権利障害事由と理解して，賃借人側に証明責任があるとする。参考判例①も，特段の事情の証明責任は賃借人にあると判示している。

したがって，本問におけるYの主張は不当であり，Y自身が，解除権の発生を妨げるような「背信行為と認めるに足りない特段の事情」について証明責任を負う。

●】**参考文献**【●

栗田隆・百選〔第5版〕（2015）136頁／八木敬二・百選244頁

（杉山悦子）

証明妨害

Xは，自己所有の自動車についてY保険会社との間で自家用自動車総合保険契約（本件保険契約）を締結していたが，Xから自動車を借りたAが交通事故を起こし，自動車が全損したので，Yに対し車両保険金の支払を求め本件訴訟を提起した。この中で，Yは，保険料分割払特約によると，分割保険料の支払が支払期日経過後1か月以上遅滞したときは，支払期日以降に生じた保険事故について保険金を支払わない旨の約定があったところ，Xは本件事故当時，すでに3か月分の分割保険料の支払を遅滞しており，保険金の支払義務は免れるという抗弁を提出した。

これに対してXは，本件事故発生の前日に遅滞分の分割保険料額相当の現金および小切手をYの保険代理店に持参したが，Yの代理店は保険料の支払について領収書に日付を記入しなかったために，支払日を立証できないと主張するとともに，このような場合にまで，Yが保険料支払を拒絶することは信義則に違反して認められないと反論した。

裁判所は，YがXによる支払日の立証を妨げたことを理由に，Yの抗弁を排斥することはできるか。

●】 参考判例 【●

① 東京地判平成2・7・24判時1364号57頁
② 東京高判平成3・1・30判時1381号49頁
③ 大阪高判昭和55・1・30判タ409号98頁
④ 新潟地判昭和46・9・29下民集22巻9＝10号1頁

1　証明妨害法理とは

　証明妨害とは，訴訟当事者が，故意または過失により，相手方による証拠の収集・提出を困難にしたり妨害した場合に，その効果として，妨害された当事者の主張について訴訟上有利な扱いを認める法理である。

　この法理が，明文で認められている場合がある。例えば，民事訴訟法224条1項・2項によれば，当事者が文書提出命令に従わないときや，相手の使用を妨げる目的で提出義務ある文書を滅失させたり，使用不能とした場合には，その文書に関する相手方の主張を真実と認めることができる。さらに，同条3項では，加えてその文書によって証明すべき事実に関する相手方の主張を真実と認めることまでも認める。同法208条は，当事者尋問で，当事者が，正当な理由なく出頭せず，または宣誓や陳述を拒んだときは，裁判所が尋問事項に関する相手方の主張を真実と認めることができるとし，同法229条4項も，筆跡対照用文字の筆記を拒絶した場合などに，裁判所が，文書の成立の真否に関する挙証者の主張を真実と認めることができるとする。

　このように実体法で定めがある場合以外にも，証明妨害法理を適用することが認められるかが問題となる。例えば，医師が法律上作成を義務付けられているカルテの作成を怠ったり，破棄するなどして，患者の立証行為を妨害するような場合には，明文規定がなくても，証明妨害法理を用いて対処する必要がある。この点，一般論として，明文規定がない場合にも証明妨害法理を適用することは認められているが，その根拠・要件・効果については見解が分かれる。

2　証明妨害の根拠・要件・効果

(1)　**根拠**　　証明妨害の根拠について，経験則を根拠とする見解，実体法上の義務を根拠とする見解，信義則を根拠とする見解がある。

　経験則を根拠とする説は，相手の証明活動を妨害するのは，それが不利な証拠である可能性が高いという経験則に基づき，妨害者に不利な扱いをすることを認めるものである。しかしながら，故意による妨害の場合はともかく，過失による妨害の場合に，このような経験則が働くとはいえず，証明妨

害のすべてのケースをカバーすることはできない。

そこで，実体法上当事者が証拠を保全する義務を負うとか，訴訟法上一般に，真実解明のために相手方の主張・立証活動に協力義務があり，これらの義務に違反するという見解もある。もっとも，実体法上このような義務が規定されている場合は限られており（民486条・645条等），かつ，明文なき訴訟法上の抽象的な協力義務を積極的に肯定することは困難である。

そのため，当事者間の信義則（2条）を根拠に，当事者は相手方の証明活動を不当に妨害してはならない信義則上の義務を負うと説明する見解が多い。

(2) **要件**　　証明妨害が成立するためには，客観的要件として，①証拠方法の作成・保全をする義務に違反すること，②それにより要証事実が真偽不明になったことが必要である。例えば，土地所有権確認の訴えにおいて，被告が土地の占有を侵奪して開墾，造成を行い，土地の境界を明示していた既存の境界標，杭，畦道などの目標を破壊して，原告の占有する土地の範囲の立証を妨害し，民法188条に基づく所有権の範囲の立証を妨害するような場合がこれに当たる（参考判例③）。また，工場が河川に有害物質を流出して周辺住民に中毒症を起こした場合に，工場内の有害物質の製造工程図を焼却したり，試料を保存せずにプラントを完全撤去したために，工場が原因物質を排出したことの立証が困難になる場合もこれに当たる（参考判例④参照）。

加えて，主観的要件として，③当該違反行為につき故意・過失があることが必要である。ただし，重過失に限定するか，あるいは軽過失の場合も含まれるかについては，見解が分かれる。

(3) **効果**　　証明妨害の効果については，さらに見解が分かれ，証明責任を転換する説，証明度を軽減する説，自由心証の枠組みで事実上の推定を行い，妨害者に不利な認定をすることも許容する説（参考判例③④）などがある。証明責任を転換する説に対しては，画一的な処理しかできないという批判があるが，証明度を軽減する見解も，軽減の程度によっては，事実上証明責任を転換したのと同じ結果になり得る。また，事実上の推定を用いる見解は，要証事実の証明度を下げて，相手方に証拠提出責任を課すことになるため，証明度を軽減する見解と大差がない。そこで，最近では，裁判所がある

事実の不存在について証明度に達している場合でも，当該事実の存在を認定することができる，つまり，真実擬制まで認める見解も有力である。

3　本問の扱い

保険契約者が保険料の分割特約に基づく分割保険料の支払をその責めに帰すべき事由により支払期限および猶予期間1か月を経過した場合に，保険者がその後に発生する保険事故については保険金支払義務を負わない法律状態を保険休止状態という。保険休止状態が生じている場合に，遅滞分割保険料等の支払があったことを理由に保険金の支払を求めるためには，被保険者は支払が保険事故の発生前になされたことを主張・立証する責任を負う。このように，支払がされた日時と保険事故発生の日時との先後関係は，保険者に保険金支払義務があるかどうかを定めるのに決定的な事実である。そして，被保険者の立証に困難をきたさないようにするためにも，保険者は保険契約者から遅滞分割保険料等を受領したときには，保険契約者に対して，受領金額のほかその日時を明記した弁済受領書を交付する法律上の義務がある（民486条）。保険者がこの義務を懈怠して日時を記載しない弁済受領書を交付した場合には，上記義務に違反して被保険者の立証を妨害したといえる。本問では，Ｙにはこのような実体法上の証拠方法作成義務に違反がみられる。参考判例①ではこのような判示がなされている。また，保険者が保険契約者の無知に乗じて保険の効力の及ぶ期間を曖昧にするという点で，当事者間の信義則に違反しているという評価も可能である。控訴審である参考判例②ではこの点が重視されている。

いずれにしても，実体法上あるいは信義則上の証拠方法の作成義務違反があり，その結果，Ｘが保険金支払日の立証が不可能になっている。妨害者の主観については，義務の懈怠が故意または過失に基づく場合に証明妨害があったとする見解（参考判例①）と，故意または重過失があったことが必要であるとする見解（参考判例②）がある。本問のように，領収書に日付を記載しなかった場合には，故意・重過失を認定できるようにも思われるが，参考判例②は，故意とは，「保険金を支払おうとする保険契約者の無知に乗じて保険の効力の及ぶ期間を曖昧にする等の」意図を指し，重過失はそれと同視しうる程度のものを指すとしている。故意，重過失をこのような意味で捉

えれば，本件では軽過失はともかく，故意，重過失があったとまではいえず，参考判例①②のいずれの見解を採用するかによって，証明妨害の成否の判断が違ってくる。

　証明妨害があった場合の効果について，証明責任転換をするという見解（参考判例①）によれば，Xは保険金を請求するために，支払が保険事故より前であることを主張・立証する必要はなく，保険者であるYにおいて保険事故が保険料支払前に生じたことを主張・立証しなければならない。これに対して，事実上の推定，真実擬制，証明度軽減，証明責任転換という効果を，要証事実の内容，妨害された証拠の内容や形態，当該事案における妨害された証拠の重要性，経験則などを総合考慮して裁判所が定めることができるとすれば（参考判例②），Xの供述の曖昧さや，支払に用いられた小切手の振出日など他の証拠と総合考慮をして，本件事故前に保険料の支払があったことを推認，あるいは擬制することができるかどうか，裁判所が裁量に基づいて判断することができる。

●】参考文献【●

河野憲一郎・百選 122 頁／山本和彦・民事事実認定 21 頁

（杉山悦子）

違法収集証拠

> XとSは夫婦であるが，Sが職場の同僚であるYと不貞行為をしたことを理由に，相手方Yに対して，損害賠償を求める訴えを提起した。XはSとYの不貞行為を立証するために，Sが就寝中に，Sが枕元に置いていたスマートフォンを勝手に閲覧してSとYとの間で交換されたSNS上のやりとりを入手しようとした。その際，これに気付いたSとの間でもみ合いになったが，XはSを殴打して無理やりこれを奪い，やりとりを撮影して，これを証拠として提出した。Yはこの証拠は不適法であるから却下すべきであると主張した。裁判所はこの証拠をどのように扱うべきか。

●】参考判例【●

① 東京高判昭和 52・7・15 判時 867 号 60 頁
② 東京地判平成 10・5・29 判タ 1004 号 260 頁

●】解説【●

1 違法収集証拠とは

　違法収集証拠とは，実体法規に違反して獲得された証拠方法を指す。刑事訴訟手続では，違法に収集された証拠については，公判手続においてその証拠能力を否定する違法収集証拠の排除法則が判例上発展してきた。これは，国家の捜査機関による違法な捜査手続を抑止し，適正な裁判を保障することが，憲法上の要請であるからである（憲 31 条・35 条）。これに対して，民事訴訟は私人対私人の訴訟であり，違法な証拠収集を禁止する要請はそれほど強くない。また，民事訴訟法では，証拠能力に関する規律は特には用意されておらず（例外は 160 条 3 項・188 条・352 条 1 項・371 条，民訴規 15 条・23 条

1項），このことから，違法収集証拠であっても証拠能力は直ちには否定されないと考えられてきた。しかしながら，一方当事者が違法に収集した証拠を無制限に許容すると，当事者間の公平を害するのみならず，公正かつ適正な裁判も不可能になり，司法に対する国民の信頼を損なう可能性もある。そのため，民事訴訟においても，違法な証拠収集と提出を無制限に許すことはできない。これを防止する方法としては，例えば，違法収集証拠を提出する側に弁護士がついている場合には，弁護士倫理の問題として処理することが考えられる。また，立法論としては，証拠収集制度を拡充して，適法に証拠を収集できる道を開くことにより，違法な手段を用いて証拠を収集する必要性をなくしていくことも考えられよう。ただし，現在では，端的に違法収集証拠の証拠能力を制限すべきであるという考え方が有力に主張されている。

2 違法収集証拠の証拠能力をめぐる裁判例

実務では，古くから，相手方当事者や第三者との会話を無断で録音したテープやそれを反訳した文書を提出する例や，他人の日記やノートを盗んでこれを提出する例がみられた。最近でも，相続人間の紛争で被相続人の書類を勝手に持ち出して提出する例や，離婚訴訟等において，相手方当事者の携帯電話の通信履歴や，スマートフォンやパソコンの電子メールの内容等を勝手に閲覧して情報を取り出し，これを文書として提出したりする例があり，下級審裁判例では，これらの証拠能力が争われてきた。ただし，違法収集証拠の証拠能力に関しては最高裁判例はない。

下級審裁判例は，一般論としては，一定の場合には証拠能力が制限されるとしつつも，結論として証拠能力を肯定するものが多くみられる。

例えば，参考判例①は，法人である当事者の担当者との酒席における会話を密かに録音したテープの証拠能力が問題となったケースにおいて，一般論として，「証拠が，著しく反社会的な手段を用いて，人の精神的肉体的自由を拘束する等の人格権侵害を伴う方法によって採集されたものであるときは，それ自体違法の評価を受け，その証拠能力を否定されてもやむを得ない」としつつも，このケースではその録音の手段方法が著しく反社会的と認められる事情はないとして，証拠能力を肯定している。このように，人の精神的・肉体的自由を拘束するなどの人格権侵害があったかという点（被侵害利益）

に加えて，収集手段が著しく反社会的な手段を用いて行われたか（手段の相当性）を考慮して，証拠能力を判断する例は他にもみられた（名古屋地判平成15・2・7判時1840号126頁，東京地判平成18・2・6 LLI/DB判例秘書）。

　また，無断録音テープの証拠能力が問題となったケースでは，人格権の侵害の事実のみならず，それを正当化する公共の利害，証拠の重要性，会話の内容の要保護性等を総合考慮して判断すべきとするものもあった（大分地判昭和46・11・8判時656号82頁，盛岡地判昭和59・8・10判時1135号98頁）。

　他方で，証拠の収集対応の社会的相当性にのみ着目する例もみられる。例えば，参考判例②は，夫が妻の不倫相手を被告として提起した損害賠償請求訴訟で，夫が陳述書の原稿として弁護士に差し出したか，手元控えとして作成した大学ノートが，妻によって持ち出され，被告から書証として証拠申出されたところ，「当該証拠の収集の仕方に社会的にみて相当性を欠くなどの反社会性が高い事情がある場合には，民事訴訟法2条の趣旨に徴し，当該証拠の申出は却下すべき」としている。勝手に信書が持ち出された例（名古屋地判平成3・8・9判時1408号105頁）や，電子メールが無断で閲覧された例（東京地判平成17・5・30 LLI/DB判例秘書）において，同様の基準が用いられている。

　無断録音のケースにおいては，人格権侵害の有無に加えて，証拠収集方法の社会的相当性等も検討し，手紙やメール等を無断で提出するようなプライバシー侵害のケースでは，収集方法の相当性に着目する傾向もみられるが，違法収集証拠の証拠能力に関して統一的な基準が立てられているわけではない。

3　違法収集証拠の証拠能力に関する学説

　学説では，古くは，違法収集証拠の証拠能力を無条件に肯定し，違法に証拠を収集した者に対しては民事，刑事責任を別途追及すれば足りるという見解もみられたが，最近では何らかの形で制限を認めようとする見解が多い。ただし，制限の態様，根拠ともに学説は多岐に分かれる。

　例えば，違法収集証拠の利用が制限される根拠としては，実体法と訴訟法の法秩序の統一性を理由に，実体法上違法に収集された証拠は，訴訟法上も違法とする考え方がみられる。ただし，この考え方に対しては，実体法的な価値判断を訴訟法的なそれと同一視する必然性はないとの批判がある。

そのほかにも，当事者間で妥当する「論争のルール」に照らして，個別に違法収集証拠の許容性を判断すべきであるという見解もあるが，証拠を排除する具体的な基準は明らかではない。

　違法な証拠収集行為は，相手方当事者や裁判所に対して，信義に従い誠実に民事訴訟を追行しなければならない義務（2条）に反するので，その結果収集された証拠方法を用いることも許されないという見解もある。証拠排除の基準が明確にならないという問題は残るが，後述のように諸要素を比較衡量して証拠排除を決する見解に比較的親和的ともいえる。

　当事者権の1つである証明権の内在的制約として証拠能力を否定する見解もあり，この見解によれば，違法収集証拠の証拠能力は基本的に否定される。

　同様に排除の基準が明確な見解として，例えば憲法に反して収集された証拠（違憲収集証拠）の証拠能力は否定されるという見解も有力である。例えば，憲法上保護されている人格権侵害があった場合は証拠能力が否定されるが，それ以外の場合であっても，侵害利益の重大性と，原告の権利保護の必要性，真実発見の必要性を総合考慮して証拠能力を判断するという見解や，違憲収集証拠は原則として証拠能力が否定され，証拠能力を肯定するためには，挙証者のほうで違法性阻却事由を立証する必要があるという見解である。これは，裁判官には憲法遵守義務があることを根拠とするものであるが，なぜ憲法違反があった場合のみ証拠能力が否定されるのか明らかではなく，また，違憲行為と違法行為の区別が必ずしも明らかではない。

　根拠論と必ずしも対応するわけではないが，違法収集証拠の排除の基準としては，真実発見の必要性（当該証拠の重要性や代替証拠の有無），事件の性質，違法な証拠収集で侵害される人格権の種類（被侵害利益の重大性），収集の態様，違法な証拠収集の誘発を防止する利益等を総合的に衡量して証拠能力を決しようとする見解が比較的多い。ただし，真実発見の要請から，証拠の重要性，訴訟の公益性等を考慮要素に入れると，証拠能力に対する予測可能性を欠くという問題はある。比較衡量を認める見解の中には，違法収集証拠であっても証拠能力を肯定しつつ，裁判官が証拠力の問題として，これらの要素を勘案すれば足りるというものもあるが，証拠方法が唯一のものである場合などにおいて，違法の程度が高い証拠の証拠能力を，裁判官が低く評

価する保障はなく，違法収集証拠の問題は，証拠力の問題として捉えるのではなく，証拠能力の問題として捉えるべきであろう。

最近では，被侵害利益に着目し，プライバシーや営業秘密の侵害があった場合には，本人の同意がない限り，一律に証拠能力を否定すべきであるという見解もある。現行の民事訴訟法では，文書提出義務の除外事由として，職業の秘密（220条4号ハ・197条1項3号）や自己利用文書が挙げられているが（220条4号ニ），後者は，プライバシーについては，強制的な開示から免れ，絶対的に保護すべきであるという立法者の態度決定がされたことの表れであるからである。

4 本問の場合

本問は，プライバシー侵害があった事例である。そのような場合，下級審裁判例は，収集方法が反社会的であったか否かに着目して証拠能力を判断しているようである。この基準を用いると，本問の場合には，XがSから暴力を用いてスマートフォンを取り上げているので，反社会的な手段によって収集された証拠と評価することができ，証拠能力を否定することはできよう。

他方で，多数説のように，さまざまな要素を比較衡量して決する見解によると，加えて証拠の重要性，唯一の証拠であるかといった事情を総合的に判断して証拠能力を判断することになる。本問においても，この証拠がSの不貞行為を立証する唯一の証拠である場合には，証拠能力が肯定される可能性がある。

これに対して，違憲収集証拠の証拠能力を否定する見解や，プライバシー侵害の場合には一律に証拠能力を否定する見解によれば，本件証拠の証拠能力は否定されることになる。

●】 参考文献 【●

重点講義㊦46頁以下／川中啓由・百選132頁／杉山悦子「民事訴訟における違法収集証拠の取扱いについて」高橋宏志ほか編『伊藤眞先生古稀祝賀・民事手続の現代的使命』（有斐閣・2014）311頁

（杉山悦子）

事案解明義務

A社は，Y県内に産業廃棄物処理施設を設置する計画を立て，設置許可の申請を行った。Aの申請は，専門家らで構成される廃棄物処理施設設置委員会での審査を経た後に，Y県知事Bはその結果を下に設置許可処分を出した。設置予定地の周辺に在住するXらは，Yを相手に処分の取消しを求める訴えを提起した。

Bの設置許可処分が違法であると裁判所が認定するためには，Xはどのような事実を主張，立証しなければならないか。また，Xがかかる事実を主張・立証することができない場合に，Yに対して，処分が違法でなかったことを主張・立証させる義務を課すことはできるか。

●】**参考判例**【●

① 最判平成 4・10・29 民集 46 巻 7 号 1174 頁

●】**解説**【●

1 行政処分の取消訴訟における主張・立証責任

本問の産業廃棄物処理施設設置許可処分のような行政庁の裁量処分は，裁量権の範囲の逸脱や濫用があった場合に，これを取り消すことができる（行訴 30 条）。一般に，行政処分の取消訴訟において，主張・立証責任が誰にあるのかは争いがあるが，裁量処分の取消事由については，原告が主張・立証責任を負うものと解されている。

具体的には，原子炉施設設置許可処分の取消しが求められた参考判例①によると，「原子炉施設の安全性に関する判断の適否が争われる原子炉設置許可処分の取消訴訟における裁判所の審理，判断は，原子力委員会（筆者注・現在では原子力安全委員会）若しくは原子炉安全専門審査会の専門技術的な調

査審議及び判断を基にしてされた被告行政庁の判断に不合理な点があるか否かという観点から行われるべきであって現在の科学技術水準に照らし，右調査審議において用いられた具体的審査基準に不合理な点があり，あるいは当該原子炉施設が右の具体的審査基準に適合するとした原子力委員会若しくは原子炉安全専門審査会の調査審議及び判断の過程に看過し難い過誤，欠落があり，被告行政庁の判断がこれに依拠してされたと認められる場合には，被告行政庁の右判断に不合理な点があるものとして，右判断に基づく原子炉設置許可処分は違法と解すべきである。」「被告行政庁がした右判断に不合理な点があることの主張，立証責任は，本来，原告が負うべきものと解される。」そのため，原告としては，これらの要素を基礎付けるような具体的な事実を主張・立証しなければならない。

　このように，取消しを主張する原告側に，取消事由を基礎付ける事実の主張・立証責任があるとしても，主張・立証に必要な産業廃棄物処理施設の安全審査に関する資料のほとんどは行政庁側にあり，かつ，行政庁が安全審査に関わった多数の専門家を擁していることを考えると，専門知識のない原告が，上記事実を主張・立証することは困難を極める。そのため，本来であれば主張・立証責任を負わない行政庁側にも，一定の範囲で主張・立証の負担を課す必要性が説かれるようになった。

2　事案解明義務とは

　本問のような行政訴訟に限らず，当事者間に，証拠や情報，専門知識の偏在がある訴訟において，本来主張・立証責任を負わない当事者にも，一定の要件の下で，事案の真相を解明するために，主張・立証の義務を課す考え方の１つに，事案解明義務の理論がある。ただし，明文の規定がないにもかかわらず，事案解明義務が認められるのか，また，認められるとして，その根拠や要件，効果をめぐっては，見解の一致はみられない。

　事案解明義務を肯定するある見解によれば，この義務は，真実に基づく裁判とそれによる権利保護を可能にするために，当事者が負う訴訟法上の一般的な義務である。そして，かかる義務が認められる要件として，①主張・立証責任を負う当事者が事件の事実関係から隔絶されており，②その当事者が自己の主張につき具体的な手がかりを示し，③相手方当事者に事案解明を期

待することが可能であり，④主張・立証責任を負う当事者が事実関係を知り
得ずまたは事実関係から隔離されていることについて，非難可能性がないこ
とが必要である。この要件を満たす場合には，主張・立証責任を本来負わな
い当事者が，具体的な主張・立証をする一般的な訴訟法上の義務を負い，こ
れに違反した結果，要証事実が真偽不明に陥った場合に，当該事実を真実と
擬制する効果を認める（a説）。

　同じく事案解明義務を肯定する別の見解によれば，①証明責任を負う当事
者が事象経過の外におり，②事実を自ら解明する可能性を有していないが，
③それに対して相手方は難なく必要な解明を与えることができ，かつ，④具
体的事件の事情からみて，解明を相手方に期待し得る場合には，相手方は，
信義則（2条）に基づく事案解明義務を負う。そして，証明責任を負う当事
者の概括的な事実主張に対しても，期待可能な範囲で具体的な事実を挙げて
否認したり，これを証明するための証拠提出義務を負う。これに反した場合
には，相手方の事実主張を有効に争ったものと認められず，自白が擬制され
て，相手方の主張事実がただちに判決の基礎となる（b説）。

　もっとも，上記見解が必ずしも広く支持されているわけではない。一般
に，当事者が信義則に基づく事案解明義務を負うことは肯定されているが，
これに違反した場合に，真実擬制や証明責任の転換のような強い効果まで認
めることは，明文の規定がない以上困難である。せいぜい，弁論の全趣旨
（247条）として，違反者に不利な事実認定をすることが可能であるという
見解が散見されるにすぎない。

3　最高裁判例の立場

　この点，参考判例①は，「当該原子炉施設の安全審査に関する資料をすべ
て被告行政庁の側が保持していることなどの点を考慮すると，被告行政庁の
側において，まず，その依拠した前記の具体的審査基準並びに調査審議及び
判断の過程等，被告行政庁の判断に不合理な点のないことを相当の根拠，資
料に基づき主張，立証する必要があり，被告行政庁が右主張，立証を尽くさ
ない場合には，被告行政庁がした右判断に不合理な点があることが事実上推
認される」としており，一般論として，被告に事案解明義務が課され得るこ
とを肯定したものといえる。

ただし，結論として，被告行政庁は十分に主張・立証をしたため，原告は立証に成功しなかったと判断しており，被告がどの程度の主張・立証をすれば，義務を果たしたと評価できるかは明らかではない。また，先に紹介したa説は，証明責任を負う当事者が具体的な手がかりを示すことを要求しているが，判旨はその点については触れておらず，このような義務も要求しない趣旨であると解することもできなくはない。

　さらにこの判例は，義務違反の効果として，要証事実が事実上推認されるとする。もっとも，事実上の推認を認めるには，一方当事者が事実主張や証拠提出をしない場合には，その事実が当事者にとって不利なものであるという経験則が機能する必要があるが，そのような経験則があるかは疑問である。そこで，判旨のいう事実上の推認とは，単なる経験則に基づく事実上の推定ではなく，a説のように，それを超えた真実擬制を認めたものと考えられる。

4　本問の扱い

　このように，学説で主張されている事案解明義務の要件・効果が判例によって採用されているかどうかは明らかではない。

　仮にa説に従うと，本問では，原告は，行政庁での審査からYによる許可処分に至る一連の事実経過の外に置かれており，行政庁の判断の不合理性を基礎付ける具体的事実の主張・立証が不可能であり，これについて，Xには非難可能性がない。これに対して，審査に要した資料，専門家を配しているYに判断が不合理でなかったことを主張・立証させることは可能であり，また，期待しても不当ではない。そこで，XがYの判断の不合理さを基礎付ける具体的な手がかりさえ示せば（判例によれば，それさえ不要ともいえるが），Yの側で，自己の判断が不合理でなかったことを基礎付ける具体的な事実主張・証拠提出をすることが必要となり，それを怠った場合には，Xの主張する事実が真実であると擬制することができる。

●】参考文献【●

垣内秀介・百選124頁／山本克己「事案解明義務」法教311号（2006）86頁

（杉山悦子）

証言拒絶事由

　Y放送局は，健康食品を製造・販売するA株式会社の代表取締役Xが，原材料費を水増しして得た所得をアメリカ合衆国の関連会社に送金して，その役員に流用させる形で所得隠しを行おうとしている内容の放送を行った。Xは，この放送の結果，国税庁の調査を受けるのみならず，A社の評判が著しく低下して，自己の経営する会社の売上げが減少したと主張して，Yに対して損害賠償請求訴訟を提起した。

　Yは，報道が公共の利害に関連し，かつ公益を図るものでありその内容は真実であること，そして，仮に真実に反する部分があったとしても，事前に十分に裏付け取材を行った上で放送を行ったのであり，真実であると信じるについて相当な理由があるので，不法行為責任を負わないと反論した。Yは，この事実を立証するために，Y放送局の取材活動をしたBを証人として申請し，これが採用され，Bの証人尋問が実施された。その中で，Bは，アメリカの国税当局職員を取材し，任意に情報を得たことは明らかにしたものの，取材対象者の氏名や住所等を明らかにするよう求められたところ，取材源に関することは職業の秘密に該当するとして，証言を拒絶した。

　Bの証言拒絶は認められるか。

●】 参考判例 【●

①　最決平成18・10・3民集60巻8号2647頁

1　証人義務と証言拒絶事由

証人尋問は，民事訴訟法上認められる5つの証拠調べの1つであり，証人，すなわち当事者本人や法定代理人以外の者が，自ら認識した過去の事実や状態について陳述した内容を証拠資料とすることを目的として行われるものである。

自然人である限り，誰でも証人としての資格が認められるとともに，日本の裁判権に服するものは，証人として裁判所に出頭し，宣誓の上，証言をする義務を負う（190条）。これを証人義務といい，これに違反する場合には，過料，刑罰が科されうるし（192条1項・193条），勾引もされうる（194条）。これは，公正かつ真実に沿った裁判を可能にするためである。

ただし，法は例外的に，真実発見を犠牲にしても保護すべき価値がある場合には，証言を拒絶することを認めている。

例えば，証言が，証人自身またはその者と一定の身分関係にある者に対する刑事処罰を招くおそれのある事項や名誉を害すべき事項について尋問する場合（196条）には，憲法上の自己負罪拒否特権に基づき（憲38条1項），証言を拒絶することが認められる。公務員または公務員であった者が，職務上の秘密について尋問を受ける場合（197条1項1号・191条1項），医師，弁護士，宗教の職に就く者などが職務上知り得た事実で黙秘すべき事項について尋問を受ける場合（197条1項2号），さらに，技術または職業の秘密に関する事項について尋問を受ける場合にも（同項3号），証言拒絶が認められる。

証言拒絶をする場合には，証人は拒絶の理由を疎明することが求められる（198条）。受訴裁判所は，当事者を審尋して，決定で裁判をする（199条1項）。この決定に不服がある当事者と証人は，即時抗告をすることができる（同条2項）。ただし，公務員らが職務上の秘密について尋問を受ける場合には，この手続は適用されず（同条1項），裁判所は疎明の正当性について判断権をもたず，監督官庁の判断に委ねられるとするという見解が多数である。

2　技術または職業の秘密

　本問では，技術または職業の秘密に関する証言拒絶が問題となっている。技術または職業の秘密の意味については，最決平成12・3・10（民集54巻3号1073頁）によれば，「その事項が公開されると，当該技術の有する社会的価値が下落しこれによる活動が困難になるもの又は当該職業に深刻な影響を与え以後その遂行が困難になるもの」を指すものとすると不正競争防止法2条1項4号の営業秘密とは必ずしも一致するものではなく，技術上のノウハウのほかにも，芸術や運動に関する秘訣なども含まれる。

　もっとも，学説や下級審裁判例（札幌高決昭和54・8・31下民集30巻5＝8号403頁等）においては，ある秘密が，上記意味における職業の秘密に該当するだけではなく，秘密の公表によって秘密の保持者に生ずる不利益と，秘密を開示しないことによって生ずる不利益，すなわち，裁判の真実発見や公正が犠牲になるという不利益とを比較衡量した結果，保護に値する秘密のみが証言拒絶の対象となるという見解が主張されてきた（比較衡量説）。

　これに対して，比較衡量を否定し，秘密の客観的性質のみ考慮して，証言拒絶権の成否を決すべきであるという見解も有力である。このような比較衡量を肯定することにより，秘密と考えられている事項が，裁判の公正という事後的な事情によって，証言拒絶の対象となったり，ならなかったりするため，秘密の保持主体の予測可能性を害するからである。

　しかしながら，報道記者の取材源が問題となった参考判例①において，最高裁は比較衡量説を採用することを明示した。

3　報道関係者の取材源の職業の秘密該当性

　本問のような，報道関係者の取材源は，職業の秘密に該当して，証言拒絶の対象となるであろうか。一般に，報道関係者の取材源は，それが開示されると，「報道関係者と取材源となる者との間の信頼関係が損なわれ，将来にわたる自由で円滑な取材活動が妨げられることとなり，報道機関の業務に深刻な影響を与え以後その遂行が困難になる」（参考判例①）ので，上記定義に該当し，取材源の秘密は職業の秘密に当たると解される。

　ただし，証言拒絶を肯定するためには，比較衡量の結果，保護に値する秘密と判断される必要がある。比較衡量の際に考慮すべき要素としては，下記

のような事情が挙げられる。まず、秘密を開示することによる不利益として
は、「当該報道の内容、性質、その持つ社会的な意義・価値、当該取材の態
様、将来における同種の取材活動が妨げられることによって生ずる不利益の
内容、程度等」を考慮する必要があるが、報道機関の報道のための取材の自
由が、報道の自由と並び、憲法 21 条の表現の自由の保障を受けることを十
分に配慮する必要がある。そして、これと相対する秘密を開示しないことに
よる不利益としては、「当該民事事件の内容、性質、その持つ社会的な意
義・価値、当該民事事件において当該証言を必要とする程度、代替証拠の有
無等」を比較検討する必要がある。

　本問の報道は、脱税の有無という公共の利害に関する報道であり、その社
会的な意義は大きいといえる。しかも、その取材の手段、方法が一般の刑罰
法令にふれるとか、取材源となった者が秘密の開示を承諾しているというよ
うな事情はなく、取材源の開示により、将来の同種の取材活動が妨げられる
可能性は高い。

　他方で、本件民事事件は、売上げの減少による損害賠償を求めるものであ
り、個人の利益追求を超えた公共性や社会に対する影響を有する事件ではな
く、社会的な意義や重要性がある事件とまではいい難い。また、本件におい
て取材源に係る証言を得ることが必要不可欠であるか、その他の証拠が不存
在であるかどうかは明らかではない。

　そうであれば、B の取材源の秘密は保護に値するものと解され、証言拒絶
には正当な理由がある。

●】参考文献【●

坂田宏「取材源秘匿と職業の秘密に基づく証言拒絶権について」ジュリ 1329 号
（2007）9 頁／松本博之・平成 18 年度重判 129 頁／川嶋四郎・百選 134 頁

（杉山悦子）

文書提出義務⑴：自己使用文書

　Ｘ は Ｙ 銀行から，５ 億円の融資を受け，この資金で Ａ 証券株式会社を通じて株式等の有価証券取引を行ったところ，多額の損害を被った。そこで，Ｘ は，Ｙ の Ｂ 支店長が，貸付段階において，Ｘ の経済状態からすれば，Ｙ の貸付金の利息を有価証券取引から生ずる利益から支払うしかないことを知りながら，過剰な融資を行ったのであり，これは金融機関が顧客に対して負っている安全配慮義務に違反する行為であると主張して，Ｙ に対して，損害賠償を求める訴えを提起した。

　この訴訟の中で，Ｘ は，有価証券取引によって貸付金の利息を上回る利益を上げることができるという前提で Ｘ への貸出しの稟議が行われたこと等を証明するために，Ｙ が所持する貸出稟議書（本件文書）につき文書提出命令を申し立てた。これに対して，Ｙ は，本件文書は民事訴訟法 220 条 4 号ニ「専ら文書の所持者の利用に供するための文書」に該当するので提出義務を負わないと主張した。

　裁判所は本件文書について提出命令を発令することはできるか。

●】参考判例【●

① 最決平成 11・11・12 民集 53 巻 8 号 1787 頁

●】解説【●

1　文書提出義務とその除外事由

　書証とは，裁判官が文書を閲読し，その記載内容を証拠資料とするための証拠調べであり，その対象となる文書を裁判官に提出するには，立証者自らが所持する文書を提出する方法以外にも，挙証者が文書を所持しない場合には，所持人に文書の任意提出を求める送付嘱託の申立て（226 条）や，強制

的に文書の提出を求める文書提出命令を申し立てる方法がある（219条）。

　文書提出命令を発令するためには，申立ての形式要件を満たすのみならず（221条），文書の所持者が提出義務を負うことが必要である。文書提出義務は，旧民事訴訟法以来，当事者が訴訟において引用した文書を自ら所持するとき（引用文書。220条1号），挙証者が文書の所持者に対しその引渡しまたは閲覧を求めることができるとき（権利文書。同条2号），文書が挙証者の利益のために作成されたとき（利益文書。同条3号前段），挙証者と文書の所持者との間の法律関係について作成されたとき（法律関係文書。同号後段）に認められてきたが，加えて，現行の民事訴訟法においては，文書の証拠としての価値の高さや，証拠の偏在を解消する必要性等への配慮から，法が定める除外事由に該当しない限り，文書の提出義務を負うものとして，一般的な提出義務が認められている（同条4号）。

2　自己使用文書とは

(1)　自己使用文書の要件
本問で問題となったのは，民事訴訟法220条4号に列挙されている除外事由の1つである「専ら文書の所持者の利用に供するための文書」（自己使用文書）に，貸出稟議書が該当するかどうかである。

　自己使用文書に該当する文書としては，日記や，備忘録，手紙，手帳のように，およそ外部の者に開示することが予定されていない個人的文書がこれに該当する点はとくに問題ない。このような文書を開示することにより侵害される可能性のあるのは，個人のプライバシーといった極めて保護法益の高い利益であり，裁判における真実発見の利益を犠牲にしてまでも，保護する必要が高いからである。ただし，企業が有する文書についても，自己使用文書として開示を拒むことができるか問題となるケースが増加している。

　この点，参考判例①は，自己使用文書の要件を明記した。これによれば，①ある文書が，その作成目的，記載内容，これを現在の所持者が所持するに至るまでの経緯，その他の事情から判断して，専ら内部の者の利用に供する目的で作成され，外部の者に開示することが予定されていない文書であること（外部非開示性），②開示されると個人のプライバシーが侵害されたり個人ないし団体の自由な意思形成が阻害されたりするなど，開示によって所持者の側に看過し難い不利益が生ずるおそれがあること（不利益性），さらに③

特段の事情がないこと，の３つの要件を満たす文書は，自己使用文書に該当する。

(2) **外部非開示性**　団体の文書が外部に公開することを予定しているものであるかを判断する際に，判例では，それが法令によって作成が義務付けられているものであるかどうかを考慮し，これが義務付けられている場合には，外部への公開が予定されているものと判断する傾向がうかがわれる。例えば，保険業法に基づき損害保険会社の保険管理人が作成した調査報告書（最決平成16・11・26民集58巻8号2393頁）や監督官庁に提出することが予定されている自己査定資料（最決平成19・11・30民集61巻8号3186頁）については，外部への公開が予定されているものとして提出義務が肯定されている。これに対して，市議会議員が，市から所属会派に交付された政務調査費を用いて行った出張に係る調査研究報告書と添付書類（最決平成17・11・10民集59巻9号2503頁）や，政務調査費の報告書と領収書（最決平成22・4・12判時2078号3頁）については，当時の条例や要綱・規則によって，会派での保管が義務付けられているが，会派の代表者に提出されるにすぎず，議長・市長への提出は予定されていないので，専ら会派内部で利用され，外部への公開を予定していない文書であるとして，提出義務は否定されていた。しかし，その後政務調査費の支出に係る領収書等や会計帳簿（１万円以下の支出）につき，条例上は議長への提出は義務付けられていないが，議長によって直接確認される可能性があるとして，外部非開示性が否定されている（最決平成26・10・29集民248号15頁）。他方で，弁護士会の綱紀委員会の議事録および議案書については，会則等によって作成と保管が義務付けられているものの非公開とされていることから，専ら相手方の内部の利用に供する目的で作成され，外部に開示することが予定されていない文書であるとして，提出義務が否定されている（最決平成23・10・11判時2136号9頁）。

(3) **不利益性**　文書を開示することにより，個人のプライバシーや団体の自由な意思形成が害される可能性がある場合には，自己使用文書に該当するものとして提出義務を免れる。自己使用文書について提出義務を否定することによって保護される法益に個人のプライバシーがあることに異論はなく，このことは，判例においても，顧客のプライバシーに関する情報が含ま

れていない社内通達文書について自己使用文書性を否定するもの（最決平成18・2・17民集60巻2号496頁），調査報告書に記載される第三者のプライバシーが侵害され，その結果将来の調査に支障をきたす可能性があるとして自己使用文書性を肯定するもの（前掲・最決平成17・11・10，前掲・最決平成22・4・12）からもみてとれる。

これに対して，団体の有する文書について，これを開示することにより，団体の自由な意思形成が阻害される可能性があることなども，開示による不利益要件の1つとして含めるか否かについては見解が分かれる。個人のプライバシーのみで保護すれば足りるという見解も有力であるが，最近では，団体に意思決定プロセス等を文書化させ，保管させることにより，業務執行の適正さを確保するといった社会的価値があるとして，これが侵害されることも不利益の1つに含まれるという見解も示されている（垣内・後掲257頁）。

(4) **特段の事情** 特段の事情が認められた先例としては，本問のような貸出稟議書の場合，申立人がその対象である稟議書の利用関係において所持者である金融機関と同一視できる立場にある場合（最決平成12・12・14民集54巻9号2709頁。ただしこのケースでは特段の事情否定），文書作成者である金融機関が清算手続に入っており，営業譲渡を受けた整理回収機構が文書を所持している場合（最決平成13・12・7民集55巻7号1411頁）などがあるが，極めて限られた場合にしか肯定されていない。

3　貸出稟議書の扱い

銀行の貸出稟議書とは，支店長等の決裁限度を超える規模，内容の融資案件について，本部の決裁を求めるために作成される文書である。そして，通常は，融資の相手方，融資金額，資金使途，担保・保証，返済方法といった融資の内容に加え，銀行にとっての収益の見込み，融資の相手方の信用状況，融資の相手方に対する評価，融資についての担当者の意見などが記載され，それを受けて審査を行った本部の担当者など所定の決裁権者が当該貸出しを認めるか否かについて表明した意見が記載される文書である。

とすれば，銀行の貸出稟議書は，銀行内部において，融資案件についての意思形成を円滑，適切に行うために作成される文書であって，法令によってその作成が義務付けられたものでもなく，①の外部非開示性の要件を満たす。

さらに，融資の是非の審査に当たって作成されるという文書の性質上，忌たんのない評価や意見も記載されることが予定されており，これを開示することにより，団体の自由な意思決定を害する可能性もある。参考判例①は，これも保護されるべき不利益であるとして，②の不利益要件を典型的に肯定している。しかしながら，個人のプライバシーのみが保護されるべきであるという見解によれば当然，そうでなくても，文書を開示したことにより団体内部での意思形成の自由が必然的に害されるとは限らないとみれば，②の要件は満たされず，自己使用文書には該当せず，文書提出命令を発令することはできる。

　なお，②の要件も満たすとした場合，本問では，銀行が破たんしている等の事情もうかがわれず，③の特段の事情の存在も認められない。したがって，本件文書は自己使用文書に該当し，裁判所は文書提出命令を発令することができない。

●】参考文献【●

勅使川原和彦・百選 138 頁／垣内秀介「自己使用文書に対する文書提出義務免除の根拠」伊藤眞ほか編『小島武司先生古稀祝賀・民事司法の法理と政策㊤』（商事法務・2008）243 頁／伊藤眞「自己使用文書再考」高田裕成ほか編『福永有利先生古稀記念・企業紛争と民事手続法理論』（商事法務・2005）239 頁

（杉山悦子）

文書提出義務(2)： 職業の秘密

　ＸはＡの取引先であり，Ａの信用状態に不安を抱いていたが，ＡのメインバンクであるＹが，Ａを全面的に支援するとＸに説明をしたために，Ａとの取引を継続した。しかし，Ａの経済状態は回復せず，Ａに民事再生手続（法的倒産手続の１つであり，債務者の事業を継続させながら，債権債務を整理する手続）の開始決定が出され，ＸはＡに対する売掛金債権が回収できなくなった。そこで，Ｘは，ＹがＡの経営破たんの可能性が大きいことを認識しながらも，Ａを支援するといってＸらを騙し，また，Ａの経営状態についてできる限り正確な情報を提供する注意義務を怠ったために損害を被ったとして，Ｙに対して不法行為に基づく損害賠償請求訴訟を提起した。Ｘは不法行為の立証に必要があるとして，ＹがＡについて作成，所持する自己査定文書につき，文書提出命令の発令を申し立てた。金融機関は，金融庁から業務の健全性や適切性の検査を受けるが，その検査の際に用いる手引書である検査マニュアル（現在は廃止されている）によると，債務者の財産状況，資金繰り，収益力等により，返済能力を判定し，債務者を「正常先」，「要注意先」，「破綻懸念先」，「実質破綻先」および「破綻先」に区分することが求められていた。この区分を債務者区分というが，自己査定文書は，この債務者区分を行うために作成し，金融庁らによる査定結果の正確性を事後的に検証する目的で保存する文書であり，Ｙは従来の検査マニュアルに沿って自己査定文書を作成，保存していた。

　裁判所は自己査定文書について文書提出命令を発令することができるか。

●】参考判例【●

① 最決平成 20・11・25 民集 62 巻 10 号 2507 頁
② 最決平成 19・12・11 民集 61 巻 9 号 3364 頁
③ 最決平成 19・11・30 民集 61 巻 8 号 3186 頁

●】解説【●

1　自己査定文書の自己使用文書性

　参考判例③によれば，自己査定文書は民事訴訟法 220 条 4 号ニ所定の「専ら文書の所持者の利用に供するための文書」（自己使用文書）には該当しない。銀行は，法令によって資産査定が義務付けられているところ，自己査定文書は，Y が A に対して有する債権の資産査定のために必要な資料であり，監督官庁による資産査定に関する検査においても，資産査定の正確性を裏付ける資料として必要とされているものである。すなわち，Y 自身が利用するのみならず，それ以外の者による利用が予定されているため，専ら内部の者の利用に供する目的で作成され，外部の者に開示することが予定されていない文書であるということはできず，自己使用文書の要件を満たさないからである［自己使用文書の要件について→問題41］。

2　自己査定文書の職業秘密該当性

(1)　**自己査定文書の記載内容と職業の秘密**　　自己査定文書は民事訴訟法 220 条 4 号ハ・197 条 1 項 3 号の「職業の秘密」を含む文書として，提出義務を免れるか。この問題を考えるに際しては，自己査定文書を，その記載内容に応じて分類し，それぞれについて職業秘密該当性の判断をする必要がある。通常，自己査定文書には，①公表することを前提として作成される貸借対照表および損益計算書等の会計帳簿に含まれる財務情報，②金融機関が守秘義務を負うことを前提に顧客から提供された非公開の顧客の財務情報，③ Y が外部機関から得た顧客の信用に関する情報，④顧客の財務情報等を基礎として金融機関自身が行った財務状況，事業状況についての分析，評価の過程およびその結果ならびにそれを踏まえた今後の業績見通し，融資方針等に関する情報（分析評価情報）が含まれていた。

このうち，①については，そもそも公開が予定されているものであり，「その事項が公開されると……当該職業に深刻な影響を与え以後その遂行が困難になるもの」（最決平成12・3・10民集54巻3号1073頁）とはいえず，職業の秘密には該当しない［職業の秘密の定義については→問題[40]］。

(2)　金融機関が守秘義務を負うことを前提に顧客から得た顧客の財務情報

②の部分は職業の秘密に該当するであろうか。金融機関が有する顧客情報が，職業の秘密に該当するかが問題となる。

　参考判例②では，訴訟の被告となっている顧客の取引先である金融機関に対して，その取引履歴が記載された明細表の提出義務が問題となったところ，「金融機関は，顧客との取引内容に関する情報や顧客との取引に関して得た顧客の信用にかかわる情報などの顧客情報につき，商慣習上又は契約上，当該顧客との関係において守秘義務を負い，その顧客情報をみだりに外部に漏らすことは許されない」としつつも，「金融機関が有する上記守秘義務は，上記の根拠に基づき個々の顧客との関係において認められるにすぎないものであるから，金融機関が民事訴訟において訴訟外の第三者として開示を求められた顧客情報について，当該顧客自身が当該民事訴訟の当事者として開示義務を負う場合には，当該顧客は上記顧客情報につき金融機関の守秘義務により保護されるべき正当な利益を有さず，金融機関は，訴訟手続において上記顧客情報を開示しても守秘義務には違反しない」ので，金融機関が顧客情報につき「職業の秘密として保護に値する独自の利益を有する場合は別として」職業の秘密として保護されないとした。秘密とされる情報は顧客自身のものであるが，最高裁は，顧客自身の職業の秘密ではなく，その情報を所有している金融機関の職業の秘密として処理する姿勢を示している。

　もっとも，参考判例②は，顧客が訴訟当事者であり，金融機関が第三者である場合であり，本問のように，金融機関が訴訟当事者となり，第三者である顧客情報の開示が問題となるケースについても射程が及ぶか明らかではなかったが，参考判例③は，このような場合にも同様の判断をすることを明示した。したがって，顧客が訴訟上開示義務を負う顧客情報については，金融機関は，顧客に対する守秘義務を理由に開示を拒絶することはできず，金融機関がこれにつき職業の秘密として保護に値する独自の利益を有する場合は

別として，職業の秘密としては保護されない。

　本問で，非公開のAの財務情報についてAが開示義務を負うかを検討すると，Aに民事再生手続が開始し，手続開始前のAの信用状態に関する情報は手続を通じて債権者らに開示されているので，これを訴訟で開示してもAが被る不利益は小さく，職業の秘密として保護はされず（訴訟当事者以外の第三者の職業の秘密を判断する際の比較衡量に消極的な見解として長谷部・後掲 54－56 頁），その他に文書提出義務を免れる事由もないため，Aは開示義務を負う。したがって，Yは守秘義務を理由に開示を拒否することはできず，Y自身にもこれを秘匿する独自の利益は認められない。そのため，Yの職業の秘密には該当せず，Yは開示義務を負う。

　(3)　**分析評価情報**　④の金融機関自身が行った分析評価情報は，顧客自身ではなく，金融機関自身の秘密となる部分である。この部分の職業秘密該当性を考える場合には，前掲・最決平成 12・3・10 の示した，「その事項が公開されると……当該職業に深刻な影響を与え以降その遂行が困難になるもの」に該当することに加えて，その情報が，比較衡量の結果保護に値する秘密である必要がある。

　この点，報道機関の取材源について，職業の秘密に該当することを理由に証言拒絶を認めたケースにおいて，最高裁は比較衡量説を採用することを明示したが［→問題40］，このケースは，憲法上の表現の自由（憲 21 条 1 項）によって保護される報道の自由，取材の自由の保護につながるものであり，かつ，文書提出義務の存否ではなく証言拒絶の可否が問題となったものであるため，その他の職業秘密一般，また文書提出命令の場合にも，比較衡量を行うのか明らかではなかった。ところが，参考判例①において，最高裁は，「文書提出命令の対象文書に職業の秘密に当たる情報が記載されていても，所持者が民訴法 220 条 4 号ハ，197 条 1 項 3 号に基づき文書の提出を拒絶することができるのは，対象文書に記載された職業の秘密が保護に値する秘密に当たる場合に限られ，当該情報が保護に値する秘密であるかどうかは，その情報の内容，性質，その情報が開示されることにより所持者に与える不利益の内容，程度等と，当該民事事件の内容，性質，当該民事事件の証拠として当該文書を必要とする程度等の諸事情を比較衡量して決すべきものであ

る」として，取材源以外の秘密が問題となった文書提出命令の場合にも比較衡量説を採用する旨の判断をした。

　本問の分析評価情報は，これを開示することにより，Ａが重大な不利益を被り，ＡのＹに対する信頼が損なわれるなどＹの業務に深刻な影響を与え，以後その遂行が困難になるため，Ｙの職業の秘密に当たる。しかし，分析評価の対象となったＡについてはすでに民事再生手続が開始しており，それ以前のＡの財務状況，業務状況等に関する分析評価結果を開示してもＡが受ける不利益は小さく，Ｙの業務に対する影響も軽微である。これに対して，本問の本案事件の重要性は高く，また，分析評価部分には，Ａの経営状態に対するＹの率直かつ正確な認識が記載されている可能性が高く，証拠価値は高いため，これに代わる中立的・客観的な証拠も見当たらなければ，この部分は保護に値する秘密とはいえず，Ｙは開示義務を負う。

　(4)　その他の部分　　③の部分の提出義務を判断した最高裁判例はないが，参考判例①の原審（東京高決平成19・1・10金法1826号49頁）ではこの部分は職業秘密に該当するとして開示を免れている。しかし，外部機関の独自の評価分析ノウハウ等も含まれる可能性もあるので，この部分は外部機関の職業の秘密に該当し，外部機関は開示義務を負わないので，Ｙも提出義務を負わない。

　自己査定文書には，顧客とは無関係の第三者の財務情報等が含まれている可能性もある。この部分はそもそも立証事項との関連性が認め難いので提出する必要がなく，通常は第三者の情報に該当する部分のみ墨塗りして提出することになる。あるいは，この部分も第三者の職業の秘密に該当し，第三者は開示義務を負わず，これを所持する金融機関が開示すると守秘義務に違反するため，Ｙの職業秘密に該当するとして開示義務は否定される。

●】 参考文献 【●

長谷部由起子「金融機関の所持する文書に対する文書提出命令」金法1810号（2007）44頁／杉山悦子・平成20年度重判147頁／北島典子・百選136頁

（杉山悦子）

文書提出義務(3)：公務秘密文書

　Ｘは，埼玉県に居住して生活保護法に基づく生活扶助の支給を受けていたが，同法の委任に基づいて厚生労働大臣が定めた「生活保護法による保護の基準」（以下，「保護基準」という）の改定により，所轄の福祉事務所長らから生活扶助の支給額を減額する旨の保護変更決定を受けた。そこでＸは，保護基準の改定は違憲，違法なものであるとして，上記福祉事務所長らの属する地方公共団体を被告として，上記各保護変更決定の取消等を求めた。Ｘらは，厚生労働大臣が保護基準を改定するに当たって根拠とした統計に係る集計の手法等が不合理であることを立証するために必要があるとして，国（Ｙ）が所持する，2009 年および 2014 年の全国消費実態調査＊の調査票である家計簿Ａ（10 月分の収支），家計簿Ｂ（11 月分の収支），年収・貯蓄等調査票および世帯票が閉じられたファイル一式のうち，単身世帯のもの（以下，「本件申立文書」という）につき，文書提出命令の申立て（以下，「本件申立て」という）をした。

　裁判所は本件申立てを認めることはできるか。

＊国民生活の実態について，家計の収支および貯蓄，負債などの家計資産を総合的に調査し，全国および地域別の世帯の消費，所得，資産に係る水準などを明らかにすることを目的とした調査であり，5 年に 1 回実施されている。調査は，都道府県知事等の任命または国の委託を受けた調査員が対象となる世帯に調査票の各用紙を配布し，被調査者がこれらに所定の調査事項に該当する事項を記載したものを封筒に入れて密封し，調査員が回収する方法によって行われる。現在では「全国家計構造調査」という。

●】参考判例【●

① 最決平成 25・4・19 判時 2194 号 13 頁
② 最決平成 17・10・14 民集 59 巻 8 号 2265 頁
③ 最決平成 17・7・22 民集 59 巻 6 号 1888 頁

●】解説【●

1　公務秘密文書とは

　民事訴訟法 220 条 4 号ロ［→問題41］は，「公務員の職務上の秘密に関する文書でその提出により公共の利益を害し，又は公務の遂行に著しい支障を生ずるおそれがあるもの」については提出義務を免れるものとしている。このような文書は「公務秘密文書」と呼ばれる。公務秘密文書を一般提出義務の除外事由としているのは，公務員の守秘義務を尊重しつつ，真実発見の要請を満たすためであり，証人尋問において，公務員らに職務上の秘密について証言拒絶権が認められていること（197 条 1 項 1 号・191 条 1 項）と同様の趣旨に基づく［→問題40］。公務秘密文書の要件は，公務員らに対する証人尋問の際の監督官庁の承認要件（191 条 2 項）に対応するものである。

　公務秘密文書と似た概念に，「公務文書」がある。公務文書は，公務員または公務員であった者がその職務に関して保管，または所持する文書である。公務秘密文書は通常は公務員が保管，所持するので公務文書であることが多いが，私人が国や地方公共団体との法律関係に基づいて所持する場合もある。民事訴訟法 220 条 4 号ロは，公務文書に限定していないため，私人が公務秘密文書を所持する場合であっても，文書提出義務を免れる。

2　公務秘密文書の要件

　参考判例②は，労災事故に係る労働基準監督署等の調査担当者作成の災害調査復命書に対する文書提出命令が申し立てられた事例であるが，公務秘密文書に該当するための要件を明確にしている。すなわち，①公務員の職務上の秘密に関する文書であること，②それを公表することで公共の利益を害するか，公務の遂行に著しい支障を生ずるおそれがあることである。①の公務員の職務上の秘密とは，公務員が職務上知り得た非公知の事実であって，秘

密として取り扱われているもの（形式秘）では足りず，実質的にも秘密として保護に値するもの（実質秘）を指す。さらに，⓵公務員の所掌事務に属する秘密だけでなく，⓶公務員が職務を遂行する上で知ることのできた私人の秘密であっても，それを公にすることで私人との信頼関係が損なわれ，公務の公正かつ円滑な運営に支障を来すものもこれに含まれる。②については，単に文書の性格からわかる抽象的なおそれでは足らず，文書の記載内容からみて具体的なおそれが存在することが必要である。②の具体的なおそれの例としては，⓵⓵行政内部の意思決定の自由が害される可能性などが挙げられる（参考判例②。ただし批判もあり）。また，⓵⓶の調査の結果知ることになった私人の情報については，私人を特定する情報を除外したり，聴取内容をそのまま記載・引用しないようにしていたり，法令上の強制的な調査権限に基づいて行われた場合には，具体的なおそれを否定する方向になりやすい（参考判例②）。

　もっとも，①において実質秘を採用すると，①と②の要件は重なり合うようにもみえる。そのため，①では文書の性格や記載内容を客観的に判断する（類型的，外形的に判断する）にとどめる考え方（林道晴「判批」NBL816号〔2005〕62頁）もあるが，公務秘密の証言拒絶権を行使する際の手続を定めた民事訴訟法191条が，①については裁判所に，②については監督官庁に判断権限を認めた規定であるとすると，①についても記載内容に踏み込んだ実質的な判断が求められよう（山本・後掲470頁）。別の考え方として，②の判断に当たっては，文書を提出することによる訴訟上の利益と，それによって生ずる公務への支障等を比較衡量して判断する考え方もある（伊藤493頁）。この考え方によると，①と②では考慮要素が異なる。参考判例①②ともに，比較衡量についてはふれていないものの，行政の円滑な運用という公益も，司法による真実発見と正義の実現の利益という他の公益を常に犠牲にしてまで実現されるべきものではなく，両者の調整を図るべく比較衡量説が適当と思われる。

3　公務秘密文書性の判断手続

　公務秘密文書につき，一般義務文書に該当するとして文書提出命令の申立てがされた場合には，裁判所は，証拠の必要性がないなど，その申立てに理

由がないことが明らかなときを除き，民事訴訟法224条4号ロに該当する文書であるか，監督官庁の意見を聴かなければならない（223条3項前段）。そして，当該監督官庁は，当該文書が公務秘密文書に該当する旨の意見を述べるときは，その理由を具体的に示さなければならない（同項後段）。

監督官庁の意見が，国の安全が害されるおそれ，他国もしくは国際機関との信頼関係が損なわれるおそれ，他国もしくは国際機関との交渉上不利益を被るおそれ（223条4項1号），あるいは犯罪の予防，鎮圧，または捜査，公訴の維持，刑の執行その他の公共の安全と秩序の維持に支障を及ぼすおそれ（同項2号）があるというものであるときは（高度公務秘密），裁判所は，その意見に相当な理由があるかどうかを審理し，相当の理由があると認めるに足りない場合に限って，文書提出命令を出すことができる（参考判例③参照）。

監督官庁が，当該文書の所持者以外の技術または職業の秘密に関する事項に係る記載がされている文書について公務秘密文書に該当しない旨の意見を述べようとするときは，あらかじめ，当該第三者の意見を聴かなければならない（223条5項）。秘密主体である第三者の保護のためである。他方で，公務秘密文書に該当する旨の意見を述べる場合には，意見聴取の必要はない。

それ以外の場合には，監督官庁の意見には拘束力はなく，裁判所には民事訴訟法220条4号ロに該当するか否かの最終的な判断権がある。裁判所は，公務秘密文書に該当するかを判断をするため必要があると認めるときは，文書の所持者にそれを提示させることができる。この場合，何人もその提示された文書の開示を求めることができず，裁判官のみが文書を閲覧して，公務秘密文書該当性を判断することになる（223条6項）。このような手続をインカメラ手続という。

3　本問の場合

本問では，本件申立文書が公務秘密文書に該当するか，具体的には本件申立文書には①⑪に該当する情報が含まれるため，②の要件を満たすかが問題となる。

参考判例①では，1999年度と2004年度の全国消費実態調査の調査票の提出が求められたところ，原審では，そのうちの一部，すなわち家計簿や年収・貯蓄等調査票から都道府県市区町村番号や世帯の別や世帯区分等を除い

た部分，世帯票から都道府県市区町村番号，世帯の別や世帯区分世帯主の氏名，電話番号，住所等の欄を除いた部分で，60歳以上の単身世帯のものに限定して提出命令を発令した。申立文書から居住地域（都道府県市区町村番号）が特定される部分を除外すれば，被調査者の特定可能性は抽象的なものにとどまるので，これが法廷に提出されることで統計調査に係る公務の遂行に支障を来すおそれは抽象的なものにとどまるという理由に基づく。

　これに対して最高裁は，以下の理由により，調査票のすべてが公務秘密文書に該当するとした。全国消費実態調査のような基幹統計調査は，参考判例②のように強制的な調査権限に基づくものではなく，報告の内容の真実性および正確性を担保するためには，被調査者の任意の協力による真に合致した正確な報告が行われることが極めて重要であり，そのためには調査票情報を保護して被調査者の情報保護に対する信頼を確保することが求められる。原審が提出命令を発令した文書には，被調査者の識別や特定を容易にする情報が除外されているものの，被調査者の家族構成や居住状況，月ごとの収入や日々の支出等の家計の状況，年間収入，貯蓄現在高と借入金残高等の資産の状況など，個人とその家族の消費生活や経済状態等についての極めて詳細かつ具体的な情報が記載されている。これらの情報の記録された文書が訴訟で提出されると，当該訴訟の審理等を通じてその内容を知った者は法令上の守秘義務等を負わず，利用の制限等も受けないので，被調査者を特定して情報全体の詳細を知る可能性もある。そうすると，任意に調査に協力した被調査者の信頼を著しく損ない，被調査者の任意の協力を得ることが著しく困難となり，全国消費実態調査に係る統計業務の遂行に著しい支障をもたらす具体的なおそれがある。すなわち②の要件を満たすというものである。

　同様に考えると，本件申立文書は公務秘密文書に該当し，提出命令は出されない。仮に②につき比較衡量説を採用した場合であっても，統計データ処理が正確であったか否かが，それを基礎とした行政機関の裁量権の違法性に直接結びつくわけではなく，本件申立文書の証拠としての必要性はそれほど高くないため（参考判例①・田原睦夫裁判官補足意見参照），②の要件は満たし，公務秘密文書に該当することになろう。

●】参考文献【●

伊東俊明「判批」ジュリ 1466 号（2014）132 頁／長谷部由起子「公務秘密文書の要件」伊藤眞ほか編『青山善充先生古稀祝賀・民事手続法学の新たな地平』（有斐閣・2009）335 頁／山本和彦「判批」民商法雑誌 134 巻 3 号（2006）449 頁

（杉山悦子）

文書提出義務(4)：刑事文書

　　AはBとの間で生じた交通事故（以下，「本件交通事故」という）で損害を被ったとして，C保険会社から保険金 200 万円を受け取った。ところがCは，本件交通事故は，保険金を詐取する目的でAとBが共謀して故意に生じさせたものであると主張して，保険金詐取の不法行為に基づき，Aに対して保険金相当額の損害賠償請求訴訟を提起した（以下，「本件訴訟」という）。ところで，AとBは上記保険金詐欺等に係る被疑事件で起訴がされ（以下，「本件被疑事件」という），Aは自身を被告人とする詐欺被告事件の公判（以下，「本件刑事公判」という）ではBとの共謀の事実を否認して詐欺罪の成立を争ったが，有罪判決が確定した。本件訴訟でもAは共謀の事実を否認し，不法行為の成否を争ったため，Aは，D地方検察庁が保管する，本件被疑事件で共犯者とされたBの検察官や司法警察員に対する供述調書のうち，本件刑事公判に提出されなかったもの（以下，「本件文書」とする）について文書提出命令を申し立てた（以下，「本件申立て」という）。本件申立ては認められるか。

●】 参考判例 【●

① 最決平成 16・5・25 民集 58 巻 5 号 1135 頁
② 最決平成 17・7・22 民集 59 巻 6 号 1888 頁
③ 最決平成 19・12・12 民集 61 巻 9 号 3400 頁
④ 最決令和 2・3・24 民集 74 巻 3 号 455 頁
⑤ 最決令和 2・3・24 集民 263 号 135 頁

●】解説【●

1 刑事事件関係文書の提出義務

　民事訴訟法 220 条 4 号ホは，「刑事事件に係る訴訟に関する文書若しくは少年の保護事件の記録又はこれらの事件において押収されている文書」（以下，「刑事事件関係文書」という）について，文書提出の一般義務の例外とする。刑事事件関係文書には，被疑事件や被告事件に関して作成された起訴状，公判調書以外にも，供述調書等の証拠書類なども含まれる。

　これらの文書が一律に提出義務から除外される理由は以下のように説明される。まず，これらが開示されると①捜査の進捗状況や捜査手法等が明らかとなり，関係書類の隠滅や犯人逃亡等の危険が生じる，②被告人や被害者などの名誉やプライバシー等に対して重大な侵害が及ぶ，③犯罪の手口が開示され，模倣犯の出現や犯罪手口の巧妙化などが生ずる，④将来の捜査や公判において，国民の協力を得ることが困難になるなど，さまざまな弊害が生じうる。また，刑事手続では独自に開示制度が用意されており，これを超えて民事裁判所が文書提出を命ずることになると，これらの制度との整合性を欠く結果になりかねない。さらに，これらの文書は民事訴訟法 220 条 4 号ロの公務秘密文書に該当する可能性が類型的に高いが，監督官庁（223 条 3 項）は，捜査の秘密との関係でこれに該当する理由を具体的かつ詳細に示すことが困難な場合があり，また，イン・カメラ手続（同条 6 項）を利用することもできないため，捜査関係資料を有しない裁判所が個別具体的な事情を考慮することは必ずしも容易ではない（参考判例⑤，深山卓也ほか「民事訴訟法の一部を改正する法律の概要（下）」ジュリ 1210 号〔2001〕174 - 175 頁）。

　このような趣旨からは，参考判例⑤では，「刑事事件関係書類に該当するか否かを判断するに当たっては，当該文書等が民事訴訟に提出された場合の弊害の有無や程度を個別に検討すべきではなく，被告事件若しくは被疑事件に関して作成され又はこれらの事件において押収されている文書等であれば当然に刑事事件関係書類に該当する」として，検察官，検察事務官または司法警察職員から鑑定の嘱託を受けた者が当該鑑定に関して作成し，もしくは受領した文書等またはその写しについて，刑事事件関係書類と認定している。

その一方で，刑事事件関係文書が一切民事訴訟に提出されないと，真実発見が阻害されるなどの影響は大きい。そもそも民事訴訟法 220 条 4 号の各除外事由に該当しても，同条 1 号から 3 号文書に該当すれば提出義務は生ずると解されており（1 号から 3 号文書については 4 号のイないしホの除外事由が直接適用されない〔高田裕成ほか編『注釈民事訴訟法(4)』（有斐閣・2017）491 - 492 頁［三木浩一］，秋山幹男ほか『コンメンタール民事訴訟法Ⅳ〔第 2 版〕』（日本評論社・2019）412 頁]），刑事事件関係文書については，同条 3 号後段の「文書が挙証者と文書の所持者との間の法律関係について作成された文書」（法律関係文書）として提出義務があるかが問題となる。

2　法律関係文書該当性

　法律関係文書は，法律関係それ自体を記載した文書に限らず，その法律関係に関連性のある事項を記載した文書も含まれ（秋山ほか・前掲 406 頁），さらには，民事訴訟法 220 条 3 号後段の文言および沿革に照らし，当該文書の記載内容やその作成の経緯および目的等を斟酌して判断すべきものである（参考判例①）。

　刑事事件関係書類のうち法律文書該当性が問題となった裁判例である，参考判例②では，捜査令状許可状は，「住居，書類及び所持品について，侵入，捜索及び押収を受けることのない権利」（憲 35 条 1 項）を制約して，警察官に住居等を捜索し，その所有物を差し押える権限を付与し，申立人にこれを受忍させるという所持者と申立人との間の法律関係を生じさせる文書であり，捜索令状請求書は，許可状の発付を求めるために法律上作成を要する文書である（刑訴 218 条 3 項，刑訴規 155 条 1 項）ため，いずれも法律関係文書であるとする。

　また，参考判例③では，性犯罪の被疑事件の告訴状と被害者の供述調書について，勾留請求に当たって刑事訴訟規則 148 条 1 項 3 号所定の資料として検察官が裁判官に提供したものであり，被疑者と所持者との間の法律関係文書に該当するとし，参考判例④では，司法解剖の結果等が記載された鑑定書等の文書について，死体が礼を失する態様などで不当に傷つけられない遺族の法的利益の侵害の有無に係る法律関係を明らかにする面もあるので法律関係文書であるとしている。

3　刑事訴訟法 47 条による開示の拒否

　その一方で，刑事訴訟法 47 条本文は，「訴訟に関する書類は，公判の開廷前には，これを公にしてはならない」と，そして但書において，「公益上の必要その他の事由があつて，相当と認められる場合は，この限りでない」と定めている。(同条の「訴訟に関する書類」には，本件文書のように，捜査段階で作成された供述調書で公判に提出されなかったものも含まれるため（参考判例①)）刑事事件関係文書が法律関係文書に該当したとしても，同条の「訴訟に関する書類」として提出義務を免れるのかが問題となる。

　刑事訴訟法 47 条について，参考判例①は，同条本文が「それが公にされることにより，被告人，被疑者及び関係者の名誉，プライバシーが侵害されたり，公序良俗が害されることになったり，又は捜査，刑事裁判が不当な影響を受けたりするなどの弊害が発生するのを防止することを目的とするものであること，同条ただし書が，公益上の必要その他の事由があって，相当と認められる場合における例外的な開示を認めていること」から，「同条ただし書の規定による『訴訟に関する書類』を公にすることを相当と認めることができるか否かの判断は，当該『訴訟に関する書類』を公にする目的，必要性の有無，程度，公にすることによる被告人，被疑者および関係者の名誉，プライバシーの侵害等の上記の弊害発生のおそれの有無等諸般の事情を総合的に考慮してされるべきものであり，当該『訴訟に関する書類』を保管する者の合理的な裁量にゆだねられている」とする。その上で，民事訴訟法 220 条 3 号の法律文書として，刑事訴訟法 47 条の「訴訟に関する書類」に該当する文書の提出が求められた場合でも，文書保管者による裁量的判断は尊重されるべきであるが，「当該文書が法律関係文書に該当する場合であって，その保管者が提出を拒否したことが，民事訴訟における当該文書を取り調べる必要性の有無，程度，当該文書が開示されることによる上記の弊害発生のおそれの有無等の諸般の事情に照らし，その裁量権の範囲を逸脱し，又は濫用するものであると認められるときは，裁判所は，当該文書の提出を命ずることができる」とする。

　参考判例①以外でこの基準が適用された裁判例を見ると，参考判例②では，捜索差押許可状と捜索差押令状許可書について，いずれも取り調べの必

要はあるとしつつ，前者は申立人以外の名誉，プライバシー侵害の記載もなく，申立人に対して秘匿される性質のものではなく，しかも申立人に提示される以上，開示されても今後の捜査，公判に悪影響が生ずるとは考えがたいので，提出の拒否は裁量権の逸脱，濫用に当たるとして提出義務を肯定した。これに対して後者は，申立人への提示は予定されておらず，犯行態様等捜査の秘密にかかわる事項や被疑者，被害者その他の者のプライバシーに属する事項が含まれていることが少なくないことに加え，本件では被疑事件の捜査が継続中であって，捜査の秘密に関わる事項や被害者等のプライバシーが含まれる蓋然性が高く，開示によって今後の捜査や公判に悪影響が生じたり，関係者のプライバシーが侵害されたりする具体的なおそれがあるため，提出の拒否は裁量権を逸脱，濫用したものではないとして提出義務を否定した。

　参考判例③では，告訴状および被害者の供述調書について，一般には開示することで被害者等の名誉，プライバシーの侵害や，捜査や公判への不当な影響という弊害が発生するおそれがあるとしつつも，被害者が別件訴訟を提起しており，すでに書証として提出された陳述書の中で被疑事件の態様が詳細かつ具体的に記載されていること等の具体的な事実関係の下では，文書の開示により被害者の名誉，プライバシーが侵害されることによる弊害が発生するおそれはなく，捜査や公判に不当な影響が及ぶおそれもないため，開示の拒否は裁量権の逸脱，濫用となり提出義務があるとした。

4　本件の場合

　本件文書は刑事事件関係文書に該当するが，法律関係文書に該当するかは問題となる。本問と同様の事案である参考判例①は法律文書該当性について判断していないが，原決定では法律文書に該当するとしており，それを参考にすると，本件文書は，Aが共犯者Bとともに本件被疑事件の被疑者となり，その捜査の過程で作成されたものであり，その後，Aが起訴されて刑事被告人となったことからすると，捜査機関とBとの間に形成された本件被疑事件に関する法律関係に関連のある事実が記載され，その法律関係を明らかにする目的で作成されたものであるため法律関係文書に該当する。

　仮に法律関係文書に該当しても，本件文書のように，捜査段階で作成され

た供述調書で公判に提出されなかったものも刑事訴訟法47条の「訴訟に関する書類」に含まれるため，同条による不開示が裁量権の逸脱，濫用に該当しなければ提出義務を負わないことになりそうである。

　本件申立ては，すでに有罪判決が確定しているAが，本件訴訟において，本件刑事公判において採用されなかったのと同様の主張をし，その主張事実を立証するために本件文書の提出を求めるものであるところ，本件文書が提出されなくても，AはBの証人尋問を申し出たり，本件刑事公判で提出された証拠を書証として提出することなどが可能であり，本件訴訟で本件文書を証拠として取り調べることが，Aの主張事実の立証に必要不可欠なものとはいえない。また，本件文書が開示されることで，Bや第三者の名誉，プライバシーが侵害されるおそれがないとはいえない。そのため，本件文書の開示拒否は，裁量権の範囲を濫用，逸脱したとはいえず，提出義務は否定される。そのため，本件申立ては認められない。なお，参考判例①では，法律文書該当性については触れていないが，仮に該当しなくても，刑事訴訟法47条との関係で提出義務がないことになるので，結論の点では変わりがない。

●】参考文献【●

柳川鋭士・百選142頁，勅使川原和彦「刑事事件関係書類と民訴220条3号後段・4号ホ文書の関係」越山和広ほか編『本間靖規先生古稀祝賀・手続保障論と現代民事手続法』（信山社・2022）379頁

（杉山悦子）

　Ｘ は Ｙ に貸し付けた 300 万円が期限になっても弁済がないとして，Ｙ に対して貸金の返還を求める訴えを提起した。Ｘ が消費貸借契約の成立を立証するために借用証書を提出したところ，Ｙ は，当該借受けは，同居する義理の父である Ａ が Ｙ の印鑑を勝手に持ち出してなされたものであると反論した。ところが，借用証書の Ｙ の名の下にある印影（紙などに印鑑を押した跡）は，Ｙ の印章（印鑑）によるものであることは明らかであり，この点について Ｙ は争っていない。

　Ｙ がどのような事実を立証することに成功すれば，裁判所は借用証書が偽造であったと認定することができるか。

●】参考判例【●

① 最判昭和 39・5・12 民集 18 巻 4 号 597 頁

●】解説【●

1　文書の真正とは

　書証の対象となる文書は，原則として証拠能力は認められる。そのため，立証事実との関連性が認められる限りは，文書を取り調べ，その記載内容がどれほど事実認定に影響を与えるものであるか，裁判官が自由な心証に基づいて判断をすることになる（自由心証主義。247 条）。証拠資料が裁判官の事実についての心証形成に与える影響の程度を一般に証拠力というが，文書の場合，この意味での証拠力を判断する以前に，形式的な意味での証拠力を満たしていることが必要である。本来的な意味における証拠力を実質的証拠力，後者の意味における証拠力を形式的証拠力という。書証手続においては，文書の証拠能力の調査は不要であるが，形式的証拠力の調査が必要であ

り，この存在が認められてはじめて実質的証拠力の審査に入ることができる。

　ここで，形式的証拠力とは，文書の記載内容が，作成者の思想（意思，判断，報告，感想等）の表現であると認められることをいう。通常は，文書が真正であること，すなわち，文書が作成者の意思に基づいて作成されたことが立証されれば，形式的証拠力は肯定される（例外は，習字のようにそもそも思想を表現したとはいえない場合）。

　したがって，書証の申出をした当事者は，文書が真正に成立したことを立証しなければならず（228条1項），裁判所は自由な心証に基づいて文書の真正を判断するが，実際には，その立証は極めて困難であるため，法はいくつかの推定規定を置いている。

2　文書の真正の推定

　例えば，公文書，すなわち公務員がその職務の遂行として，権限に基づいて作成された文書については，その方式や趣旨により，公務員が職務上作成したと認められる外形があれば，真正に成立したものと推定される（228条2項）。これは，法律上の推定ではないので反証は可能である。

　本問の借用証書のような公文書以外の文書を私文書というが，私文書については，本人またはその代理人の署名または押印があるときには，真正に成立したものと推定される（228条4項，同趣旨の規定として電子署名法3条）。

3　私文書についての2段の推定

　民事訴訟法228条4項による推定を受けるためには，本人またはその代理人の署名または押印があることの立証が必要である。これは，本人または代理人が自らの意思に基づいて署名，押印をした場合を指すものと解されている。署名の場合には，筆跡が作成名義人のそれと一致すれば，自らの意思に基づいて署名したものと推定することはできよう。

　これに対して，押印の場合には，作成名義人以外の者であっても，作成名義人の印章を用いて，印影を書面上に顕出させることができるので，作成名義人の印章と印影が一致したことから，ただちに，作成名義人が自らの意思に基づいて押印したと推定してよいか問題となる。

　この点，参考判例①は，文書上の印影が，作成名義人の印章によるものと一致する場合には，反証がない限り，作成名義人の意思に基づいて印影が成

立したものと推定されるものと判示した。

これと，民事訴訟法 228 条 4 項を合わせると，作成名義人の印章と印影の一致から，名義人の意思に基づく押印の事実が推定され，そこから，本人らの意思に基づいて文書が作成されたこと，すなわち文書の真正が推定される。この推定は 2 段階にわたって行われるために，2 段の推定とよばれている。この推定を使うかは立証者に委ねられており，今後押印のない文書が増加すれば，推定を用いない立証が必要となる場面が増えることが予想される。

4 2段の推定の覆し方

このような推定により，私文書の真正の立証は極めて容易になるが，真正を争う当事者はこの推定を覆すことはできるのであろうか。

まず，1 段目の推定は，印章は慎重に扱われ，理由もなく他人に使用されることはないはずなので，作成名義人の印章で押印されていれば，自らの意思に基づいて押印したはずであるという経験則に基づく事実上の推定と解されている（最判昭和 45・9・8 集民 100 号 415 頁，最判昭和 47・10・12 金法 668 号 38 頁）。したがって，参考判例①が触れるように，反証により，この推定を覆すことは可能である。例えば，印章を A に預けたり共有したりして，A が自由に Y の印章を使えることができたため，印章が盗用ないし冒用されたことを立証することにより，推定は覆され，文書の真正を否定することができる。

これに対して 2 段目の推定，すなわち民事訴訟法 228 条 4 項の規定に基づく推定については，法定証拠と解する説と法律上の事実推定と解する説とに分かれている。前者によれば，推定を覆すには反証で足りるが，後者の場合には本証が必要となる点で違いがある。多数説・実務は前者を採用しているようであり，例えば，白紙に押印をしたとか，押印された後に文書が改ざんされたなど，文書の記載内容が作成名義人の知らない事項であったことの反証に成功する，すなわち，文書の成立の真正について真偽不明に持ち込むことに成功すれば，推定を覆して文書の真正を否定することができる。

●】 参考文献 【●

内田義厚・百選 144 頁／須藤典明・民事事実認定 56 頁

（杉山悦子）

証拠保全

　Ａは心臓病に罹患し，Ｙ医療法人の運営する病院に入院し，手術を受けた。ところが，手術中に病状が急変し，死亡した。Ａの妻であるＸは，手術の執刀医に説明を求めたところ，「もともと弱っていたＡの心臓が手術中に止まったものであり，不可抗力であった」と繰り返すだけであり，納得できない。そこで，Ｘは真相解明を求めてＹに対する損害賠償請求訴訟を提起しようと考えている。ただ，手持ちの資料では，Ｙの過失やＡの死亡との因果関係について主張していくことは難しいので，Ｘは，Ａの診療録等の診療記録の保全を求めて証拠保全の申立てをした。このような証拠保全は認められるか。

●】**参考判例**【●

①　広島地決昭和 61・11・21 判時 1224 号 76 頁

●】**解説**【●

1　証拠保全制度の意義

　証拠保全とは，訴えを提起して本来の証拠調べの時期まで待っていたのでは，証拠の利用が不可能になったり著しく困難になったりするおそれがある場合に，あらかじめその証拠を取り調べておき，その後の訴訟手続において利用することを可能にする手続である（234 条以下）。例えば，ある事件について決定的な証言をすることができる証人が瀕死の重病にあり，訴えを提起して争点整理等をしている間に証言ができなくなってしまうおそれが大きいときに，あらかじめ証人尋問をしておき，後の訴訟手続でその証言を証拠資料とするような場合が典型である。

　ただ，実際の訴訟事件ではこのような典型的事例は少なく，現実に証拠保

全が利用される場面としては，その多くが本問のような医療事故関係の事件において診療記録の保全を求める場合であるとされる。この場合，患者またはその遺族は，カルテ等のコピーをとり，そこに記載された情報に基づき訴状等を作成することになり，実際には提訴に際した情報収集の手段として用いられているとされる（ただ，最近では，個人情報保護法で本人の個人データの情報開示請求権が認められ〔個人情報25条〕，これは診療記録にも適用になると解されるし，厚生労働省の「診療情報の提供等に関する指針」などによって，医療機関から任意に診療記録が開示される場合も増えているとされる）。

2　証拠保全の要件

　証拠保全が認められる要件は，「あらかじめ証拠調べをしておかなければその証拠を使用することが困難となる事情がある」ことである（234条）。この要件の充足については，前記のような瀕死の証人といった場合は明確であるが，診療記録の保全のような場合にはどこまでの事情の主張・疎明が求められるかが問題となる。この点については，抽象的な改ざんのおそれがあれば足りるとする見解と，客観的・具体的な改ざんのおそれを必要とする見解とに分かれる。そして，後者のような見解については，そこで必要とされる改ざんのおそれの程度について，さらに考え方が分かれる状況にある。

　判例の立場として，いまだ最高裁判所の判例は存在しないが，下級審裁判例として，参考判例①は1つの代表的立場を示す。それによれば，個々の事案に即した具体的な主張や疎明が必要であることを前提に，以下のように述べる。すなわち，「人は，自己に不利な記載を含む重要証拠を自ら有する場合に，これを任意にそのまま提出することを欲しないのが通常であるからといった抽象的な改ざんのおそれでは足りず，当該医師に改ざんの前歴があるとか，当該医師が，患者側から診療上の問題点について説明を求められたにもかかわらず相当な理由なくこれを拒絶したとか，或いは前後矛盾ないし虚偽の説明をしたとか，その他ことさらに不誠実又は責任回避的な態度に終始したことなど，具体的な改ざんのおそれを一応推認させるに足る事実を疎明することを要する」との立場である。

　これは，前述の見解の対立に即して言えば，具体的な改ざんのおそれを必要とする見解に含まれるものといえる。そして，そのような立場は裁判例の

一般的傾向と評価でき，また学説においても多数説に属するといえよう。ただし，この裁判例は「具体的な改ざんのおそれ」については「一応推認させるに足る事実」の疎明を必要とするにとどまり，この見解の中でも比較的緩やかに改ざんのおそれを認める考え方によるものとみられる。具体的な事案の処理の関係でも，原審では改ざんのおそれが否定されているにもかかわらず，参考判例①は同じ事実関係を前提に改ざんのおそれを認めている。また，参考判例①は，改ざんのおそれを判断する考慮要素として，①医師の改ざんの前歴，⑪医師の説明拒絶・虚偽説明等が例示されている（学説などではほかに，当該病院等の診療記録の管理体制などを挙げるものもある）。

　以上のような見解に対して，抽象的な改ざんのおそれで足りるとする見解も，学説上は有力である。このような見解としては，3で後述するような証拠保全の証拠開示機能を正面から認めて証拠使用の困難性という要件をそもそも重視しない考え方や，診療記録に関する実体法（準委任契約）上の閲覧（報告）請求権（民645条）を前提としてその簡易な実現方法として証拠保全を捉える考え方などがある。改ざんのおそれが抽象的でよいか具体的に必要かは，一般論として違いがあることは間違いないが，実際上の違いがどこまであるのかはやや疑問である。前述のように，具体的な改ざんのおそれが必要であるとしても，その程度が緩やかなものでよいとすれば結論に大きな差異はないかもしれない。当該医師に改ざんの前歴もないし，また十分な説明がされているような場合になお証拠保全を認めるか，見解が分かれる可能性があるが，紛争が発生するような事案を前提にすれば，このような場面は稀ではないかとも思われる（さらにカルテの管理の厳格性も問題となるが，この点では近時の電子カルテの一般化をどのように評価するかも問題となり，改ざんのおそれが一般的に非現実的になったという見方もあり得よう）。

3　証拠保全の機能

　以上のような要件をめぐる議論は，証拠保全の機能をめぐる見解の相違に起因する面がある。証拠保全の機能として，証拠を保全するという本来の機能が認められることは当然であるが，それに加えて，提訴前の証拠開示の機能を独立の機能として捉えるかどうかが1つの問題である。医療関係訴訟においては，事故に関する情報は基本的に医師側が独占的に保有しており，患

者側は事故原因について十分な情報がなく，医師の措置に何らかの問題があったのではないかという疑問を抽象的にもつにとどまる場合が少なくない。しかし，不法行為訴訟であれ債務不履行訴訟であれ，患者側が医師の過失や履行すべきであった債務内容を主張立証していかなければならず，診療記録等の情報がなければそのような主張立証は通常困難である。

　そこで，証拠保全の手続を活用して情報・証拠の開示を求めるニーズが生じる。すなわち，証拠保全によって得られた診療記録の情報に基づき，原告（患者側）が訴状を作成して訴えを提起し，具体的な主張立証を展開することがはじめて可能になる場合がある。このようなニーズを正面から制度の機能として理解するとすれば，そのような必要性がある限り，証拠保全の要件を緩和して解釈すべきとする見解が生じることになる。他方，証拠保全の本来の機能を重視する立場からは，このような証拠保全制度の利用は（仮にありうるとしても）副次的機能にとどまり，それに基づき要件を緩和することは相当でないことになろう。

　翻って考えてみると，民事訴訟における証拠や情報の開示は，現行民事訴訟法の制定やその後の改正において1つの大きな論点となってきた。とりわけ医療訴訟や公害訴訟など原告となる者が十分な証拠を所持していないような証拠偏在型の訴訟類型において，その権利を保護するためには，証拠・情報の開示は重要な意義をもつ。現行法制定時には，文書提出義務の拡充や当事者照会制度の創設があり，平成15年民事訴訟法改正時には，訴え提起前の証拠収集処分の制度の創設がされた。特に提訴前の原告の情報・証拠の取得という点では，後者が重要であるが，この制度はあくまで証拠の所持者が任意に応じることを前提としており，証拠保全のような強制力はなく，それに代替する機能は果たしえない。その意味では，アメリカの民事訴訟のように，請求との関連性を緩やかに認めながら強力な証拠・情報の収集方法（いわゆるディスカバリーの制度）を用意すれば，問題は解決するが，そのような制度については批判も多い。その意味では，証拠保全の機能をめぐってなお議論は続いていく可能性があろう。

4　証拠保全の手続

　現行法上，証拠保全は証拠調べの方法として定められている。したがっ

て，証拠保全の手続としては，提訴後に可能な証拠調べの手続はすべて可能である。例えば，前述の瀕死の証人の例であれば，証人尋問の手続がとられる（提訴後も尋問ができる状態であれば，当事者の申出により再尋問の必要がある〔242条〕）。診療記録の場合，書証説と検証説との対立があるが，改ざんのおそれを前提に現状の固定が証拠保全の目的とされる以上，そこでは文書の意味内容自体は問題とならず，文書の客観的状況の固定に意味があり，検証説が相当ということになろう（実務上も検証で行われることが一般的とされる）。

証拠保全決定がされ，各証拠調べ手続がとられる際には，提訴後と同様の強制力が認められる。例えば，証人尋問の場合は，提訴後と同様に，証人に証言義務等が課される。診療記録の場合，文書に係る検証については，民事訴訟法220条の準用を認めてよいと解される。すなわち，所持者に文書提出義務が認められない場合には制裁は課されないが，提出義務があるときは，所持者が第三者である場合には提示を拒絶する「正当な理由」がないとしてただちに過料の制裁が科されるし（232条2項），所持者が当事者である場合には（検証自体は不能となるが）提訴後の真実擬制の可能性があることになる（同条1項による224条1項の準用）。

証拠保全の実施について，診療記録の場合，一般に相手方には検証の実施を知らせずに裁判官がいきなり検証現場に臨み，検証を実施することが通常とされる。相手方に事前に知らせると，改ざんのおそれがあるため，不意打ち的な実施が前提となる。証拠保全決定の段階では，検証物提示命令を留保し，現場で相手方が任意に応じようとしない場合には，裁判官が説得し，相手方が説得に応じない場合にはじめて提示命令を発する運用もあるとされる（ただ，このような運用について問題が生じた例として，仙台高決平成22・6・23金判1356号23頁参照）。

●】参考文献【●

原司・争点212頁／高見進「証拠保全の機能」新堂幸司編集代表『講座民事訴訟⑸証拠』（弘文堂・1983）321頁

（山本和彦）

第5章

訴訟の終了

既判力の客観的範囲

　　AはBから甲土地を賃借していたところ，その後，BからY（Aの次女）への所有権移転登記がなされた。これよりしばらくしてAは死亡したので，Aの相続人であるX₁（Aの妻）は，X₂（Aの長女）とYを相手方として遺産分割の調停を申し立てたがこれは不調に終わった。そこで，X₁はYを相手どって，①甲土地についての所有権確認ならびに②移転登記手続を求めて訴え（前訴）を提起した。X₁は，甲土地をBから買い受けたのは亡AではなくX₁であると主張したが，Yは，甲土地をBから買い受けたのはX₁ではなく亡Aであり（理由付否認），その後亡AからYに対し贈与がなされたので甲土地はYの所有物であると主張して争った。裁判所は，Bからこの土地を買い受けたのは亡Aであると認定して，X₁の請求を棄却しこれが確定した（なお，裁判所は，亡AからYへの贈与の事実も認められないと判断した）。

　　その後，遺産分割の調停が再び行われたが，Yが再度甲土地が自己の単独所有に係るものであると主張したため，X₁はX₂とともにYを相手どって，①甲土地が亡Aの遺産に属することの確認と，②おのおのの共有持分に応じた移転登記請求を求める訴え（後訴）を提起した。

　　後訴のX₁による請求に対し，前訴判決の既判力は及ぶか。

●】参考判例【●

① 最判平成9・3・14判時1600号89頁

1　既判力の客観的範囲・所有権確認訴訟における訴訟物

　既判力の客観的範囲について，法は，原則としてこれを判決主文に示された権利・法律関係の存否（訴訟物の存否）の判断に限定し（114条1項），判決理由において示される判断（訴訟物を根拠付けあるいは排斥する前提となる事実や権利関係の存否）については既判力は生じないとしている。そこで，後訴が前訴の確定判決の既判力に抵触するか否かについては，前訴における訴訟物が何であったが重要なポイントとなってくる。すなわち，既判力が作用する場合として，前訴と後訴の訴訟物がどのような関係にある場合かが問題となってくるところ，これについては，①前訴と後訴の訴訟物が同一の場合，②同一訴訟物ではないが後訴請求が前訴請求と矛盾関係に立つ場合，③前訴の訴訟物が後訴の訴訟物の先決問題となる場合，という3つの場合が挙げられる。

　土地などの所有権確認訴訟においては，紛争解決の一回性の要請から，売買や相続といった所有権の取得原因ごとに訴訟物を異にすると捉えるのではなく，したがって既判力も所有権の存否の判断に生じると一般には解されている（これに対し，所有権の取得原因ごとに訴訟物を捉える反対説も少数ながら存在する）。このような一般的理解を前提とすると，本問における前訴の訴訟物はX₁の所有権の存否であり，既判力もその不存在という点に生じることとなり，「Bからこの土地を買い受けたのは亡Aである」，「亡AからYへの贈与の事実は認められない」といった判決理由中で示される判断には既判力は発生しない。したがって，X₁が後訴において甲土地が亡Aの遺産に属することの確認を求める（後訴請求の①）ことは，前訴判決の既判力には抵触しない。

2　所有権と共有持分権の関係

　所有権と共有持分権の関係については，共有者の有する権利は単独所有の権利と性質・内容を同じくするものであり，単にその分量・範囲に広狭の差があるにすぎず，全部・一部の関係にあると解されている。それゆえ，所有権確認訴訟において証拠調べの結果，原告と第三者との共有であることが判

明した場合には，裁判所は（訴えの変更をするまでもなく）共有持分権確認の判決を下すことになる。遺産共有の性質については，民法学においてさまざまな議論があるが判例は共有説を採用しており（最判昭和38・2・22民集17巻1号235頁など），これを前提とすると，単独所有権と遺産の共有持分権との関係も全部・一部の関係となろう。

　以上より，本問における後訴請求の②の訴訟物は移転登記請求権ではあるが，甲土地の共有持分権の取得を主張するものではあることから，かかる請求が，甲土地についてのX₁の単独所有権が否定された前訴判決の既判力に抵触するのではないかとの問題が生じてくる（上述の既判力の作用③）。この問題につき，参考判例①は，所有権確認請求訴訟において請求棄却の判決が確定したときは，原告が同訴訟の基準時において目的物の所有権を有していない旨の判断に既判力が生じるとして，基準時以前に生じていた所有権の一部である共有持分権の取得原因事実（相続）を後訴において主張することは，前訴の確定判決の既判力に抵触する，との判断を下している。訴訟物の捉え方や遺産共有における持分権についての一般的な理解からは，このような判断はある意味素直な帰結ともいえる。

　しかしながら，前訴判決の既判力が後訴請求の②に作用するとなると，仮に，審理の結果，後訴裁判所が，甲土地は亡Aの遺産であるとの判断に至った場合には，甲土地が亡Aの遺産であるにもかかわらず，X₁は同じ共同相続人であるYに対し自己の持分権を主張できなくなってしまうこととなり不都合な事態（その後の遺産分割の進め方など。もっとも，参考判例①の帰結を前提としても，その後の遺産分割の処理は図れるとする見解も存在する）が生じ得る。かかる不都合を解消する方途としては，所有権確認訴訟における訴訟物の捉え方について所有権の取得原因ごとに訴訟物を捉える見解や，遺産共有は特定の財産が遺産に属することを前提としたものであり，また共有関係の解消方法が異なる点などに着目し，通常の共有とは異なるとして，既判力の関係においても別異に解する余地を認める（田中恒朗「遺産分割の前提問題と民事訴訟㈭」ジュリ608号〔1976〕92頁，徳田和幸・判評420号〔判時1476号〕〔1994〕201頁など）といったことなどが考えられる。参考判例①にも，前訴後の信義に反する相手方の行為（Yによる再度の単独所有の主張），前訴にお

いて予備的にでも相続による共有持分権の主張をしておくことに対する期待可能性の低さなどに鑑み，既判力に抵触する主張であっても例外的にこれを許容すべき場合があり得る，との反対意見が付されているが，これは上述のような不都合に配慮したものといえる。

3　既判力縮小の可能性

訴訟物が既判力の客観的範囲を画することは一般的に認められているものの，これがまったくの例外を許さないテーゼかというとそうでもなく，基準時までに存在していた事実であっても前訴においてその提出がおよそ期待できなかったような場合には判決の遮断効は及ばない，とする見解が学説上では有力に唱えられている（いわゆる期待可能性による既判力の縮小論。反対，鈴木正裕「既判力の遮断効（失権効）について」判タ 674 号〔1988〕4 頁，中野(1)249 頁）。参考判例①における反対意見も，このような考え方に親和的といえよう。

また，さらに進めて，事実の不提出の場合だけでなく前訴で顧慮されなかった法的観点についても既判力の縮小を認めようとする見解も存在する。すなわち，ある法的観点が前訴の審理段階においてまったく問題とならず，また問題とすることを期待することもできなかったため，その観点からする請求の当否をめぐっては，当事者に手続権の保障がなかったと認められる法的観点には既判力の遮断効は及ばないとする見解や，あるいは，裁判所が法的観点指摘義務に違反してある法的観点を指摘しなかったときは，その法的観点による後訴は適法とする（ただし，勝訴した相手方との利益衡量の必要性から，後訴原告が前訴において主張しなかったことにつき無過失であることを要求する）見解などである。このような考え方に依拠すると，本問においても，X₁にとっては売買という法的観点と相続という法的観点はまったく別のものであることから，前訴で顧慮されなかった法的観点の後訴における遮断の否定を導き出す余地があろう。しかしながら他方で，このような見解に対しては，前訴において法適用の前提となる事実が提出されている以上，期待可能性がないとはいえないとする反対説も存在する。

4　さらに進めて

本問のように，売買等を請求原因事実とする所有権確認請求が棄却され確

定した後に，あらためて相続を請求原因事実とする共有持分に関する訴えを提起しても，参考判例①に従うと，既判力によって遮断される可能性がある。そこで，前訴において相続の事実が認定し得るような場合においては，前訴裁判所は，相続を請求原因事実とする共有持分に関する訴えを後訴としても前訴判決の既判力に抵触するおそれがある旨を原告に対して釈明した上で一部認容すべきかどうか判断すべきではないのか，といった疑問も生じ得る。参考判例①以後に登場した裁判例においては，そのような場合における前訴裁判所の釈明の必要性を説いており（最判平成9・7・17判時1614号72頁，最判平成12・4・7判時1713号50頁など），参考判例①とセットで押さえておきたい。

●】 参考文献 【●

重点講義㊤733頁／山本和彦「法律問題指摘義務違反による既判力の縮小」判タ968号（1998）78頁／大津卓也「所有権取得原因事実の主張は攻撃防御方法か」判タ887号（1995）4頁

（畑　宏樹）

　Xは，自己の所有する建物（本件建物）をYに売り渡しその旨の登記も経たが，約定の明渡期日に至っても本件建物を明け渡さなかった。その後，Xは，売却の意思表示は詐欺によるものであるので売買契約を取り消すと主張して，Yに対し，所有権移転登記の抹消を求める訴え（第1訴訟）を提起した。他方，YもまたXに対し，本件建物の明渡しを求める訴え（第2訴訟）を提起し，Xは売買契約の詐欺による取消しを抗弁として提出した。

　審理の結果，第2訴訟につきXの主張する詐欺の事実は認められないとしてY勝訴の判決が先に確定したが，その後，第1訴訟についてXの主張する詐欺が認められX勝訴の判決が言い渡された。

　第1訴訟でのX勝訴判決に対し，Yは上訴をし，Xの詐欺による取消しの主張は第2訴訟においてすでに排斥されており，本件建物がYの所有であることは確定していると主張したが，この主張は認められるであろうか。

●】参考判例【●

① 最判昭和 44・6・24 判時 569 号 48 頁
② 最判昭和 48・10・4 判時 724 号 33 頁
③ 最判昭和 56・7・3 判時 1014 号 69 頁

●】解説【●

1　既判力の客観的範囲

　既判力の客観的範囲について定めた民事訴訟法 114 条 1 項によると，裁判所が下した判断であってもそれが判決理由中の判断にとどまる限りは既判力

は生じない。法が判決理由中の判断に既判力を認めないこととした理由は以下の点にある。第1に，当事者間の争訟の処理としては，現に当事者が判決による処理を求めた訴訟物たる権利・法律関係についての判断にのみ拘束力を認めれば必要十分だからである。第2に，判決理由中の判断の対象となる当事者の主張が訴訟物との関係においては手段的なものであるにすぎないことからすると，判決理由中の判断に既判力が生じないとする枠組みの下にあっては，当事者は1つひとつの争点につき深く争わずあるいは積極的に自白をするといった自由かつ柔軟な訴訟活動を展開することができ，訴訟物に関する判断を機動的かつ迅速に得ることができるからである。このことは，裁判所としても権利の発生・変更・消滅という実体法上の論理的順序にこだわらずに，訴訟物についての判断を最も直截かつ迅速・廉価に得られるよう弾力的な訴訟指揮をすることができるということを意味する。

　しかしながら，判決理由中で示された判断とはいえ，前訴において一度は裁判所によって認定された事実が後訴との関係において何らの拘束力も有しないというのは，常識的にみても不自然であると同時に，紛争解決の一回性という訴訟制度の目的に照らしても大いに疑問が生ずる。ここに判決理由中の判断に対しても一定の拘束力を生じさせるべきではないか，といった問題意識が生じてくる。

2　争点効理論

　上述のような問題意識に対し，法は，すでに係属中の訴えにおける訴訟物の前提となる先決的法律関係の確認を当該訴訟手続内で求める申立てを認めている（中間確認の訴え。145条）。本問においても，XなりYから第2訴訟係属中に本件建物所有権の存否の確認を求める中間確認の訴えが提起されていれば，建物所有権の存否についての既判力ある判断が第1訴訟に作用することから，本問のような事態は生じなかったといえるが，これはあくまでも当事者から中間確認の申立てがなされていた場合の話である。そこで学説の中には，訴訟の勝敗に重要な意味をもつ先決的関係につき両当事者が真剣に争った場合には，選択的，予備的に争う場合を除き，中間確認の訴えの黙示の意思表示があったと扱って，先決的法律関係についてなされた判決理由中の判断に既判力を認めるべき，とする見解も唱えられてはいる（坂原正夫

『民事訴訟における既判力の研究』〔慶應義塾大学法学研究会・2000〕121頁以下参照）が，黙示の訴え提起という説明はいかにも技巧的にすぎよう。

　他方で学説においては，判決理由中の判断についても何らかの拘束力を見出すような考え方が模索され，その1つの代表的な見解として争点効理論が提唱された。争点効とは，前訴において当事者が主要な争点として争い，かつ裁判所がこれを審理して下した当該争点についての判断に生じる通用力で，同一の争点を主要な先決問題として異別の後訴請求の審理において，その判断に反する主張・立証を許さず，これと矛盾する判断を禁止する効力をいい，可能な限り関連紛争を統一的に解決することを意図して提唱されたものであり，信義則（当事者間の公平）をその根拠とする。論者によると，争点効発生の要件は，①前訴請求と後訴請求の当否の判断過程において，主要な争点となった事項についての判断であること，②当事者が前訴において，その争点について主張・立証を尽くしたこと，③裁判所がその争点について実質的な判断をしたこと，④前訴と後訴の係争利益がほぼ同等であるか，前訴の係争利益のほうが大きいこと，⑤後訴で当事者が援用すること，の5つである。争点効理論がその正当化根拠に据えた信義則の具体的内容としては，既判力の客観的範囲を判決主文に限定した趣旨を維持しつつ，判決による紛争解決機能の拡大を図ろうとする試みであったこともあり，当事者が相手方の主張を争う機会を実際に利用した以上，それを蒸し返すのは公平に反するというものであった。

　この理論に対する学説上の評価としては，実定法上の根拠を欠くにもかかわらず判決理由中の判断に拘束力を認めることについては問題がある，として消極説も有力に主張されてはいるが，今日ではこれを支持する見解のほうが多いといえる。もっとも，争点効理論に好意的な学説も，争点効が判決効としての制度的効力である点を強調してその要件の定形化・具体化を追求する方向（適用要件説）と，信義則の具体的適用の問題である面を重視して後訴における主張・立証禁止の効果を捉えようとする方向（信義則説）とに分かれる。

　他方，判例は，「既判力およびこれに類似する効力〔いわゆる争点効〕を有するものではない」と判示し，参考判例①から③に掲げたいずれにおいても，理由をとくに挙げることもなく争点効理論を明確に否定する。もっとも，判例

はその後，実質的にみて後訴が前訴の紛争の蒸し返しとみられる場合には，信義則によって後訴を遮断するという処理を確立するに至っている［→問題49］。

3　本問に即して

本問における第1訴訟の訴訟物は所有権移転登記請求権であるのに対し，第2訴訟の訴訟物は本件建物の明渡請求権である。本件建物の所有権がX・Yのいずれに帰属しているかは，2つの訴訟に共通する主要な争点であるが，第2訴訟において裁判所によってなされた，Xの主張する詐欺の事実は認められないとの判断は，判決理由中で示される判断でありこの部分には既判力は生じない。それゆえ，第1訴訟につき裁判所がX勝訴の判決を下すことも，既判力を問題とする限り何ら差し支えないことになる。

しかしながら，同一建物について，その登記はXに移すが占有はYに移すというのでは，本件建物の所有権をめぐるX・Y間の紛争は少しも解決されたことにはならない。参考判例①もこのことを意識したせいか，建物の所有権の存否については第3の訴訟（所有権確認の訴え）を提起すればよい，と判決文の中で示唆している。ただ，このような紛争解決手法は，紛争解決までに相当の時間を費やさざるを得ないだけでなく，仮に第3の訴訟でXが勝訴しXの所有権が確認されたとしても，確認判決には執行力がないことから，XはさらにYに対して家屋の明渡請求訴訟という第4の訴訟の提起を余儀なくされるが，これは第2訴訟におけるY勝訴判決の既判力と矛盾対立することになり，実際問題として裁判による紛争解決が果たされないという難点を伴うことになる。

これに対し，争点効理論による場合には，上述の争点効発生の要件を充足する限り，関連する第1訴訟と第2訴訟の統一的な紛争解決が図られることになる。

●】参考文献【●

新堂幸司『訴訟物と争点効(上)』（有斐閣・1988）145頁・269頁／重点講義(上)643頁／高田裕成・百選166頁

（畑　宏樹）

信義則による後訴の遮断

故Aが所有していた本件土地につき自作農創設特別措置法による農地買収処分（※注）がなされ故Bに売り渡されたが，Aの相続人XはBの相続人Yに対し，買収処分は本来無効なものであり，そのため本件土地をAないしX側に返還する方法としてXとBとの間で買戻契約が締結されたとして，所有権移転登記請求訴訟を提起した（前訴）。審理の結果，裁判所は買収処分は有効なものであって，X・B間において買戻契約が成立したという事実は認められないと認定し，Xの請求を棄却した（その後，前訴判決は確定した）。

その後，Xは買収処分の無効を理由として，Yに対し，土地上の耕作物を収去したうえで土地の明渡しを求めて訴えを提起した（後訴）。

この後訴は，買収処分から20年が経過した時点で提起されたものであるとして，このような後訴は前訴判決との関係で許されるものであろうか。

（※注）第2次大戦後，農地制度の民主化を図るという趣旨の下，政府により，不在地主や大地主等の所有農地の買収，耕作者に対する売渡しが行われた。

●】参考判例【●

① 最判昭和51・9・30民集30巻8号799頁
② 最判昭和59・1・19判時1105号48頁

●】解説【●

1 判決理由中の判断への拘束力

既判力の客観的範囲について，法は，原則としてこれを判決主文に示された権利・法律関係の存否（訴訟物の存否）の判断に限定しており（114条1

項），判決理由中で示された判断については，相殺についての判断の例外はあるものの（同条2項），既判力は生じないとしている。しかしながら，判決理由中で示された判断とはいえ，前訴において一度は裁判所によって認定された事実でありながら後訴との関係において何らの拘束力も有しないというのは不自然であるのみならず，紛争解決の一回性という訴訟制度の目的を十分に果たし得ず，実質的には同一紛争と思われるような紛争の蒸し返しを引き起こしかねない。

　本問に即しつつ問題点を整理すると，前訴の訴訟物は所有権移転登記請求であるのに対し，後訴の訴訟物は土地明渡請求であり，訴訟物を異にするものであるのは明らかであって，前訴確定判決の既判力は後訴請求に作用するものではない。しかしながら，Xは前訴・後訴のいずれにおいても，かつて行われた買収処分は無効なものであって本件土地の所有権はXに帰属している，ということを主張したいものといえ，訴訟物は違っていても実質的には同一紛争と評価されかねないものである。とはいえ，前訴において裁判所がした買収処分の有効性についての判断は，前訴判決の理由中で示されるものであり，この部分には既判力は生じない。

　かかる問題意識から，学説上においては，判決理由中の判断にも何らかの拘束力を認めるべく，争点効理論［→問題48］，既判力拡張説（後訴において主張された法的効果と前訴において既判力をもって確定された法的効果との間に法秩序の面での目的論的な意味関連が存在し，それを保持する必要がある場合には，前訴判決の既判力を後訴にも及ぼす必要があるとする見解），統一的請求権説（訴訟物は固定的なものではなく，反訴，訴えの変更としての性格を兼ね備える抗弁，再抗弁の提出により変動するものであり，また先決的法律関係の確認も副次的請求として主たる紛争としての給付請求と複合的な訴訟物を構成すると解し，既判力の客観的範囲の拡張を試みる見解），黙示の中間確認の訴え説［→問題48］といったさまざまな考え方が提唱されたものの，最も有力な見解である争点効理論においてすら，判例法理では採用されるに至っていない。

2　信義則による後訴の遮断

　争点効理論を明確に否定した最高裁判決（最判昭和44・6・24判時569号48頁）に対しては，同事件が紛争解決の長期化をもたらしたというてん末も

あり，批判的な評価が多かった。しかし他方で，その後の判例では，限定承認を認め相続財産の限度の範囲での支払を命じた確定判決に対して後訴で限定承認の無効を争うことを否定する理由として訴訟上の信義則を用いており（最判昭和49・4・26民集28巻3号503頁），争点効理論以降学説上有力に唱えられてきた信義則説の影響も相まって，伝統的な判決効理論を堅持してきた立場にも変化をきたす予兆が感じられた。

このような状況下において，最高裁は参考判例①において，前訴の訴訟物と異なる後訴請求を信義則に反するとして遮断する考えを採用するに至った。すなわち，本問と類似する事案において，最高裁は，①後訴が実質的に前訴の蒸し返しであって，②前訴において後訴請求をすることに何ら支障がなかったこと，③買収処分後約20年も経過した後に後訴を提起することは，被告の地位を不当に長く不安定な状態に置くことになること，を信義則による後訴の遮断の要件として挙げている。この最高裁判決以後，最高裁自身はもとより下級審裁判所においても信義則により後訴請求・後訴主張を遮断する判決が相次いで下されるようになり，今日では信義則による後訴遮断という処理は判例理論として定着するに至っている。このような判例理論に対する学説上の評価としては，当初は参考判例①の理由を一般化することに対しては批判的であったとされるが，その後はむしろ理論体系の中に整合的に吸収するための努力が積み重ねられており，同判決が掲げた信義則適用の要件の明確化，あるいは，前訴の手続経過をどのように評価するかについて，争点効理論への評価もからんで多様な見解が提唱されている。

このうち，信義則適用の要件については，最高裁が掲げた①②の基準は抽象的で幅のある概念であり，また③の基準の位置付けについてもなお議論の余地があるといえ，最高裁が掲げた基準だけでは信義則適用の具体的基準としては不十分と評されている。しかしながら，その後の下級審裁判例（例えば，東京地判昭和52・5・30下民集28巻5＝8号566頁，東京地判昭和57・11・30下民集33巻9＝12号1437頁など）まで敷衍すると，③については，勝訴当事者が前訴判決により紛争が解決済みであるとの信頼を抱いており，法的安定要求を保護する必要があること，ということを意味するものとの理解がなされ，さらに，④前訴判決の正当性を確保するほどに前訴において充

実した審理が行われていたこと，⑤前訴において当事者が争う誘因を有していたこと，といった基準がさらに付け加えられるに至っている。

3　信義則によって遮断される対象

　実質的にみて前訴の蒸し返しともいうべき後訴については信義則により遮断されるという考え方に従った場合であっても，遮断される対象は何かという問題がさらに生じる。すなわち，後訴における請求レベルでの遮断がなされると考える場合には後訴は訴え却下という扱いがされるのに対して，主張レベルでの遮断がなされると考える場合には後訴については本案判決（前訴において敗訴した当事者が後訴において蒸し返し的な主張を行った場合には請求棄却となろう）が下されることになる。

　そもそも，実質的にみて前訴の蒸し返しともいうべき後訴を排斥するには，必ずしも請求レベルで遮断しなくても，主張レベルでの遮断で十分である場合が少なくない。本問においても，Xの後訴請求そのものを訴え却下として遮断しなくても，後訴請求の先決的法律関係である所有権，あるいは買収処分の無効の主張を信義則に反するものとして遮断できれば，結果的には後訴請求の棄却を導くことが可能である。しかも，当事者が前訴において主張・立証を尽くした主張の遮断により後訴請求を排斥することができるのであれば，当事者責任に基づく遮断を導きやすいともいえる。かくして，主張レベルでの遮断が可能な場合には，請求レベルでの遮断は避けるべきといえる。

●】 参考文献 【●

名津井吉裕・百選 156 頁／重点講義㊤678 頁

（畑　宏樹）

一部請求と残部請求

XはYとの間で，Yの所有する別荘を代金1億円で購入する旨の売買契約を締結したが，履行期に別荘が引き渡されるまでの間に，同別荘は焼失してしまった。Xは，同別荘の焼失はYの責めに帰すべき事由によるものであり，Yの債務不履行（履行不能）による損害額は3000万円であるとして，そのうちの500万円の支払を求める損害賠償請求訴訟を提起した（前訴）。裁判において，Yは自らには帰責事由はなかったとしてXの請求を争ったが，審理の結果，Xの請求を認容する判決が言い渡され確定した。

その後，Xは再度上記損害額の残部である2500万円の支払を求める損害賠償請求訴訟を提起した（後訴）。

この後訴請求は，前訴の確定判決の既判力に触れるものであろうか。前訴における請求が，全損害額の一部である旨の明示がなされていた場合と，明示がなされていなかった場合につき，検討せよ。

●】 **参考判例** 【●

① 最判昭和37・8・10民集16巻8号1720頁
② 最判昭和32・6・7民集11巻6号948頁

●】 **解説** 【●

1 一部請求訴訟の必要性

数量的に可分な請求権につき，当事者（原告）が，その一部についてのみ訴求すること（いわゆる一部請求訴訟）については，処分権主義（246条）の観点からも当然に認められるものといえる。このような一部請求訴訟を認めることの実践的な意味合いとしては，訴額に応じてスライドしていくわが国の提訴手数料制度との関係で，訴額が高額であるにもかかわらず勝訴敗訴の

見込みが立ち難いような事件において，訴額の一部のみにとどめておいて裁判所の判断を確かめることを意図した試験訴訟を認める必要があること（もっとも本問における損害額3000万円の場合は提訴手数料も11万円で済むことから，一部請求をする実益は乏しいかもしれない）や，不法行為事件における損害賠償請求訴訟において，被害者である原告が自らの過失の存在も自認しているような場合に，過失相殺を慮って（過失相殺においてはいわゆる「外側説」による処理がなされる。最判昭和48・4・5民集27巻3号419頁参照）全部請求ではなく一部請求をするといったことなどが挙げられる（一部請求をする原告の利益の詳細につき，三木浩一「一部請求論について」民事訴訟雑誌47号〔2001〕30頁参照）。

　このように原告サイドからすると一部請求をした後に残部請求をしていくことには，それなりの必要性・合理性があるものといえるが，他方では，複数の訴訟に付き合わされることになる被告サイドの不利益や，実質的には同一内容の紛争について重複審理（訴訟不経済・矛盾判断のおそれ）を余儀なくされる裁判所サイドの不利益をどのように調整するかは別途検討されなければならない。このような問題意識から，従来より，一部請求後にする残部請求が許されるか否かという点が問題とされており，激しい議論の対立がみられるところである。

2　学説の状況

⑴　**全面肯定説**　　全面肯定説の立場は，実体法上債権の分割行使が債権者の自由とされていることを根拠に，訴訟物設定についての原告の自由を保障する民事訴訟法246条を加味して，一部請求後にする残部請求も当然に認められるとし，前訴で一部請求である旨が明示されていたかどうかは問わず，実体法的に一部であったかどうかだけで一部請求であるかどうかが決せられるとする。この立場によると，原告によって分割された部分ごとに訴訟物が成立し，既判力も訴訟物とされた一部にしか生じないとして，残部請求を求める後訴を許すことになる。

　この立場に対しては，紛争の一回的解決の要請や，実質的な審理の重複，被告の応訴の煩，といった見地からは問題が多いとの批判がなされている。

⑵　**全面否定説**　　他方，被告の応訴の煩や重複審理による裁判所の不経

済・非効率に着目し，一部請求後にする残部請求は許さないとする全面否定説の立場も学説上では有力である。この立場は，一部請求をしたいという原告の利益については，訴え提起段階での一部請求を許すことで十分に確保でき，訴訟係属の途中からは裁判所の判断の推測も立つようになるはずであることから，訴訟係属中の請求の拡張によって対処すべきであって，残部を請求するための後訴提起という方法は認めるべきではないと考える。

　残部請求を否定する理論構成としては，一部請求でも債権全体が訴訟物となり残部請求は既判力で遮断されるという説明や，併合提訴強制規定（人訴25条，民執34条2項参照）における請求失権効の趣旨を類推し一部請求後の残部請求は却下される，といった説明がなされている。

　(3)　**中間説**　　全面肯定説でも全面否定説でもなく，中間的な処理を認める立場も学説上は存在する。

　1つには，一部請求の前訴（一部請求である旨を明示していた場合）で，原告が一部請求する利益を考慮に入れて，原告が勝訴した場合には残部請求を認めるが，敗訴した場合には，一部請求の敗訴も債権全体についての不存在という判断があってはじめて出てくるのであるから，再訴を許して二重審判をする必要はなく残部請求を認めないとする考え方である（中間説①）。

　同様に，原告が一部請求で勝訴した場合と敗訴した場合とで扱いを分ける見解ではあるが，一部請求である前訴での具体的な攻撃防御過程に着目し，敗訴した場合は，原告は前訴で一部訴求した部分を得るために残部も含めて主張・立証する必要に迫られていたはずであり，それでも敗訴したのであるから残部請求も遮断されるが，他方，勝訴の場合は，原告は一部のためにその訴訟を提起したのであり，残部の存在や額を当然には主張・立証する必要がなかったのであるから残部請求は遮断されない，とする考え方も唱えられている（中間説②）。

　また，一部請求がなされた場合においても常に債権全体が訴訟物となり既判力の客観的範囲もそれを基準に決定されることを前提に，一部請求について原告敗訴の場合には債権全部の不存在が確定され残部請求は既判力によって遮断されるが，他方，明示の一部請求において原告勝訴の場合には，既判力は残部についても及んではいるが，本来債権全額について訴求できたにも

かかわらずあえて一部請求をし，なお残部請求の後訴を提起するのであるから，残部請求については訴えの利益が要求されるとする考え方も存在する（中間説③）。

3　判例の立場

　判例は，明示的一部請求肯定説の立場に立っているとされ，黙示の一部請求の場合には，訴訟物は債権全体であり残部請求はもはや許されないが（参考判例②），明示の一部請求の場合には，訴訟物は明示された部分に限定され残部請求は許されるとしており（参考判例①），一部請求であることの明示の有無によって訴訟物の範囲を画する考え方であり（明示による訴訟物の分断），裁判実務においてはもはや定着したものといえる。

　この考え方による場合には，「訴訟物＝既判力」という図式を守りやすいだけでなく，一部請求である旨が明示されている場合には被告は残部請求があることを認識でき，これを不当と考える場合には残債務不存在確認の反訴を提起して再訴の煩を避けることができる反面，明示されていない場合にはそれが全額であると認識しその訴訟で紛争が解決するとの期待を抱くことから，かかる期待を保護すべく残部請求を認めない，とすることには一定の合理性を見出すことができる。

　このような判例理論の立場に立つ場合には，前訴段階で明示があったか否かの判断は，残部を求める後訴が提起された場合にはじめて意味をもつこととなり，後訴裁判所において前訴が明示の一部請求であったか否かの判断をすることとなる。その意味では，前訴において一部請求である旨の明示が明確になされていた場合はよいとしても，そうでない場合には後訴裁判所はその判断（明示がなされていたかの評価）に困難を伴うことも少なくないといえる（後発後遺障害に基づく損害賠償を求める後訴［→問題⑲］や，将来の事情変更に伴う増額請求の場合［→問題㊺］など）。もっとも，最高裁は近年，特定の費目に限定して提起された損害賠償請求訴訟において，別の費目についての損害賠償を求める後訴が提起された場合に，前訴が明示の一部請求であったものと解される場合があることを認めており（最判平成20・7・10裁時1463号4頁），明示があったことの認定についての緩和傾向がみてとれるところである。

4 本問に即して

本問においてXは前訴において一部請求をなし，請求認容の確定判決を得た後に，残部の支払を求める後訴を提起している。

一部請求全面肯定説に立つ場合には，前訴において一部請求であることが明示されていたと否とにかかわらず，また前訴でXが勝訴していようと敗訴していようとにかかわらず，残部の支払を求める後訴は認められる。これに対し，全面否定説に立つ場合には，残部の支払を求める後訴は一切認められないこととなる。

これに対し，中間説①②の立場からは，一部請求の前訴で原告が勝訴していた場合には残部請求の後訴は認められることになる。ただ，中間説③からは，前訴で一部請求である旨の明示があった場合には，残部請求の後訴については訴えの利益が必要とされ，また前訴で明示がなかった場合には，当該債権の金額（3000万円）が給付を求められた金額（500万円）をもって確定されたのであり，後にそれと矛盾する主張をする（やはり損害賠償債権額は3000万円であって残部の2500万円の支払を求めたい，といった主張を意味するものと思われる）ことは許されないとする（論者によると「既判力の双面性」に反するものとして許されないと説かれている）。

●】参考文献【●

重点講義㊤97頁／山本・基本問題103頁

（畑　宏樹）

残部請求と信義則違反

> 　XはYとの間で，Yの所有する別荘を代金1億円で購入する旨の売買契約を締結したが，履行期に別荘が引き渡されるまでの間に，同別荘は焼失してしまった。Xは，同別荘の焼失はYの責めに帰すべき事由によるものであり，Yの債務不履行（履行不能）による損害額は3000万円であり，そのうち一部として500万円の支払を求める旨を明示して損害賠償請求訴訟を提起した（前訴）。裁判において，Yは自らには帰責事由はなかったとしてXの請求を争ったが，審理の結果，裁判所はYの過失の存在は認定できないとして，Xの請求を棄却する判決が言い渡され確定した。
>
> 　その後，Xはあらためて上記損害額の残部である2500万円の支払を求める損害賠償請求訴訟を提起した（後訴）。
>
> 　この後訴は，認められるであろうか。

●】参考判例【●

① 最判平成10・6・12民集52巻4号1147頁

●】解説【●

1　一部請求後にする残部請求の可否

　数量的に可分な請求権につき，当事者（原告）が，その一部についてのみ訴求すること（一部請求訴訟）については，処分権主義の観点からも当然に認められる。しかしながら，一部請求を認めて原告の利益のみを図ろうとすることは，他方で，実質的には同一の紛争についての応訴の煩や重複審理による非効率性といった被告側や裁判所側の不利益も大きいことから，一部請求後にする残部請求が一般に許されるか否かという点が，古くから論じられ

ている。

　この点について，学説上はさまざまな説が存在するが，大別して，全面肯定説，全面否定説，中間説といった見解が唱えられている［→問題50］。

　他方，判例は，明示的一部請求肯定説の立場に立っているとされ，黙示の一部請求の場合には，訴訟物は債権全体であり残部請求はもはや許されないが（最判昭和32・6・7民集11巻6号948頁），明示の一部請求の場合には，訴訟物は明示された部分に限定され残部請求は許されるとする（最判昭和37・8・10民集16巻8号1720頁）。このように従来の判例理論は，「訴訟物＝既判力」といった枠組みを維持してきたものといえる。

2　一部請求棄却の場合の残部請求

　本問のような一部請求棄却後における残部請求の可否について，学説上の考え方に従うと，全面肯定説の立場ではこの場合にも当然に残部請求を認めるのに対して，全面否定説の立場では当然に残部請求は認められないことになる。また，中間説の立場からは，一部請求が棄却の場合には残部請求を認めないとする見解が多いといえる。

　明示的一部請求肯定説に立つ判例理論による場合には，どのように考えるべきであろうか。本問のように一部請求である旨を明示していた前訴において請求が棄却された場合であっても，従来の判例理論に従う限りにおいては，明示がなされている以上残部請求は許容されることになりそうではある（なお，従来の判例はいずれも前訴である一部請求が認容の場合であった）。しかしながら，前訴で請求棄却という結論に至ったその理由としては債権全体の不存在という判断（もっとも，これは判決理由中の判断ではあるが）がなされたからであり，そうだとすると残部請求を許容したところで結局は同じような審理経過の繰り返しを招来することになりかねない。

　そこで，参考判例①に掲げた最高裁は，金銭債権の数量的一部請求を棄却する旨の判決は，債権の全部について行われた審理の結果に基づいて，当該債権がまったく現存しないかまたは一部として請求された額に満たない額しか現存しないとの判断を示すものであって，後に残部として請求しうる部分が存在しないとの判断を示すものにほかならないと前置きしたうえで，「一部請求訴訟で敗訴した原告が残部請求の訴えを提起することは，特段の事情

がない限り，信義則に反して許されない」と判示し，信義則による残部請求の後訴を遮断するという処理を図る。その理由としては，金銭債権の数量的一部請求であってもおのずから債権全体についての審理判断が必要となり，当事者の主張立証の範囲・程度も通常は全部請求の場合と変わらないこと，一部請求を棄却する判決は残部不存在の判断を示すものであることから，棄却判決後の残部請求は，実質的には前訴で認められなかった請求・主張の蒸し返しであり，紛争解決についての被告の合理的期待に反し，被告に二重応訴の負担を強いることになる，といった点が挙げられている。

残部請求を既判力によって遮断することに対して疑問を提示し，一部請求の後訴として残部請求が遮断されるのは，前訴での訴訟物とならなかった権利部分の失権の可否が問題となり，信義則に基礎を置く訴訟物の枠を超えた失権効の一種であるとする見解も学説上では有力に唱えられていたところでもあり，信義則による残部請求の後訴を遮断する最高裁の考え方は，このような有力説に通じる面がなくもない。

しかしながら，最高裁の論理は，債権全体の存否が一度は審理の対象となりその不存在についての判断がなされたにもかかわらず，後訴においてこれをあらためて主張することは蒸し返しであり信義則に反するとするものであって，あたかも判決理由中の判断に拘束力を認めたともとられかねない。そもそも従来の判例理論が，明示の一部請求に限り残部請求を許していたのは，一部請求が認容された場合に残部を請求する可能性があることを相手方に通告し，相手方当事者が前訴における判決によって得ることを期待した紛争の全面的解決の幅をあらかじめ限定する趣旨にほかならない。したがって，原告が一部請求で全部敗訴した場合には予告した前提が成り立たないことになるが，それにもかかわらず前訴での一部請求が功を奏さなかったからあらためて残部請求をするというのは信義則（権利失効の原則）に反する，と捉えるべきであろう。

3　信義則による残部請求の遮断

参考判例①により用いられた信義則による残部請求の遮断という手法は，従来の判例理論により構築された明示による訴訟物の分断を認め「訴訟物＝既判力」という図式を維持するものではあるが，前訴における審理の対象が

実質的には債権全体に及んでいることを認めるものでもあることから，従来の判例理論を実質的には修正するものといえる。ただ，「訴訟物＝既判力」の枠組みを超えて，実質的には紛争の蒸し返しと思われる後訴を信義則により遮断するという手法は，すでに最高裁自体も認めていたところであり（最判昭和 51・9・30 民集 30 巻 8 号 799 頁など）［→問題49］，参考判例①で示された最高裁の考え方は，一連の最高裁判例の延長線上にあるものともいえる。

　もっとも，信義則によって後訴が遮断されるのは，①後訴が実質的に前訴の蒸し返しであって，②前訴において後訴請求をすることに何ら支障がなかったこと，③後訴提起に至る時間経過により，被告の地位を不当に長く不安定な状態に置くことになること，といった要件を充足しているかどうか，個別的にその判断がなされるものであった。これに対し，参考判例①の示す信義則による残部請求の遮断という手法は，一部請求の前訴が棄却判決となるためには，審理の範囲が債権全体に及ぶことになるところ，債権の存在が否定された部分については被告に紛争解決の合理的期待が存しているにもかかわらず，これに反して残部請求することは信義則に反するという論理に基づくものであることから，信義則の不適用へと導く「特段の事情」がごく例外的にしか当てはまらないとすれば，もはや信義則の個別適用の結果ではなく，制度的な効力に近いものとなる点において，信義則による後訴の遮断を認める一連の判例理論よりもさらに踏み込んだものとなっている。

　それゆえ，参考判例①のいう残部請求が認められるための「特段の事情」がどのようなものかについては，残された問題といえさらなる検討を要する（損害費目を限定して一部請求をして棄却判決を受けた場合であっても，留保された損害費目についての残部請求は妨げられない，とする最判平成 20・7・10 裁時 1463 号 4 頁はその一例といえよう）。

●】参考文献【●

松下淳一・百選 158 頁／中野貞一郎『民事手続の現在問題』（判例タイムズ社・1989）85 頁

（畑　宏樹）

既判力の時的限界

X・Y間の土地売買契約に基づき，買主Yが売主Xを被告として，土地所有権確認と所有権移転登記手続を求める訴えを提起した（前訴）。前訴ではY勝訴の判決が確定し，XからYへの所有権移転登記もなされた。ところが，その後Xは，この売買契約がYの詐欺によるものであったとして，訴状において取消しの意思表示をし，Yに対し所有権移転登記の抹消登記を求める訴えを提起した（後訴）。

取消権の行使によりX・Y間の売買契約は効力を失ったとするXの主張は，前訴判決の既判力によって遮断されるであろうか。

●】 参考判例 【●

① 最判昭和 55・10・23 民集 34 巻 5 号 747 頁
② 最判昭和 40・4・2 民集 19 巻 3 号 539 頁
③ 最判平成 7・12・15 民集 49 巻 10 号 3051 頁

●】 解説 【●

1 既判力の時的限界

(1) **既判力の基準時**　　民事訴訟の対象となる権利・法律関係は，時間の経過とともに常に変動する可能性がある。したがって，既判力が生じる範囲についても，いつの時点での権利・法律関係についてのものかを明らかにしておく必要がある。この「いつの時点」を明らかにするために存在するのが，既判力の基準時（または標準時）である。当事者は事実審の最終口頭弁論終結時までは自由に裁判資料を提出することができ，裁判所の判決もまたこの時点における裁判資料に基づいて下されることから，既判力の基準時は事実審の最終口頭弁論終結時ということになる（民執 35 条 2 項参照）。

(2)　**遮断効**　　当事者は，後訴において，基準時以前に存在した事由（例えば，基準時以前になされた訴求債権に対する弁済の事実など）に基づいて前訴で確定した既判力ある判断を再度争うことは許されず，仮に当事者がこのような事由を提出したとしても，裁判所はその審理に入らずこれを排除しなければならない。これを既判力の遮断効という。このことは，基準時以前にその事由が存在していたことについて，当事者が知っていたか否か，知らなかったことに過失があったか否かにかかわらない（通説）。

2　基準時後にする形成権の行使と遮断効

　基準時以前にすでに生じていた事由を後訴において主張することは前訴判決の既判力により遮断されるが，基準時後に発生した新たな事由を用いて前訴判決で確定された判断内容を争うことは既判力によって妨げられることはない。このことから，基準時後にする形成権行使の可否という問題が生じてくる。

　すなわち，前訴の基準時よりも前に成立していた取消権や解除権といった形成権を，基準時後にはじめて行使して後訴において前訴判決の内容を争うことができるか，という問題であるが，そもそもこれが問題とされるのは，仮に基準時前に形成原因が発生していたとしても，形成権はこれを行使してはじめて新たな実体的法律関係の変動を生じるものであるという形成権の性質に起因する。

　この問題について，今日の判例理論は，個々の形成権の制度目的やその発生原因と訴求請求権の発生原因との結びつきの有無などに応じて遮断の肯否を考える。すなわち，取消権，手形の白地補充権については，請求権自体に付着する瑕疵であるとして基準時後の行使を否定するが（参考判例①のほか，最判昭和57・3・30民集36巻3号501頁など），相殺権については，自己の債権を犠牲にして相手の債権の消滅を図るものである以上，前訴段階でこれを行使するか否かは相殺権者の自由であり，当然なすべき防御方法とはいえないという点で，取消権の場合とは異なるとして基準時後の行使を認めている（参考判例②）。また，建物買取請求権についても，請求権自体に付着する瑕疵ではないとして基準時後の行使を認めている（参考判例③）。

　学説においては，基準時後の形成権行使の効果の主張は既判力により妨げ

られないとする見解も有力ではあるが（中野(1)243頁以下。もっとも，この見解も信義則により遮断効が肯定される場合があることを認める），多くの見解は，既判力制度が目的とする法的安定要求を強調して，基準時前に形成権が成立していた以上，前訴において形成権を行使し権利変動を主張しておくべきであり，後訴における形成権行使は既判力によって遮断されるという立場を基本としつつ，個々の形成権の種類ごとに個別的な解決を図ろうとするものの，その理論構成については諸説唱えられている。

　例えば，提出責任説という考え方がある（上田徹一郎『判決効の範囲』〔有斐閣・1985〕235頁以下）。これは，形成権の遮断を伝統的な既判力の時的限界論で解決するのではなく，①一方で，形成権を基準時前に提出しておくべき責任を強化する方向に働く要因として，当事者権が保障されあらゆる攻撃防御方法が展開されたことを条件として生じる既判力に内在する法的安定要求が生じるが，他方で，②その事由を訴訟上主張・立証することがその者の実体法上の地位の訴訟上の評価として客観的に期待できない場合には，たとえその事由が基準時前に存在していたとしても，後訴でその提出が認められるべきであるとの要請が認められ，これを実体関係的手続保障要求と称する。

　また，形成権行使責任説という考え方（河野正憲『民事訴訟法』〔有斐閣・2009〕584頁以下）は，既判力の遮断効を訴訟手続上当事者に要求された攻撃防御行為の懈怠による自己責任（形成権行使責任）に求めた上で，形成権の遮断については，実体法において解除権や取消権行使の催告権（民20条・547条）や追認による取消権の消滅（同法122条・125条）の規定があり，またこのような明文の規定がなくともこれらの場合と同視できる事情があれば，形成権者に対して形成権行使責任を負わせてもよいとする。

　さらに，形成権について一般的に遮断効を肯定する多数説の立場の中にも，前訴において形成権行使の効果を主張することが期待できない特別な事情がある場合には，既判力による遮断効も生じないとして，期待可能性による調整を認める見解も存在する（重点講義(上)614頁以下など）。

3　個別的考察

　判例ならびに多数説の立場に立つと，取消権，解除権，手形の白地補充権などの形成権は，請求権自体に付着する瑕疵であるとして基準時後の行使を

否定することになる。とりわけ本問のような取消権については，取消しよりも重大な瑕疵である無効事由が遮断されることとの均衡がとれないことも理由として挙げられる。他方，相殺権や建物買取請求権については，遮断効を否定する。その理由としては，相殺権については，相殺は訴求債権に付着する瑕疵ではなく，訴求債権とは別個の債権を防御方法として主張し，併せて審判の対象とするものであるから，相殺権の行使については他の形成権以上に被告の判断の自由を尊重すべきであるといった点が，また建物買取請求権については，これもまた建物収去土地明渡請求権に付着した瑕疵ではなく別個独立した権利であり，基準時後の行使を認めることで借地人の保護にも資するし，被告が原告の主張する借地権の不存在ないしは消滅を争うときに予備的抗弁として建物買取請求権の行使を要求することは負担になる，といった点が挙げられている。なお，取消権について既判力の遮断効を肯定した参考判例①では，「当事者が右売買契約の詐欺による取消権を行使することができたのに」これを基準時前に行使しなかったときには遮断効が働く旨の判示がなされているが，この判示の読み方につき，既判力の遮断効が認められるか否かの基準に期待可能性の観点をも取り入れたものと理解すべきか否かについては見解が分かれる。

　これに対し，遮断効否定説の立場からは，本問における取消権の場合についても後訴における行使は認められることになる。その理由としては，多数説の挙げる当然無効との均衡については，ある法律行為を無効とするか取り消し得るものとするかは立法政策の問題であり論拠としては説得力をもたないことに加え，多数説のように既判力が取消原因を洗い流し基準時後の行使を否定することは，取消権者に認められている除斥期間（民126条）を奪うことになり実体法の規定に抵触する，といったことが挙げられる。

　次に，提出責任説の立場からは，形成権を基準時後に行使できるか否かは，上述の①②の２つの要求の緊張関係の中に調和点を見出すべきであり，①の要求が②の要求に比べ圧倒的に強ければ提出責任は無条件に肯定（遮断効肯定）されるが，逆に②の要求が優越する場合には提出責任は否定（遮断効否定）されるとする。具体的には，相殺権は後者の場合にあたり提出責任は否定されるとする。他方，取消権については，取消権者が原告（債権者）

の場合には，本来の履行を求めることも取消権を行使して原状回復を求めることもできる実体法上の地位にあり，前訴で債権者が取消権を行使しないで本来の履行を求めていた場合には，取消権につき前訴での提出責任はなく遮断効は否定されるが，取消権者が被告（債務者）の場合には，本来の履行を求め得る実体法上の地位にないことから，取消権についての前訴での提出責任が認められ遮断効は肯定されるとする（解除権についても同様）。

　最後に，形成権行使責任説の立場は，取消権・解除権・建物買取請求権（建物買取請求権についても取消権と同様防御機能をもち，前訴においてその行使についての決断が促されているとする）については形成権行使責任が肯定され遮断効が肯定されるのに対し，相殺権については，これを早期に行使すべしとする規定は存在せず，遮断効を認めることは自働債権の強制貫徹機能を阻害し相殺権者に過度の要求になるとして形成権行使責任を否定する。

●】参考文献【●

宇野瑛人・百選 152 頁／倉部真由美・百選 154 頁／山本・基本問題 202 頁

（畑　宏樹）

将来給付の増額請求
（確定判決の変更の訴え）

　Xが取得した本件土地については，以前よりYの所有する本件建物（マンション）がその敷地の一部として存在していた。そこで，XはYに対し，建物収去および土地明渡しと，2019年1月1日から本件土地の明渡しに至るまでの賃料相当損害金（月額20万円）の請求訴訟を提起した（前訴）。この前訴はXの全面勝訴で終結し，判決は確定した（事実審の口頭弁論終結日：2020年4月2日，判決確定日：2021年1月30日）。

　Yは本件土地の明渡しに応じなかったことから，Xとしては前訴の確定判決を債務名義として建物収去土地明渡しの強制執行を求めようと考えたが，本件建物の入居者（Yからの賃借人）が多くなかなかこれに着手できない状態にあった。Yはその後も本件土地の不法占拠を続けていたが，前訴の口頭弁論終結日以後，本件土地の近郊に鉄道の駅ができたことから，本件土地の2022年4月1日当時における相当賃料額は月額50万円に達していた。

　そこで，Xは，Yに対し，前訴確定判決後に生じた経済事情の変更によりその認容額が著しく不相当となり，当事者間の衡平をはなはだしく害するような事情があることを理由として，2021年2月1日から明渡しに至るまでの間の，相当賃料額と前訴認容額との差額の追加請求を求める訴えを提起した（後訴）。

　この後訴は，前訴判決の既判力との関係で許されるであろうか。

●】 参考判例 【●

①　最判昭和61・7・17民集40巻5号941頁

●】解説【●

1 将来給付の訴えと増額請求

本問における事実審の口頭弁論終結日から本件土地の明渡しに至るまでの間の賃料相当損害金の給付を求める訴えは，将来給付の訴え（135条）である［将来給付の訴えの利益の詳細については→問題11］。

将来の不法行為に基づく損害賠償請求は，現在給付の訴えとは異なり，将来予想される損害をあらかじめ一義的に確定することにより認められるものではあるが，損害の発生予測の基礎となった貨幣価値や物価変動など口頭弁論終結時には予期し得なかった事情の変更により，損害の増減をきたすことがある。このような場合に，前訴確定判決の既判力にかかわらず，口頭弁論終結後の事情変更を理由に増額の請求をすることができるであろうか。本問のような将来の賃料相当損害金は，将来の値上りの可能性について前訴の口頭弁論終結前において主張・立証が不可能であるため，口頭弁論終結時の価額を基準にせざるを得ないところ，被告が不法占拠を継続しているにもかかわらず，実際に生じた損害をてん補できないとするのでは衡平に反し，実体法上も地代改定請求（借地借家11条）が許されていることに鑑みても妥当ではない。そこで，口頭弁論終結後の事情変更を理由に増額請求をすること自体は，一般に認められるといえる。問題は，これを認めるための理論構成をいかに捉えるべきかという点であり，これについては見解が分かれる。

2 一部請求論による理論構成

伝統的な「訴訟物＝既判力」という図式を維持し，同一の不法行為に基づく損害賠償請求権は1個である（最判昭和48・4・5民集27巻3号419頁参照［→問題19］）ことを前提とするならば，本問における後訴請求は前訴判決の既判力との関係において許容されないこととなる。

この点，参考判例①は，前訴の基準時後の物価変動や土地価格の高騰といった諸事情により，前訴における認容額が適正賃料額に比較して不相当なものとなった場合に生じる差額に相当する損害金については，前訴の段階において「主張，立証することが不可能であり，これを請求から除外する趣旨のものであることが明らかであるとみるべきであり，これに対する判決もま

たそのような趣旨のもとに右請求について判断をしたものというべきであって、その後前記のような事情によりその認容額が不相当となるに至った場合には、その請求は一部請求であつたことに帰」すると判示して、前訴は結果的に一部請求と捉えることができるとの判断を下した。これにより、「訴訟物＝既判力」という図式は維持しつつも、前訴が一部請求であったと判断されるところにおいては、後訴における訴訟物は前訴のそれとは異にすることとなることから（最判昭和37・8・10民集16巻8号1720頁）［→問題50］、増額請求を求める後訴は前訴の既判力には触れず適法な訴えとして認められることになる。判例理論の採用する明示的一部請求肯定説は、一部請求の明示がある場合には被告としても残部請求の後訴が提起され得ることを認識し得るという点に正当性を見出すことができるとするところ、本問においても賃料相当額がその後の経済事情の変化によって高騰した場合にはYとしては残部請求として差額についての後訴が提起されることを予見すべきということになろう。なお、判例は、後遺症に基づく損害賠償請求の許容性についても一部請求論を用いた処理を図っており（例えば、最判昭和42・7・18民集21巻6号1559頁など）［→問題19］、本問のような事案において一部請求論を用いることは一連の判例理論からすると平仄を保ちやすい面もあろう。反面、将来給付の減額といった事態に対しては、一部請求論を用いた対処は不可能であり、かかる事態への対応については判例理論では未解明の状態にあるといわざるを得ない。

3　その他の理論構成

判例が採用する一部請求論による理論構成に対しては、前訴が一部請求であった旨の何らかの擬制的な認定判断を伴わざるを得ない、一部請求論は既発生の請求権の分割請求を本来の守備範囲とすべきでありいまだ発生していない請求権にこれを借用すべきではない、といった批判が挙げられており、学説においては、これ以外のさまざまな理論構成が提唱されている。

例えば、既判力の遮断効を、前訴の基準時までに保障されていた当事者権に基づくものであることを強調し、将来の給付判決では、その基準時後に判決の基礎となった事実が変更し判決が不相当となるような場合においては、前訴で主張・立証が期待できず手続保障を欠く事実を主張してする後訴（増

額請求の場合は原告側からする追加請求の訴え，減額請求の場合は被告側からする請求異議の訴え〔民執 35 条〕）は許されなければならない，という見解がある（上田 489 頁）。この考え方は，基準時以後に顕在化した損害は既判力の時的限界の外にあるものとして捉えようとするものといえるが，不法行為の態様や損害事実について基準時の前後に変化がなく，基準時後に請求権の発生・変更・消滅をもたらす事実が生じたとみることも困難である，といった難点を伴う。

　また，端的に，将来を予測してなされる判決の特殊性から，将来の給付判決における認容額の既判力は柔軟性をもつとして，既判力の緩和を正面から認める見解も有力である（重点講義㊤360 頁注 18 など）。

　さらに，口頭弁論終結前に生じた損害につき定期金方式による賠償を命じた判決が確定した後に，損害額の算定の基礎となった事情に著しい変更が生じた場合には，その判決の変更を求める訴えを提起することができる旨を定める民事訴訟法 117 条の類推適用を説く見解も存在する（伊藤 544 頁，松本＝上野 699 – 700 頁など）。元来同条は，立案担当者の説明によると，口頭弁論終結前に生じた損害についての定期金方式による賠償判決に限り変更の訴えを許すことを想定しており，将来継続的に発生する損害賠償債務につき継続的に損害賠償を命じる判決については，同条の適用対象外とされているが（法務省民事局参事官室編『一問一答新民事訴訟法』〔商事法務研究会・1996〕132 頁参照），この立場は，本問のような場合であっても，前訴の基準時後の事情の変更によって金額が不相当になるという点では，同条の想定する現在の給付の訴えとしての定期金給付請求の場合と共通性が認められ，同条の類推適用の余地があると説く。

●】参考文献【●

岡田幸宏・百選 164 頁／山本弘「将来の損害の拡大・縮小または損害額の算定基準の変動と損害賠償請求訴訟」民事訴訟雑誌 42 号（1996）25 頁／高橋宏志「確定判決後の追加請求」新堂幸司ほか編『中野貞一郎先生古稀祝賀・判例民事訴訟法の理論（下）』（有斐閣・1995）249 頁

（畑　宏樹）

> 　本件土地はＡの所有名義に登記されていたが，これはＸが本来所有する不動産でありＡとの間で通謀虚偽表示によってなされた登記であった。Ｘは本件土地が自らの所有に属すると主張して，Ａを相手どって真正な名義回復のために本件土地の所有権移転登記手続請求訴訟を提起し，この訴訟はＸ勝訴の判決が言い渡され確定した（前訴）。
> 　その後，Ｙは，前訴の事実審の口頭弁論終結時（基準時）以降に本件土地をＡから譲り受け，Ｙ名義の所有権移転登記も了したが，Ｘ・Ａ間での通謀虚偽表示の存在については善意であった。Ｘは，Ｙに対して所有権に基づく本件土地の所有権移転登記手続請求訴訟（後訴）を提起したところ，Ｙは，自らは民法94条2項の善意の第三者に該当するので売買の虚偽表示による無効は対抗されないと主張した。
> 　前訴確定判決の既判力は，後訴に対してどのように作用することになるであろうか。

●】参考判例【●

① 最判昭和48・6・21民集27巻6号712頁
② 最判昭和41・6・2判時464号25頁

●】解説【●

1　既判力の主観的範囲：原則と例外

　既判力の主観的範囲については，原則として当事者間にのみその効力が及ぶとされている（既判力の相対性の原則。115条1項1号）。これは，民事訴訟が訴訟に関与した当事者間の私的な権利関係に関する手続である以上，既判力もまた当該当事者間にのみ及ぼせば必要にして十分であることに加え，処分権主義・弁論主義の下では，自ら訴訟を追行した当事者だけがその判決に

服すべきであって，訴訟に関与する機会の与えられなかった第三者にも判決に従うよう求めることは第三者の利益を不当に害することになるからである。もっとも，この原則に対しては例外もあり，訴訟担当の場合の権利義務の帰属主体（同項2号），口頭弁論終結後の承継人（同項3号），請求の目的物の所持人（同項4号）に対しては既判力が及ぶとされており，主観的範囲の拡張が法によって定められている。

2　口頭弁論終結後の承継人

民事訴訟法115条1項3号にいう「口頭弁論終結後の承継人」とは，前訴における事実審の最終口頭弁論期日以後（すなわち基準時以後）における，当事者（および訴訟担当の場合の権利義務の帰属主体）からの承継人を指す。この者に対しても既判力が拡張されるのは，判決による紛争解決の実効性の維持のため（権利関係の安定のため）とされる。すなわち，仮に承継人に既判力が及ばないとすると，例えば，勝訴原告から目的物を譲り受けた者が被告との間で再度訴訟をしなければならないことにもなりかねないが，それでは勝訴原告から目的物を譲り受ける者はまずいなくなるであろうし，逆に，敗訴した被告は係争権利関係自体を第三者に処分したり係争物に関する占有を第三者に移転することによって，既判力の拘束を回避でき，前訴確定判決を無に帰せしめることになるといった弊害が生じるところ，これを防ぐために承継人への既判力の拡張を認めたものである。とはいえ，一般に既判力の正当化根拠は手続保障に求められるところ，既判力の拡張を受ける承継人（とくに前訴が敗訴判決といった承継人に不利に拡張される場合）の手続保障については必ずしも十分ではない（判決による権利関係の安定という政策的要請を重視した結果の「立法者の決断」との評もある）。

このような趣旨からすると，ここでいう承継人とは，まず訴訟物たる権利・法律関係を承継した者を意味することに争いはない。問題なのは，訴訟物たる権利・法律関係そのものではないが，確定判決の紛争解決の実効性の観点から承継人として既判力を拡張すべき場合があるが，そのような場合について承継の対象をどのように理論的に位置付けるかについては考え方が分かれる。承継の対象につき訴訟法上の地位に着目する考え方としては，当事者適格の承継と捉える見解（適格承継説）もかつては有力であったが，前訴

と後訴とで訴訟物が異なる場合の説明に窮することもあり，近時では前訴で解決された紛争およびそれから派生した紛争の主体たる地位を承継の対象と捉える見解（新堂 705 頁，重点講義(上)690 頁など）が有力である。この立場によると，既判力の拡張を受ける承継人の手続保障は，前訴当事者の手続保障によって代替されているとする。他方，訴訟法上の地位ではなくむしろその基礎にある実体法上の権利関係を承継の対象として把握する立場（依存関係説。上田 507 頁，伊藤 581 頁など）も存在し，この立場からは承継人の実体法上の地位が訴訟当事者（前主）に依存する関係にあることをもって既判力拡張の正当化根拠とされる。

3　承継人固有の法的地位の主張

　確定判決の紛争解決の実効性の要請から前訴の基準時後の承継人にも既判力を拡張する必要があるとしても，本問のようにその承継人の法的地位が固有のものとして法律上保護されるような場合（本問の例では，民法 94 条 2 項にいう「善意の第三者」）にも，一律に既判力の拡張を認めてもよいものであろうか。この点につき，後訴において Y の善意が認定される場合には，民事訴訟法 115 条 1 項 3 号にもかかわらず Y を勝訴とすべきことに争いはない。問題はその理論構成をめぐってであり，口頭弁論終結後の承継人に当たる場合には一律に既判力の拡張を受けるが，それによって固有の法的地位の主張が遮断されるわけではないとする形式説（新堂 708 頁，重点講義(上)694 頁など）と，固有の法的地位が認められるような者は同項 3 号にいう承継人には当たらず，既判力の拡張は受けないとする実質説（兼子一『新修民事訴訟法体系〔増訂版〕』〔酒井書店・1965〕345 頁，上田 510 頁など）とが対立している。

　学説上は形式説が多数説といえるが，判例は参考判例のいずれについても実質説に立っているとの評が一般にはなされている（これに対し，判例がどの立場によるものか判旨からは明らかではないとする評もある。中野(1) 219 頁など参照）。

　もっとも，実質説，形式説のいずれの立場によろうと，結論自体には大差はないとされる。ただ，口頭弁論終結後の承継人に対する既判力の作用の仕方を，既判力理論との関係で整合的に説明できるという点において，形式説のほうに利点があるとされる。第 1 に，たとえ承継人に固有の法的地位が認

められるとしても，前訴判決で確定された権利関係自体を争う（本問におい
て，Ｙが，Ｘ・Ａ間の売買契約は有効でありＸはＡに対して所有権の移転登記請
求をすることはできないといった主張をすること）ことは前訴判決の既判力に
より許されない（既判力の積極的作用）が，固有の法的地位を主張すること
自体は，基準時後の新事由として遮断されない（既判力の消極的作用）こと
を明快に説明できる。第２に，実質説では，後訴当事者の主張に基づき固有
の法的地位が認められるかどうかによって，既判力が拡張されるかどうか
（民事訴訟法115条１項３号の「承継人」に当たるか否か）が決まることになる
が，これは既判力が職権調査事項であることと抵触しかねない。第３に，実
質説によっても，前訴当事者（本問におけるＡ）が勝訴した場合にはＡから
の譲受人であるＹへの既判力の拡張を認めることになろうが，形式説による
と，前訴当事者（本問におけるＡ）の勝訴・敗訴にかかわらず一律に既判力
の拡張があることを一貫して説くことができる。

4　執行力の拡張と承継人固有の法的地位

　口頭弁論終結後の承継人に対する既判力の作用という問題は，実際には，
前訴の訴訟物についての判断を先決問題とする後訴が提起された場合にのみ
問題となるものである。これに対し，本問とは異なりＸが，前訴確定判決を
債務名義としてＹに対し強制執行に及んだ（具体的には，承継執行文の付与の
申立て〔民執27条２項〕に至った）場合には，固有の法的地位を有するＡに
対する執行力の拡張（同法23条１項３号）の当否という別の問題が生じる。
　かつては，既判力と執行力の主観的範囲は一致するとの前提の下，執行力
が及ぶ承継人は，既判力が及ぶ承継人と同一とするのが一般的な理解であっ
た。しかしながら，既判力の拡張を受ける承継人が，既判力をもって確定さ
れた他人間の権利義務の存否を後訴で争えないにすぎないのに対し，執行力
の拡張を受ける承継人は自己の財産に対して直接に強制執行を受けることか
ら，両者の利益状態は著しく異なることなどを理由に，既判力と執行力の主
観的範囲は必ずしも一致しないとする考え方が今日では有力である（上述の
形式説は，既判力の及ぶ承継人であっても，執行力が及ぶ承継人ではない者の存
在を正面から認める）。そこで，執行力の拡張の局面において，承継人が固有
の法的地位を有する場合に，誰のイニシアティブでどのような手続段階で審

理させるべきかという問題が生じるが，この点については，権利確認説と起訴責任転換説という考え方の対立がある。

　前者の見解は，第三者に固有の法的地位が成立し第三者に対する請求権が存在しない場合には，この者に対する執行力の拡張はないとし，第三者に対する請求権の存在が少なくとも蓋然的に推認できる場合にのみこの者を承継人として執行文を付与することができるとする見解である。この立場によると，執行債権者は，承継の事実と第三者に固有の法的地位が成立しないことを蓋然的に推認できる証明書を提出した場合に限って，承継執行文の簡易付与（民執 27 条 2 項）を受けることができ，これができないときは執行文付与の訴え（同法 33 条）を提起しなければならないことになる。この見解に対しては，固有の法的地位の存否という実体権に関わる判断を，裁判官ではなく承継執行文付与機関（裁判所書記官）に委ねるのは適当ではない，という批判がある。

　これに対し，後者の見解は，債権者の既得的地位を維持し，承継執行を阻止する反対名義の形成責任を承継人側に負わせるのが衡平に適うとする見解である（もっとも，起訴責任転換説の立場でも，登記請求権について承継執行を認めるかについては考えが分かれる）。この立場では，執行債権者は，承継の事実を証明することによって執行文の簡易付与を受けることができ，承継人の固有の法的地位の主張は，承継人からの請求異議の訴え（民執 35 条）によらなければならない。

●】参考文献【●

山本克己・百選 172 頁／中野(1) 213 頁

（畑　宏樹）

問題 55　反射効

> 　Xは，Yに対し金3000万円を貸し付ける旨の金銭消費貸借契約をYとの間で締結し，同時に，この貸金債権の担保としてYの友人であるZとの間において連帯保証契約を締結した。その後，Xは，弁済期が到来したにもかかわらず上記貸金債権が履行されていないとして，Yを相手どって貸金返還請求訴訟（前訴）を提起したが，同訴訟においては，Yから抗弁として主張された弁済の事実が認められたことから，Xの請求を棄却する旨の判決が言い渡された。前訴判決の確定後，さらにXはZに対して保証債務の履行を求める訴え（後訴）を提起した。
> 　この場合，前訴確定判決の効力は，後訴に対していかなる作用を及ぼすことになるであろうか。

●】参考判例【●

① 最判昭和51・10・21民集30巻9号903頁
② 最判昭和53・3・23判時886号35頁
③ 最判昭和31・7・20民集10巻8号965頁

●】解説【●

1　既判力の相対性の原則と反射効理論

　既判力の主観的範囲については，原則として当事者間にのみその効力が及ぶとされている（既判力の相対性の原則。115条1項1号）。したがって，本問のように，債権者Xが主債務者Yを相手どって提起した金銭の支払請求訴訟において，Xが請求棄却判決を受けこれが確定したとしても，この判決の効力は，Y・Zの関係が民事訴訟法115条1項2号から4号に定められる例外

に該当しない以上，保証人Ｚに対しては及ばないのが原則である。それゆえ，Ｘは別途Ｚを相手どって保証債務の履行を求める後訴を起こすことも可能であり，紛争解決の相対性を前提とする以上，後訴においてＸが勝訴判決を得る可能性もある。

　しかしながら，このような事態は，前訴において主債務の不存在が確定されていながら，後訴では保証債務のみが存在するといった結果が，裁判を通じて生み出されたことを意味し，保証債務の付従性（民448条1項参照）を定める実体法との関係においては不可解な事態ともいえる。このような問題の解決に資する1つの理論として，「反射効理論」というものが存在する。

2　反射効理論

　反射効とは，第三者が直接に既判力を受けるわけではないが，第三者の法的地位が判決当時の一方当事者の法的地位に実体法上依存する関係がある場合に，当事者間に既判力の拘束力があることが，第三者に対しても反射的に利益または不利益な影響を及ぼす効力があるとする考え方である（兼子一『新修民事訴訟法体系〔増訂版〕』〔酒井書店・1965〕352頁参照）。

　この理論は，当初，既判力の本質論に関する実体法説（確定判決を実体法上の法律要件事実の一種と捉え，判決に基づいて実体権利関係が変更された以上，当事者はもちろん裁判所もこれに服さざるを得なくなるとする見解）を背景に，主債務者勝訴の確定判決により，存在していた主債務を消滅させる更改契約が成立したものとみなされ，主債務の消滅により保証債務も消滅することから，保証人に対する保証債務履行請求の後訴も棄却される，と説かれた。しかしながら，既判力の本質論に関し訴訟法説（既判力は専ら公権的判断の統一要求という訴訟法上の効力であるとする見解）が一般的な理解となるにつれ，反射効は既判力とは異なる効力として，実体法上の依存関係（保証債務の付従性など）を梃子として，保証人は主債務者勝訴の確定判決を援用すれば保証債務履行請求の後訴を棄却に導き得る，と説かれるに至る。

　このように，今日では反射効は，既判力といった確定判決本来の内容上の効力ではなく解釈論上導かれる付随的効力であり，既判力とは異なり職権調査事項ではなく後訴当事者の援用を待って顧慮すれば足りるとされる。

　その後の学説の発展に伴い，反射効が認められる例としては，本問のよう

な保証債務の付従性（民448条1項）を根拠とする主債務者・保証人間の場合以外にも，相殺の絶対効（同法439条）を根拠として連帯債務者の1人が提出した相殺の抗弁を理由とする連帯債務履行請求棄却判決と他の連帯債務者との間，持分会社の無限責任社員の責任（会社580条1項1号）を根拠として持分会社に対する請求認容または棄却判決と社員との間などにも反射効が認められるとされている（その他の例については，伊藤606頁参照）。いずれの例についても共通の基準とされるのは，当事者の一方と第三者との間に存するとされる「実体法上の依存関係」である。

　このような考え方が提唱された背景には，裁判所の負担回避，紛争解決の一回性といった公益的な要請もさることながら，多数主体間の関連した紛争につきその解決結果がまちまちになるのを回避し，実体法上の規律を判決による紛争解決結果に一致させようとする意図があるものと推測され，かつては有力に説かれていた見解である。

3　反射効理論に対する評価

　もっとも，反射効理論に対しては，その基準とするところの「実体法上の依存関係」が曖昧な上に，それだけでは判決効が第三者に及ぶことの正当化根拠としては不十分といわざるを得ないという難点がある，といった指摘がなされるところでもある。かくして，反射効理論を支持する見解は次第に少なくなり，むしろ，反射効の実質は第三者に対する既判力の拡張と異ならないとして，批判的な見解も有力に唱えられるに至る。

　このような見解の中には，明文の規定のない既判力の拡張は認められるべきではないとする反射効否定説（三ケ月章『民事訴訟法〔第3版〕』〔弘文堂・1992〕41頁，伊藤607頁など）や，反射効として論じられてきた効力を第三者への既判力の拡張として処理すべきとする既判力拡張説（鈴木正裕「判決の反射的効果」判タ261号〔1971〕2頁以下など）などが存在する。また，反射効か既判力かの性質決定は重要ではないとしつつ，第三者に不利な反射効については第三者の手続保障を，第三者に有利な反射効については敗訴当事者による紛争の蒸し返しの防止を考慮する見解（新堂744頁以下，重点講義㊤749頁以下など）も，反射効理論とは一線を画するものといえる。

　他方，反射効理論に親和的な立場も，反射効を実体法的な効力と位置付け

たうえで，債務の態様における牽連性・付従性が実体法上肯認される場合に限り，反射効を肯定する（山本・基本問題173頁以下。松本＝上野663頁以下も同旨か）。

なお，判例上は，反射効が問題となりそうな事例において，最高裁として反射効理論を正面から認めたものはない。参考判例③では，賃貸人の賃借人に対する請求認容判決が転借人の不利に反射的効果を及ぼすことを否定し，参考判例②では，不真正連帯債務者の1人に対する相殺を理由としてなされた請求棄却判決の効力を他の連帯債務者が自己に有利に援用することを否定している。もっとも，参考判例①については，傍論ではあるが反射効につき好意的な態度を示しているとの評もなされているところである。

4　本問を考えるに当たって

反射効理論に対する学説上の評価については，最近ではこれを正面から認めるものはむしろ少数といえよう。にもかかわらず，本問のような保証人事例において反射効肯定説の説く帰結に対しては，これに賛成する見解が有力である。これは，前訴で主債務の存否について争い主債務不存在との判断を受けた債権者が，その後保証人を被告とする保証債務履行請求訴訟において主債務の不存在を蒸し返して争うことを禁じたとしても，前訴において債権者にとっての手続保障が認められる以上，これを債権者の裁判を受ける権利の侵害とは評し得ない点にある。加えて，債権者によるかかる蒸し返しを許すとなると，保証人から主債務者に対する求償の問題がさらに生じる可能性があり，実体法上すわりの悪い紛争解決結果が生じることから，紛争解決の相対性の原則を修正してでもこれを回避すべき，といった要請が働くためである。

かくして，反射効否定説は別として，反射効肯定説ないしこれに親和的な態度を示す見解においては，X・Y間の確定判決の拘束力として，X・Z間での後訴においてもZに有利に判決の効力が及ぶことになる。また，既判力拡張の問題として捉える見解によっても，Xとしては最も利害関係の濃いYを相手に訴訟をして主債務が存在しないと判断されたのであるから，Xとしては尽くすべき手段を尽くしたはずであり，逆にZにX・Y間の確定判決の効力が有利に及ばないとすると，後訴でZが敗訴した場合にYはZから求償

請求をされ，Xとの間で勝訴した利益を実質的に奪われることになる，といったことを理由に，口頭弁論終結後の承継人（115条1項3号）に既判力が拡張される根拠（代替的手続保障）を類推して，X・Z間での後訴に対する前訴確定判決の既判力の拡張を正当化することになろう。

●】参考文献【●

越山和広・百選176頁／三木浩一・百選178頁

（畑　宏樹）

訴え取下げと再訴の禁止

> 　Yに対する貸金債権（甲債権：1000万円）を有する債権者Xは，Yを相手どって同貸金の返還を求める訴え（前訴）を提起した。審理の結果，第1審では請求認容判決が下されたのに対し，Yは控訴を提起したが，控訴審係属中，Yは「即時に1000万円全額を支払うことはできないが，金策のあてがあり6か月の間支払を猶予してもらいたい」旨をXに申し出，Xもこれを了承する旨の裁判外の和解が成立したので，XはYの同意を得てこの訴えを取り下げた。
>
> 　上記の裁判外の和解に従い，Xは前訴の取下後6か月間，Yに対する支払を求めなかったが，同期間を経過してもなおYはXに対して甲債権の履行をしなかった。そこでXは，Yに対し甲債権の履行を求めたが，Yは上記のような裁判外の和解は成立していないと主張して甲債権の支払を拒んだことから，甲債権の支払を求める訴えをあらためてYに対して提起した。
>
> 　裁判所は，この再訴をいかに扱うべきかについて検討しなさい。

●】**参考判例**【●

① 　最判昭和 52・7・19 民集 31 巻 4 号 693 頁
② 　最判昭和 55・1・18 判時 961 号 74 頁

●】**解説**【●

1　訴えの取下げの要件・効果

　訴訟終了に関する処分権主義より，原告は判決の確定に至るまでいつでも訴えを取り下げることができる（261条1項）。ここに，訴えの取下げとは，訴えによる審判申立ての撤回を内容とする旨の原告の裁判所に対する意思表示をいうところ，これがなされると訴訟係属の遡及的消滅という効果が生じ

る（262条1項）。

　訴えの取下げそれ自体は原告によってなされる訴訟行為ではあるが，相手方が本案について準備書面を提出し，弁論準備手続において申述し，または口頭弁論した（以下，「本案についての主張」という）後においては，相手方の同意を得なければ訴えの取下げは効力を生じない（261条2項）。この相手方の同意という要件が加重されている趣旨については，原告に訴えの取下げの自由が認められる一方，相手方である被告が本案についての主張をした後にあっては，被告にも本案について請求棄却判決を得て原告の請求に理由がないことを既判力をもって確定するという利益を有しており，これを保護する必要があるためと理解されている。

　また，本案について終局判決が言い渡された後に訴えの取下げがなされた場合，当事者は同一の事件について再度訴えを提起することができなくなる（262条2項）。これを再訴禁止効という。

2　再訴禁止効

⑴　**再訴禁止効の趣旨**　　本案について終局判決が言い渡された後にする訴えの取下げに再訴禁止効が生じる趣旨については，従来より大別して取下濫用制裁説と再訴濫用防止説という2つの考え方が唱えられている。

　取下濫用制裁説とは，訴えが取り下げられることにより，本案の審理に関与し判決まで下した裁判所の労苦を徒労に帰せしめたことについての原告に対する「制裁」と捉える立場であり，学説上は多数説といえる（兼子一『新修民事訴訟法体系〔増訂版〕』〔酒井書店・1965〕297頁，三ケ月433頁，新堂355－356頁，松本＝上野550頁など）。これに対し，再訴濫用防止説の立場は，訴えの取下げと再訴が繰り返されることにより裁判所が翻弄されるとともに，相手方にとってもその訴訟で紛争の解決を図ろうとする利益を不当に害することになるといった弊害から，ひとたび訴えを取り下げておきながら再度訴えを提起するのは訴権濫用に当たると説く（兼子一原著『条解民事訴訟法〔第2版〕』〔弘文堂・2011〕1452頁［竹下守夫＝上原敏夫］，梅本吉彦『民事訴訟法〔第4版〕』〔信山社・2009〕991頁など）。

　取下濫用制裁説に対しては，終局判決後にする訴え取下げ行為が非難の対象であるにもかかわらず，取下げ行為自体を法が認めていることは立法とし

ての一貫性を欠くといった批判が挙げられる。他方，再訴濫用防止説に対しては，訴えの取下げと再訴の繰返しといった事態は病理的にはあり得ても制度の理解としては極端であるといった批判があり，いずれも一長一短であることは否めないが，相互に矛盾するものとして主張されるものでもない。

　なお，この点について参考判例①は，民事訴訟法262条2項は，「終局判決を得た後に訴を取下げることにより裁判を徒労に帰せしめたことに対する制裁的趣旨の規定であり，同一紛争をむし返して訴訟制度をもてあそぶような不当な事態の生起を防止する目的に出たものにほかなら」ないとして，両者の折衷的立場に立っている（参考判例②も同旨）。

　⑵　「同一の訴え」の意味　　上述のように，再訴禁止効が生じる趣旨については諸説あるが，その適用範囲については，取下濫用制裁説，再訴濫用防止説のいずれの立場からも，これを限定的に解すべきとの主張がなされている。例えば裁判外の和解が成立したことにより訴えの取下げがなされた場合には上訴審の訴訟経済にも合致するし，当事者もすでになされた本案判決を考慮して裁判外の和解をすることもあるとすると裁判所の労苦がまったく無駄になるわけでもないからである。

　そこで近時では，取下濫用制裁説，再訴濫用防止説という立場の違いにかかわらず，前訴と再訴の同一性の判断に際しては，当事者の同一性・訴訟物の同一性のみならず，原告に再度の訴え提起を必要ならしめた事情の同一性まで加味して判断し，再訴の提起を正当化できる新たな利益ないしは必要性がある場合には，再訴の禁止に触れないとして，再訴禁止効の働く範囲を限定的に解するのが一般的な理解であり，参考判例①も同様の立場に立っている。

　訴えの取下げがなされる態様については，実質的な勝訴原告が取り下げる場合と敗訴原告が取り下げる場合とがあり得，このいずれかによってもまた再訴の意味も異なってくることから，訴えが取り下げられた背景を考慮しつつ「再訴を必要とした事情の同一性」をも判断対象とすることは，訴えの取下げの実態に即した妥当な解決が図られるものと思われる。

3　再訴を提起された裁判所の対応

　再訴の禁止に反しないことは訴訟要件の1つであることから，再訴の受訴裁判所は，被告からの指摘がなくても自らのイニシアティブによって調査を

開始する（職権調査事項）。その上で，上述の学説・判例の立場に従い，提起された再訴が前訴との関係において，当事者・訴訟物のみならず，再訴を必要とした事情の同一性について審理することになる。再訴を必要とした事情の同一性の判断に際しては，①前訴において原告が訴えを取り下げるに至った事情（訴えの取下げに至った原告の帰責性の有無）と，②訴え取下後の被告の態度の両面から判断すべきであるといった指摘もあるが，比較的②の側面にウエイトを置いた検討をすべきといえる。

　本問に即して考えると，①前訴においてＸはＹとの間における裁判外の和解（しかもＹに比較的有利な内容の和解）に応じたことによって，判決による紛争解決をその時点では必要としなかったものといえることから，Ｘとしては軽々に訴えの取下げに至ったとは評価しづらいであろう。にもかかわらず，②Ｙは和解内容を履行しなかったばかりか，和解の成立自体を否定したために，Ｘはやむなく再訴の提起に至ったものと考えられる。結論としては，本問における再訴は，前訴との関係において，再訴を必要とした事情の同一性が否定される事例と思われ，再訴禁止効は働かないと考えるべきであろう。もとより，再訴が許容される場合であることを明らかにする責任はＸの側にあり，この場合，Ｘとしては前訴控訴審係属中においてＹとの間で裁判外の和解が成立していたことを立証する必要があるが，この立証に成功し再訴が認められた場合には，再訴の本案についてもほぼ自動的に勝訴できるものと思われる。

●】**参考文献**【●

青木哲・百選〔第3版〕（2003）202頁／角森正雄・百選Ⅰ〔新法対応補正版〕（1998）170頁

（畑　宏樹）

問題 57　訴訟上の和解の効力

　　XはYに対して売買代金ならびに遅延損害金の支払請求訴訟を提起しこれが係属していたところ，第1審の口頭弁論期日において以下の内容の訴訟上の和解が成立し，これによって訴訟は終了した。
「1．Yは，Xに対する売買代金の支払義務が存在することを認める。
　2．上記売買代金の代わりに，Yの有する甲土地をXに譲渡する。
　3．Xは，Yの遅延損害金支払債務については免除する。」
　なお，この訴訟上の和解の成立に際し，Xは甲土地上にテナントビルを建設する予定である旨をYに明示し交渉を行っていたが，実は，甲土地については，建物を建ててもこれを撤去しなければならないという行政上の規制があったにもかかわらず，Yがその事実を隠してXとの和解交渉を行っていたために，Xは予定どおりのテナントビルを建てることができなくなってしまった。
　この場合，Xは上記訴訟上の和解の効力を否定することができるか。また，その主張方法としてどのようなものが考えられるか。

●】参考判例【●

① 最判昭和 33・6・14 民集 12 巻 9 号 1492 頁
② 最大判昭和 33・3・5 民集 12 巻 3 号 381 頁

●】解説【●

1　訴訟上の和解

　訴訟上の和解とは，訴訟の係属中に口頭弁論等の期日において，両当事者が裁判所の面前で訴訟を終了させるため互いに譲歩をして訴訟物等についての合意をすることであり，その合意の内容が調書に記載されることによって

確定判決と同一の効力が生ずることとなる（267条）。この「確定判決と同
一の効力」として，訴訟法上の訴訟終了効，執行力（民執22条7号），形成
力を有することには学説上も異論はない。議論があるのは，これに加えて既
判力まで含むものかどうかという点についてであり，学説上古くから対立が
みられる。

（1）　**訴訟上の和解に既判力は認められるか**　　この問題を論じる実益として
は，判決の場合とは異なり，訴訟上の和解は当事者による自主的紛争解決策
であることから，その成立過程において錯誤や詐欺・強迫が介在する可能性
が否めないところ，その取消しをどのように主張させることになるのか，と
いうことを考える際に意義を有する。

　この点については，大別して，①既判力肯定説，②既判力否定説，③制限
的既判力説という3つの異なる立場がある。

　既判力肯定説は，民事訴訟法267条の文言に最も忠実な立場で，和解によ
る紛争解決機能を判決による場合と同程度に認めるべきであることや，訴訟
上の和解の成立には裁判所が一定程度関与しており，その紛争処理機能を重
視すべきであること，などを根拠とする。しかしながら，この説に対して
は，取消しの主張は再審事由に準じる場合（338条1項）以外には認められ
ないこととなり，当事者に酷であるといった批判があり，今日では少数説と
いえる。

　他方，既判力否定説は，訴訟上の和解が当事者による自主的紛争解決策で
あることを重視する立場であり，その取消しについても再審手続を経由する
ことなく主張することができるとする。この立場は，現在の学説における多
数説を形成しているものと位置付けられるが，民事訴訟法267条の文言や，
和解の成立過程における裁判官の関与を軽視している，との批判もなされて
いる。

　この両者の中間的立場ともいい得るのが，制限的既判力説である。これ
は，訴訟上の和解の紛争解決機能を確保すべく，基本的には既判力肯定説に
立つものではあるが，当該和解に実体法上の取消原因がある場合には訴訟上
の和解は取り消されることによって無効となり既判力は生じないとする見解
である。判例は，参考判例②のように既判力肯定説に立ちつつも，参考判例

①は裁判上の和解に要素の錯誤がある場合にはこれを無効とすることから，制限的既判力説に立っているものと一般には評されている（なお，近時の裁判例である東京地判平成15・1・21判時1828号59頁は，明らかに制限的既判力説を採用する）。この説に対しては，既判力肯定説および否定説のいずれの立場からも，既判力概念を不明確にするものであるとの批判がなされている。

(2) **訴訟上の和解の法的性質**　　この問題は，当初は訴訟上の和解の法的性質論との関係において論じられてきた側面もあった。すなわち，訴訟上の和解を期日における私法上の和解契約と捉え和解調書はこれを公証するものにすぎないとする私法行為説や，訴訟上の和解は訴訟終了を目的とする訴訟契約と私法上の和解契約との二重の性格をもつとする両性説，あるいはこの2つの契約の併存を説く両行為併存説などの立場は，実体法上の取消しが訴訟上の和解の無効と直結することから，既判力否定説ないしは制限的既判力説に結び付きやすいのに対して，訴訟上の和解を私法上の和解とはまったく異なる別個の純然たる訴訟上の合意（合同行為）であるとする訴訟行為説の立場では，既判力肯定説に結び付きやすい，といった議論がかつてはなされていたのである。

しかしながら，実際には訴訟行為説に立ちながら既判力否定説を唱える見解が存在するなど，訴訟上の和解の法的性質論と既判力の有無は必ずしも論理必然的に結び付くものではなく，法的性質論が訴訟上の和解をめぐる諸問題に演繹的に解決をもたらすものではないとして，今日では法的性質論自体実益のある議論ではないといった評価がなされているところである（新堂375頁，河野正憲『民事訴訟法』〔有斐閣・2009〕342頁，重点講義㊤772頁，上田452－453頁など）。

2　訴訟上の和解についての無効の主張方法

(1) **錯誤による取消し**　　本問においては，まずXの錯誤が「要素」の錯誤（民95条）に当たるかどうかが問題となる。本問においてXは甲土地自体を取り違えていたわけではないことから，物の同一性について錯誤があったわけではなく，物の性質に錯誤にあったにすぎないが，これは契約の「内容」の錯誤ではなく，契約の「基礎とした事情（動機）」に錯誤があるにすぎない。とはいえ，動機も契約の相手方に表示されていれば契約内容とな

り，かつそれが取引上重要なものであれば契約の要素となることから，取消しの対象となる（民95条2項）。

　本問では，Xは甲土地上へのテナントビル建設予定という動機をYに明示しており，しかも当該テナントビルを建てられるか否かは甲土地取得に当たっては重要なポイントとなることから，要素の錯誤に該当すると考えてよいであろう。

　(2)　**訴訟上の和解と錯誤による取消し**　　Xによる錯誤取消しの主張が認められるとして，これが訴訟上の和解にどのように影響を及ぼすものことになるのであろうか。一般論として，既判力を有する確定判決の場合には，基準時前にすでに生じていた事由は既判力の遮断効にふれるとされる。本問においてXについて生じた錯誤は基準時（訴訟上の和解の効力発生時）前の事由に当たることから，Xが錯誤取消しを主張して本問の訴訟上の和解の効力を否定することができるか否かについては，訴訟上の和解の効力として既判力まで認めるか否かに係ってくることとなる。

　既判力肯定説に立つ場合には，基準時前の事由であるXの錯誤を主張して当該訴訟上の和解の効力を争うとは遮断効にふれることとなり，再審事由に該当する事由がある場合に限ってその効力を争うことができるにすぎない（再審の訴えに準ずる訴えが肯定される）。

　他方，既判力否定説に立つ場合には，私法上の和解についての錯誤による取消しを主張して訴訟上の和解の効力を争うことができるのはいうまでもない。また，制限的既判力説に立つ場合には，実体法上の取消原因がある場合には訴訟上の和解は無効であり既判力は生じないとすることから，既判力否定説と同じく，私法上の和解の錯誤取消しを主張して，訴訟上の和解の効力を争うことができることになる。

　(3)　**当事者の救済方法**　　既判力否定説ないし制限的既判力説に立ち，和解の効力を争うことができるとして，その手続的方法はどのようなものか。和解が無効とされることにより，訴訟上の和解によりもたらされた訴訟終了効もまた消滅するのか，という理論的な問題とも相まって，諸説唱えられているところである。

　和解の無効により訴訟上の和解の訴訟終了効も同時に消滅するという理論

的な立場を前提とすると，従前の訴訟（旧訴）はいまだ終了していないという
ことになることから，旧訴の期日の指定の申立てという方式（期日指定申
立説）が考えられるところである。他方，和解の有効性をめぐる争いは旧訴
とは別の紛争であると捉えると，旧訴とは別に和解無効確認の訴えや旧訴と
同一の訴えをあらためて提起すべし（別訴提起説）ということになる。

　期日指定申立説によると，期日の申立ては旧訴の再開を求めるものであ
り，再開を求められた旧訴の裁判所が無効原因の有無を審理し，和解が有効
であれば訴訟終了宣言判決をし，和解が無効であれば旧訴の審理を続行する
ということになる。この説の利点としては，和解が無効である場合には，旧
訴の訴訟状態をそのまま継続することができ，手続として簡便（再審の訴え
に類似する機能を簡易に果たすことができる）であることに加え，和解の有効
無効の判断を，和解に関与した旧訴の裁判官が担当することができるという
点がある。しかしながら，この説に対しては，①和解が上級審で成立してい
た場合には，和解無効の審理につき審級の利益が保障されない，②期日指定
申立てがなされるまでの期間が長いと旧訴の利用価値は乏しく，担当裁判官
も交替している可能性がある，③和解が訴訟物以外の法律関係や訴外の第三
者を含んでいたような場合には，和解無効確認の訴えによらざるを得ない，
といった批判も挙げられている。

　他方，別訴提起説による場合には，和解の有効無効の審理につき3審制が
保障されるというメリットがある（別訴として旧訴と同一の訴えが提起された
場合であっても，請求原因に対する審理の前提として和解の有効性が争われるこ
とになる）。なお，和解無効確認の訴えにおいて和解が無効と確認された後
の処理については，ⓐ旧訴は復活せず新訴を提起し争うとする見解と，ⓑ旧
訴が復活し旧訴の期日指定の申立てを経て争うとする見解とがある。しかし
ながら，和解無効確認の訴えによる場合には，審級の利益が過度に保障され
すぎることになる，ⓐ説によると新たな再審理を余儀なくされるなど訴訟不
経済である，といった批判が挙げられている。

　このように学説上では，救済方法については期日指定の申立てか別訴の提
起かいずれか1つにしぼるべきとする見解が根強く主張されているが，判例
は，当事者にいずれの救済方法も認めている（選択説：大決昭和6・4・22

民集 10 巻 380 頁〔期日指定申立て〕，大判大正 14・4・24 民集 4 巻 195 頁〔和解無効確認の訴え〕など）。近時の学説においても，救済を求める者の救済要求をどのような方法で取り上げるのが最も適切であるのかという点が重視されるべきとして選択説は有力であり，当事者の救済方法の選択が不適切な場合には，釈明や移送（17 条）によって調整し得るとする。この選択説に対しては，和解無効を主張する者の利益を重視しすぎており（例えば，控訴審の結審直前に訴訟上の和解が成立したが，和解無効確認の訴えが選択された場合，相手方としては，和解の有効無効を争うよりも旧訴を復活させて元の訴訟物で決着をつけたいと思うこともあるのではないか），理論としては，原則的方法として期日指定申立てを考えておき，単純な旧訴続行で処理しきれない場合には和解無効確認の訴えを肯定するという見解も存在する（重点講義㊤785 頁など）。

●】参考文献【●

松村和徳・百選 184 頁

（畑　宏樹）

問題 58　和解契約の解除

　　XはYに対して売買代金ならびに遅延損害金の支払請求訴訟（前訴）を提起しこれが係属していたところ，第1審の口頭弁論期日において以下内容の訴訟上の和解が成立し，これによって訴訟は終了した。
「1．Yは，Xに対する売買代金の支払義務が存在することを認める。
　2．上記売買代金の代わりに，Yの有する甲土地をXに譲渡する。
　3．Xは，Yの遅延損害金支払債務については免除する。」
　　しかし，甲土地の引渡期日が経過したにもかかわらず，YはXに対し一向に甲土地の引渡しを履行しようとしないので，XはYに対する履行の催告を行った上で上記の和解契約を解除し，あらためて売買代金の支払を求める訴え（後訴）を提起した。これに対し，Yは，本案前の抗弁として，和解契約が解除されたのであれば，訴訟上の和解による前訴終了の効果も遡及的に消滅しているはずであるから，前訴はいまだ訴訟係属状態にあり後訴は二重起訴に当たる，と主張した。
　　後訴裁判所としては，Xにより提起されたこの後訴をいかに扱うべきか。また，Xとしては，後訴提起という手段以外にどのような方法でもって和解の解除を主張し得るか。

●】参考判例【●

①　最判昭和43・2・15民集22巻2号184頁

●】解説【●

1　訴訟上の和解の解除の可否

　本問のように，和解の内容についてその後に不履行があった場合に，Xが和解契約の解除をせず，和解条項の内容の履行を求めて強制執行（甲土地に

ついての引渡執行）をすることは，訴訟上の和解の効力として執行力が認められている（民執22条7号）ことから，問題なく認められる。それでは，Xとしては，私法上の和解契約を法定解除し得ることに異論はないとして，さらに訴訟上の和解をも解除することができるであろうか。

　訴訟上の和解に私法上の和解としての要素を認め［→問題57］，既判力を否定する立場に立つ場合には，当然に債務不履行に基づく解除は肯定される。他方，訴訟上の和解の効力につき既判力肯定説ないし制限的既判力説に立つ場合であっても，その後の不履行に基づく解除権の行使は，基準時（訴訟上の和解の効力発生時）後に生じた新たな事由といえ既判力によっては遮断されないことから同じく解除は肯定される。

　問題なのは，解除権行使の効果として，和解によって生じていた訴訟終了効も消滅する（民545条1項参照）のか否かという点についてであり，解除の訴訟上の主張方法の問題とも相まって議論のあるところである。

2　解除の主張方法

　この問題は，理論的には，解除権行使の効果として訴訟上の和解により発生していた訴訟終了効が遡及的に消滅するのか否か，という点に関わってくる問題である。

　解除により訴訟終了効も消滅すると捉えるならば，前訴はいまだ終了していないということになることから，当事者としては期日指定を申し立てるということになる（期日指定申立説）。これに対して，訴訟終了効はもはや消滅せず別個の紛争が新たに生じたと捉えるならば，当事者としては新訴を提起するということになる（新訴提起説）。以下，両説の長短を検討するとともに，この2説以外の考え方についても検討する。

　(1)　**期日指定申立説**　　期日指定申立説によると，和解の解除により訴訟終了効も消滅し，前訴が復活し審理が続行されることになる。これにより，前訴の訴訟状態を利用することができる，申立手続が簡便である，不履行の有無の判断の前提としての和解条項の解釈には前訴において和解に関与した裁判官が適任である，といった利点がある。他方で，不履行の有無（＝解除の有効無効）は，和解自体に付着していた瑕疵ではなく新たな紛争と捉えるべきであるにもかかわらず，場合によっては審級の利益が保障されないとい

う難点がある。

(2)　**新訴提起説**　新訴提起説では，和解が解除されても訴訟終了効は消滅しない。この立場によると，和解を解除した上で新たに提起される訴えは，前訴とは別個の新たな紛争ということになり，審級の利益が保障されるという利点があるが，他方で，前訴の訴訟状態を利用できず不便であるという難点を伴う。

参考判例①はこの立場に立っており，和解を解除した当事者が前訴と同じ訴訟物をあらためて後訴という形で訴求しても，二重起訴の禁止（142条）にはふれないとしている。

(3)　**選択説**　訴訟終了効の消長とは別に，解除主張者に期日指定申立てと新訴提起のいずれかを選択させるという立場（選択説）も有力に唱えられている。解除主張者の意思を尊重した考え方といえるが，相手方の利益や審理充実のためには原則的な主張方法は定めておくべき，との指摘も他方ではなされている。

3　本問の検討

訴訟上の和解が解除されることにより，前訴について生じた訴訟終了効は消滅するという理解を前提とすると，本問のようにXが前訴と同じ訴訟物をもって後訴を提起することは二重起訴の禁止にふれ不適法な訴えとして却下されることになる。この立場に立つ場合には，Xとしては，前訴についての期日指定の申立てをすべきということになる。

他方，参考判例①や新訴提起説のように，訴訟上の和解が解除されても前訴について生じた訴訟終了効は消滅しないという理解を前提とすると，Xにより提起された後訴は二重起訴の禁止にはふれないということになる。

また，訴訟終了効の消長とは別に当事者に複数の救済方法を認める選択説の立場からは，Xによる後訴の提起以外にも，前訴についての期日指定の申立てという救済手段を認めることになる。

●】**参考文献**【●

近藤隆司・百選186頁

（畑　宏樹）

第6章

複雑訴訟

問題 59 訴えの変更

> XはYとの間で，Yの所有する甲家屋についての売買契約を締結したが，履行期になってもYから甲家屋が引き渡されないので，甲家屋の引渡しおよび所有権移転登記を求める訴えを提起した。Yは本件売買契約には要素の錯誤があり無効であるとしてXの主張を争い，争点整理の結果，契約の有効性が争点であることが確認されたが，証拠調べの前に，甲家屋は焼失してしまった。Xは，甲家屋の焼失はYの帰責事由によるものであるとして，従前の請求を履行不能による損害賠償を求める訴えに変更する旨の申立てを書面で行った。
>
> Xによってなされた訴えの変更は認められるか。また仮に，Xによる訴えの変更がその要件を満たしているとして，裁判所は従前の請求をいかに扱うべきか。

●】参考判例【●

① 最判昭和 32・2・28 民集 11 巻 2 号 374 頁

●】解説【●

1 訴えの変更

訴えの変更とは，原告が，すでに係属している訴訟手続を維持しつつ，当初申し立てていた審判対象（訴訟物）を変更することをいう。これによって，原告は当初に提起していた審判対象では被告との間での紛争解決にとって有効適切でないことに気づいたような場合であっても，あらためて別訴提起をする必要はなくなり従前の審理を無駄にすることなく利用することができる。しかし他方で，これが無制約に認められるとすると，被告にとっては防御・応訴の困難等の不利益が生じ，また審理も長期化・複雑化するといっ

た弊害が生じることから，民事訴訟法は，①請求の基礎に同一性があること，②著しい訴訟遅滞をもたらさないこと，という要件の下に訴えの変更を認めている（143条1項）。

(1) **請求の基礎の同一性**　この要件は，従前の請求とまったく関係のない請求が既存の手続に持ち込まれることによって生ずる被告の防御の困難を防ぐため，すなわち被告の利益保護のために設けられたものである，と解するのが一般的である。

いかなる場合に請求の基礎に同一性があるといえるのか，という点については諸説唱えられているが，大別して，請求の基礎の同一性を，①「前法律的な利益紛争関係」における同一性，新旧両請求の主要事実が「その根幹において共通する現象」などと理解し実体的関連性を重視する立場と，②「新訴と旧訴の事実資料の間に審理の継続的施行を正当化する程度の一体性・密着性が肯定できる」場合といった，裁判資料の利用可能性に重点を置く立場，さらに，③両者ともに考慮する立場（併用説），などがあるが，具体的帰結についてはいずれの説によっても大差は生じないとされている（上田532頁など）。また，併用説をさらに進めて，訴えの変更の時期が後になるほど①の側面（実体的側面）から②の側面（手続的側面）に重点を移すべき，とする見解も存在する（谷口安平『口述民事訴訟法』〔成文堂・1987〕183頁）。

(2) **著しい遅滞をもたらさないこと**　請求の基礎の同一性という要件に加え，民事訴訟法はさらに，訴えの変更を認めることによって著しく訴訟手続を遅滞させないことという要件（143条1項ただし書）を付加している。これは，訴えの変更を認めることによって生ずる訴訟遅延の問題に対処するために設けられた要件とされる。よって，現在の通説的見解は，この要件を，被告の利益保護を図るためのものではなく，訴訟経済や審理の非効率化の防止といった公益保護を図るためのものであると捉え，この要件の判断は具体的状況に応じて裁判所が職権で判定すべきとされ，また，被告の同意等があってもその判定には無関係とされる。

ただ，ここにいう訴訟遅延が生じることによってもたらされる公益の侵害というものは，当該訴訟が長引くことによる抽象的な意味合いでの公的訴訟不経済（司法資源の無駄）といった点が考えられるが，上述の通説的見解

も，訴訟手続に著しい遅滞が生ずるとして訴えの変更が認められないときでも別訴提起の余地は認めていることからすると，限られた司法資源の有効利用という問題の解決には資さないようにも思われる。

2　訴えの変更の態様

　訴えの変更には，次の2つの態様があるとされる。1つは，従前の請求（旧請求）を維持しつつ，新たな請求（新請求）を追加する場合であり，訴えの追加的変更と呼ばれる。これに対し，旧請求と交換して新請求を定立する場合を訴えの交換的変更と呼ぶ。

　訴えの交換的変更を，独自の類型として捉えるかどうかについては争いがある。参考判例①は，訴えの交換的変更を，訴えの追加的変更と旧請求についての訴えの取下げとが結合したものと捉えている（複合行為説。もっとも判例は，相手方が異議なく応訴すれば旧請求の取下げについて暗黙の同意ありとする〔最判昭和41・1・21民集20巻1号94頁〕）。一部の学説はこの考え方を支持し，訴えの変更の態様としては追加的変更のみを認めれば足り，訴えの変更の一態様としての交換的変更という独自の概念を定立する必要はないとする（三ケ月139−140頁など）。

　他方で，学説の多くは，旧請求の訴え提起による時効の完成猶予の効果の訴え変更後における持続や，新請求の審判のために旧請求についての従前の審理（裁判資料）の流用を説明するためには，訴えの交換的変更を独自の態様として位置付けるべきとする（独自類型説。新堂771頁，伊藤646−647頁，松本＝上野727頁，上田530頁など）。

　この両説の実際的相違は，旧請求の訴訟係属が消滅するためには，訴えの取下げ，とりわけ被告の同意を要するかという点に現れてくる。しかしながら，独自類型説に立つ多くの見解も，被告の利益保護という観点から，交換的変更の場合には被告の同意（261条2項類推）を要すると理解している（独自類型説のうち，被告の同意を不要とするのは，伊藤647頁）ことに鑑みると，結論において両説に大差はないともいえる。

3　本問の検討

　本問の前段については，Xによってなされた訴えの変更の申立てが，訴えの変更の要件を満たしているかどうかが問題となる。まず，甲家屋の引渡請

求等という従前の請求と履行不能による損害賠償請求という新たな請求との間には，請求の基礎の同一性があるといえるかという点について検討する。従前の請求原因は，Ｘ・Ｙ間での売買契約の成立でありその有効性が争われていたところ，新請求における請求原因においても，Ｙについて本来の債務（甲家屋の引渡債務）が成立していることが前提となることから，実体法的側面に着目すると請求の基礎に同一性があるといえよう。また，手続法的側面に着目しても，売買契約の有効性に関する審理がある程度進んでいたのであれば，これを新請求にも流用する実益は大きく，同様に請求の基礎に同一性が肯定されやすいといえよう。

　もっとも，旧請求についての審理が裁判をするのに熟しつつあり，新請求の審理のために新たな裁判資料の収集を必要とするといった，訴訟手続を著しく遅滞させると判断される場合には，訴えの変更は認められないことになる。このような場合には，Ｘとしては履行不能による損害賠償請求の別訴を提起せざるを得ないことになるが，1⑵でも指摘したように，果たしてこのような別訴によらせることが真に訴訟経済に適うことになるかについては疑問の余地があろう。

　本問の後段については，Ｘによる訴えの変更がいわゆる訴えの交換的変更に当たるものであることから，Ｙの同意の要否が問題となる。この点，複合行為説に立つと，訴えの交換的変更という独自の概念を認めないことから，旧請求について訴えの取下げがなされない以上，単に追加的変更として扱われることになり，旧請求についても本案判決（請求棄却判決）が下されることになる。他方，独自類型説に立つと，Ｘが訴えの交換的変更を申し立てるに際しては訴えの取下げは必要とはされないものの，独自類型説の多くも被告の利益保護の観点から，交換的変更の場合であっても被告の同意を要すると解していることを踏まえると，Ｙの同意がない限りＸによる訴えの変更は単に追加的変更として扱われることになる。

●】参考文献【●

萩澤達彦・百選 66 頁

（畑　宏樹）

主観的追加的併合

　AはY₁とある土地の所有権の帰属につき訴訟で争っていたが，Aが7000万円支払うときは，Y₁はAに所有権を移転し，移転登記を行う旨の裁判上の和解が成立し，これに従ってAは金員を支払い，本件土地所有権を取得し移転登記を経由した。

　上記和解金算定額の重要な資料となったのは，Y₂銀行に勤務する不動産鑑定士作成の鑑定評価書であったが，この評価書は本件土地を宅地見込地として評価していたところ，その後，本件土地は和解当時保安林指定（※注）されていたことが判明した。このため，Aの債権者であるXはAに代位して，Y₁に対し，購入した土地に瑕疵があったとして損害賠償を求める訴えを提起した。

　この損害賠償請求訴訟の第1審で，XはY₂を新たに被告に追加する旨の申立てをした。その理由は，第1審でY₂の不動産鑑定士を証人尋問したところ，Y₂の従業員である不動産鑑定士が土地の時価を鑑定するに当たり不法に瑕疵を隠蔽したために代金額が決定されたことがわかった，Y₂がその顧客であるY₁の利益を図ったもので，Y₂はY₁と連帯して支払え，というものであった。

　この訴訟において，被告Y₂の追加は認められるか。

（※注）保安林とは，水源のかん養，土砂の崩壊その他災害の防備，生活環境の保全，形成等，特定の公共目的を達成するため，農林水産大臣または都道府県知事によって指定される森林

●】参考判例【●

①　最判昭和62・7・17民集41巻5号1402頁

●〕解説【●

1　訴えの主観的追加的併合の必要性と許容性

　係属中の訴訟において当事者を追加することを，主観的追加的併合という。訴訟の当初から共同原告として訴えまたは共同被告として訴えられていなかった（当初は主観的併合でなかった）が，後に第三者自ら当事者として訴訟に加入したり，在来の原告または被告が第三者に対する訴えを併合することが，ここに広く含まれる。

　この主観的追加的併合には，明文の根拠がある場合とない場合がある。明文があるのもののうち，第三者自ら参加してくる場合として共同訴訟参加（52条）や参加承継（51条）が，原告が第三者に対する訴えを併合提起する場合として引受承継（50条・51条），被告による同様の引受承継がある。このほか，取立訴訟の被告が債権者を引き込む場合（民執157条1項）も含めてよいであろう。ここでの問題は，明文の規定がなくても，当事者の権能として主観的追加的併合を認めるかどうかである。

2　判例による主観的追加的併合の否定

　判例・実務は，明文の規定がない場合にこのような併合形態を認める必要はないとしている。実務では，係属訴訟への追加でなく，別訴として訴え提起したもの（本問ではXからY$_2$への訴え）を，裁判所が裁量で係属中の訴訟（本問ではXからY$_1$への訴え）と弁論を併合するという扱いをしてきた。それで間に合うと考えてきたからか，判例も少ない。

　上記の併合形態のうち，本問の，原告が訴訟係属中に第三者を新被告に追加する場合をみると，下級審判例には肯定例もあったが，上記の参考判例①が否定的立場をとった。すなわち，原告はY$_2$に対する別訴を提起した上で，Y$_1$に対する訴訟と口頭弁論を併合（152条）してくれるよう裁判所に促し，裁判所が併合判断をするのを待つべきである，仮にY$_1$に対する訴訟とY$_2$に対する訴訟が併合要件（38条）を満たしていたとしても，Y$_2$への新訴が裁判所の判断なく当然に併合されるという効果を認めることはできない，としたのである。主観的追加的併合が認められない実質的な理由としては，「かかる併合を認める明文の規定がないのみでなく，これを認めた場合で

も，新訴につき旧訴訟の訴訟状態を当然に利用することができるかどうかについては問題があり，必ずしも訴訟経済にかなうものでもなく，かえって訴訟を複雑化させるという弊害も予想され，また，軽率な提訴ないし濫訴が増えるおそれもあり，訴訟の提起の時期いかんによっては訴訟の遅延を招きやすいこと」などが指摘されている。この内容をさらに説明すると，被告の追加を許しても係属中の訴訟（本問のX・Y₁間の訴訟）の訴訟の資料を当然に流用できるとは限らないという訴訟経済の観点と，原告が訴訟前に慎重に調査して被告を選ぶということをしなくなり，被告や被告に追加しようとする関係者に迷惑だという当事者間の公平の観点にまとめられるだろう。

3　学説による主観的追加的併合の許容（判例への批判）

　これに対して学説では，古くから主観的追加的併合の理論が立てられ，被告から第三者を引き込む形態を含めて追加的な共同訴訟の理論が広く唱えられてきた。主観的併合については併合要件があり（38条），追加的な併合もとくに差し支えないと考えられるし，被告や第三者からも，原告の訴えが提起された機会に，その訴訟手続を利用して，広く紛争の調整ができることは望ましい（ただし第2審での追加は追加された者の審級の利益を奪うので，第1審係属中に限るとされる）。現在では，一定の要件の下，在来の当事者が第三者を訴訟に引き込んで，その第三者を共同訴訟人として訴訟を続けることを認めるのが有力となっている（井上・後掲121頁）。

　とくに原告が被告を追加する本問の形態は，主観的追加的併合の中で最も許容しやすい基本的形態で，学説では当然承認済みであったのに，上記のとおり判例が別訴の提起と弁論の併合によれば足りるとし，併合審判を裁判所の裁量に任せて（併合するかどうかは裁判所次第で併合される保障がない），当事者の申立権としては認めないことに批判が強い。

　このような併合形態を認める学説も，共同訴訟の要件（38条）を満たせば常に後発的併合を認めてよいとはしておらず，一定の要件を提示し，それについて裁判所の審査を経ることを前提としている。弁論併合を裁判所の裁量に委ねるのでなく，その指針と申立権者の権限を明確にしようとしているのである。判例のように弁論の併合で目的を達することができるとして訴えの主観的追加的併合に消極的な学説（裁判所の裁量に任せ，その裁量をコント

ロールしようという立場）もある。しかし，有力説は，軽率な提訴ではなく訴訟遅延を招くおそれもない場合で，新被告に対する訴えを併合する必要が一定程度認められる紛争についても一律に当事者は別訴提起しか認めず，この併合形態を否定するのは硬直だと考えているのである。

　そこで学説においては原告による追加的併合の要件が議論され，まず，民事訴訟法 38 条前段に当たる場合には主観的追加的併合を認め，同条後段の場合には認めない立場が生まれた。その後，主張および証拠の共通性が高く，原告が当初から第三者を共同訴訟としなかったことに重大な過失がなく，かつ従前の訴訟手続が著しく遅延しないことを要件とする立場などが主張されるようになった。たしかに学説の議論はいまだ十分とはいえないが，前述 2 の参考判例①で示された訴訟経済と当事者間の公平の観点でいえば，近時は後者に重点を置く学説がいくつも主張されている。

4　主観的追加的併合の要件，許否を見極める指針

　では，当事者によるこのような併合の申立てを一律に否定するのでなく，判例の指摘するデメリットを避ける要件，指標はどのようなものか。訴訟経済や紛争の 1 回的解決という観点もあり得るだろうが，やはり当事者間の公平の観点，紛争の具体的経過における当事者らの関係が重要だろう。つまり引き込む側，ここでは原告が当初から共同被告とせず，後に引き込むことが引き込まれる第三者と在来被告に対して公平か，が問題となる（井上・後掲122 頁以下）。

　本問では，第 1 審の経過から Y₂ が紛争に関係することがはじめて明らかになった，X が Y₁ と直接の契約関係になかったこともあり，提訴前に Y₂ も被告に据えるべき状況にはなかったとすれば，追加的併合を許す要素と認めることができよう。けれども逆に，証人尋問の中から追加的併合申立ての契機を得たという点は濫訴の疑いもあり，遅延のおそれからも裁判所による弁論併合さえ許されない可能性があるとして，このような状況での追加的併合を否定する評釈もある（高橋宏志・法学協会雑誌 106 巻 1 号〔1989〕154頁）。いずれにせよ個別事件の具体的な状況，訴訟の経過の中で，原告が最初からその者（本問では Y₂ ）も被告にしなかったことに責任がなく，後から被告を加えることが関係者間で必要であり，かつ不公正でない根拠を示すこ

とができれば，原告による追加的併合を許してよいと考える。

　この併合形態が認められる場合には，以後の訴訟は通常共同訴訟となる［共同訴訟人独立の原則については→問題61］。従前の訴訟の資料が，追加されたX・Y2間の訴訟には影響を及ぼすかどうかについては，通常は，旧訴訟の訴訟状態の利用は当然とされ，証拠についてはX・Y1訴訟とX・Y2訴訟で共通とされる。判例のように（追加を許さず）別訴を併合した場合にも訴訟の資料は流用される。ただし，有力説はこの前提自体を問題にしており，まずはXやY2の援用を待ち，当事者双方の立場を考慮して旧訴訟の資料を利用しない場合もあり得るとしている。

　なお上記の問題とともに，本問とした参考判例①では，別訴の提起，弁論の併合という方法をとる場合，新被告に対する訴えについて新訴と同様の手数料を納めなければならないのかが問題となった。参考判例①の第1審は，新訴としての手数料の納付命令にXが応じないとして訴えを却下し，この判断が控訴審，最高裁でも維持された。しかし，もし判例と逆に主観的追加的併合を適法とするのであれば，二訴訟の経済的利益が共通するとして追加の納付は必要ない，とされる。

●】参考文献【●

井上治典『多数当事者の訴訟』（信山社・1992）115頁／安西明子・百選190頁

（安西明子）

共同訴訟人独立の原則

Y₁ はある土地をその所有者である X から借り受け，その上に建物を所有していた。その後，本件建物の所有権は Y₁ から Y₂，Y₂ から Y₃（Y₁ の子）へと移転し，Y₁ と Y₃ がそこに居住していた。X は本件土地所有権に基づき，Y₁ に対しては建物退去・土地明渡しを，Y₃ に対しては建物収去・土地明渡しを，Y₂ に対しては本件建物を所有していた期間の賃料相当額の支払を，それぞれ求める訴えを提起した。

この訴訟で Y₁・Y₃ は本件土地の占有の適法性を主張し，本件土地の賃借権を有するとの抗弁を提出したが，一方，Y₂ は損害賠償義務の存在を争ったものの格別の主張はせず，口頭弁論を欠席し，答弁書も提出しなかった。

このような審理状況において，Y₁・Y₃ が，Y₃ が賃借権を有することを推認させる間接事実として，Y₂ が本件建物所有権を取得して以降，自分たちが X に賃料相当額の支払を続けてきたことを主張し，裁判所は，Y₃ が賃借権を有するとの理由で Y₁・Y₃ に対する請求を棄却しようとしているとき，Y₂ に対する請求についてはどのように処理したらよいか。X も上記 Y₁・Y₃ の賃料相当額の支払の主張を明らかに争わなかった場合に，Y₂ が建物所有権を有していた期間，Y₁・Y₃ が賃料相当額を支払っていたという事実を認定して X の Y₂ に対する請求を棄却することはできるか。

●】 参考判例 【●

① 最判昭和 43・9・12 民集 22 巻 9 号 1896 頁

1　共同訴訟

　本問は，共同訴訟のうち通常共同訴訟に当たる場合である。このような訴訟において共同被告となったYらの地位はどのようなものか，互いに関係するかどうかが，ここでの問題である。

　共同訴訟とは，1つの訴訟手続の当事者の一方または双方に数人の当事者がいる訴訟形態であり，訴えの主観的併合とも呼ばれる。共同訴訟は，各共同訴訟人（共同原告，共同被告）につき判決がまちまちになってかまわない「通常共同訴訟」と，判決が合一に確定されることが要請される「必要的共同訴訟」に分けられる。

　共同訴訟のうち圧倒的多数は通常共同訴訟である。この訴訟では，合一確定の要請が働かず，共同で訴えまたは訴えられる必要もない。一方，合一確定が要請される必要的共同訴訟はさらに2つに分かれ，全員が共同で訴えまたは訴えられなければならない「固有必要的共同訴訟」[→問題64]（「合一確定の必要」＋「訴訟共同の必要」がある）と，共同で訴えまたは訴えられる必要はないが，そうなった場合は当事者間で合一的に解決されなければならない「類似必要的共同訴訟」[→問題66]とがある。

2　通常共同訴訟

　この類型では，各当事者と相手方の間で一律に勝敗を決する必要がなく，もともと別の訴訟で処理されても差し支えない性質の事件が1つの手続に併合されているにすぎない。そこで共同訴訟人は各自独立して係争権利ないし利益を処分する権能を認められ，訴訟追行上も各自独立の権能が与えられている。ただし，共同訴訟には，併合して審理するだけの妥当性・合理性が必要である。民事訴訟法はこの主観的併合要件として，各共同訴訟人の請求またはこれに対する請求が相互に一定の共通性・関連性がある場合を，次のとおり3つ示している（38条）。

①　訴訟の目的たる権利義務が共通であるとき（例：数人の連帯債務者に対する支払請求，数人に対する同一物の所有権確認）

②　訴訟の目的たる権利義務が同一の事実上および法律上の原因に基づくと

き（例：同一事故に基づく数人の被害者の損害賠償請求，主たる債務者と保証人に対する請求）

③　訴訟の目的たる権利義務が同種であって，事実上および法律上同種の原因に基づくとき（例：同種の賃貸借契約に基づく数人の賃借人への家賃請求）

なお，当事者が複数になるということは請求も複数になるから，共同訴訟＝訴えの主観的併合の前提として，請求の併合＝訴えの客観的併合の要件を満たしていなければならない。すなわち各請求が同種の訴訟手続で処理されるものでなければならないし，共通の管轄権がなければならない（ただし上記①②の，請求相互に関連性が強い場合には，1人について管轄のあるところに他も併合して提起できる。7条ただし書）。以上をみると，本問ではY₁・Y₃とY₂の関係は上記②に当たると考えられる。

3　共同訴訟人の地位

通常共同訴訟では，各共同訴訟人は他の共同訴訟人に制約されずに独立に相手方に対する訴訟を追行する。共同訴訟人の1人の訴訟行為，共同訴訟人の1人に対する相手方の訴訟行為は他の共同訴訟人に影響しない（39条）。これを「共同訴訟人独立の原則」という。通常共同訴訟では共同原告（または共同被告）が各請求につき単独で当事者の地位に立つことができる関係にあるからである。そこで例えば，各自独立に請求の放棄・認諾，和解，訴えの取下げ，上訴，自白などができ，その効果はその行為者と相手方との間にしか及ばない。1人について中断・中止の事由が生じても，他の者に影響はない。裁判所は，ある共同訴訟人の訴訟についてだけ弁論を分離し（152条），一部の者につき判決をすることもできる（243条2項）。1人の共同訴訟人が上訴しても，他の共同訴訟人は上訴人となるわけでなく，上訴の効果も及ばない。

このように，通常共同訴訟では裁判の統一の法律上の保障はない。しかし，弁論および証拠調べが共通の期日に行われるので，一部の者は積極的に処分行為をしない限り，同一の心証による統一的な裁判が期待され，事実上は裁判の統一がもたらされる。

4　共同訴訟人間の主張共通・証拠共通

上記の事実上の統一的審判を，より実質化しようと，判例・通説は共同訴訟

人間に「証拠共通」の原則を認めている。すなわち，共同訴訟人の1人が提出した証拠またはこれに対して提出された証拠は，他の共同訴訟人と共通あるいは関連する係争事実につき，とくに援用されなくても事実確定の資料とすることができる，とする（ただし本問では証拠・証明の前提となる主張が欠けていることが問題となっている。前提が欠けているので，証拠共通の適用はない）。この原則は「自由心証主義のもとでは歴史的に1つしかない事実についてその認定判断（心証）も1つしかあり得ない」と裁判官の心証を根拠に説明されることが多い。けれども，弁論主義・共同訴訟人独立の原則が働く場面で，なぜ証拠資料について一体的処理をしなければならないのか明確でない。そこで，理論的には，共同訴訟人の一方が提出した証拠でも，他方の共同訴訟人はその証拠調べ手続に関わる機会が与えられるので，このような審理過程自体から共通利用が認められる，と考え，もし実質的に他方の共同訴訟人に手続保障が欠けていると認められる場合には証拠共通が働かないとみるべきであろう。そこで，併合前に尋問した証人についての，尋問の機会がなかった当事者による再尋問の規定（152条2項）も，手続保障の重要性を確認するものと解される。

　一方，1人の共同訴訟人がした主張につき，他の共同訴訟人が積極的に抵触する行為をしていない場合，その主張が他の共同訴訟人に利益である限り，この者にも効果が及ぶとする，「主張共通」を認めるかどうかについては議論が分かれ，認める立場のほうが少数である。通常共同訴訟においても統一審判を果たそうとする少数説としては，このほか，通常共同訴訟においても共同訴訟人間に補助参加の利害関係が認められることを要件として「当然の補助参加」を認める学説がある。当然の補助参加を認めるのと主張共通を認めるのでは，上記のとおり要件が異なる上，後者が主張のみを念頭に置くのに対し，前者は訴訟行為全般を対象とする。

　本問に用いた参考判例①は，当然の補助参加を否定した。すなわち第1審（名古屋地判昭和41・3・18民集22巻9号1912頁参照）・2審（名古屋高判昭和42・4・27金判132号4頁）は，Y_2は建物所有期間の占有権限や賃料支払の主張・立証を行っていないが，Y_1・Y_3とY_2はいわゆる共同訴訟人間の補助参加関係にある，自己の利益を守るためにY_2を勝訴させようと助っ人とし

て参加している関係にあるため［補助参加については→問題⑥7・⑥8］，Xと
Y₁・Y₃間の賃料相当額の支払の事実についての自白（明らかに争わない以
上，自白成立）はX・Y₂間にも妥当するとしてXの請求を棄却していた。
これに対して，参考判例①は，通常共同訴訟では，たとえ共同訴訟人間に共
通の利害関係がある場合も，共同訴訟人独立の原則が働くのであって，共同
訴訟人とその相手方との間の関係からみて当然に補助参加がされたと同一の
効果を認めることはできないとした。Y₁・Y₃から実際に補助参加申出がな
いのに，Y₁・Y₃の主張をY₂のための補助参加人の主張として，その効力を
認めた原判決を否定したのである。

　参考判例①についてはそもそも，Y₁・Y₃がY₂に補助参加する利害関係を
有するのかどうか，疑問視する評釈もある。この点，主張共通説では補助参
加関係がなくてもよい。Y₁・Y₃主張の賃料支払の事実が認められればY₂に
も有利な審判が得られるという意味で共同訴訟人間で利益に働く同一の事実
主張といえ，Y₂が積極的に反対しない限り，この事実がY₂の請求に影響を
及ぼすとしてもXに不意打ちでないとして，欠席したY₂についてY₁・Y₃
の主張，Y₁・Y₃とX間の自白を用いて請求棄却判決を導くことになる（新
堂・後掲53頁以下）。

　しかし，学説の多くも，当然の補助参加や主張共通を認める少数説に対
し，共同訴訟人の一部がした訴訟行為が他の者に「利益」かどうかは容易に
決められないし，その訴訟行為に対して積極的に抵触する行為をしないから
といって，その者の訴訟行為に同化させてしまうことはできない，などと批
判している（判例と結論は同じく，本問でY₂についてY₁・Y₃の主張，Y₁・Y₃
とX間の自白を用いて請求棄却判決はできない）。ただし，少数説により，通
常共同訴訟だから当然の補助参加は認められないとして，共同訴訟人独立の
原則を形式的画一的に適用することに対する疑問，問題提起がなされている
ことは明確に認識しなければならない。

●】参考文献【●

新堂幸司『訴訟物と争点効(下)』（有斐閣・1991）33頁／村上正子・百選188頁

（安西明子）

主観的予備的併合
（同時審判申出共同訴訟）

> 　XはY₂から350万円借り入れた際，X所有の本件土地の登記をY₂に移転した。Xは弁済の提供をしたが，Y₂は土地を返さない。そこで，Y₂への登記移転は担保目的であり，所有権移転の意思によるものではなかったとして，Y₂に対する所有権移転登記請求訴訟を提起した。ところが，Xの訴え提起直前に，Y₂はY₁に本件土地を売却し所有権移転登記をした。そのため，Xは，主位的にはY₁に対して所有権移転登記を請求するとともに，仮にその請求が認容されない場合にはY₂がXの権利行使を妨げ，Xに損害を被らせたことになるとして，Y₂に対して予備的に1400万円（土地代金から借入金債務を引いた額）の損害賠償請求をした。
>
> 　このようにXがY₁・Y₂に対して順位を付け，主位的被告Y₁に対する請求認容を解除条件として，予備的被告Y₂に対する請求に対する判決を求めることはできるか。

●】参考判例【●

① 最判昭和43・3・8民集22巻3号551頁

●】解説【●

1　主観的予備的併合の意義

　数人のまたは数人に対する請求が論理上両立し得ない関係にあって，いずれが認められるか判定し難い場合に，共同訴訟の形態をとりつつ，それぞれの請求に順序を付けて審判を申し立てることを，訴えの主観的予備的併合と呼ぶ。例えば，代理人（代表者）と契約したが無権代理の疑いがあるときに，第1次的に本人（会社）に請求し，これが棄却される場合に備えて予備

的に代理人（代表者個人）に対する請求をも併合提起する場合（民117条1項），土地の工作物の瑕疵による損害賠償を第1次的に占有者に，2次的に所有者に対して請求する場合（同法717条）などである。

　この併合形態をとらず，両被告を別々に訴えることはできるが，別訴だと一方では代理権がないとして本人に対する請求を棄却され，他方では代理権ありとして代理人に対する請求を棄却されて両方で敗訴するおそれがある。被告側のみならず原告側に順位付けがなされる場合も含まれるが，ここでは本問のとおり前者を対象としておく。

2　この併合形態の問題点

　同一当事者間の複数請求に順位を付ける，訴えの客観的予備的併合は問題なく認められるのに，主観的予備的併合については議論が分かれている。

　否定説の理由は主に，①予備的被告の地位が不安定であること，②審理の統一が保障されているわけでないことの2点にまとめられる。すなわち，①この併合形態は，第1次被告に対する請求が認められれば予備的被告に対する請求の裁判はいらないとの申立ての趣旨と解されているので，第1次被告に対する請求認容判決が確定すれば，予備的被告に対する訴訟は遡及的に訴訟係属を消滅させられ，予備的被告の地位は不利益で不安定なものになること，②この併合形態には共同訴訟人独立の原則（39条）［→問題61］が適用される結果，いずれか一方に対し勝訴できるという意味での裁判の統一の保障は必ずしも得られず，この併合形態を認めるメリットはあまり大きくないこと，とくに上訴との関係では，第1次被告に対する請求が認容されれば，判決は第1次被告との間でしか出されず，控訴できるのは第1次被告だけであり，控訴審にいくのは主位請求だけである。また第1次被告につき請求棄却，予備的被告に対し請求認容となるときも通常共同訴訟であって，原告が控訴したとき控訴審にいくのは第1次被告に対する請求だけであり，結局，どちらにも負けることを防止するという統一審判が保障されるのは第1審においてだけである。

　参考判例①は最高裁が主観的予備的併合の適否について初めて判示し，否定説に立つことを明示したが，その理由は示していない。これ以後も下級審においてはこれを適法とする判例が報告されてきた。

3　肯定説からの反論

　肯定説にとって，上記問題点は致命的なものではない。②は，通常共同訴訟における独立原則を修正して必要的共同訴訟の規定（40条）を準用すれば，上訴の問題だけでなく，攻撃防御方法の提出や自白，和解を含めて一応解決できる。もともとこの併合形態を否定するより肯定するほうが，より統一的裁判を保障できる。①についても，両立しない請求の関係から，主位的請求認容判決は同時に予備的請求棄却を意味し，前者が確定すれば予備的請求の再訴を遮断すると解すればよい。これらは技術的問題として，クリアできるのである。

　ただし，根本問題につながる①については，もう少し検討しておこう。①は，ⓐ主位請求が認容されると予備的請求は棄却判決を受けることなく消滅するという判決段階での不利益のほかに，ⓑ訴訟中はいつ自分に対する請求の審理に入るのか不明で，終始弁論に関与していなければならず，しかも主位請求に対する請求の審理中はほとんど何もできない，という審理過程での不利益に分かれる。ⓐは前述のとおり技術的にクリアでき，ⓑも，予備的被告に対する請求に関する弁論，証拠調べは第１次被告に対する請求が棄却されてから始めるという条件はない。関連する請求である以上，２つ同時並行的に審理されると考えられ，予備的被告がいつ自分に対する審理に入るのか不明という不安定な地位に置かれるというより，むしろ終始弁論の機会があることは長所とも考えられる。

4　肯定説の展開と本問への対応

　問題なのは，原告が「択一的に」両被告を相手にしている状況において，なぜ両被告，とくに予備的被告が弁論に応じなければならないか，である。予備的被告は，誰に請求を向けるのか不確定な原告の申立てに対して応訴しなければならない。この不利益の根拠を，両請求が両立し得ないという，請求の実体的関係に求める考え方もある。しかしそうではなく，訴訟主体間の関係を重視し，予備的被告が異議を述べずに応訴している場合や，紛争の経緯から原告が被告を１人に絞る責任がない場合に，この併合形態を認めようとする考え方が主張されている。

　以上によれば，本問では，厳密な意味で両請求が両立し得ない関係にあるのか若干疑念もあるが，XのY₁に対する請求はXに所有権が存在すること

を前提とし，Y_2 に対する請求は X に所有権がないことを前提とする点では法的に両立し得ない関係にあると考えられ，Y_2 に対する損害賠償請求が本件土地の代償であるから，実質的経済的にみても主観的予備的併合を許す方向へ傾く。また何より，原告がこのような併合形態をとらざるを得なくなったのは，係争物処分（土地の売買）という Y_2 自身の行為によるものであるから，この併合形態を認めてよいだろう。問題を複雑にしないため，本問では X が訴えを提起しようとした直前に，Y_2 が土地を Y_1 に処分したと設定したが，基になった参考判例①の事案では，土地譲渡は訴え提起後であった。実際の事案のほうが，より Y_2 の帰責性が高いとも考えられるが，いずれにせよ X と争いになっている最中にその土地を処分して，X が誰を相手取ったらよいか不明確にさせたのは Y_2 である。このような Y_2 の行動から，Y_2 は被告にされても当然といえるし，X としては土地を返してもらいたいのが第 1 であるから，まず Y_1 に対する所有権移転登記請求，それが駄目なら Y_2 に損害賠償請求という順序付けがある。このように紛争の経緯，当事者間の関係からみて，主観的予備的併合が自然であり必要でもある。

5 同時審判申出

　現行民事訴訟法では，主観的予備的併合を巡る議論の意義は相対的に縮小した。法律上併存し得ない 2 人（以上）の被告に対する訴訟につき，原告の申出があったときは，弁論および裁判を分離しないで行うという共同訴訟の審理方式が創設された（41 条）。そこで前述 1 の民法 117 条や 717 条の例は，原告が申し出れば両被告に対する請求の審理判決が同一手続でなされるので，事実上裁判の統一が図られ，両方に敗訴する危険が避けられよう。なお，この形態は，通常共同訴訟として，共同訴訟人独立の原則が妥当する。

　主観的予備的併合のニーズは，この同時審判申出によってかなり吸収されるだろうが，今後も主観的予備的併合が必要とする立場も有力である。

　まず，この条文の適用を，両請求が法律上併存し得ない場合（主張レベルで請求が両立しないこと。前述の本人と無権代理人ケースでいえば，代理権を授与したとの事実が本人に対する請求原因事実，無権代理人側の抗弁事実となり，主張の次元で請求が両立しない）に限定すると，本問のような場合が認められるか微妙になる（ただし前述のとおり，Y_1 に対する請求は X に所有権があるこ

とを前提とし，Y₂に対する請求はXに所有権がないことを前提とする点で法的に両立し得ない関係にあるとの説もある）。加えて，事実上被告をどちらにしてよいかわからないような場合（契約相手や不法行為の加害者が確定できない等）が取り残されてしまう。また，この条文では複数の被告に対する請求の同時審判を原告が申し出る場合しか規定されていないが，逆に原告が複数で単一被告に対する請求が両立できない場合も，主観的予備的併合の領域とされてきた。そこで，これらにも条文を類推すべきであろう。

さらに，同時審判申出では，当事者が請求に順位を付けることができないし，手続を分離しないというだけで完全に通常共同訴訟であれば，統一的審判の保障は弱い。とくに上訴では，2つの控訴がなされた場合には両者が併合されるが（41条3項），控訴するかどうかは各自の自由なので，片方だけが上訴された場合には審判の統一はない。例えば「代理権なし」としてXがY₁に敗訴，Y₂に勝訴という場合，負けたY₂は控訴したがXはY₁に控訴しないで，控訴審では判断が逆転して「代理権あり」となったとすると，控訴審でXはY₂に敗訴し，結局Xは両方に敗訴する。これを防ぐには，Xは，Y₂に対して勝訴しある程度の利益を確保していても，常に控訴しておかなければならず（Y₂が控訴してくるかどうかわからなくても，控訴期間徒過直前に控訴してくることもあり得，Y₂の控訴提起を知ったときは間に合わないことにならないように），制度上の不備とされている。

●】 参考文献 【●

井上治典『多数当事者の訴訟』（信山社・1992）3頁／重点講義㊦394頁

（安西明子）

固有必要的共同訴訟の成否⑴：第三者から共同所有者に対する訴え

> Ｘは Y₁ に対し，Y₁ が Ｘ 所有の土地に権限なく建物を建てて不法に占拠しているとして，所有権に基づく建物収去土地明渡訴訟を提起することにした。しかし，この訴え提起の準備中に，Y₁ が死亡していたことがわかったので，Ｘは Y₁ の共同相続人 Y₂〜Y₄ を被告にした。第 1 審ではＸの請求が認容されたが，Y₂ らが控訴したところ，控訴審の口頭弁論終結後，判決言渡しの直前に，Y₅ が自分も共同相続人であるとして，弁論の再開を申し立てた。
>
> この場合，控訴審は弁論を再開しなければならないか。それともこれを行わずに，控訴を棄却し，Ｘ勝訴の判決を下すことはできるか。

●】参考判例【●

① 最判昭和 43・3・15 民集 22 巻 3 号 607 頁

●】解説【●

1 固有必要的共同訴訟

本問では，共同相続人が被告となる訴訟が固有必要的共同訴訟に当たるかどうかが問題とされる。

問題61でみたとおり，共同訴訟（訴えの主観的併合）には，各共同訴訟人（共同原告，共同被告）につき判決がまちまちになってもよい「通常共同訴訟」と，判決が合一に確定されることが要請される「必要的共同訴訟」がある。前者は，合一確定の要請がない上，共同で訴えまたは訴えられる必要もない。一方，合一確定が要請される必要的共同訴訟はさらに 2 つに分けられ，全員が共同で訴えまたは訴えられなければならない「固有必要的共同訴訟」[→問題64] と，共同で訴えまたは訴えられる必要はないが，そうなっ

た場合は当事者間で合一的に解決されなければならない「類似必要的共同訴訟」[→問題66] とがある。つまり，前者は，後者と同様に合一確定の必要のため審判規律（40条）を受ける上，関係者全員が当事者となっていなければならないという訴訟共同が必要とされる（「合一確定の必要」＋「訴訟共同の必要」）。

したがって，本問の訴訟が固有必要的共同訴訟とされれば，共同相続人全員を共同被告としなければ被告適格がないとして訴え却下となるから，Y5のため弁論を再開しなければならない。固有必要的共同訴訟でないとすれば，Y5を欠いたまま，他の被告には判決を下してよい（Y5とはこれから別に訴訟する）ことになる。

そして固有必要的共同訴訟とされるのは，①他人間の法律関係に変動を生じさせる訴訟の場合（例えば取締役解任の訴えでの当該取締役と会社。会社855条），②数人で管理処分・職務執行することになっている場合（例：数人の受託者のいる信託財産関係訴訟の数人の受託者，同一選定者から選定された数人の選定当事者）と，③共同所有形態における紛争に関する訴訟である。

2　実体法による判断

通説は基本的に，③の共同所有関係を共有（持分権があり，処分権は共同でなくてよい）と合有，総有に分け，さらに共有における保全行為や不可分債権・債務といった実体法上の規律を併せて固有必要的共同訴訟かどうかを決めようとする。すなわち，原告側については，総有や合有の場合は権利者が共同して１つの権利を処分しなければならないので，その財産に関する訴訟は原則として固有必要的共同訴訟だが，共有の場合は各共有者の地位の独立性から固有必要的共同訴訟ではない。被告側では，民法上の組合・共同相続財産の債務は各自の債務となるから，合有ではあるが固有必要的共同訴訟ではない。共有は被告側でも固有必要的共同訴訟とはならない，と。

判例は変遷があり，固有必要的共同訴訟となる場合を制限していこうとする傾向があるが，そうでない例もみられ，錯綜している。実体法によって定めようとする点は基本的に通説と同じであるが，実体法理解において異なるため結論も通説と違いが出る。原告側では，通説と同じく総有は固有必要的共同訴訟としたが，その後，入会権に基づく使用収益権については入会権者

各自の権能であるから個別訴訟で確認できるとする（最判昭和57・7・1民集36巻6号891頁）など，実体法による判断に修正を加えている［入会権確認につき→問題64］。被告側では，総有の例はないが，共同相続の例が多く，参考判例①がその典型である。

本問に即してみると，判例によれば，本問の分割前の共同相続財産は共有と解されている。また，相続人Y2らの建物収去土地明渡義務は不可分債務とされており，参考判例①は，もし請求が認められる場合には，Xとの関係では各自係争物件の全部について侵害行為の全部の除去義務を負うので，XはY2ら共同相続人各自に対して順次義務履行を請求でき，必ずしも全員に対して同時に訴えを提起し，同時に判決を得なくてよい，と述べている。

このように従来から，共同所有関係の実体法上の性質論から固有必要的共同訴訟かどうかを判断するという方法がとられてきた。

3 訴訟政策による判断

上記の実体法的観点に加えて，参考判例①は，次のとおり訴訟政策的観点からもこの訴訟は固有必要的共同訴訟ではないとした。すなわち，もし固有必要的共同訴訟とすると，①建物収去土地明渡義務があることについて争う意思をまったく有しない共同相続人をも被告とせねばならず，②争う意思のない一部被告が認諾し，または原告がその者に対し訴えを取り下げることもできない，③さらに建物の共同相続登記が未了で所有者が誰であるか不明であるとか，一部の者が所在不明であるなど，共同相続人すべてを被告とすることを原告に期待することが酷な場合がある。一方これを通常共同訴訟と解すると，④土地所有者は土地所有者が建物収去土地明渡しの強制執行をするには，共同相続人各自に対して債務名義を取得するか，その同意を得る必要があるから，被告の権利保護に欠けるとはいえない。

参考判例①は，実体法的観点よりもこれら訴訟政策的観点を決め手として，共同相続人への訴訟を固有必要的共同訴訟ではないとした初めての最高裁判決であり，多数説と一致する。しかし，このように個別訴訟を許すことに対しては，実質的に1つの訴訟を分断し，一訴訟は紛争を完全に解決できないとの批判がある。上記④のとおり，Xが建物収去土地明渡しの強制執行をするにはY5に対する勝訴判決も必要であり，いまY2〜Y4らに勝訴し

たとしても，もし Y₅ に敗訴すれば執行できず，前の勝訴判決が無意味になる。また，X が Y₅ に対する勝訴判決を取得しないうちに Y₂ らに対する勝訴判決を債務名義として強制執行をしてきたとき，Y₅ への債務名義が足りないことが執行裁判所に明らかにならないと，不当に執行されるおそれもある。

この批判に多数説は反論して，実際には Y₂ らへの勝訴判決が影響して Y₅ に敗訴するような極端な判決矛盾は生じず，もし不当執行が行われた場合は Y₅ から第三者異議の訴え（民執 38 条）をして防げばよい，とする。けれども，そうだとすれば Y₅ が欠けたまま，Y₅ に事実上少なからぬ影響を与える訴訟を許すことになり，それでよいかという再反論もある。結局，抽象的な訴訟政策としては，固有必要的共同訴訟の範囲を限定して個別訴訟を許す判例・多数説が妥当であるが，問題も残っている。

4 個別訴訟への柔軟な対応の必要

具体的な事案の処理としてはどうすればよいか。判例は，全員だと思って訴えたところ被告の一部が欠けていた場合の処理として妥当である。

とくに，本問に用いた参考判例①の実際の事案では，当初の被告（X によれば不法占拠者）が多数であった上，Y₁ が外国人であったために相続関係が調査困難であった（さらに，訴訟係属中に Y₁ が死亡し，さらに Y₁ の訴訟代理人が辞任したために，共同相続人による訴訟手続の受継が問題となった。この訴訟手続の受継については問題が複雑になるので立ち入らない）など，相続人が他にも存在していたことが不明確であった。ここまででなくとも，X のほうからは不法占拠者である Y₂ らを把握できない事情があり，X の被告選択に責任がないというような事案では，不利な判決を受けた後，あるいは受ける直前に Y₅ が欠けていたことを主張することは，X との関係で公平とはいえない。この後，X は Y₅ に対する訴訟を提起し，勝訴しなければならないが，これに Y₂ らに対する勝訴判決が X に事実上有利に影響を及ぼすとしても，あながち不公平ではない。

以上のような考慮も踏まえ，学説においては，全員を相手に訴えることが困難でなく，かつ将来の再訴可能性が高い場合には全員を相手にすべきであるとの説や，共同訴訟となった以上は類似必要的共同訴訟（訴訟共同の必要

はないが合一確定の必要はある）と解すべきであるとの説，通常共同訴訟，類似必要的共同訴訟，固有必要的共同訴訟の境界を流動的に捉え，個別事案にあった柔軟な処理を唱える説なども主張されている。つまり近時の学説においては従来のように，訴訟共同の必要がある態様とその必要がない態様とに峻別し，前者の固有必要的共同訴訟では1人欠けても却下であり，後者の通常共同訴訟ではまったくの個別訴訟を許す，というような両極端の発想では足りないと考えられている。固定的な枠組みにとらわれない柔軟な思考，弾力的処理の必要が認識されるようになっているといえよう。

●】参考文献【●

重点講義㊦329頁／中島弘雅・百選 196 頁

（安西明子）

問題 64 固有必要的共同訴訟の成否(2)：入会権確認訴訟

> X_1〜X_{25} によれば，Ｘらと Z_1〜Z_{30} はこの土地を入会地とする入会集団の総構成員である。本件土地は，（権利能力なき入会集団の名義では登記できないため）Z_1 の名義で登記されていたが，後に Ｙ が，本件土地を Z_1 から買い受けたと主張するようになった。
>
> このような事情から本件土地が入会地であるか，Ｙ の所有地か争いがあるため，Ｘらが訴訟を提起してＹに対して土地の入会権を確認しようとした。しかし，Z_1 はもちろん，Z_2〜Z_{30} も訴訟を提起することに同調しない。
>
> この場合，Ｘらは自分たちだけで，同調しない構成員を原告に入れずに，入会権を有することの確認を求めて訴えを提起することができるか。できるとすれば誰を被告として相手取ればよいか。

●】参考判例【●

① 最判平成 20・7・17 民集 62 巻 7 号 1994 頁
② 最判平成 11・11・9 民集 53 巻 8 号 1421 頁

●】解説【●

1　共同所有関係訴訟は固有必要的共同訴訟か——実体法的な考え方

すでに問題63でみたとおり，固有必要的共同訴訟では合一確定の必要のため審判規律（40条）を受ける（類似必要的共同訴訟でも受ける）上，関係者全員が当事者となっていなければならないという訴訟共同が必要とされる。そして固有必要的共同訴訟とされるのは，①他人間の法律関係に変動を生じさせる訴訟の場合（例えば取締役解任の訴えでの当該取締役と会社。会社 855条），②数人で管理処分・職務執行することになっている場合（例：数人の受

託者のいる信託財産関係訴訟の数人の受託者，同一選定者から選定された数人の選定当事者）と，③共同所有形態における紛争に関する訴訟である。

通説は，③の共同所有関係を共有（持分権があり，処分権は共同でなくてよい）と合有，総有に分け，さらに共有における保存行為や不可分債権・債務といった実体法上の規律に合わせて固有必要的共同訴訟かどうかを決めようとする。すなわち総有や合有の場合は，権利者が共同して1つの権利を処分しなければならないので，その財産に関する訴訟は原則として固有必要的共同訴訟とされる。

本問の入会権は，一定の村落住民の総有に属するので，入会権確認の訴えは入会権者全員が共同してのみ提起できるとされる（最判昭和41・11・25民集20巻9号1921頁。ただし，団体に当事者能力が認められること〔29条〕を前提に，一定の場合に入会団体が原告となれるとした最判平成6・5・31民集48巻4号1065頁がある［→問題⑮]）。これに対して，入会権者各人の使用収益権の確認および使用収益権に基づく妨害排除請求訴訟は，固有必要的共同訴訟でなく，各入会権者が個別に提起できるとされている（最判昭和57・7・1民集36巻6号891頁）。以上の考え方は実体法上の管理処分権に従って固有必要的共同訴訟の範囲を決めようとするものであり，実体法説と呼ばれる。

2 　固有必要的共同訴訟における原告適格──訴訟政策的な考え方

本問の入会権確認訴訟は固有必要的共同訴訟に当たるので，関係者全員が当事者となる訴訟共同の必要がある。こうすると，訴訟で当事者とされなかった関係者が訴訟の判決に影響を受け，裁判を受ける権利を奪われずにすむし，もし関係者間でバラバラに訴訟をすることを認めた場合の判決の矛盾，相手方の応訴の負担を防ぐことができる，とされる。しかし反面，一部の関係者が漏れていた場合，例えば数百名もの入会権者のうち1人が抜けていたことが判決直前に判明した場合でも，当事者適格が認められずに訴え却下となる。また，本問のように原告側で共同訴訟に賛成しない者がいる場合，訴えが提起できないという問題が生じかねない。

そこで学説においては，実体法説（前述1）のように実体権の区別・操作により個別訴訟を許すのでなく，利害関係人間の総合的な利益衡量，訴訟政策的な観点から固有必要的共同訴訟の範囲や方法を考えようとする方向が生

じた。そして，ⓐ訴え提起に同調する者のみの訴え提起を認めようとする説も主張された。

しかし，固有必要的共同訴訟としない範囲を広げると，本問でいえばＺらのような権利者が訴訟に関与する機会が奪われ，事実上のものではあっても，自分たちの関与しない判決の効力，影響を受けることになりかねない。そこで，固有必要的共同訴訟の範囲は維持し，その手続的メリットを生かしながら，ⓑ共同原告となることを拒む者は，被告に回して提訴することを許すという考え方が主張されるようになった（重点講義(下)336頁など）。この考え方によれば，本問でＸらは，ＹのほかＺらも被告に加えることにより訴えが提起できる。関係者は全員当事者として手続関与の機会を与えられることになる。このほか，学説においては，構成員それぞれの訴訟の自由を認めようとの立場から，訴訟告知（53条）を活用して非同調者に訴訟係属を知らせれば，Ｘらだけで原告となれるとする説などもある。

3　判例の展開──非同調者を被告に加える方法の許容

判例は，もともと実体法説（前述1）によりながら，固有必要的共同訴訟の範囲を狭め，個別訴訟を許そうとする方向をとっていたが，実体法的に固有必要的共同訴訟に当たるとした類型では，やはり全員揃わなければ原告適格がないとしていた。具体的には，共有地と隣地との境界確定の訴えにおいて，15名の共同所有者のうち1名が行方不明でありかつ被告の兄弟である事案で，この訴えは固有必要的共同訴訟であり，1名を欠く訴えは不適法とした（最判昭和46・12・9民集25巻9号1457頁）。しかし後に，同じ共有地の境界確定訴訟で，これが固有必要的共同訴訟であるとした上で，学説ⓑのように，共同提訴に同調しない者は被告に回して訴えを提起してよいとした（参考判例②）。ただしこの判例では境界確定訴訟は形式的形成訴訟である（実質的には行政的で，訴訟ではない）点が強調されていたため，他の場合にも被告に回す方法が認められるのか疑問がもたれていたところ，最高裁は，本問にした入会権確認訴訟は固有必要的共同訴訟であることを前提に，一部の者が原告となった入会権確認訴訟は不適法とした第1審・第2審を覆し，提訴に同調しない者を被告に回すことを認めた（参考判例①）。

この判例は，入会集団の構成員のうちに提訴に同調しない者がいる場合で

も，入会権の存否について争いがあるときは，民事訴訟を通じてこれを確定する必要があるとして，入会権の存在を主張する構成員の訴権を保護するという見地から，非同調者の被告化を認める。そして，被告であっても構成員全員が訴訟の当事者に加わっていれば，その訴訟の判決の効力を入会集団の構成員全員に及ぼしてもよい，入会権確認訴訟を固有必要的共同訴訟と判示した前掲・最判昭和46・12・9も，非同調者の被告化の方法を否定してはいない，として訴訟政策的な観点を示している。

　ただし，判例は確認訴訟で学説⑥を認めただけであり，給付訴訟でどうなるかには触れていない。また非同調者の被告としての地位をどのように捉えるのか，この訴訟の構造についても説明しておらず，残された問題は多い。

4　被告とされた非同調者の地位

　提訴に同調しない者の被告化は確認訴訟以外に給付訴訟でも認められるか。参考判例①によると，この確認訴訟において，Ｘらはまず Ｙ に対して入会権確認請求をしているほか，Ｚ らに対してもＸ ら＋Ｚ らの集団内部的に自分たちが入会権をもつことを確認しているとみられる。一方，給付訴訟を考えてみると，例えば本問で Ｙ が土地所有権の移転登記を済ませていた場合，Ｘ らが Ｙ に対して，その抹消登記手続を求める請求は立つが，Ｚ らに対する請求は考えにくい（強いて立てれば，Ｘ らと Ｚ らの間で Ｘ ら・Ｚ らが Ｙ に登記手続請求権をもつことの確認請求）。したがって判例の射程は確認訴訟のみとみられている。これに対し，学説⑥は，Ｚ らに対して強いて請求を立てる必要はないとして，給付訴訟においても同様に Ｚ らを被告に回した訴訟を認め，Ｚ らを「請求なき当事者」と捉える。

　次に，判決の効力が誰に及ぶのか（主観的範囲）も問題となる。Ｙ と Ｚ らの間には請求が立てられていないので，ここには判決効が及ばないことになるが，それでよいか。例えば本問で Ｘ らが請求を棄却され，判決が確定した場合，Ｘ ら・Ｙ 間では入会権の不存在に既判力が及ぶが，後に Ｚ らが Ｙ に対して入会権の確認を起こすことは既判力によって封じられないのではないか（逆に Ｘ らの請求認容判決確定後の Ｙ から Ｚ らに対する同じ土地の所有権確認も封じられない）。これを封じるため，学説⑥は請求が立っていなくても Ｙ・Ｚ ら間に既判力等の拘束力が及ぶと考える。例えば Ｙ から Ｚ らへ矢印

のように請求が立っていなくても，1つの中心をもってXら・Y・Zらが当事者として関与して審理がなされていれば判決効も及ぶとするのである。

　さらには，提訴に同調しない者の自由をどう考えたらよいか。本問のように集団の中で提訴に同調しない者のほうが多数である場合は提訴を許すべきでない，という見方もあるかもしれない。しかし，このような多数決による処理は合理的でない。提訴したい者ができない不都合からすると，提訴の拒否は単なる反射的利益にすぎないとみて，学説ⓑは1名での提訴（他の構成員全員を被告に回す）も可能とする。参考判例①も少数派原告による提訴を認めた。ただし，ⓑ説は，提訴拒絶者が提訴時期を選んでいる限りはその利益があるとみて，このような場合には一部の原告による訴えを却下すべき，としている。そうするとしかし，現段階の提訴が適切かどうかを，原告側弁護士でなく裁判所が判断することになるが，それでよいかといった問題も生じてくる。そもそも固有必要的共同訴訟とせず，個別訴訟を許すべきではないかという問題にさかのぼる。

●】参考文献【●

重点講義㊦329頁／鶴田滋・争点70頁／畑瑞穂・百選192頁

（安西明子）

固有必要的共同訴訟の成否(3)：遺産確認訴訟

> 　XはYに対し，Y名義で登記されている土地について，それが訴外Aの遺産であることの確認および当該土地の自己の持分の所有権移転登記手続を求めて訴えを提起した。AはXらの父であり，その死亡によりAの妻YとAの子らX，B，Cが相続人となったところ，Xの主張によれば，本件土地はAに売り渡されたものが，便宜上Y名義で所有権移転登記がされていたのであり，本来はAの遺産に属するからXも法定相続分に応じた持分権を有する，という。この場合，XはYを被告として本件土地の遺産確認の訴えを提起することができるか。

●】 参考判例 【●

① 　最判平成元・3・28 民集 43 巻 3 号 167 頁
② 　最判昭和 61・3・13 民集 40 巻 2 号 389 頁
③ 　最判平成 26・2・14 民集 68 巻 2 号 113 頁

●】 解説 【●

1　遺産確認の訴え

(1)　**本問の位置付け**　　本問では，遺産に関するXの訴えが，関係者全員が共同で訴えまたは訴えられること（訴訟共同）を必要とする固有必要的共同訴訟に当たるかどうかが問題となる。これが固有必要的共同訴訟であればY以外の相続人B，Cも当事者にしなければ当事者適格は満たされないから，Xの訴えは却下されることになる。従来，訴訟共同の要否については，実体法的観点と訴訟政策的観点から判断されており［→問題63］，本問

と同じく共同所有者が原告側になる訴訟では，まず実体法的観点により，財産権ないしは管理処分権が合有的または総有的に帰属している場合には固有必要的共同訴訟になるが［→問題64］，通常の共有関係の場合には各共有者は自己の持分権を単独で自由に処分できるとされる。そこで，本問のモデルとした参考判例①は，Ｘの持分の所有権移転登記請求については，Ｙのみを被告とする訴えを認めて請求棄却の本案判決を下していた。

　一方，遺産確認の訴えについては，共同所有関係そのものをめぐる共同所有者内部の争いとして，その管理処分権は共同相続人の全員に属するという実体法的観点，その判決の既判力により遺産分割の前提問題である当該財産の遺産帰属性につき合一に確定させるという訴訟政策的観点から，固有必要的共同訴訟に当たるとしたのが参考判例①である。この判例は，遺産確認の訴えの利益を肯定した参考判例②を引用して結論を引き出している。

　(2)　**遺産確認の訴えの利益**　　ある財産が被相続人の遺産に属することの確認は，確認の利益判断の基準とされる確認対象の適切性からいえば［→問題12］，過去の事実ないし法律関係の確認として不適法とされかねないが，参考判例②は次の理由から確認の利益を肯定した。まずこの訴えの審判対象は「遺産分割前の共有関係」という現在の権利法律関係とみることができること，第２に，この判決が確定すれば遺産分割審判の手続やその後に当該財産の遺産帰属性を争うことが既判力によって遮断され，紛争解決に役立つことの２つであり，これらは上記の実体法的観点と訴訟政策的観点に対応させることができる。

　後者について敷衍すると，本件のような場合に土地が遺産であるかどうかが確定しないと家庭裁判所で行う遺産分割の調停や審判（家事244条・191条以下，同別表第２の12）［→問題12］が進まない。あるいはその手続は進み，土地が遺産であるとしてなされた分割審判が確定しても，その前提となっている財産の帰属については争いを蒸し返すことができ［非訟事件の前提問題につき訴訟手続による終局判断が可能とされていることは→問題1］，審判をやり直すことになりかねない。当該土地は遺産でなくＹの所有であったとして争うことを法的に封じるには，遺産分割手続の前提問題，つまり財産の遺産帰属性につき訴訟を認め，その確定判決の既判力によって後の紛争を封じ

ておく必要がある，というのである。

　この場合，Xの共有持分を確認することも考えられるが，Xが一定の共有持分を相続したという理由でXの持分確認がなされて確定しても，本件土地が遺産であった（持分取得は相続による）との判断には既判力は生じない。それでは，本件土地を購入したのはYであるとしてYの所有権確認の訴えが提起され，Xの持分（には既判力が生じているとはいえ，それ）以外の部分について争いが蒸し返され，結局は審判全体が覆される余地が残る。したがって，遺産分割審判の手続においておよびその審判の確定後に当該財産の遺産帰属性を争うことを許さず，紛争の解決を図るには，当該財産が遺産に属すること，つまり共有関係の発生原因自体の確認訴訟を認める必要がある，というのが参考判例②の理由付けである。

2　訴訟共同の必要と提訴に同調しない者の扱い

　上記のとおり遺産分割手続の前提問題に関する争いを既判力により封じるには，その手続に関わる共同相続人全員を当事者として関与させ，合一に確定しておく必要がある。この訴えの適法性の実質的根拠から，参考判例①は，遺産確認の訴えが固有必要的共同訴訟であることを導いており，原審が単に訴訟物が共同所有関係である点を根拠としていたのとは異なる。さらに参考判例③は，参考判例①②を引用し，訴訟政策的観点から直接に固有必要的共同訴訟であることを導いている。

　そうすると，次に共同相続人のうち原告になることに同意しない者がいる場合の対処が問題となるところ，それらを被告に加える方法を学説・判例が認めていることは，すでに述べた［→問題64］。そこで，本問では，B，Cが原告に加わらないならば，XはこれらをYと共に被告にすることが考えられる。参考判例①も，同じく遺産分割の前提となる相続人の地位の不存在確認の訴えを固有必要的共同訴訟とした判例（最判平成16・7・6民集58巻5号1319頁）も，共同相続人全員が当事者となる必要があるとしており，Y以外の者が共同原告となって訴えを提起しなければならないとまでは述べていない。遺産確認や相続人の地位確認では当事者となるべき者全員が共同所有者であるから，共同所有者以外の第三者を被告とする訴訟に非同調共同所有者を加える場合より，この方法に違和感がない。また遺産確認訴訟では，通常

の共同所有関係の確認と違い，原告と被告の間で当該財産が亡Aの遺産で
あることを確認するという判決主文が用いられ，誰の共同所有であるのかま
では確定されないことも，共同相続人全員が当事者のどちらかに入っていれ
ば足りるとの考え方になじみやすい。さらに参考判例①の事案では，Bらが
Yに加担している状況であったので，このような場合には紛争の実情に合
致する。

　では，遺産確認訴訟では常に共同相続人が揃わなくてはならないか。この
訴えが固有必要的共同訴訟であることは前提としたうえで，新たなルールを
加えたとされるのが参考判例③である。この事案では当初，相続人の全員が
当事者となっていたが，訴訟係属中に被告の一部がその相続分全部を他の共
同被告に譲渡したことから，原告は譲渡人に対する訴えを取り下げた。原審
は固有必要的共同訴訟である遺産確認の訴えで共同被告の一部に対する訴え
の取下げは認められないとしたが，参考判例③は，相続分全部を譲渡した者
は，遺産分割審判手続等で遺産帰属財産の分割を求めることはできない，つ
まりその者との間で前提問題である遺産帰属性を確定すべき必要性がなくな
る（紛争蒸返しの余地がない）から，遺産確認の訴えの当事者適格を喪失する
として本件訴え取下げを認めた。

3　残された問題

　以上の通り，判例は既判力による紛争解決を強調するが，従来の考え方に
よれば既判力は原告と被告との間に生じるのであって，請求が定立されてい
ない共同訴訟人間には生じないから，XとY・B・C間では土地の遺産帰属
性が確定しても，Y・B・C間では既判力による確定はなされない（そこで，
学説には共同訴訟人間にも既判力等を生じさせる提案がある［→問題64 4]。笠井
正俊「遺産確認訴訟における確定判決の既判力の主観的範囲」『伊藤眞先生古稀祝
賀論文集・民事手続の現代的使命』〔有斐閣・2015〕155頁等）。また，同じ遺産
分割の前提問題であるのに，遺言無効確認訴訟は固有必要的共同訴訟ではな
く通常共同訴訟であるとするのが判例である（最判昭和56・9・11民集35巻
6号1013頁）［→問題12]。現状では，この種の訴訟につき訴訟共同の必要を
強めていく方向が有力であるが，このほかに，原告に加わらない者に訴訟告
知をすることにより，原被告のどちらにつくか，あるいは消極的な第三の地

位にとどまるかの選択を認めようとする学説もある［→問題64 2］。

　他方，確認の利益で即時確定の利益が重視されることからは，事案に応じた対処も考えられてよいのではないか。例えば参考判例①の事案では第1審がYのみを被告とするXの各訴えに請求棄却判決をしていたのを，控訴審が遺産確認は固有必要的共同訴訟であるとしてこの部分の判決のみを取り消し，訴えを却下していた。遺産確認と審理対象がほぼ重複する移転登記請求に棄却判決があり，BらがYと利益を共通にし請求棄却を望んでいたと思われる以上，あえてそのまま本案判決をすることを提案する評釈もある。Yのみに対する遺産確認で請求棄却判決が確定しても，XがBらを相手にさらに遺産確認訴訟を提起する余地は残るが，それを封じておきたいのなら，Xによる訴訟で有利になった段階でYが自己の所有権確認の訴えを提起して（Xに対しては反訴。Bらも当事者にする場合，訴えの主観的追加的併合［→問題60］だが，判例によれば別訴として提起した上で併合されるかどうかは裁判所の裁量によることになる）認容判決を確定させればよい，との当事者間の負担分配もありうるだろう。なお，判例によればYによる自己の所有権確認で棄却判決が確定した後でも遺産確認の訴えが許されるところ（参考判例③の場合と違い，Yに当事者適格が残る），その後訴に及ぶ既判力に関しても議論がある［→問題47］（笠井正俊「共同相続人間の所有権紛争訴訟の訴訟物と既判力に関する一考察」山本克己ほか編『德田和幸先生古希祝賀・民事手続法の現代的課題と理論的解明』〔弘文堂・2017〕625頁等）。

●】参考文献【●

山本和彦・ジュリ946号（1989）49頁／山本弘「遺産分割の前提問題の確認の訴えに関する一考察——遺産確認の訴えの当事者適格を中心として」同『民事訴訟法・倒産法の研究』（有斐閣・2019）175頁／越山和広・百選198頁

（安西明子）

類似必要的共同訴訟

　A県は，宗教法人B神社の挙行した例大祭に9回にわたり奉納する玉串料を公金から支出したので，A県の住民X₁〜X₃が「政教分離を規定した憲法20条3項などに違反する」として，上記支出相当額の損害賠償の請求をすることをA県知事に対して求める住民訴訟を提起した。

　その後，A県住民X₄〜X₇も，同様の主張をして玉串料の支出相当額の損害賠償を求める住民訴訟を提起した。この訴訟はX₁らの訴訟と別の手続として進行させてよいか。

　X₁らの訴訟とX₄らの訴訟が併合され，訴訟手続が1つとなった場合，その後X₄が死亡したとすると，訴訟手続はどのような影響を受けるか。

　第1審はXらの請求を認容したが，控訴審はそれを取り消し，請求を棄却した。Xらは上告したが，X₂のみ上告しなかった。またその後X₅は上告を取り下げた。X₂抜きの上告，X₅の上告の取下げは適法か。適法として，X₂とX₅はそれぞれ，なお上告人の地位にとどまるか。

●】参考判例【●

① 最判昭和58・4・1民集37巻3号201頁
② 最判平成9・4・2民集51巻4号1673頁
③ 最判平成12・7・7民集54巻6号1767頁

●】解説【●

1 類似必要的共同訴訟

　共同訴訟（訴えの主観的併合）は各共同訴訟人（共同原告，共同被告）につき判決がまちまちになってかまわない「通常共同訴訟」と，判決が合一に確定されることが要請される「必要的共同訴訟」に分けられる。後者のうち，共同で訴えまたは訴えられる必要はないが，そうなった場合は当事者間で合一的に解決されなければならない類型が，「類似必要的共同訴訟」である［必要的共同訴訟のうち，「固有必要的共同訴訟」とその成否につき→問題63・64）。

　合一確定とは，同一人に対する判決の効力の衝突を避けなければならない法律的要求のある場合を指すとされ，通説は，それは共同訴訟人の1人の受けた判決の効力が他の共同訴訟人にも及ぶ場合を指すと解する。例えば数人の株主が提起する株主総会決議無効確認または取消しの訴え（会社830条・831条），数人の株主による責任追及訴訟（同法847条）等がこれに属する。また反射効が生ずる場合とされる数人の債権者の債権者代位権に基づく訴訟（民423条），数人の差押債権者の取立訴訟（民執157条1項），設例の住民訴訟（地方自治法242条の2第1項4号）も類似必要的共同訴訟とされる。このような場合，ある住民との関係では公金支出は違法で損害賠償の必要があるが，他の者との関係ではそうでないといったように，各共同訴訟人について勝敗をバラバラに決めてよいとすると，各共同訴訟人が自己の受けた判決の効力と他の共同訴訟人に対する判決から拡張される効力が矛盾衝突して収拾がつかなくなるからである。したがって，請求が同一の原因によるので論理上まちまちな認定ができないとか（同一事故の数人の被害者の賠償請求），全員に対して勝訴しないと原告の目的が達せられないという事情（数人が順次になした移転登記の抹消請求）があるだけでは合一確定の必要は認められず，類似必要的共同訴訟には当たらない。各共同訴訟人の訴訟追行や訴訟処分権能上の自由を制限してまで一律的な解決をもたらさなければならない，とは考えられないからである。

　以上みたように，本問の住民訴訟は参考判例①～②においても，類似必要的共同訴訟と解されている。X₄らが欠けていても，X₁らの訴訟は提起でき

る（他の住民と一緒に訴える訴訟共同の必要はない）。また通常の類似必要的共同訴訟なら共同訴訟人となりうる者の別訴も可能であるが，住民訴訟では，いったんX₁らの訴えが提起された以上はX₄らの別訴は許されず，当該地方公共団体の他の住民は別訴をもって同一請求をすることはできない旨の規定がある（地方自治法242条の2第4項）。

2　必要的共同訴訟における審判

合一確定の要請が働く必要的共同訴訟では，通常共同訴訟における共同訴訟人独立の原則（39条）［→問題61 3］を修正し，共同訴訟人間に連合関係を認めて訴訟資料の統一と訴訟進行の統一を図る必要がある。民事訴訟法40条がこれを定めている。

まず，共同訴訟人の1人がした有利な行為は全員のために効力を生じるが，不利な行為は全員が揃ってしない限り効力を生じない（40条1項）。したがって1人でも相手方の主張を争えば全員が争ったことになるが，1人のした自白や請求の放棄・認諾は効力を生じない。訴えの取下げは，固有必要的共同訴訟の場合には全員が共同でしなければならないが，類似必要的共同訴訟の場合には単独でできる（本問では単独での上訴の取下げが問題となる）。

また相手方の訴訟行為は，相手の便宜のため，1人に対してなされても全員に対して効力を生じる（40条2項）。共同訴訟人の1人について手続の中断または中止の原因があるときは，全員について訴訟の進行が停止する（同条3項）。弁論の分離や一部判決も解釈上認められず，判決の確定も全員について上訴期間が経過するまでは生じない。

通常の訴訟であれば，X₄が死亡すると，X₄に訴訟代理人がいない限り，X₄の相続人が訴訟手続を受継するまでは全体の手続が中断することになる（124条）［当事者の死亡による中断と受継につき→問題71 2］。ただし住民訴訟を提起する権利は一身専属的とされるので，死亡したX₄の訴訟は死亡により訴訟を承継することなく当然終了するとされている（最判昭和55・2・22判時962号50頁）。X₄以外の全体の訴訟は進行していくことになる。

3　共同訴訟人の一部による上訴

上訴については議論があるところ，1人が上訴すれば，全員に対して判決の確定が遮断され，全訴訟が移審し，共同訴訟人全員が上訴人の地位につく

と解されている。このことから類似必要的共同訴訟においても，かつて参考判例①は，第1審の原告のうち，現に控訴した者だけを控訴人として表示し，自ら控訴しなかった共同訴訟人を外してなした控訴審判決を，第1審原告全員を判決の名宛人とすべきであったとして違法とした。

しかし，上訴は上訴審の訴訟追行の負担を伴い，一概に他の共同訴訟人に有利な行為とは限らない。上訴するかどうかは各共同訴訟人の自由な選択に委ねられる性質のものである。そこで学説においては，上訴しなかった者の自由を尊重し，上訴人の地位につくのは現実に上訴した者に限られ，その者が，上訴しなかった共同訴訟人の請求部分についても，訴訟担当として訴訟追行の権限を有すると解する見解も有力に主張されていた（井上治典『多数当事者訴訟の法理』〔弘文堂・1981〕204頁）。参考判例①においても，上訴人は訴訟から脱退し上訴人の地位にはつかないとする，木下裁判官の反対意見が付されていた。その後，本問に用いた参考判例②は，共同訴訟人の1人が上告を取り下げた事案で，共同訴訟人の1人が上訴すれば，上訴をしなかった共同訴訟人に対する関係でも確定遮断効は生ずるが，上訴をしなかった者は上訴人にはならないと判示し，参考判例①を変更した。続いて参考判例③は，株主代表訴訟につき，上告を提起しなかった原告株主は上告人にならないとした。

したがって本問でも，X_2抜きの上告も許され，上告しなかったX_2は上告人にならないと考えられる（参考判例③）。上訴しない者を上訴人と扱わないとすると，上訴に関する訴訟費用の負担を負わない，期日呼出状等の送達が不要になる，上訴の取下げは上訴人のみで可能である，上訴しなかった者に生じた中断・中止事由を考慮する必要がないなどの利点がある。本問のX_5も1人で上告を取り下げることができ，上告審判決の名宛人とはならない（参考判例②）。

4 残された問題

自ら上訴しなかった共同訴訟人は上訴人とは扱わないとしても，なお次の2つの問題がある。

第1に，この考え方は，個々の住民や株主の個別的権利が直接問題とされない住民訴訟（参考判例①②）や株主代表訴訟（参考判例③）にのみ妥当する例外的扱いとして限定すべきか。参考判例②は，合一確定のためにはその限

度で上訴の効力を生ずれば足る，住民訴訟の性質に鑑みると公益代表者となる意思を失った者に対し上訴人の地位につくことを求めるのは相当でない，住民訴訟では提訴後に共同訴訟人の数が減少してもその審判の範囲，審理の態様・判決の効力等には何ら影響はない，という点を根拠にしている。つまり住民訴訟や株主代表訴訟では，請求は本来，地方自治体ないし会社のものであり，個々の原告により請求内容が異なるわけでないから，請求は 1 個と観念することもでき，原告の数が減少しても審判範囲や審理態様等には影響がない，ということであろう。参考判例③も同様に，このような株主代表訴訟の特質を挙げるので，判例の射程はこれらに限定され，私益性の高い債権者代位訴訟が複数の債権者により提起された場合等には及ばないとみられている。一方，学説には，類似必要的共同訴訟一般を対象とするものが多く，さらに前記有力説は必要的共同訴訟全般も視野に収めている。この問題は次の点にもつながる。

　第 2 に，このような訴訟で，上訴しない共同訴訟人の地位はどのようなものと考えられるか。参考判例①の木下反対意見は上訴しなかった者は脱退して，ただ判決の効力を受けるだけの地位となると論じたにとどまり，参考判例②③は，この者がいかなる立場に立つか明確にしていない。けれども，上訴していない者の請求も上訴審に移審して未確定なまま残存しているとみる限り，上訴審は上訴しなかった者の請求をどのように扱えばよいかが問題となる。前記有力説は上訴しない者は審級限りで上訴した者に自己の請求について訴訟追行を委ねたもの（審級限りの訴訟担当）とみており，1 つの理論上の指針となろう。

　もっとも，最近，類似必要的共同訴訟と解される養子縁組無効確認訴訟において，共同原告の 1 人の上訴により他の共同被告も上告人となることを前提とする判例が現れている（最決平成 23・2・17 判時 2120 号 6 頁）。

●】 参考文献 【●

伊藤眞・平成 9 年度重判（1998）129 頁／高橋宏志・私法判例リマークス 23 号（2001）116 頁／井上治典『多数当事者の訴訟』（信山社・1992）94 頁

（安西明子）

補助参加の利益

> 　航空機事故で死亡したＡの遺族Ｘは，航空会社Ｙを相手に損害賠
> 償請求の訴えを提起した。この訴訟において機体の構造的欠陥が問題
> となっているとき，機体の製造者Ｂ，設計者Ｃはこの訴訟に参加でき
> るか。
> 　同じ事故で死亡したＤの遺族Ｅは，この訴訟に参加できるか。

●】 参考判例 【●

① 最決平成 13・1・30 民集 55 巻 1 号 30 頁
② 最決平成 13・2・22 判時 1745 号 144 頁
③ 最判昭和 51・3・30 判時 814 号 112 頁

●】 解説 【●

1　補助参加制度の趣旨

　補助参加とは，他人間に係属中の訴訟の結果について利害関係を有する第
三者（補助参加人）が，当事者の一方（被参加人または主たる当事者）を勝訴
させることによって自己の利益を守るために訴訟に参加する形態である。補
助参加人は，自らの利益を守るために自らの名と費用で訴訟を追行するが，
相手方との間に自己の請求を持ち込んで審判を求める者ではない。

　例えば債権者が保証人を訴えた訴訟で，被告保証人に主債務者が補助参加
するという典型例でいえば，この訴訟の請求は債権者の保証人に対する請求
であり，訴訟物は保証債務である。債権者の主債務者に対する請求は訴訟物
になっておらず，そこに既判力が生ずることもない。しかし主債務者は被告
保証人を助けて保証人勝訴に導けば，保証人から求償請求を受けなくて済
む。このように被告保証人の勝訴は主債務者に有利であり，被告保証人を助

けることは主債務者に意味がある。

2 補助参加の要件——補助参加の利益

補助参加するには，他人間に係属中の訴訟でなくてはならず（ただし，上告審でもよいし，判決確定後でも参加申出とともに再審の訴えを提起して訴訟を再開させることができる。43条2項・45条1項），何より，参加を申し出る者が「補助参加の利益」をもたなければならない。ただし，これは当事者（普通は被参加人でなく相手方）から異議が出た場合に問題となる（44条）。補助参加を申し出る者は，参加の趣旨および理由を書面または口頭で明らかにしなければならず（43条1項），これに対して当事者の異議があれば，参加理由（補助参加の利益）があるかどうかの決定が下される。

補助参加の利益の要件は，条文上「訴訟の結果について利害関係を有する」こと（42条）と表現される。この利害関係は，単なる感情的な理由や事実上の利害関係では足りない。当事者の一方と親友であるとか，訴訟を提起されて気の毒だというのでは理由にならないし，被告が敗訴して財産が減少すれば利益配当は少なくなるとか，扶養を受ける地位が侵害されるという理由も，それだけでは参加の利益として不十分とされる。

また第三者に判決の効力が及ぶことは，必要条件でも十分条件でもない。前述1のとおり，判決効が及ばなくとも主債務者は保証債務請求訴訟に補助参加が認められる。判決効が他者に及ぶ場合，すなわち類似必要的共同訴訟［→問題66］に当たる場合には（例：一部の株主が提起した株主代表訴訟〔責任追及訴訟〕と提訴していない他の株主），共同訴訟参加（52条）ができる。これをしないとき補助参加も認められるが，これは民事訴訟法45条2項の解釈によるのであり，共同訴訟的補助参加と呼ばれる。したがって，通常の補助参加は判決効が及ばない場合にも認められる。逆に判決効が及ぶからといって，それだけで当然に参加利益は充足されない（例：当事者のために目的物を所持する受寄者，同居人〔115条1項4号〕，形成訴訟における一般第三者）。

3 補助参加の利益に関する判例・学説の展開

いかなる場合に補助参加の利益が認められるかは微妙で難しい問題である。判例・学説も統一的でない。かつての有力説は，「訴訟の結果」を判決主文と捉えて，訴訟物についての判断と参加人の地位との論理上の先決関係

を要求してきた。先ほどの保証人に対する請求への主債務者の参加という典型例では，訴訟物たる保証債務の存否そのものが補助参加人である主債務者の求償義務に直結する。逆に主債務者に対する請求で保証人が補助参加する例でも，主債務は保証債務の先決関係にあり，この定式に当てはまる。このほか，買主が売買目的物の追奪訴訟を提起された場合の売主の参加が補助参加の典型例とされてきた。しかし，これでは補助参加の範囲がかなり限定的で狭い。そこで，参加の利益を実質的にみて，訴訟物の前提をなす問題についての利害関係でも足りるとするのが近時の有力説である（井上治典『多数当事者訴訟の法理』〔弘文堂・1981〕65頁，新堂812頁）。

　判例は，補助参加が許されるのは申出人が訴訟の結果につき法律上の利害関係を有する場合に限られ，法律上の利害関係を有する場合とは当該訴訟の判決が参加申出人の私法上または公法上の法的地位に影響を及ぼすおそれがある場合をいう，と表現している。ただし，それが訴訟物に関する利害関係かそれに限定されないのかについては必ずしも明確でなく，「訴訟物についての判断に利害関係を有しないとの一事をもって補助参加の利益を欠くと断ずるのは相当でな」く，進んで抗告人の主張する利害関係の性質・内容，その程度を検討した上でその許否を決すべきものと解されるとして，より具体的実質的に参加利益を検討した裁判例が注目される（東京高決平成2・1・16判タ754号220頁）。参考判例①も，株主代表訴訟における会社の被告側への補助参加につき，訴訟物の前提となる取締役会の意思決定の違法が会社の各期の計算関係，ひいては会社の取引関係に影響するとして補助参加の利益を肯定していることから，この立場と親和的とされる（その後制定された会社法849条1項により，株主代表訴訟における会社の被告側補助参加は明文で認められた）。参考判例②も，一見訴訟物限定説に立つようでありながら，それより広く実際の審理過程も視野に入れて柔軟に参加利益を認めた例とも評されている。

　このような流れを踏まえ，本問では補助参加の利益が問題となる典型例を設例とした。まず第1類型は，被参加人が敗訴すれば補助参加申出人が求償，損害賠償，その他の一定の訴えを提起される関係にある場合である。第2類型は，当事者の一方と同様の地位，境遇にある者が補助参加を申し出る

場合である。本問のＢ・Ｃは，事故原因が機体の構造的欠陥にあるとの理由でＹが敗訴すると，後にＹがＢ・Ｃに求償できるという意味で，第１類型に当たる（参考判例①〜③もここに含まれる）。本問のＥは第２類型である。第１類型は伝統的に補助参加の利益が認められてきた典型とされる。第２類型はかつては参加利益を否定されてきたが，近時の有力説によれば，当事者の一方の敗訴により訴えられるおそれがあり，第２の訴訟で前訴判決の理由中の判断が事実上の効果を及ぼし，第三者に不利益な認定判断がなされる蓋然性があれば，補助参加が認められる。下級審判例にも肯定例がある。

　ただし，このような類型に当たれば，それだけで補助参加の利益が認められるわけでなく，これらに当てはまらなくとも参加利益を肯定した裁判例もある（所在不明の夫を被告とする金銭請求訴訟に妻の参加を許した名古屋高決昭和43・9・30高民集21巻4号460頁）。このように，参加要件についての基本的考え方として，統一的基準を立ててそこから演繹的に個別ケースでの参加の許否を導き出すという手法も，単なる類型化も，具体的な事件における多様な第三者の利害状況に対応できない。現在の有力説は，訴えの利益と同様に，補助参加の利益を判断するのに，紛争の性格や事件の流れなどの個別事件の具体的な状況を考慮する（井上・前掲69頁，重点講義㊦434頁）。

4　補助参加の利益の判断——本問について

　そこで，本問を用いて具体的に検討してみよう。前述のとおり，本問のＢ・Ｃは第１類型に当たり，一般的には補助参加の利益が肯定されよう。けれども，この訴訟でＹのパイロットの操縦ミスが問われているときには，機体製造者などには参加の利益はない（井上治典『実践民事訴訟法』〔有斐閣・2002〕198頁。山本・後掲257頁もどのような事実の認定を求めて参加してくるかにより結論は異なるとする）。本問のＥは，このような参加を一般的に認めると収拾がつかなくなるとの懸念から参加利益が否定されてきたと思われるが，主要な争点を共通にする場合には参加を認める説がある（新堂813頁，山本・後掲259頁）。

　このような参加要件の弾力化を前提として，判決の結果によっていかなる不利益を受けるかという観点よりも，具体的紛争において第三者に自己の立場から主張・立証の場を保障すべきかどうかという過程志向の必要を説く立

場も現れた（井上治典『民事手続の実践と理論』〔信山社・2003〕167頁。十分な主張・立証が期待できるとして訴訟告知を受けていた者の補助参加を認めた大阪高決平成21・5・11高民集62巻2号1頁も参照）。この立場はそもそも後訴の可能性を問題とせず，その訴訟における補助参加人の攻撃防御の利益を直接考慮する。したがって本問で，訴訟前・訴訟外の紛争の展開や訴訟手続の中での経緯から，Bが製造した機体の構造上の欠陥がX・Yのいずれかにより主張されているか，主張されることが確実に見込まれる場合には，Bの参加が認められる。YがXに敗訴すれば将来Bはどうなるかという判決結果をにらんだ因果法則よりも，X・Y間の訴訟でBの製造した機体の構造が事故原因となっているかどうかが問題となっているのに，肝心のBにその点について自ら攻防を尽くす機会を与えないでよいかという，手続保障そのものが問題とされる（井上・前掲『民事手続の実践と理論』191頁）。Eに関しても，Xと共通して機体の構造につき主張・立証を展開していこうとしているならば（主観的追加的併合を認めない実務［→問題60］を考慮に加え），補助参加を認めることになろう。機体の構造が問題となっている訴訟状況では，同一事故の被害者でなくとも，同一構造の機体で同様の事故にあった被害者にも，主張・立証の機会を与えるために補助参加が認められる可能性がある。

●】参考文献【●

山本和彦「補助参加の利益」長谷部由起子＝山本弘＝笠井正俊編著『基礎演習民事訴訟法〔第3版〕』（弘文堂・2018）263頁

（安西明子）

問題 68　参加的効力

　あるビルの1室につき，X・Y間に賃貸借契約が成立した。借主Y
は，本件建物は貸主Xが所有するものと信じ，Xから本件貸室を賃
借していたところ，A社がYを被告として，本件建物の所有権はA
社に属すると主張して，本件貸室の明渡しと賃料相当損害金の支払を
求めて訴えを提起してきた。Yは，本件建物についてのA所有権を
否認し，本件建物はXが所有するものであり，YはXから本件貸室
部分を賃借占有している旨答弁した。

　Yからこの訴訟について連絡を受けたXは，第2回期日に補助参
加の申出をし，以後，本件建物はXの所有であることを主張してY
の勝訴のために訴訟行為をした。しかし結果は，本件建物は賃貸当時
からAの所有に属するとの判断がなされ，Y側の全面敗訴に終わっ
た。控訴，上告がなされたが，Y側の主張は認められずY側が敗訴
し，判決が確定した。にもかかわらず，その後Xは，あらためてA
との間で賃貸借契約を結んだYを被告として，ビルの所有権は終始
Xにあると主張して，X・Y賃貸借契約に基づく賃料と賃料相当損害
金の支払を求める訴えを提起した。

　YはY・A判決の効力によりXの請求は認められないと主張でき
るか。

●】参考判例【●

① 最判昭和 45・10・22 民集 24 巻 11 号 1583 頁

●】解説【●

1 補助参加人に対する判決の効力

　補助参加がなされた訴訟で下された判決は，その訴訟の当事者に効力が及ぶのはもちろん（既判力につき115条1項1号），一定の要件の下で，補助参加人にも効力が及ぶ（46条）。これは，補助参加人として十分に主張・立証を尽くした，あるいは尽くすことが期待できた事項については，補助参加人は自己を当事者とする第2の訴訟で補助参加訴訟で下された判断内容をもはや争うことができないという趣旨である。そこで本問でも，Yに補助参加したXは，Y側が敗訴した責任をYとともに負い，補助参加した訴訟での判断に拘束されることになる。

　この判決の効力の性質については議論がある。かつては判例・学説ともにこれを既判力とみる時期があったが，後述のとおり，既判力とは異質の補助参加訴訟に特殊な効力と解するのが通説であり，参考判例①もそう判示した。この効力，すなわち「参加的効力」は，参加人が被参加人と共同して訴訟を追行した以上，敗訴の責任を公平に分担すべきであるという禁反言の原則により根拠付けられる。

2 補助参加人の地位とその訴訟行為の制限

　参加的効力が生じるには，その前提として十分に訴訟において主張・立証の機会が保障されていなければならない。そこで補助参加人が十分に訴訟行為をすることができなかった場合，補助参加した段階ではすでに遅かったり，被参加人の訴訟行為と抵触するなどしたときには参加的効力は生じない（46条）。

　ここで補助参加人の地位について確認しておこう。補助参加人は，被参加人を勝訴させることにより自身の利益を守るため，被参加人の代理人でも補佐人のような単なる補助者でもなく，独自の権能をもって訴訟に関与できる。従たる当事者といわれるように当事者に近い側面をもち，攻撃防御方法の提出，異議の申立て，上訴の提起，その他被参加人を勝訴させるのに必要な一切の訴訟行為ができる（45条1項）。期日の呼出や訴訟書類の送達も当事者とは別になされなければならない。

一方，補助参加人は他人間に係属している訴訟を前提とし，これに付随して訴訟を追行する者であり，自身の請求を持ち込むのではないから，本来の当事者に対して従属的な側面をもつ。まず，参加時点での訴訟状態に従って，被参加人がすでになし得なくなった行為はできない（45条1項ただし書）。例えば，時機に後れた攻撃防御方法の提出，自白の撤回，責問権を放棄喪失した行為に対する異議などは，他人間の訴訟を前提に，これに事後的介入をするものとして許されない。

　次に，参加人の訴訟行為と被参加人の訴訟行為とが矛盾抵触するときは，参加人の訴訟行為はその限りで効力を生じない（45条2項）。したがって被参加人が自白していることを補助参加人が争っても否認の効果を生じない。

　さらに，補助参加人は他人間訴訟を前提として，それに付随して訴訟行為を行う存在であるから，訴訟そのものを発生させたり，変更消滅させる行為はできない。訴えの取下げや訴えの変更，反訴の提起，訴訟上の和解，上訴権の放棄などがこれに当たる。

　もっとも，以上のような補助参加人の独立性と従属性との限界，境界線については，補助参加の機能の捉え方とも関連して，議論が分かれる。

3　参加的効力の範囲

　参加的効力は既判力と異なる補助参加に特殊な効力と捉えられているが，その具体的差異は，①民事訴訟法46条所定の除外例が定められているように具体的事情によって効力が左右されること，②判決効の存在は職権調査事項でなく当事者の援用を待つことのほか，③判決主文の判断のみならず理由中の判断にも及ぶこと，④被参加人敗訴の場合にのみ問題となり，被参加人・参加人間にしか及ばないことが挙げられている。

　まず客観的範囲（③）として，既判力とは異なり，判決理由中の事実認定や先決的法律関係についての判断にも効力が及ぶ。本問でいうと，訴訟物たるＡのＹに対する本件貸室の明渡請求権と賃料相当損害金支払請求権が既判力の及ぶ部分であるが，これの存在につき拘束力を認めてみても，Ｘには痛くも痒くもない。本件建物がＡの所有であるという理由中の判断にこそ拘束力を認める意味があるのであり，参考判例①も，Ｘ・Ｙ間では本件建物所有権が上記賃貸借当時Ｘには属していなかったとの判断に及ぶべきと

している。したがって，YはY・A判決の効力によりXの請求は認められないと主張できることになる。ただし，当事者でさえ効力を受けないとされる理由中の判断に補助参加人を拘束する前提として，自己に関する請求が当面は審判対象とされていない補助参加人としての立場上も当然に弁論を尽くすべき事項で，かつ実際に訴訟追行上の制約がなく，将来に向けても効力を認めることが公正で対等な場合である必要がある。これを本問でみると，本件建物所有権は，勝敗を決する重要争点であるとともにXにとり重大な利害関心を有する事項で，訴訟の初期の段階から十分に主張・立証の機会が付与されていた，参考判例①でも実際，YはXの訴訟追行を妨げた事情がないとみられるところから，ここに拘束力を及ぼしてよいと考えられる。

　次に主観的範囲の問題（④）として，通説によれば，参加的効力は参加人・被参加人間にのみ及び，参加人・相手方間には及ばない。したがって例えば，債権者と保証人間の保証債務請求訴訟で主債務者が被告保証人側に参加し主債務の不存在を主張したが認められず，被告が敗訴した場合，主債務者は，後日保証人から求償請求を受けたときにはもはや主債務の存在を争うことができないのに対し，債権者から主債務請求の訴えを提起されたときは，主債務者は補助参加訴訟の判決は不当だとして主債務の存在を争えることになる。本問では差し当たりX・Yの後訴で補助参加訴訟の拘束力が前記のとおり生じれば足りるが，もし後日XがAに対して本件建物の所有権確認訴訟を提起してきたときに，問題が生じる。そこで近時，補助参加訴訟の判決の基盤はA・X・Yの三者により形成されるし，XがAとの間で主張・立証を尽くす機会が十分保障されたことを根拠として，A・X間でも一定の場合に拘束力を及ぼす合理性と必要性があるとの考え方が示されている（新堂・後掲227頁，重点講義(下)463頁など）。

4　参加的効力か既判力か

　以上のとおり，通説，参考判例①は，補助参加訴訟の裁判の効力につき既判力との差異を強調しているけれども，この参加的効力説のいう既判力との異質性が果たしてどこまで妥当するのかには疑問が向けられている（井上・後掲381頁など）。

　まず参加的効力の本質につき，既判力は公権的紛争解決として紛争の蒸し

返しを許さない法的安定の思想に由来するのに対し，参加人と被参加人の訴訟追行上の責任分担という公平の見地に由来するといわれる。しかし蒸し返しの禁止という効力の現れ方は既判力と同じであり，主観的範囲についても前述のとおり相手方に対する効力が論じられるようになっている（前述3④）。さらに拘束力の除外例を認める点（3①）も，既判力にも具体的事情を一切考慮せずに一義的画一的に及ぼされるべきでないことが明らかにされるようになっており，当事者の手続保障を前提に論じられることは両者共通と認識されている。

　また既判力をめぐる議論では，先決的法律関係や請求権の法的性質決定などの理由中の判断についての拘束力が議論されるようになっている（3③）。

　この傾向は，既判力そのものを当事者間の実質的公平に支えられた効力，当事者の手続保障を前提にした効力とみて，むしろ参加的効力として説かれている性質および内容のものが，判決効一般に通じる普遍性をもち，既判力の原型であると解しているのである。

●】参考文献【●

井上治典『多数当事者訴訟の法理』（弘文堂・1981）376頁／新堂幸司『訴訟物と争点効(上)』（有斐閣・1988）227頁／伊藤隼・百選204頁

（安西明子）

訴訟告知

> 　債権者Ｘは債務者Ｚに対して貸金の返済を迫ったが，支払わないので，保証人Ｙを相手取って保証債務に基づく金銭請求をした。被告とされたＹは，敗訴した場合の求償権を確保しようとＺに訴訟告知をした。
>
> 　告知は，最初の口頭弁論期日においてＸの訴状陳述，Ｙの答弁書陳述，次回期日を指定したという段階でなされたが，Ｚはこの訴訟に何ら参加してこなかった。その結果，Ｙの主張は認められず，Ｘの請求は認容され，Ｙの敗訴判決が確定した。
>
> 　その後Ｙは，Ｚに対して求償請求の訴えを提起した。この訴訟において，Ｚは主債務の存否を争うこと（Ｘと消費貸借契約はないとの主張）ができるか。
>
> 　この場合，もしＺとしては，借金したのは自分ではなくＹ自身であり，自分は仲介人にすぎない，訴訟告知があった際も参加の必要がないと考え，参加しなかったという事情があるとき，結論に違いはあるか。

●】参考判例【●

① 最判平成 14・1・22 判時 1776 号 67 頁
② 仙台高判昭和 55・1・28 高民集 33 巻 1 号 1 頁

●】解説【●

1 意義と効果

　訴訟の係属中，当事者からその訴訟に参加できる第三者に対して，訴訟係属の事実を法定の方式によって通知することを，訴訟告知という（53 条）。

告知がなされる者（被告知者）は，補助参加（42条）できる者が典型であるが，それだけでなく訴訟参加一般，すなわち独立当事者参加（47条），共同訴訟参加（52条）をなし得る者でよい。

訴訟告知により，被告知者は訴訟に参加して自己の利益を守る機会を付与され，告知者も被告知者の訴訟関与を期待できるが，現行制度の主な狙いは，被告知者に後日文句をいわせないようにすることにある（告知者のための告知）。すなわち，告知を受けても当然に参加人になるわけではなく，参加するかどうかは自由であるけれども，告知があると参加的効力が生ずるとされ，実際に参加しなくとも参加できたときに参加したとみなされる（53条4項）。当事者（告知者）が敗訴すれば，第三者（被告知者）に損害賠償を請求できる見込みがあるとか，第三者から損害賠償の請求を受けるおそれがあるときに訴訟告知をしておけば，後日の第三者との訴訟で前訴と反対の認定判断がなされることを防止できる。本問でも，X はこれを狙って Z に訴訟告知をしたのである。

しかし訴訟告知には，制度上のずれがある。独立当事者参加できる者にも訴訟告知できるが，この場合には参加的効力は考えられておらず，告知をなし得る範囲より参加的効力が及ぶ範囲は狭い。

2　訴訟告知による参加的効力

現在の多数説は，訴訟告知により参加的効力が生ずるのは，告知者と被告知者との間に告知者敗訴を直接の原因として求償または賠償関係が成立する実体関係がある場合に限定する。このような実体関係がある場合には，被告知者がそれを熟知して告知者に協力することが期待されるからである。したがって，本問にした保証人に対する主債務者が適例とされる。逆に主債務者が被告である場合は，保証人も補助参加利益があるからこれに訴訟告知はできるが，保証人は主債務者に協力すべきものでないから訴訟告知による参加的効力は生じないという（もっとも主債務者から保証人への後訴が想定困難とされる）。

さらに，訴訟告知を告知者のための告知として専ら告知者の利益保護の制度と理解する前述の立場には，反省も生じている。とくに告知者と被告知者の利害が全面的に一致しないケースでは，被告知者が告知者側に補助参加し

ても告知者（被参加人）と抵触する行為ができないので（45条2項），被告知者（参加人）の利益保護として十分でなく，かといって相手方に補助参加することを常に期待できるものでもなく，告知を受けた第三者としては補助参加しないままに終わる場合もあり得る。このような場合に訴訟告知を受けたからといって，それだけで判決の効力を及ぼし，被告知者の主張を封じるのはあまりにも被告知者の立場を無視している。そこで，訴訟告知による効力が及ぶための条件および範囲を厳格に解する必要が認識されるようになっている。

3　拘束力の捉え方──主観的範囲と客観的範囲の限定

　このような反省を促したのは参考判例②である。a の相続人甲による，もと a の所有地についての乙に対する移転登記請求訴訟で，乙が「a の代理人丙との間で売買があった」と主張したため，甲が「丙に代理権はなかった」と主張し，丙に訴訟告知した事案である。このとき，可能性としては丙は当事者のどちらにも補助参加の利益があったが（どちらからも訴訟告知を受け得る），代理人ではなく売買に一切関与していないとして甲に参加するのでなく，実際には「代理権はあった」として乙に補助参加した。その結果，「代理権の存在は確定できないが，表見代理に当たる」として甲の請求棄却判決が出た。そこで甲が丙に，丙の無権代理行為により所有権を喪失したと，損害賠償請求を提起した。

　このように現実に参加したときは，単なる訴訟告知による効力でなく補助参加の効力（呼ばれたことでなく現に参加したこと）で考えるべきである。すると，この効力は，参加人丙と被参加人乙（告知者甲でなく）の間に生じ，「代理権の存在は確定できない」との判断に及ぶようにみえる。参考判例②は，この効力を認め，丙が甲からの損害賠償請求で「代理権はあった」と主張することは許されないとした。しかしこの事案で，「少なくとも表見代理が成立する」という前訴の判断は「代理権はなかった」というほど強くなく，前訴における当事者の主張・立証も表見代理でも有権代理でも乙の勝訴を導けばよいとの程度であったと考えられるので，学説は拘束力を認める参考判例②に対して批判的である。

　この反動か，参考判例①は逆に訴訟告知の効力を限定した。事案は家具業

者甲からの乙に対する代金支払請求訴訟で，乙が「本件商品の買い主は丙である」と主張したため，甲は丙に訴訟告知したが，丙は参加しなかったというものである。この訴訟で請求棄却判決が確定し，その理由中に「本件商品の買い主は丙である」とされ，甲は丙に代金請求を提起した。参考判例①は，告知の効力は被告知者が参加利益を有する場合にのみ及ぶところ，参加利益は判決が参加人の私法上，公法上の法的地位または法的利益に影響を及ぼすおそれがある場合に認められるとした上で，甲・乙訴訟の結果により丙の代金支払義務が決せられる関係にはないため，丙の参加利益はなく甲・乙訴訟の判決の効力は及ばないとした。参加的効力の客観的範囲については，最判昭和 45・10・22（民集 24 巻 11 号 1583 頁）［→問題68］を引用し，参加的効力が及ぶのは判決主文の判断および主要事実に係る認定および法律判断などであるとした上，「本件商品の買い主は丙である」旨の甲・乙判決の記載はこれに当たらず，参加的効力は発生しないとした。

　参考判例①に対しては，学説の反対が多い。まず，契約当事者が乙か丙かという択一的関係から甲が乙に勝訴すれば丙は買主とされないとして補助参加の利益を肯定する説がある。また甲・丙間に訴訟追行上の協力を期待する関係があるとして補助参加の利益を肯定する説もあり，少なくとも「本件商品の買主は乙でない」との甲・乙訴訟の判断に拘束力を認め甲・丙訴訟に及ぼしてよいとする説もある。

4　制度運用の問題点

　判例を批判する中で，学説は訴訟告知制度の運用のあり方についても検討を深めていった。訴訟告知の効力は，被告知者が告知者側に参加する利益だけでなく必要があるとみられ，しかも被告知者が現実に補助参加したとしても十分に主張・立証を尽くすことが当然期待できた場合に及ぶと考えるべきである。法律上制限はないが，訴訟告知をすることできる時期について制限すべきとの学説がある（本問では訴訟の初期に訴訟告知されているので，この点は問題ない）。

　また実務では，訴訟告知の申出があったとき，裁判所が参加の利益・訴訟告知の適法性につき深く検討することなく，訴訟告知をさせているようである。ただし，本問の後半のような被告知者の置かれた立場の複雑さは考慮す

べきである。被告知者 Z はどちらの側に参加しても，「主債務者は Y で自分は仲介者」という主張が主たる当事者（被参加人）の主張と抵触して訴訟上の効力は生じない（45条2項）。Z が Y に補助参加して上記主張をしておけば，その主張が効力を生じず，後訴で Z は自分は主債務者でないと主張できるので（民事訴訟法46条の除外例に当たり参加的効力が及ばない）[→問題68]，その限りで補助参加の効用はある。けれどもそれだけの目的でわざわざ補助参加申立てをしなければならないというのは Z に酷であろう。そこで，告知を受けた者が補助参加（や独立当事者参加）申立てをしなくとも訴訟告知について意見（訴訟告知は筋違いで訴訟関与の意思はない）を述べ，後の拘束力が及ばないことを明らかにする手続が必要である，とする学説がある。

　このようにみてくると，本問で Z が主債務者であることが前提にされ，認定されていたとしても，Z は自分が主債務者でないと考えていた本問後半のような場合，誰が主債務者であるかについて十分争われたかが問題となる。これは Z 固有の言い分である以上，主要な争点を形成したとは考えにくく，Z としてもどちらに補助参加してもうまくいかない事情にあるので，結論として訴訟告知による拘束力はなく，あらためて自分は主債務者でないとの主張ができると解するのが妥当であろう。

●】参考文献【●

井上治典『実践民事訴訟法』（有斐閣・2002）201 頁／重点講義(下)477 頁／安永祐司・百選 206 頁

（安西明子）

独立当事者参加

> XはYからある家屋を買ったとして，Yに対し所有権移転登記手続を請求する訴えを提起した。しかしZも，同一家屋をYから買ったというとき（二重譲渡），ZはX・Y間の訴訟に参加できるか。Zが，Yに対して上記請求を立てただけの場合と，これに加えてXに対しては家屋所有権確認請求を立てている場合とで参加が認められるかどうかに違いはあるか。

●】参考判例【●

① 最判平成6・9・27判時1513号111頁

●】解説【●

1 独立当事者参加の意義

補助参加（42条）[→問題67]とは違い，他人間に係属中の訴訟に，自らの請求を掲げて参加する場合を独立当事者参加という（47条）。1つの訴訟に多数の者が関与する訴訟でも，通常は原被告の二手に分かれる二面訴訟の集合体として把握できるのに対し，参加人が既存当事者のどちらかに与するのでなく，独立の立場で請求を定立して，原告の被告に対する本訴請求と併せて矛盾のない統一的審判を求める多面的訴訟が，この形態である。

例えばある建物に原告被告がともに自分が所有者であると主張して所有権確認訴訟を係属させているとき，自分こそが所有者だとする第三者にとって，原告勝訴判決の判決効が法的に及ぶわけではない（これとは別に第三者自身の所有権確認訴訟を提起することが可能）。しかしこの場合も前記判決は裁判外，裁判上で不利益に作用すると考えられるので，この第三者は既存当事者から独立した対等の当事者として主張・立証し，原告勝訴判決を阻止する

ことができる。

　なお参加人が原告と被告の双方に請求を掲げる両面参加だけでなく，片方だけに請求を定立する片面的参加も，現行法により認められるようになった。前記所有権確認の例で，被告が「自分は所有者である参加人から借りている」として，参加人と被告の間に争いがないのであれば，参加人は原告だけに所有権確認請求を掲げて独立当事者参加ができる。

2　独立当事者参加の要件

　この参加形態には２つある。「訴訟の結果によって権利が害されることを主張する」場合（47条１項前段）を詐害防止参加といい，「訴訟の目的の全部若しくは一部が自己の権利であると主張する」場合（同項後段）を権利主張参加という。これらいずれかの要件を満たす場合には，別訴により自らの権利実現を図るという方法のほかに，他人間の訴訟に独立の当事者として参加できることになる。詐害防止参加は，馴れ合いにより事実上不利益が生ずる場合にできるとするのが今日の多数説であるが，見解の一致をみない。実際例も後者より少ない。権利主張参加は前述の所有権確認の例を典型例とする。本問もこれに含まれるかどうかが問題となる。

　権利主張参加は，一般に，訴訟の目的である権利関係が自己に帰属し，またはその上に自己が権利関係を有することを主張しての参加である。それは，参加人の請求（およびそれを基礎付ける権利主張）が本訴の原告の請求（およびそれを基礎付ける権利主張）と論理的に両立し得ない関係にあることを意味するとされる。したがって，前述の原被告間の土地所有権確認請求訴訟に，第三者が所有権確認を求め参加するなら，一物一権主義により本訴原告の所有権主張と第三者のそれが論理的に両立しない関係にある。けれどもここに第三者が地上権確認を求めて参加することなどは，該当しないとされている。

3　権利主張参加の要件──両請求が論理的に両立し得ない場合

　本問にした不動産二重譲渡の場合については議論がある。実体法上は買主Ｘ・Ｚとも売主Ｙに所有権移転登記手続への協力を求めることができるので，Ｘ・Ｙ請求とＺ・Ｙ請求は両立でき，原則的には独立当事者参加は許されないとの考え方もある。しかし多数説と従来の裁判例はこのような場合に独立当事者参加を認めてきた。これは次のように説明されてきた。論理的に

両立し得ないというのは，参加人の請求の趣旨レベルで判断し，そのレベルで両立していないということで足り，本案審理の結果，判決において両立することになってもよい。本問でXによるYに対する所有権移転登記手続請求訴訟に，Zが売主Yには移転登記手続請求を，Xには所有権確認請求を立てて参加していくことは，権利主張参加として適法である。本案審理の結果，対抗要件による実体法上の権利帰属の相対性から，XのYに対する移転登記請求もZのYに対する移転登記請求もともに認容され，表面上は権利が両立する関係になっても差し支えない。同一不動産の登記はYかZのどちらかにいくのであるから，X・Y請求とZ・Y請求は請求の趣旨レベルでは論理的に両立しない，と（重点講義(下)505頁）。

　これに対し，参考判例①はYからX・Zへの不動産二重譲渡で，Zの仮登記が先に存在していた事案（ZはX・Y訴訟にかかわらずYに対して本登記請求，Xに対してもその承諾を求める請求ができる。不登105条）につき，論理的に両立し得ない場合に当たらないとして独立当事者参加を許さなかった（訴え却下でなく，別訴の提起と扱われる）。これを契機に，本問の不動産二重譲渡につき独立当事者参加を認めない説も有力になっている。二重譲渡を受けた買主はいずれも登記請求権を有しており，両者の請求が両立することは請求の趣旨と原因において自明である。買主間では所有権の優劣はいずれかの本登記がなされてはじめて決まる。本登記がなされるまで両者の所有権が互いに他を排斥し得ないことは，やはり請求の趣旨と原因において自明である。したがって請求の趣旨レベルで両立しないことで足りるとする上記多数説の説明は成り立っていない，と（三木浩一「独立当事者参加における統一審判と合一確定」青山善充ほか編『新堂幸司先生古稀祝賀・民事訴訟法理論の新たな構築(上)』〔有斐閣・2001〕831頁〔同『民事訴訟における手続運営の理論』（有斐閣・2013）所収〕）。

4　独立当事者参加の許否の判断視点——本問の考え方

　論理的に両立し得ないかどうかについては否定説がわかりやすいが，多数説のように一方が履行されれば他方の履行は不可能になるという意味で両立しないと考えることもでき，この要件では決着しない。参考判例①によると，ここでもしZからXに所有権確認請求が立てられていれば，両請求は両

立しないことになるので参加要件をクリアできることになりそうである。け
れども所有権確認請求が立てられているかどうかだけで独立当事者参加が許
されたり許されなかったりするというなら，紛争の実態は変わらないのに，
あまりにも請求という形式だけにとらわれすぎているのではないか。

　そこで独立当事者参加を許すかどうかの視点は，Ｘ・Ｙ間の訴訟にＺは介
入する必要があるか，ということに求められよう。否定説は，実体法上登記
の先後で買主間の優劣が決まる限り，買主は訴訟を早く提起し勝訴判決を確
定させるべく，各自が（別々に）努力すべきであり，Ｘが（先に）提起した
訴訟にＺが関与してその成り行きを左右しようとするのは，公平でないとみ
る。これに対して多数説は，実態としては所有権をめぐる１つの紛争である
から，１つの訴訟手続の中で関係を調整することに意味があるとする。

5　二当事者訴訟への還元

　参加後に，多面的訴訟関係がなくなり，二当事者訴訟に戻ることもある。
原告の訴え取下げと参加取下げがあった場合と，在来の当事者が訴訟から脱
退する場合である。

　参加後も，原告は訴えを取り下げることができ，取下げには被告の同意の
みならず，参加人の同意も必要とされている。取下後は参加人の原被告双方
に対する共同訴訟となる。参加人は，訴えの取下げに準じて，参加申出の取
下げができる。取下げにより原告の当初の訴えが残る。

　また，在来の原告または被告は訴訟から脱退できる（48条）。第三者の参
加により，従来の原告または被告がもはや当事者として訴訟にとどまる必要
を感じなくなる場合，すなわち係争物の譲受人が参加してきた場合の原告
（譲渡人）や，本問ではＸとＺとのどちらが権利者と判断されようがかまわ
ないのでＸ・Ｚで争ってくれという場合のＹである。脱退の性質や効力の
内容については議論がある。有力説は，脱退は自己の立場を全面的に参加人
と相手方との勝敗結果に任せ，これを条件として参加人および相手方と自分
との間の請求について予告的に放棄または認諾をする性質と捉える。本問で
前述のようにＹが脱退すれば，Ｘ・Ｚどちらか勝訴したほうに対する請求の
認諾をあらかじめしたもので，認諾に基づき勝訴者からＹへの執行力が生
じる。しかし，脱退の性質を条件付きの放棄・認諾と捉えることの妥当性

（民事訴訟法 48 条の文言も脱退者に判決の効力が及ぶとされている）や，この説では何ら効力が及ばない空白部分が生じる可能性（本問でＺの請求＝Ｚ・Ｘ所有権確認請求を認容する場合，Ｚ・Ｙ間は請求認諾とみなして認容判決と同じ効果が生じても，Ｘ・Ｙ請求棄却の効果は生じない）など，疑問も提示されている。

　このほか，独立当事者参加についてはその審判のあり方についても複雑な議論がある。ここでは原告と参加人の請求につき必要的共同訴訟に関する民事訴訟法 40 条が準用されるが（47 条 4 項），共同訴訟人の足並みを揃える本来の場合と三者が相互に対立する独立当事者参加の場合は違うので，その根拠や範囲をどのように考えたらよいか，敗訴した二者のうち一者のみが上訴した場合，自ら上訴を提起しない他方の敗訴者の地位はどう考えたらよいかといった問題である［→問題[75]］。

●】参考文献【●

井上治典『民事手続の実践と理論』（信山社・2003）234 頁／三木浩一・争点86 頁／山本克己・百選 208 頁

（安西明子）

訴訟承継の範囲

> 　ＹはＸから土地を賃借し，その土地上に建物を建築した。その後，ＹはＸに無断で上記建物の２階部分を増築したため，ＸはＹに対し，賃貸借契約の解除に基づく建物収去土地明渡訴訟を提起した。しかし，第１審係属中にＹが死亡した。またＹは，第１審係属中，死亡前に建物をＺに賃貸しており，いま上記建物はＺが占有していることがわかった。
> 　このときＸ・Ｙ訴訟は手続を続行できるか。できるとすれば，誰がどのような手続をとればよいか。

●】 参考判例 【●

①　最判昭和41・3・22民集20巻3号484頁

●】 解説 【●

1　訴訟承継の制度

　訴訟はその開始から終了まで，それなりの年月を要するので，訴訟係属中に当事者が死亡したり，係争物の譲渡その他の処分がなされることは，あり得る。本問のような場合に従来の当事者Ｙとの間で訴訟を続行することはできないし，紛争は残存するであろう。またＸ・Ｙ訴訟を無にして，相続人または係争物の譲受人に対して新たに訴訟を起こさなければならないとすれば，Ｘの負担は大きい。また，口頭弁論終結後の承継人には既判力が及ぶのだから（115条１項３号），その中間過程ともいうべき訴訟係属中に死亡，係争物の譲渡等があった場合にも，既判力の形成過程である訴訟状態上の地位を相続人等に引き継がせるのが合理的である。そこで，訴訟係属中の死亡等を訴訟手続に反映させ，当事者を交替させ，かつ新当事者は旧当事者

の訴訟上の地位を承継することにして，訴訟の続行を図ったのが，訴訟承継の制度である。

　訴訟承継には，当然承継と参加／引受承継の２種類がある。前者は，当事者の死亡等の一定の承継原因により旧当事者の地位を新当事者が包括的に承継し，当然に当事者の変更，訴訟承継が行われる場合である。後者は係争物譲渡等の承継原因が生じたとき（上記の包括承継に対し特定承継という），譲受人等の承継人となるべき者が訴訟への参加を申し出るか（51条・49条），またはその者が訴訟を引き受けるよう相手方が申し立てるのでなければ（50条），当事者の変更すなわち訴訟承継が行われない場合である。狭義の訴訟承継とは後者を指す。特定承継について訴訟係属中にはそもそも係争物の譲渡を禁止する，当事者を変更せずに判決の効力を譲受人に及ぼすとの考え方もあり得るが（当事者恒定主義），係争物の譲渡を訴訟上に反映させ，承継人自身に手続を保障する現行制度（訴訟承継主義）のほうが優れている。他方，それではＸとしてはＹから第三者への譲渡や賃貸を見張っていなければならないのでは困るので，訴訟承継主義の下，Ｘには対抗措置として当事者恒定のための仮処分が用意されている。ＸはＹから第三者に係争物が譲渡されないよう処分禁止の，占有者が変わらないよう占有移転禁止の仮処分を申し立てることができる（民保53条〜55条・58条〜64条）。

　訴訟承継があれば，承継人すなわち新当事者は旧当事者が追行した訴訟の結果を承継し，それに拘束される。時効完成猶予，期間遵守の効力は維持され（49条），従前の弁論や証拠調べの結果は新当事者を拘束する。これは当然承継と参加・引受承継とで違いはない。

2　当然承継

　本問のＹのように当事者が死亡すると，その地位が相続人に当然に承継される，と考えられている。当然に当事者が変動するときは，新当事者の裁判を受ける権利を保障するため訴訟手続を中断させ，新当事者に受継させることになるのだが（124条以下），訴訟代理人がいるときは中断・受継の手続を踏まなくてよいとされているので（同条２項。訴訟代理人がそのまま手続を続行するので手続を中断する必要はない。なお民訴規52条），そのことが当然の承継を表している，というのである。

しかし，代理人か新当事者が旧当事者死亡の事実と承継人であることを届け出なければ相手方当事者も裁判所もわかりようがないし，当事者が交替すれば訴訟上の請求も変更されるのであるから，このような関係者が誰も知らないうちに当事者が変わっていたとみるのは，不自然である。本問でいうと，Yに訴訟代理人がなくYの死亡が判明すれば，Yの相続人が訴訟承継するべく自ら受継を申し立てるか（124条1項1号。民訴規51条），それをXがするか（126条），裁判所が続行命令を出す（129条）。Yに訴訟代理人があり，Y死亡の事実を知るときは，あらためてYの相続人から委任を受けて，以後は相続人の名で手続を進めるべきである。Xや裁判所が独自にY死亡を知ったときにもYの訴訟代理人にそのようにするよう促すことができるであろう。

　けれどもY死亡が訴訟上明らかにならずY訴訟代理人がYの名で手続を進めると，中断・受継その他の手続もなく，このままYに対して判決が出てしまうことが問題とされている。しかし形式上Yの名であっても実質その承継人（相続人）に対して判決されたものとみるべき，とされている。

3　参加・引受承継──承継人の範囲

　他方，本問のZについては参加／引受承継が問題となる。Zが自ら独立当事者参加（47条）［→問題70］の形式で訴訟参加を申し立てるか（参加承継），Xが訴訟引受けを申し立てることになる（引受承継）。通常，参加承継は，原告側で係争物の譲渡があったとき（Xが第三者に土地譲渡）になされようが（権利承継人の場合。49条），本問のように被告側でもできる（義務承継人の参加承継。51条）。現行法は，権利承継人の参加承継と義務承継人に対する引受承継に加え，義務承継人でも参加し，権利承継人にも引き受けさせることを明らかにした（同条）。

　しかしそもそもZが参加し，引受けを求め得る承継人と認められるか，参加／引受けのできる承継人の範囲が問われる。学説は基本的に，参加／引受承継の範囲は口頭弁論終結後の承継人の範囲（115条1項3号）と同じであるとし，かつては訴訟物内容と連動して承継を許すかどうかを考慮する説をとっていた。典型的には，建物収去土地明渡訴訟係属中に第三者が建物を取得する場合，当事者適格の移転，承継を認めた。しかしそれでは本問のよ

うに，XはYに対し契約解除による建物収去土地明渡しを請求するが，Z
に対しては契約関係はないので所有権に基づいて，しかも建物退去を請求す
るという，承継人に対する請求内容と旧請求が一致しない場合には対応でき
ない。

　本問とした参考判例①の事案では，XがZに対し所有権に基づく建物退
去請求を立てて，訴訟引受申立てをしたのに対し，Zは，X・Y請求は債権
的請求権であり，X・Z請求は物権的請求であるから両者は別個で，Zは
「訴訟の目的である義務の全部又は一部を承継した」（50条）とはいえず，
承継人ではないと反論した。しかし，従来，判例は物権的請求権に基づくか
どうかで区別してはいなかった。さらに本問とした参考判例①は，承継人と
の間の新請求が旧請求と異なる場合にも訴訟引受けができることを明らかに
し，その根拠を実体法的観点からだけでなく訴訟法的観点から実質的に考慮
するとした。すなわち，Xに対するYの契約終了に基づく地上建物の収去
義務は建物から立ち退く義務も含み，この退去義務に関する紛争は建物の占
有を承継するZに移行し，Zは「紛争の主体たる地位」をYから承継した
とする。実質的にみても，Zの地位はYの主張と証拠に依存する，Zの訴
訟引受けにより紛争の実効的解決が図られ，Xの保護になるので，XがZ
に新たに訴訟提起する代わりにZにX・Y訴訟を承継させてよい，と。

　したがって，本問でXはZに対し訴訟引受けの申立てができる（Zから参
加承継も可能）。なおここでは承継といっても，旧当事者と新当事者が交替す
るのではない。X・Y訴訟はZに承継されるとともに，旧当事者Yへの訴
訟は前述2の通りYの相続人にも承継され，Y相続人に対しては建物収去
土地明渡請求（Yが死亡していなければX・Y請求は残ったまま），X・Z間で
は建物退去請求が併存することになる。

4　学説の展開

　学説は，本問のような訴訟物から派生する権利関係に対応できないことを
認識するようになり，従来の「当事者適格の承継」でなく，「紛争の主体た
る地位」の承継に賛成している（新堂幸司『訴訟物と争点効(上)』〔有斐閣・
1988〕297頁）。

　さらに一部の学説は，すでに審理を終えた後の口頭弁論終結後の承継人と

比べ，これから審理が続く訴訟承継の場合には，関連する新紛争を取り込む意味で，承継の範囲が広くてよいと考えるようになっている。また，参加承継と引受承継では考慮要素が異なり，前者のほうがより広くてよいという考え方も生じている。参加承継は自発的であるのに対し，引受承継では，自分の関与していない訴訟状態を強制的に引き継がされるので，承継人の手続保障をより厳密に考える必要がある，というのである。ただし，参加承継にしても引受承継にしても，訴訟承継の効果については旧当事者の訴訟状態を全面的に引き継ぐと考えてよいか，疑問が向けられるようになっている。訴訟承継は認めるが，その効果として旧当事者による訴訟状態に拘束されない部分があってもよいのではないか，というのである ［→問題72］。

●】参考文献【●

重点講義㊦563頁／日比野泰久・争点90頁／原強・百選216頁

（安西明子）

問題 72   訴訟承継の効果

> 　地主Xはその土地上に建物を所有するYに対し，建物収去土地明渡しを求める訴えを提起した。訴訟係属後，Yは建物をZに譲渡し，現在は上記建物をZが占有している。XはZに訴訟を引き受けさせることができるか。
>
> 　Zの訴訟承継が認められた場合，その承継以前にYが，少なくとも土地の賃借権の抗弁は成り立つと判断し，Xの土地所有権を自白（権利自白）していたとする。このとき，Zは，Xに無断で建物をYから譲り受けているので，Yの賃借権に頼るのでは不安を感じ（民612条，借地借家19条），Xの所有権を争うことはできるか。

●】参考判例【●

①　最判昭和52・3・18金法837号34頁
②　最判昭和41・3・22民集20巻3号484頁

●】解説【●

1　訴訟承継の効果──実体法上の効果

　訴訟承継とは，訴訟の係属中に当事者が死亡したり，係争物が譲渡されたりした場合に，それを訴訟手続に反映させ，当事者を交替させて新当事者は旧当事者の訴訟上の地位を受け継ぎ，手続を続行させる制度である。訴訟承継があれば，承継人すなわち新当事者は旧当事者が追行した訴訟の結果を承継し，それに拘束されるものとされている。口頭弁論終結後の承継人には既判力が及ぶのだから（115条1項3号），その中間過程ともいうべき訴訟係属中に死亡，係争物の譲渡等があった場合にも，既判力の形成過程である訴訟状態を相続人等に引き継がせるのが合理的と考えられてきた［→問題[71]1］。

判例も，訴訟承継の効果として，承継人は既存の訴訟状態を全面的に引き継ぐとしている。参考判例①は，かつて権利承継人には参加承継，義務承継人には引受承継の規定しかなかった旧法下で，権利承継人にも訴訟引受けが認められるとした事案である（現在は権利承継人の引受承継，義務承継人の参加承継が明文で認められている。51条）。この判決理由の中で，引受けを命じられた承継人は被承継人と相手方との間の既存の訴訟状態をそのまま利用することができる地位に立つのであるから，被承継人の訴え提起による時効中断の効力は承継人についても生ずる，と述べられた。

しかし，その後，訴訟承継の効果について議論が深まり，旧当事者の訴訟状態を全面的に引き継がなければならないのか，疑問が向けられるようになっている。この訴訟承継の効果は実体面と手続面に区別でき，前者については，旧当事者による時効完成猶予，期間遵守の効力は新当事者の下でも維持されることが規定されている（49条）。問題は後者で，訴訟承継の手続的効果として，旧当事者による従前の弁論や証拠調べの結果に，新当事者が拘束されない場合もあるのではないか，と考えられるようになった。さらに特定承継については，参加承継にしても引受承継についても，訴訟承継を認めたからといって，新当事者がそれまでの訴訟状態を全面的に引き継ぐ必要はないとし，承継の範囲とその効果を切り離す考え方が生じている。

2　訴訟承継後の手続──審理原則

本問で，まずＺは承継人となれるか。ＸはＹだけを相手に訴訟していてもＺとの間で紛争が残り，Ｚに対して新たに建物収去請求の別訴を起こすとすれば，これまでの訴訟追行の結果を無駄にすることになる。このような場合，Ｘの申立てによる引受承継にせよＺ自身による参加承継にせよＺに訴訟承継させるのが合理的であるところ，判例・学説によれば，ＺはＹから「紛争の主体たる地位」を承継した者として，訴訟承継が認められるであろう[→問題⑦および参考判例②]。

この場合，引受承継であるから，従前の当事者Ｘ・Ｙ間の訴訟に引受申立人Ｘと引受人（承継人）Ｚとの訴訟が共同訴訟の形で追加されたことになる。民事訴訟法50条3項は同法41条1項および3項を準用しているので，同時審判の申出がなされた共同訴訟と同様の法理が妥当し，弁論の分離，一

部判決は禁止されるが，その限りで審理の統一が図られるだけで，基本は通常共同訴訟である。これに対し，もしＺ自身が参加承継してきた場合には，参加の方式も参加形態も独立当事者参加になるので，同法47条4項による40条1項から3項の準用により，必要的共同訴訟の手続法理が妥当するとされている。このように，参加のイニシアティブが異なるだけで，一方は合一確定，他方は共同訴訟人が独立と規定上は両極端であるので，問題とされている。解釈・運用による柔軟な処理が求められる。

　以上を前提に，ＺがＸ・Ｙの形成した従前の訴訟状態に拘束されるかを考えてみると，本問のようにＺが引受承継したときには，ＹとＺは通常共同訴訟の原則から各別の訴訟行為が許されるはずで，ＺがＹの自白に拘束されないのではないかとの疑問がわく。

3　訴訟状態の承継

　従来，原則的には，訴訟承継があれば承継人は前主の訴訟追行に基づいて形成された訴訟状態を全面的に引き継ぎ，弁論および証拠調べの結果を含めて，前主の自白に反する主張，時機に後れた攻撃防御方法など前主がすでにできなくなった行為はできないとされる。しかし，訴訟状態を承継することの実質的根拠が，承継人の利益が前主によって代表されていることに求められるとすれば，この前提を欠く場合に，訴訟状態を承継しない場合があってよいと考えられるようになっている。

　そこで，例えばＸ・Ｙ間で馴れ合い的な訴訟が行われてきたことを知らずに係争物の譲渡を受けたような者などにその者の独立の主張を許すとか，係争物の譲渡後，参加・引受けが許されるまでの間に前主がした自白には拘束されないなどとする立場がある。これは訴訟状態の承継は無制限ではないとし，限定的にＺの拘束されない場合を認める説である。

　また，本問にした，Ｙによる自白の争い直しにつき，承継人に固有の主張やこれを基礎付ける攻撃防御方法の提出は妨げられない，ＺはＹの自白に拘束されないとして，訴訟状態の全面的引継ぎに疑問を提示する学説も生まれた。

　そうして，より一般的に，承継人固有の攻撃防御方法の提出はそれまでの手続形成の状態にかかわらず制約されないことはもちろん，前主によって承継人の利益が十分に反映されていない場合には，承継人に独自の立場から主

張・立証の機会を与えるべきであり，承継人がどのような場合にどの程度これまでの手続形成から離れて新たな手続行使ができるかは，当該手続の具体的展開と承継人の紛争利害の実質によって弾力的に対処判断すべきである，との立場が主張された（井上治典『多数当事者の訴訟』〔信山社・1992〕91頁）。これは，参加承継・引受承継の適格が肯定されて参加が認められるかどうかと，従前の訴訟状態を引き継がなければならないかどうかとは，必ずしも一致せず，前者が肯定されても後者は部分的にしか肯定されないことを認める学説である。これを受けて，訴訟承継の要件面では，「紛争の主体たる地位」を承継した者については手続を混乱させない限り参加・引受けとも広く認め，参加後の訴訟状態の承継義務については完全に否定する学説も現れている（新堂・後掲355頁）。

4　本問について

本問についても承継人Ｚは従前の訴訟状態をそのまま引き継ぎ，Ｘの所有権についての自白（権利自白）を争うことはできないという立場はある。けれども，本問は前述の学説が，Ｙが慎重に行う必要のなかった訴訟行為の効果に承継人Ｚは拘束されないとして挙げる，有名な例である（福永有利「参加承継と引受承継」三ケ月章ほか『新版民事訴訟演習(2)』〔有斐閣・1983〕47頁）。承継人の固有の攻撃防御方法の提出は，従前の訴訟状態に拘束されずに提出できる。訴訟係属中でなく，口頭弁論終結後に係争物の譲渡があった場合，譲受人ＺにＸ・Ｙ間訴訟の既判力が及ぶが（115条1項3号），Ｚに固有の攻撃防御方法がある場合には（執行力が及ぶ）承継人に当たらないとみるのが判例であり，逆にＺは承継人に当たり既判力が及ぶとする説も，固有の攻撃防御方法は既判力に遮断されないと考える。いずれにせよ譲受人に固有の攻撃防御方法は前訴の既判力に抵触せず，自由に提出できる点に異論はない［→問題54］。このことから訴訟係属中の承継人も自己に固有の攻撃防御方法は自由に提出できると考えられるところ，固有の攻撃防御方法かどうかは必ずしも明確でなく，前主自身の攻撃防御方法であっても承継人自身の利益を守るための独自の立場からの主張・立証が許されてよいとする見解がある。本問は，Ｚ固有の攻撃防御方法というより，前主Ｙも主張・立証の機会があったが，その攻撃防御方法のもつ意味がＹ・Ｚで異なる場合である。

Yは借地権の抗弁が間違いなく成立すると考えて，それなら土地の所有者は誰であっても結論は同じであり，早く決着がつくと考えて自白したかもしれないが，承継人Zには独自の立場から争い直すことを認める必要があり，自白の効果は及ばないと考えられる。

またそもそも，訴訟承継の効果は，口頭弁論終結後の承継人に既判力が及ぶことを根拠に，その中間過程ともいうべき訴訟係属中の承継人に，既判力の形成過程である訴訟状態を引き継がせるものであるが，本問のX所有権には既判力も及ばない。既判力も及ばないのに「生成中の既判力」が及ぶとは考えにくいとの指摘がある（新堂・後掲379頁以下）。

●】参考文献【●

新堂幸司「訴訟承継論よ，さようなら」新堂幸司＝山本和彦編『民事手続法と商事法務』（商事法務・2006）355頁／日比野泰久・争点90頁

（安西明子）

第7章

上訴・再審

上訴の利益

> Xは，Yに対してある山林の所有権移転登記抹消手続を請求する訴
> 訟を提起した。この訴訟でXは，Yへの所有権移転登記は売渡担保
> であり，被担保債権は完済したと主張したのに対し，Yが真実の売買
> であると主張したところ，第1審判決は，「売渡担保ではあるが，被
> 担保債権はまだ残っている」として請求棄却判決を下した。
>
> この判決に対し，Yは請求棄却を求めて控訴を提起できるか。

●】 **参考判例** 【●

① 最判昭和 31・4・3 民集 10 巻 4 号 297 頁

●】 **解説** 【●

1 上訴制度

　上訴とは，上級裁判所に対し，その裁判の取消変更を求める不服申立てで
あり，上訴があれば裁判の確定が遮断され（確定遮断効。116条2項），事件
は上級審において審理判断される（移審効）。不利な裁判を受けた当事者を
救済するとともに，事件が上級裁判所において審判を受けることにより法令
解釈の統一を図ることが上訴の目的とされる。

　上訴は，不服の対象となる裁判の種類により区別される。判決に対する上
訴は控訴，上告であり，決定および命令に対する上訴は抗告である。上記の
上訴目的のうち，控訴では当事者の救済が目的とされる。上告については2
つのどちらを上訴の主要な目的とみるかについては議論がある。

　現行法は，最高裁判所による法令解釈の統一の機能を十分発揮するため，
最高裁への上告理由を憲法違反または絶対的上告理由に制限した（312条）。
その補完として上告理由である判決に影響を及ぼすことが明らかな法令違反

のうち重要なもの，法令解釈に関する重要事項を含むと認められる法令違反については上告受理の申立てができる（318条）[なお許可抗告につき→問題⁊1]。

上告審が法律審であるのに対し，控訴審は事実審である。控訴審の審理の直接の対象は，控訴の適否と主張された不服の当否（控訴による不服申立てがあった範囲での第1審判決の当否）である（296条1項）。第1審でなされた訴訟行為は控訴審においても効力を有する（298条1項）。控訴裁判所は第1審で提出された資料と控訴審で提出された資料を基に，不服の当否を審理する（続審制）。控訴審においても，訴えの変更や反訴の提起または選定者に係る請求の追加ができる（後二者については相手の同意が必要。300条）。当事者は第1審で提出しなかった攻撃防御方法を提出でき（弁論の更新権），控訴審において提出できる攻撃防御方法は第1審の口頭弁論終結後のものに限られないが，第1審・2審を通じて時機に後れたものは却下されることがある（297条による156条・156条の2・157条・157条の2準用）。

2 上訴の要件──上訴の利益

各上訴に共通の上訴要件として，上訴提起行為が所定の方式に従い（286条），かつ有効であること，上訴期間が徒過していないこと（285条），上訴対象となった裁判が性質上不服申立てのできる裁判であり（281条），かつその裁判に適した上訴が申し立てられたこと，不上訴の合意や上訴権の放棄がないこと（284条）などがある。最も重要なのは，訴訟要件である訴えの利益と同様，上訴人が原裁判に対して上訴の利益（ここでは控訴の利益）を有することである。

規定はないが，控訴できるのは第1審判決によって不利益を受けた者であり，不利益をもたらさない裁判に対して上訴を認める必要はない。

学説においては，かつて原判決よりも実質的に有利な判決が得られる可能性があれば上訴の利益を認める説があった（旧実体的不服説）。しかしこれでは，上訴を提起しようとする者は何らかの意味で有利なものを求めているのが通常であるから上訴の要件にならないため，今日では支持されていない。現在の判例・通説は，当事者の申立てと判決主文を比較して，申立てより少ない判決が出されている場合には不服があるとする（形式的不服説）。そこで全部敗訴者には当然に控訴の利益があるとされてきた。一部敗訴のときは，両当事者に控訴の利益があることになる。基準として明確であるが，次のい

くつかの例外，修正を必要とする。まず，被告の予備的相殺が認められて請求棄却判決がなされた場合，判決主文では全部勝訴ではあるが，被告は自働債権（反対債権）を失っているのであるから全面勝訴とはいえず，上訴の利益を認める。また人事訴訟で，離婚請求を受けた被告が請求棄却判決を得た場合，形式的にみて控訴の利益なしとすると，別訴禁止（人訴25条）により判決確定後は被告からの離婚請求ができなくなるので，上訴の利益を認める。さらに黙示的一部請求をした結果，残部請求が遮断される場合に，請求全部認容の原告には例外的に請求拡張のための控訴を認める。

判例・通説による例外を，すべて判決効の問題として統一的に説明しようとする学説もある（新実体的不服説）。原判決が確定すると既判力をはじめとして何らかの判決効が不利益に生ずることになる当事者に上訴の利益があるとする。上記例外の予備的相殺が認められた被告は既判力により（114条2項），離婚請求の反訴は別訴禁止（人訴25条）により，一部請求は既判力により別訴が封じられるので，全部勝訴者にも控訴の利益が認められる（上野泰男「上訴の利益」新堂幸司編『特別講義民事訴訟法』〔有斐閣・1988〕285頁）。

本問でYは，判決主文には不服がなく，判決理由中の判断にのみ不服があり，理由に既判力が生じるわけでもないので，一般的には上訴の利益が認められないことになる。Yとしては勝訴したとはいえ，判決理由によるとXが残債務の提供をして再度登記の抹消を求めてくることが予測され，売渡担保でなく売買であると認定してもらう必要を感じるのは理解できる。ただし，上記の判例・学説によれば，Yに上訴を認めないが，他方で売渡担保であるとの判決理由に拘束が生じない以上，Xによる抹消登記請求の後訴で，Yは真実の売買であったと主張できる。

3　附帯上訴

また判例・通説では，相手方が控訴したときにする附帯控訴には控訴の利益を要求しないので，全部勝訴した当事者でも附帯控訴なら認められる。

附帯控訴とは，控訴審の口頭弁論終結前に被控訴人が原判決に対してする不服申立てである（293条）。一部勝訴で自分からは控訴しないでいたが，予測に反して相手方が控訴した場合，控訴期間満了後でも可能なのが附帯控訴である。相手の控訴をおそれ，とりあえず控訴しておくという戦術，無用

な控訴を控えさせる効用がある［不利益変更禁止との関係については→問題74
1］。通説は，控訴期間徒過後も，控訴権を放棄していても可能であるなど
の特質をもつ附帯控訴は本質的に控訴ではないとみて，全部勝訴し，原判決
に不服の利益を有しない被控訴人でも，附帯控訴によるならば請求を追加変
更できる，とする。判例（最判昭和 32・12・13 民集 11 巻 13 号 2143 頁）も全
部勝訴者が附帯控訴の方式により請求を拡張することを認めている。

　しかしこれに対し，附帯控訴は控訴かどうかという性質論は実益がない，
控訴審で訴えの変更ができるかどうかは訴え変更の要件があるかどうか自体
で判断すべきである，附帯控訴にも控訴の利益は必要である，とする有力な
反対説（上野泰男「附帯上訴の本質」新堂幸司ほか編『講座民事訴訟(7)』〔弘文
堂・1985〕171 頁）がある。

　さらに，いくら相手の控訴に便乗するとはいえ，附帯控訴なら無条件に許
されるが，控訴では許されないとするほどの違いを認める根拠はあるか。ま
たそもそも全部勝訴者には控訴の利益がなく，一部でも敗訴していれば控訴
できるとする従来の考え方によれば，量的請求については要求を多めに掲げ
ていた者は控訴できるが，控えめであればできないが，果たして合理的か。
このような疑問を提示し，従来説は申立てと判決にしか目が向けられていな
いと批判して，敗訴者にはその原因を作った自己責任があることを踏まえた
上で，相手方当事者との関係で訴訟による対話的手続を続行する利益がある
か（＝上訴の利益）という視点をもつべきとの学説が生じた（井上治典『民事
手続論』〔有斐閣・1993〕171 頁）。この説によれば，第 1 審で欠席判決を受け
た被告が控訴してきたが控訴状を陳述しただけでその他の訴訟行為を行わな
い場合や，相殺の予備的抗弁で勝訴した被告が実は第 1 審で相殺以外のすべ
ての原告の請求原因を自白していた場合には控訴の利益が否定される。

● 】参考文献【●

重点講義㊦594 頁。とくに 600 頁以下／岡田洋一・百選 218 頁

（安西明子）

不利益変更禁止

> XはYに対し，貸金債権の支払を求めて訴えを提起した。Yはこの訴訟で予備的に，Xに対する反対債権による相殺を主張した。第1審はXの貸金債権の存在は認めつつ，予備的相殺の抗弁を容れて，結論としてXの請求を棄却した。
>
> これに対しXは控訴したが，Yはしなかったとき，控訴審における審理の結果，第1審とは逆に，Xの貸金債権はそもそも存在しないと判断した場合，控訴審はどのような判決ができるか。

●】参考判例【●

① 最判昭和 61・9・4 判時 1215 号 47 頁

●】解説【●

1 控訴審の審理構造

控訴審の直接の審判対象は，控訴の適否と第1審判決に対する当事者の不服申立ての当否である。控訴審では控訴が不適法でその不備を補正できないときを除き（290条参照），必ず口頭弁論を開かなければならないが（87条1項），控訴審の審判対象は不服の当否であるから口頭弁論もその限度で行われる（296条1項）。

不服申立てを認めて第1審判決を取り消す場合には（305条・306条），請求自体について判断することになる。控訴審は第2の事実審として必要な範囲で独自に事実認定を行う。その資料は第1審に提出された資料に控訴審で新たに提出された資料を加えたものである（続審主義）。ただし，控訴審の裁判官は第1審に関与していないから，第1審で提出された資料を控訴審判決の資料とするためには，裁判官が交替した場合と同様に直接主義の要請に

基づき，第1審における弁論結果を当事者が陳述しなければならない（296
条2項。弁論の更新）。

　控訴裁判所は控訴または附帯控訴によってされた不服申立ての限度でのみ
第1審判決の取消しおよび変更をすることができる（304条）。上訴による
確定遮断および移審の効力は，上訴人の不服申立ての範囲にかかわらず，上
訴の対象となった裁判全体について生じる（上訴不可分の原則）。この結果，
不服申立てのない部分についても裁判は確定しないが，上訴人が不服申立て
の範囲を拡張し，被上訴人が附帯上訴をしない限り審判対象とならない。

　控訴人は，原判決の訴訟物全体ではなく，その一部のみを控訴審の対象と
することができる。例えば原告が500万円を請求し，300万円の一部認容一
部棄却判決を得た場合，原告は棄却部分の200万円の限度で控訴することが
できるが，100万円の限度にとどめることもできるし，それを控訴審の口頭
弁論終結時までに200万円まで拡張することもできる。これに対応して，被
控訴人も審判の対象を自己に有利に拡大することが認められる。いまの例で
は500万円全額が移審しているところ，第1審で認容された300万円の部分
について審判対象とするよう求めるのが，附帯控訴である（293条）[→問題
73 3]。

2　不利益変更の禁止

　控訴審の審判の範囲は，控訴によってされた不服申立ての限度に限られる
ので（304条），附帯控訴がない限り，控訴人は第1審判決を不利益に変更
されることはなく，最悪の場合でも控訴棄却の判決が下されるにとどまる。
これを不利益変更禁止の原則という。例えば500万円を請求し，第1審で
300万円の支払を命じる一部認容判決を得た原告が控訴した場合，控訴裁判
所が原告の請求権は200万円しか存在しないとの心証を得たとしても，原判
決を取り消して，より不利な200万円の支払を命ずる判決はできない。控訴
棄却して300万円の原判決を維持することができるにとどまる。逆に控訴人
が不服を申し立てていない部分につき控訴人に有利に原判決を変更すること
もできない（利益変更禁止の原則）。いまの例で，原告がもし一部敗訴の200
万円のうち100万円だけを不服として（請求権全体は400万円となる）控訴し
た場合，控訴審が500万円全額の請求権があると判断したとしても，100万

円を超えて 200 万円を認容に変えることはできない。控訴していない部分は不服申立ての対象でないからである。

　不利益変更禁止の原則により控訴人が保護されるのに対し，被控訴人が自己に有利な（控訴人に不利な）判決を得たいのであれば，審判の対象を拡張するために前述の附帯控訴をすればよい。

　不利益変更禁止の原則は，当事者の不服申立てがない限り，それに対応する裁判をすることはできないということであり，一般には処分権主義（246条）に基づくものとされてきた（これに対し，控訴制度の要請に基づくとする説もあり，処分権主義で説明できない場合に不利益変更禁止原則独自の領域を認めるのは，宇野聡「不利益変更禁止原則の機能と限界（2完）」民商法雑誌 103 巻 4 号〔1991〕601 頁）。したがって判例通説によれば，処分権主義が適用されない境界確定訴訟には不利益変更禁止の原則は適用されない（最判昭和 38・10・15 民集 17 巻 9 号 1220 頁）。また，職権調査事項についても，例えば一部認容判決に対する原告の控訴において，第 1 審が不問にしていた訴訟要件につき，控訴審がそれを不存在と判断した場合には原判決を取り消し，訴え却下の判決ができる，とされる。訴訟要件の公益性から，一部認容部分も取り消して，控訴人に不利益な訴え却下判決ができるというのである。

3　予備的相殺の抗弁

　控訴審の審判対象が申立てに拘束され，控訴人の不利益に変更できないというのは，判決の主文を基準としている。判決理由には判決効が生じない限り，不利益変更禁止は関係しない。そこで，例えば弁済を理由とした請求棄却判決を，消滅時効を理由として控訴棄却することは差し支えないとされる。他方，本問の，判決理由中に既判力が生じる相殺（114 条 2 項）については，不利益変更禁止が問題となる。

　予備的相殺が認められて請求棄却判決を得た被告も控訴の利益をもつから〔→問題73 2〕，本問とは逆に被告が控訴し，この控訴が認められ控訴審が訴求債権＝原告の請求権がないと認定するのであれば，原判決取消し，請求棄却となる。控訴審が訴求債権は認めつつ，第 1 審と異なり反対債権なしと判断した場合，もし請求認容にすれば，これは不利益変更に当たるので，控訴棄却にとどめなければならない。

次に，本問の通り，予備的相殺で請求棄却となった原告のみが控訴しその訴求債権がないと判断された場合，これを理由とする棄却判決は第1審の相殺の抗弁を認めた棄却判決と違い，反対債権の不存在に既判力を生じないという意味で，原告＝控訴人の不利益になる。そこで控訴審としては，その判断内容通りに判決を出すことはできず，控訴棄却にして原判決を維持するにとどめなければならない。控訴審が判断内容通り，原判決を取り消して，あらためてXの請求権なしという理由での棄却判決をするためには，Yからの控訴または附帯控訴が必要である。以上の通り判示したのが，参考判例①である。この事案は，XがYに貸金請求をしたところ，Yは「賭博開帳金であることを知ってXが貸与したから不法原因給付に当たる（民708条），仮にそうでないとしても反対債権で相殺する」と主張し，第1審は予備的相殺を認めて請求棄却とした。Xが控訴したのに対し，控訴審は，相殺につき反対債権なしとして原判決を取り消し，請求を認容した。Yが上告したところ，最高裁は本貸金債権は民法90条により無効であると判断した。このような場合，最高裁は原判決を破棄するが，すると控訴申立てに対する応答がない状態になるので，原裁判所に差し戻すか（325条），自ら事件につき判決をする（326条）[→問題⑦⑥]。そしてこの事案では本来は相殺について判断するまでもなく請求棄却であるが，Xしか控訴していない（上告したのはYだが原判決破棄により，ここでは控訴申立てに対する判断をしている）ので，控訴審としては控訴棄却にとどめなければならないとした。

4　審判範囲の限定

しかし，このように原告のみが控訴し，被告が控訴も附帯控訴もしない場合，控訴審は訴求債権を審判の対象としてよいのだろうか。原告が控訴したのは，原判決で敗訴した部分である反対債権に限られ，勝訴部分の訴求債権は控訴の審判対象とはなっておらず，控訴裁判所は反対債権の存否しか審理判断できないという考え方もある。この少数説によれば，控訴裁判所は，訴求債権が存在しないと判断し得る場合であっても，反対債権が存在しないと判断するときは，原判決を取り消し，請求認容判決を下すことになる。そもそも訴求債権について審理判断すること自体，許されないことになろう。不服を申し立てた原告が反対債権を審判対象としていること，被告が不服申立

ての機会を利用せず，訴求債権について審判対象としなかったことを重くみており，当事者の申立てによる審判の範囲を厳格に捉える立場といえよう。

　この少数説に対しては，控訴審の判断内容に反する処理の落ち着きの悪さが問題とされているほか，次のような批判がある。すなわち，不利益変更を処分権主義から導く立場からは，被告が不服申立てをしなかったのは，判決主文において請求棄却された結論はよしとし，基準時における反対債権の不存在について生じる既判力を争わないという意思にとどまるから，請求を認容することまでは許されないのであって，控訴棄却にとどめるべき，と。

　なお，固有必要的共同訴訟において不利益変更禁止の原則が問題となった判例（最判平成 22・3・16 民集 64 巻 2 号 498 頁）については，同じく合一確定の要請が働く独立当事者参加のところで紹介している［→問題75 2，3］。

●】参考文献【●

山本・基本問題 215 頁／濵﨑録・百選 222 頁

（安西明子）

独立当事者参加と上訴

物の所有権をめぐって，XはYに対し自己の所有権確認と引渡しを求める訴えを提起したところ，Zが独立当事者参加を申し立て，同一物に関してXに対してはZの所有権確認，Yに対しては自己の所有権確認と引渡しを求めた。Zの所有権を認めてZの請求をいずれも認容し，Xの請求を棄却した第1審判決に対し，Xのみが控訴したところ，控訴審はZではなくXが所有権を有すると判断する場合，どのような判決をすべきか。

また，上記第1審判決に対し，Xではなく，Yのみが控訴したときに，控訴審がZはでなくXに所有権があるとの心証をもった場合はどのような判決をすべきか。

●】参考判例【●

① 最判昭和48・7・20民集27巻7号863頁
② 最判昭和50・3・13民集29巻3号233頁

●】解説【●

1 確定遮断・移審の範囲

本問では独立当事者参加（47条）が当事者双方に対してなされており，X→Y，Z→Y，Z→Xの三方向に立てられた請求につき判決がなされている。三者のうちいずれかが勝訴すれば他の二当事者は敗訴するところ，本問では第1審でZが勝訴し，XとYが敗訴している。両敗訴者が控訴すれば控訴審でも三面構造が維持され合一確定の要請が満たされるが，敗訴当事者のうちの1人が上訴した場合，どのような処理がなされるか。本問では，まずXのみが控訴し，Y自身は控訴も附帯控訴もしていない場合を考えてみる。

現在のように参加人が一方当事者だけに請求を立てる片面的参加が認められていなかった旧法下では，独立当事者参加訴訟の構造を三面訴訟と捉える立場が判例（最大判昭和42・9・27民集21巻7号1925頁）・通説であった。そして判例は，参加人が1審原告のみを相手方として控訴し，控訴審が1審被告を関与させずに判決した事案につき，参加人のした控訴は1審被告に対しても効力を生じ，訴訟は三者につき全体として確定を遮断され，上訴審に移審して審判対象となっているものと解すべきで，訴訟当事者の一部のみに関する判決をすることは許されないとしていた（最判昭和43・4・12民集22巻4号877頁）。これら2判例を引用して，参考判例①は，単純化すれば債権が二重譲渡され，譲受人と主張する原告が債務者を被告として支払を請求した訴訟にもう1人の譲受人が独立当事者参加した事案において，敗訴者のうち1人の上訴によっても全請求が確定を遮断され移審の効果が生じるとした。したがって本問ではXの控訴により，X→Y請求とZ→X請求のほか，Z→Y請求も移審していることになる。

　上訴しなかった敗訴当事者に関する判決部分も上訴審に移審し，その者も上訴審の当事者になるとして，では，その者は上訴人になるのか被上訴人になるのか。この問題はかつて，上訴審の審判対象と不即不離の問題として議論されてきた。すなわち通常の上訴理論によれば，非上訴者が上訴人と見られればその敗訴部分も上訴審の審判対象となるが，被上訴人であればその者は不服申立てをしていると見られず，その敗訴部分は附帯控訴のない限り審判対象にならない，不服申立てをしていない者に原判決変更は認められないと考えられる。しかし，本問でいえばYを上訴人と見ればY→Z請求は審判対象になるが，被上訴人と位置づけると移審はしても審判対象とはならないというのは形式的な議論であり，疑問がある。参考判例①は，原審が，控訴人Xとの関係で被控訴人であるYは，被控訴人Zとの関係では控訴人であるとしてYの控訴を擬制したのに対し，非上訴者の地位について明言はしなかった。しかし，その後，参考判例②は非上訴者は被上訴人の地位につくと述べ，その際に参考判例①を引用して非上訴者を上訴人として扱う必要はないことを説示した。つまり，上訴当事者の地位の問題と上訴審の審判対象の問題とは切り離されたのであり，従来から有力説が主張してきたとお

り，非上訴者が上訴人になるのか被上訴人になるのかは，現在では実質的な意義をもたなくなっている。

2　上訴審の審判対象と不服の範囲：不利益変更の禁止との関係

次に，本問で全請求が控訴審に移審して審判対象となった結果，裁判所が第1審とは逆に，ZではなくXが所有権を有するとの心証をもつに至った場合，X→Y請求を認容（Z→X請求は棄却）できるとしても，Z→Y請求を棄却すべきか。第1審判決で認容されているZ→Y請求を覆して控訴審で棄却判決を下すということは，第1審で敗訴したYが控訴を提起していないにもかかわらず，Yに利益に（Zに不利益に）原判決を変更することになり，（不）利益変更禁止の原則［→問題74］に反する（利益変更も不利益変更も問題となりうるので，ここでは，（不）利益変更の禁止と表記する）。けれども参考判例①は，控訴審はYの控訴または附帯控訴の有無にかかわらず，「合一確定のため必要な限度で」原判決を変更できると述べ，本問のような場合にZ→Y請求を認容から棄却に変更した。実際問題として，Z→Y請求を棄却に変更しないとX→Y請求も認容した以上，同一物につき（共有でない限り）XもZも所有権をもち，両者ともYに対し引渡しの強制執行ができることになって，Yに二重の給付を求めるわけでないから，おかしい。したがって，本問でも合一確定に必要な限度と認め，上訴の原則を乗り越えてZ→Y請求認容判決を棄却に変更するという結論になる。

では，通常の上訴では許されない（不）利益変更をすべき「合一確定に必要な限度」とは，どのように解されるか。それを検討するために設定したのが，本問の後段である。前段と異なり，Yのみが控訴した場合を考えてみると，原則はYの不服が認められるのは敗訴しているZ→Y請求で，その部分のみが審判対象となる。ただし，Yのみの控訴でも全当事者に関する請求部分が移審し，控訴審裁判所が，第1審とは逆に所有者はXとの心証をもったとすると，合一確定を推し進めて裁判所の心証に一致させようとすれば，上訴の原則では審判対象でないX→Y判決まで，控訴していないXの利益に認容判決に変更すべきことになろうが，それでよいか。このような変更を認めると，給付を命じられた相手がZからXになっただけであって，Yの控訴は無駄骨になる。したがって，この場合はXは第1審で，Z

は控訴審で所有権を否定されたとして問題がないのであり，第1審の X → Y 請求棄却判決を維持すべきである。この違いは，有力説によれば「不服」（すなわち上訴の利益［→問題[73]]）の概念で説明される。X のみの控訴の場合，X は自己の権利実現のために Z → Y 請求が棄却に変更される利益を有しており，実質的な不服がある。これに対し，Y のみの控訴の場合，Y には X → Y 請求棄却を変更する利益，不服が認められない。

　なお，参考判例①を引用して，固有必要的共同訴訟において敗訴者の1人が上訴した場合にも合一確定の要請から非上訴者に関する判決部分も上訴審の審判対象となり，（不）利益変更ができるとする判例が出た（最判平成22・3・16民集64巻2号498頁）。これは，原告甲が被告乙および丙に対して，乙が相続人の地位にないことの確認を求めた訴えで，これが固有必要的共同訴訟であるにもかかわらず，合一確定に反する判決がされた場合，上訴審は，合一確定に必要な限度で，非上訴者に関する部分を不利益に変更できるとしたものである。ただし，固有必要的共同訴訟のほうが独立当事者参加訴訟よりも合一確定の要請が強いとして，厳密には両者に違いがあるとの指摘もある。

3　片面的参加

　現行民事訴訟法では，当事者の一方のみに請求を立てる片面的参加も認められる（47条1項）。本問で，もし参加人 Z が Y に対してのみ請求を立て，Z → X 請求を立てず両者に対立牽制関係がないとすると，厳密には三面関係にないが，やはり敗訴者の1人の上訴により非上訴者に関する判決部分も上訴審の審判対象となり，その変更も認められることになるのだろうか。基本的には，片面的参加でも前述と同様に考えてよいが，結果的に原判決を不利益に変更される Z の手続保障に配慮する必要がある。というのは，Z としては X のみが上訴している場合，もし，本問と逆に原判決で Z 請求も棄却されていれば（つまり X・Z とも1審敗訴のケース），前述の通り Z 請求部分は変更の可能性もなく，Z としては特に控訴審で争う必要もない。けれども，本問のとおり Z が請求認容判決を得ていた場合には，X が（主に）Y を相手どっていた場合にも，Z としては自身の得た認容判決が覆されないように主張立証の必要があることになる。したがって，そのことを Z に釈明す

るなどして十分認識させておかなければならない。この点は，参考判例①について，すでに有力説が指摘していた。参考判例①のようにZ→X請求があり，Xのみの控訴でもZ→X請求について被上訴人となっているとZが認識しやすい場合でもそうなのだから，これに対し，Z→X請求がない片面的参加の場合はZ自身が相手になっている認識をもちにくいと考えられるので，より一層Zの手続保障の必要があるだろう。

　なお，この手続保障に関連して，前掲・最判平成22・3・16を見ておきたい。この判例は，本来は固有必要的訴訟であるから上訴審の当事者となるべきであった非上訴者を，控訴審が当事者としていなかったという異例の状況で，その誤りを最高裁が正すために執った措置ではあるが，非上訴者に配慮している。まず，当該事件では共同訴訟人（独立当事者参加の本問の例に引き直せばYとZ）が第1審から一貫して共通の訴訟代理人を選任していて主張立証活動を共にしている点を挙げて，非上訴者も実質的に控訴審に加わっていたことを確認した。さらに，実際に最高裁が非上訴者（本問でいえばZ）も含めた三者に対し期日間釈明をして主張立証を促した。以上の点で，非上訴者に手続的配慮をしたものと評価されている。

●】参考文献【●

井上治典『多数当事者訴訟の法理』（弘文堂・1981）386頁／徳田和幸「多数当事者訴訟と上訴」伊藤眞ほか編『青山善充先生古稀祝賀・民事手続法学の新たな地平』（有斐閣・2009）254頁／重点講義㊦534頁／鶴田滋・百選210頁

（安西明子）

破棄判決の拘束力

　A → Y₁ → Y₂ と移転登記がなされている土地につき，X は，A からこの土地を買い受けたのは自分であるとして訴訟を提起した。X の主張によれば，Y₁ は自分の代理人であるにもかかわらず，Y₁ 名義で移転登記したという。そこで X は，Y₁ から X への移転登記，Y₂ に対しては抹消登記を求めた。訴訟では土地の売買契約締結時の Y₁ の地位と所有権の帰属が争点となり，Y₁ は代理人でなく，X に借金して Y₁ 自身が土地を購入したと主張したところ，第 1 審では請求が棄却された。しかし控訴審では，X の主張が認められ請求認容判決が出され，さらに上告審では破棄差戻しの判決が出た。その理由は，X が Y₁ 名義で登記させたのは X の意思で Y₁ 名義に所有権移転登記をさせたものであり，実質，X が Y₁ と共謀して Y₁ 名義に仮装登記をした場合と同様，民法 94 条 2 項の法意に照らし，X は Y₁ が所有権を取得しなかったことを善意の第三者に対抗できない，原判決が Y₂ がこの善意の第三者に当たるかどうか審理判断しなかったのは審理不尽，理由不備に当たる，というものであった。

　差戻しを受けた控訴審では，審理の結果，Y₁ は代理人であるが X 本人のためにすると示していなかったので所有権を取得したのは Y₁ である，そして Y₁ は登記を X に移転する義務と Y₂ に移転する義務を負う二重譲渡になるので，X と Y₂ は対抗関係に立つとの理由で，請求を棄却した。このように差戻審が，破棄理由とされた移転登記手続行為につき Y₂ が民法 94 条 2 項の善意の第三者に当たるかどうかを審理することなく，まったく別の民法 100 条・177 条を適用した判決をすることは許されるか。

●】参考判例【●

① 最判昭和 43・3・19 民集 22 巻 3 号 648 頁

●】解説【●

1 上告審の審判

本問は，三度も上告審に上った参考判例①を簡略化したものである。破棄理由とされた判断につき差戻審が審理判断しないまま，他の理由で判決を下してよいか，上告審の破棄理由の判断の拘束力を問うている。まず，その前提を整理しておこう。

裁判所は，上告状，上告理由書などの書類に基づき，形式要件がないときは，決定で上告を却下できる（316 条 1 項・317 条 1 項）。上告裁判所が最高裁判所であるときは，主張された上告の理由が明らかに憲法違反，絶対的上告理由に該当しないと認められる場合，上告棄却の決定ができる（同条 2 項。本問でも，上告審が最高裁であれば上告理由〔312 条 1 項・2 項〕か，上告受理申立ての理由〔318 条〕，あるいは職権破棄の理由〔325 条 2 項〕が認められたことを前提とする）。このような決定をしないときは，被上告人に答弁書を提出させ，原判決の当否につき書面審理を行う。審理の結果，上告に理由がないときは，口頭弁論を経ることなく判決で上告を棄却できる（319 条）。これに対し，上告を却下または棄却できないときは，原則に戻り，上告裁判所は口頭弁論を開かなければならない（87 条 1 項・3 項）。

上告審の審判対象は上告（附帯上告）された不服申立ての範囲に限定され（320 条），審理判決もその限度で行われる（313 条による 296 条 1 項の準用）。上告理由は法律問題に限られ，事実問題については職権調査事項（322 条）のほかは審理判断しない。法律問題の前提となる事実認定は，原審が認定した事実を用いる。原判決において適法に確定された事実は上告裁判所を拘束する（321 条 1 項）。

口頭弁論による審理の結果，上告理由が認められないときは，上告棄却判決をする（上告理由があっても他の理由で原判決が正当であるときも同様。313 条による 302 条準用）。逆に，上告理由や原判決に影響を及ぼすことが明らか

な法令違反が認められれば，原判決を破棄しなければならない（325条1項・2項）。この場合，裁判は控訴申立てに対する応答がなくなるので，上告裁判所は，破棄差戻しか破棄自判をする必要がある。後者は，法令違反を理由に原判決を破棄しても，原判決の確定した事実に基づいて裁判ができるときに，上告審が自ら事件について裁判をすることである（326条1号）。

2 破棄差戻しの手続

法律審である上告審は事実認定を自らするわけではないので，控訴審とは逆に，上告審では差戻しが原則である（325条1項）。

破棄差戻しを受けた裁判所は，その審級の手続に従い，新たに口頭弁論を開いて裁判する（325条3項前段）。実質的には口頭弁論の再開続行となるが，原判決に関与した裁判官は差戻審に関与できないので（同条4項），裁判官は全員交替し（できないときは原裁判所と同等の他の裁判所に移送。同条1項・2項），弁論を更新する（313条，297条による249条2項準用）。従前の手続は，上告審での破棄理由となっていない限り効力を有するし，当事者は新たに攻撃防御方法を提出できる［→問題73 1］。

差戻しまたは移送を受けた裁判所は，裁判をするに当たり上告審が破棄理由とした事実上，法律上の判断に拘束される（325条3項後段。裁4条）。もしこの拘束力を認めないと，控訴審と上告審の法律判断が異なる場合，例えば控訴審がある法規につき甲という解釈，上告審が乙という解釈を採るとき，上告審が差し戻してもまた控訴審は甲という解釈をとり，再度上告されて事件が両者で何度も往復して落着しない可能性がある。このように，破棄判決の拘束力は審級制度の趣旨，その合理的な維持のためにあるとみるのが通説であり，既判力などとは別の特殊な拘束力と位置付ける立場が有力である。

3 拘束力の範囲

破棄差戻判決のどのような判断が差戻審を拘束するのか。まず差戻判決では事実上の判断といっても，上告審は法律審であるから，本案の事実認定ではなく，上告審も審理できる職権調査事項に関する事実判断を指す。本案の事実上の判断については，差戻審が新たな資料に基づいて新たな事実を認定できる。

そこで本来の拘束力は法律上の判断に生じる。ただし下級審裁判官も自由に法律判断できるべきだから，上級審と下級審との間で事件のキャッチボールを防ぐために必要な限度で拘束力を認めればよい。そこで拘束力は，破棄理由として誤りとされた否定的判断にのみ及ぶのが原則とされる。例えば「原審がある事実に甲という解釈ないし法規を適用したのは誤りで，代わりに乙を適用すべきだ」として上告審が破棄判決を下した場合，差戻審は甲の適用が許されないだけであって乙を適用するよう拘束されはしない。

さらに通説は2つの例外を認める。破棄の直接の理由ではないが，その判断の論理必然的な前提判断には，肯定的判断でも拘束力が生じる。例えば訴訟要件の欠缺と本案判断の誤りの両方が上告理由とされ，上告審が訴訟要件欠缺を斥け本案の理由で破棄差し戻したときは，後者の判断だけでなく前者の，訴訟要件についての判断にも拘束力が生じる。差戻審は訴訟要件なしとの判断をすることはできない。また，判断遺脱，審理不尽，理由不備，釈明権不行使等を破棄理由とするときは，これらは原判決が判断していないことが破棄の直接の理由であるから，一定の判断をせよとの指示的な拘束力が生じる。

4　本問について

本問では，差戻審が破棄理由とされた民法94条2項の適用につき判断しなかったのは，破棄判決の拘束力に反するかどうかが問題とされている。モデルとした参考判例①（実際は3度目の上告審）は，差戻審（第3次控訴審）の判決は破棄判決（第2次上告審）に反せず適法と結論した。上告審判決の判断が差戻しを受けた原裁判所を拘束する効力は，上記破棄の理由となった範囲でのみ，すなわち，同一の確定事実を前提とする限り，Y_2 が善意であることが認められるならば，同項の類推適用を否定することは許されないという限度でのみ生ずるとし，差戻審は同項の適用を義務付けられず，同法100条・177条という別の見解が成り立つのであればそれを適用してもよいとしたのである。

差戻審で，元の控訴審（および上告審）とは事実認定が変わった場合には，もちろん拘束力は消滅する。参考判例①でも，元の（第2次）控訴審が「Y_1 は X の代理人であり X が所有権を取得した」と認定したのに対し，第

3次控訴審は「Y$_1$は代理人であるがXのためにするとの顕名要件を充たしていなかったので所有権はY$_1$が取得した」と認定しているのを重視すれば，拘束力は問題とならない。しかし，基本の事実関係について「XがY$_1$に土地の買い受けを委任したが，Y$_1$が自己の名で契約，登記し，Y$_1$はXでなくY$_2$に登記を移した」という限度で事実認定は同一とみて，事実認定でなく法的評価が異なると考えることもできる。ただし，そうだとすれば，審理不尽，理由不備で破棄されたのであるから，上記通説（例外の2つ目）によれば一定の判断をせよとの拘束力があるはずで，民法94条2項の類推適用をしなければならなかったとして，参考判例①を批判する立場もある。

●】参考文献【●

重点講義㊦751頁／安達栄司・百選228頁

（安西明子）

　　ＹがＡに金銭を貸し付け，Ｘ会社をその連帯保証人とした（ＡはＸ会社代表者の義父）。Ｙは主債務者Ａには貸金返還請求，連帯保証人Ｘには保証債務請求の訴訟を提起した（前訴）。この訴状は同居するＡ・Ｘ会社代表者の住所に送達されたが，Ｘの受け取るべき訴状等はすべて同居するＡが受領した。ＡもＸもこの訴訟の第１回口頭弁論期日に欠席し，答弁書等も提出しなかったため，Ｙの請求を認容する判決が言い渡された。この判決書は，Ａ・Ｘの住所に送達されたが不在でできなかったため，付郵便送達（107条［→問題22］。裁判所書記官が書留郵便で書類を発送し，発送時に送達があったものとみなされる）が行われた。ＡもＸも控訴せず，前訴判決が確定した。

　　Ｘは，Ａの連帯保証をしたことはなく，ＡがＸに無断でしたことだと主張して，前訴判決の確定から２年後に，再審の訴えを提起することができるか。

●】参考判例【●

① 最決平成19・3・20民集61巻2号586頁
② 最判平成4・9・10民集46巻6号553頁

●】解説【●

1　再審

　訴状や判決の送達は応訴や上訴により手続に関与する機会を知る重要な契機であるところ，被告の知らないままに訴訟が進行し判決が確定した場合，被告にはまず確定した判決に対する不服申立てとして再審が考えられる。

　再審とは，原則として当該判決を下した原裁判所自身に対して（340条1

項），当事者が判決確定後再審事由を知った日から 30 日間に（342 条 1 項），確定した判決の取消し・変更を求める不服申立てである。確定判決に対するものであるから，それなりの厳格な要件がある。確定判決であっても放棄できないほど重要な瑕疵として再審事由が規定されている（338 条 1 項各号）。

　また再審は手続も特別であり，二段階構造になっている。まず再審事由の存否が審判され，再審事由の存在が確認されれば再審開始決定をして（346 条），その決定が確定した後はじめて本案再審理手続に入る（348 条）。再審事由が認められない場合には（再審）請求棄却が決定の形で下される（345 条 2 項）。この決定に対しては即時抗告という形で不服申立てができる（347 条）。抗告とは，決定に対する上訴であり（328 条以下）［→問題73］，即時抗告は裁判の告知を受けた日から 1 週間以内にしなければならない（332 条）。なお，即時抗告を受けた高等裁判所の決定に対し，さらに不服がある場合，最高裁判所への許可抗告の可能性がある（337 条）。現行法は上訴制度改革［→問題73 1 ］の 1 つとして，重要な法律問題について高等裁判所の判断が分かれているような場合に法令解釈の統一を図るため，高等裁判所の決定のうち重要な事項を含むと認められるものだけ，原高等裁判所の許可を得て，最高裁判所に特別に抗告を許す制度を創設した。参考判例①も許可抗告事件である。すなわち，補充送達が有効であるから再審事由はないとした第 1 審の再審請求棄却決定に即時抗告がなされ，その抗告を棄却した原審決定に許可抗告がなされた事件である。

　以下では，本問のような場合に再審事由を満たしているかどうかを検討するため，まず送達が有効かどうかから確認していこう。

2　訴状や判決の送達──補充送達

　民事訴訟法では上記のような訴訟書類は裁判所の責任で送達する職権送達主義を採る（98 条 1 項。これに対し，準備書面や証拠説明書などは当事者間で直接の送付〔直送〕をする）［令和 4 年民事訴訟法改正によるシステム送達も含め，送達につき→問題22・23］。送達事務は書記官が扱い，通常その実施は郵便集配人が，原則は送達すべき書類を送達を受けるべき本人に住所や事務所などで直接交付する（交付送達。101 条）。住所などで本人に会えないときには，家族や従業員などで「書類の受領について相当のわきまえのあるもの」

に交付することもできるし（補充送達。106条1項），これらの者が正当の理由なく受取りを拒否する場合には送達すべき場所に書類を置いてくることも許される（差置送達。同条3項）。補充送達も差置送達もできない場合，特別の送達方法として前述の付郵便送達（107条）［→問題22］のほか，公示送達（110条〜113条）［→問題23］もある。本問では，A宛の訴状等をAに交付するが，X宛の分をX代表者に送達するに当たり（民事訴訟法37条による102条1項準用・103条1項），その同居人Aに交付するのが補充送達となる。問題となるのは後者である。

補充送達でいう「相当のわきまえ」（106条1項）とは，送達の趣旨を理解して交付を受けた書類を受送達者に交付することを期待することができる程度の能力とされてきた。具体的には従来10歳以上の者につきこれを肯定する裁判例があり，参考判例②は7歳9か月の児童につき否定した（訴状送達が無効とされた）。

また，受領資格者である同居者等（本問のA）は書類受領限りでの受送達者（本問のX）の法定代理人とされ，訴訟関係書類の交付を受けた同居者等が当該訴訟の相手方当事者である場合には，双方代理禁止（民108条）の趣旨から補充送達は無効である。ただし，このような法律上の利害対立はなく，本問のように送達書類の訴訟について同居者Aと受送達者Xとの間に事実上の利害関係の対立がある場合にも補充送達は無効か。この問題につき下級審判例は分かれていた。受領権限があるかどうかは外見から客観的に判定されるべきで，事実上の利害関係の存否により送達の効力が左右されると手続の安定を害するとする有効説に対し，受送達者と同居者等との間に実質上利害対立があるため，同居者等に送達書類を交付すれば遅滞なく受送達者に届けられることが期待できない場合には，補充送達制度の前提を欠くとみる無効説があった。このような状況の下，参考判例②は，妻が無断で夫名義のクレジットカードで買物した際の立替払の請求を，信販会社が提起し，その判決を妻が受け取ったというケース（受送達者である夫と同居者の妻に事実上の利害関係の対立あり）で，判決送達の有効を前提とする判断をした。さらに本問とした参考判例①が有効説を採ることを明確にした。

なるほど送達実施機関が同居人等につき事実上の利害関係の対立を判断し

なければならないとすれば，補充送達は困難になるから，判例のように事実上の利害関係にかかわらず送達を有効とすることもやむを得ない。ただし，実務の工夫として，訴え提起時に受送達者の同居人等に事実上の利害関係の対立があることが書記官にわかったときは郵便集配人に受送達者本人に交付するよう要請すべきではないか，といった提案はある。さらに，送達事務として適法でも，原告と被告の関係では送達を無効とすべき場合があるのではないか，という問題も提起されている。

3　再審事由

では，上記のとおり本問で送達が有効である以上，Xは再審を提起できないのだろうか。

従来，訴訟手続に瑕疵があって訴訟関係書類が当事者に届かず，訴訟に関与する機会がないまま敗訴した場合，「法定代理権，訴訟代理権又は代理人が訴訟行為をするのに必要な授権を欠いたこと」（338条1項3号）に当たると考えられてきた。再審事由は，従来，制限列挙とされてきたが，このように一定の限度で拡張解釈や類推解釈を認めるのが現在の判例・通説である。この3号再審事由は，代理人がいる場合を前提とするが，代理人がいない場合にも，さらに当事者から手続に関与する機会が実質的に奪われてきた場合も代理権の欠缺と同様として，類推されるようになっている。参考判例②も，上記のように受送達者の幼い子に交付された訴状の送達が無効であり，有効な訴状送達がないために被告とされた者が訴訟に関与する機会が与えられないまま判決が下されたので，当事者の代理人として訴訟行為をした者が代理権を欠いた場合と同じであるとして，再審を認めた。

しかし訴状送達も有効な本問の場合はどうなるだろうか。参考判例②は，訴状は幼い子が，判決は事実上の利害対立ある妻が受け取ったケースだったので，訴状送達の無効から3号再審事由を導けた。そこで夫の再審を認める前提として，判決は確定していなければならないので，利害関係の対立ある妻に交付した判決の送達を有効と判断していた。そうだとすると，訴状の補充送達が事実上の利害関係の対立ある同居者になされ，訴状送達が有効である場合も3号再審事由を認めることができるかが問題とされていたところ，参考判例①は送達の効力と切り離して，民事訴訟法338条1項3号の再審事

由を認めた。すなわち，受送達者と同居者にその訴訟につき事実上の利害関係の対立があるために同居者から受送達者に訴状等を速やかに交付することが期待できず，実際にも交付されなかったときには，受送達者が訴訟手続に関与する機会を与えられなかったことになる，と。

以上から，本問でもXは民事訴訟法338条1項3号の再審事由を主張して，再審を提起することができよう。この場合には前述1の再審期間の制限はないから（342条3項），本問のように判決確定後2年での再審提起はもちろん，5年以上経過していてもよい。

4　残された問題

参考判例①のとおり，3号再審事由が送達の有効性と直結せず，当事者に保障されるべき手続関与の機会が与えられていたかどうかにより判断されるとすると，今後これをどの程度拡張して解釈するのかが問題とされている。

補充送達では，同居者等が感情的な対立から，あるいは単に失念して受送達者に訴状等が交付されず，そのまま判決がされて確定した場合にはどうか。原告にも裁判所にも責任がなく，被告が訴訟関係書類について了知する機会がないと類型化できるような場合でない，このような偶然の事情は3号再審事由に当たらないと考えられている。別居した妻子に訴訟関係書類が交付され夫が再審請求したケースで，前訴に関して利害対立が認められないとして送達は有効，再審請求は認められないとした裁判例もある（東京高決平成21・3・31判タ1298号305頁）。夫は妻子との心理的確執を主張したが，本問のように前訴請求についてAがXに無断で連帯保証契約をしたというような利害関係の対立が要求されている。

また判例は公示送達の濫用についても3号再審事由を認めていない［→問題23]。公示送達制度自体，送達名宛人への送達ができない場合の措置であるから現実に名宛人に送達されないことが織り込み済みである。また，この場合には上訴（控訴）の追完による救済が認められてきたことも，再審が認められない原因となっている。これによれば，当事者らが自分の責めに帰し得ない事由により不変期間を遵守できなかった場合に，判決確定後でも前訴を知ってから1週間以内に控訴ができる（97条1項）。そして上訴の追完が認められる場合，再審を提起することはできない。再審は上訴に対して補充

的地位に置かれているから，再審事由をすでに先の上訴手続で主張していた
か，その存在を知りながら上訴しなかった，上訴審で主張しなかった場合に
は，再審は認められない（再審の補充性。338条1項ただし書）。これに関して
は，1週間という期間制限なく，元の第1審裁判所に提起し得る再審を認め
るべきとの反対説がある。実は，参考判例②でも，判決送達が有効と解する
と，そこで受送達者も再審事由を知ったと擬制され，再審の補充性から上訴
の追完しか認められないとの疑問もあった。現に原審は再審を許さなかった
が，参考判例②は再審事由を現実に了知できなかった場合には民事訴訟法
338条1項ただし書は適用されないとしたのである。

　なお，2の最後に前述の通り，送達事務として適法でも，原告が被告の住
所を知りながらまたは必要な調査を欠いたまま実施された公示送達のよう
に，原告被告関係で訴訟係属の要件としての送達は違法・無効として，3号
再審事由を認めようとする学説もある（公示送達を無効とし3号再審事由を肯
定した例として札幌地決令和元・5・14判タ1461号237頁）。

●】参考文献【●

山本弘『民事訴訟法・倒産法の研究』（有斐閣・2019）339頁／高田賢治・百選
82頁／和田吉弘・百選230頁

（安西明子）

第三者による再審の可否

Y₁ はドライブインの経営等を目的とする株式会社であり，X，Y₂ ら 10 名が，その株主として各 10 分の 1 の株式を保有している。Y₁ はコロナ禍で経営不振に陥り，これ以上借入金により事業を継続するのは難しいとして，これまでの借入金等を精算した。その後，Y₁ は会社解散の決議を行うために臨時株主総会を開催したが，株主のうち X ら 3 名が解散に反対したので決議に至らなかった。Y₂ は，Y₁ が会社として何ら事業を行っていないのに事業税等を負担している状況を脱しようと，Y₁ の顧問弁護士に相談のうえ，Y₁ を被告として会社の解散を請求する訴え（会社 833 条 1 項・834 条 20 号）を提起した。Y₁ は答弁書を提出したものの請求原因事実の大部分を認め，解散事由（同法 833 条 1 項 1 号）の存在も争わなかった。裁判所は第 1 回口頭弁論において弁論を終結し，Y₁ の事業継続は極めて困難で解散以外の方法では現状を打開できないとして解散事由の要件を満たすと判断し，請求認容判決を言い渡した。

この判決の確定後にその存在を知った X は，上記訴訟は Y₁ 取締役と Y₂ がいずれも解散を望んで仕組んだ訴訟であり，X は参加することができた上記訴訟の係属を知らされず，その審理に関与する機会を奪われたとして上記判決の効力を争いたいと考えている。この場合に X は再審の訴えを提起することができるか。可能性として，どのような手続により，どのような再審事由を主張することが考えられるか。

●】参考判例【●

① 最決平成 26・7・10 判時 2237 号 42 頁
② 最決平成 25・11・21 民集 67 巻 8 号 1686 頁

●】解説【●

1 対世効が及ぶ第三者による再審

　確定判決の効力は訴訟当事者に及ぶのが原則であるが（115条1項1号），多数の関係者の間で法律関係を確定する必要から，例外的に，判決効が広く第三者にも拡張されることがあり，これを対世（的）効（力）と呼んでいる。団体関係訴訟や身分訴訟がその例である（人訴24条，認容の場合の会社838条）。ただし，訴訟に関与しない第三者に対世効を認める前提として，第三者への手続保障が欠かせない。そこで，当該法律関係について最も密接な利害関係をもつ者に当事者適格を付与し（例：会社833条・834条，人訴12条・41条－43条），それにより充実した訴訟追行ができるようにする等の方策が備えられている。さらに，こうして当事者適格を認められた者が，関係者の知らないうちに訴訟をして判決を確定させた場合には，それにより不利益を受ける一定の者が，その取消しを求める再審の訴えを認めることも，ひとつの方策となりうる。

　では，株主による責任追及等の訴え（会社853条）のような明文のない場合でも，本問で上記のとおり確定判決の効力が及ぶXは再審の訴えを提起することができるか，できるとすればどのような方法によるべきか。この問題につき，参考判例②は，新株発行の無効確認を求める訴訟の請求認容確定判決に対し，新株を取得した株主に再審の訴えを提起することを認めた。まず再審事由については，原決定が元の当事者が訴訟の係属を知らせず判決を確定させても民事訴訟法338条1項3号の再審事由があるとはいえないとしていたのに対し，3号事由を認めた［→問題77］。すなわち，元の訴訟で被告適格を付与されている会社は（会社834条2号），上述のとおり対世効を受ける第三者に代わって手続に関与する立場にあるので第三者の利益に配慮して一層審議に従った訴訟活動をすることが求められるのに，会社がそのような訴訟活動を行わないどころか，その訴訟活動が著しく信義に反し，第三者に判決効を及ぼすことが手続保障の観点から許されない場合には3号事由が認められるとしたのである。

　また当事者適格については，独立当事者参加の申出とともにする再審の訴

えの提起を認めた。その理由として，Xのような者は元の訴訟の当事者でない以上，その訴訟の本案について訴訟行為をすることはできず，当該確定判決の判断を左右できる地位にはないが，再審の訴えを提起するとともに独立当事者参加申出をした場合には，再審開始の決定が確定した後，当該独立当事者参加に係る訴訟行為をすることにより，合一確定の要請（40条）を介して確定判決の判断を左右することができるようになるので，再審の原告適格を有することになるとした。ただし参考判例②では，再審の訴えを提起する手続に不明点が残っていた。

2　再審の訴えを提起する手続

再審の訴えを提起することができるのは一般に，確定判決の効力を受け，かつ判決の取消に固有の利益を有する者とされ，これに該当すれば元の訴訟当事者以外にも再審の訴えの提起が認められてきたが，その方法については議論がある。学説により挙げられてきた方法としては，再審の訴えを独立当事者参加の申出（明示されないが47条1項前段の詐害防止参加）とともに提起する方法（通説），再審の訴えにつき原告適格を有する者への（共同訴訟的）補助参加の申出とともにする方法（43条2項・45条1項本文）がある。そして参考判例②は，固有の利益には言及がないものの，上記通説と共通している。

しかし，独立当事者参加では元の訴訟の請求について当事者となれるわけではないので再審の訴えを提起する資格を取得できないのではないか。だとすると，再審の訴えは元の訴訟の原告に補助参加を申し出るとともに提起することとなる。けれども，補助参加では，被参加人の主張できる再審事由しか主張することができず，訴訟係属を知らされず参加できなかったというX固有の理由を提出できるか，疑問もある。そのため通説は独立当事者参加の形式を採ることを主張していた。ただし補助参加の方法を主張する説も，判決効が及ぶ第三者が補助参加する場合は単なる補助参加ではなく，参加人が被参加人と抵触する行為のできる共同訴訟的補助参加となるから，元の訴訟当事者とほぼ同等の立場を想定している。

一方，参考判例②は，独立当事者参加の申出を要求する意味を，再審開始決定後の本案審理において合一確定の限度で独自に訴訟追行できることに求

めている。ただし，これについても共同訴訟的補助参加であれば合一確定の要請を介して補助参加人に同様の訴訟追行が可能であると考えられる。にもかかわらず，再審の訴えを提起するのに独立当事者参加の申出によらなければならないのか，参考判例②では，当事者が申し出ていた独立当事者参加を受けて，そのまま再審の訴えを提起する資格が肯定されたため，（共同訴訟的）補助参加が明確に否定されたわけではないとの見方もあった。

3 詐害防止参加における請求の定立

　再審の訴えを提起するには補助参加でなく独立当事者参加の申出とともにしなければならず，しかも，元の訴訟の当事者の少なくとも一方に対し請求を立てなければならないという判例の立場を明確にしたのが，本問のモデルとした参考判例①である。この事件では，株主（本問のX）が独立当事者参加の申出とともに再審の訴えを提起したものの，請求を立てることなく元の原告の請求棄却を求めていたところ，参考判例②を引用して独立当事者参加によることは肯定しつつ，独立当事者参加につき片面参加を認めていなかった旧法下の判例（最判昭和45・1・22民集24巻1号1頁）を引用し，再審の適格を認めず訴えを却下した。

　しかし，独立当事者参加において参加人独自の請求を定立する必要があるかについては，参考判例②の金築誠志裁判官の意見，山浦善樹裁判官の反対意見の通り，従来から疑問とされてきた。有力説によれば，とくに詐害防止参加［→問題70 2］では両当事者による馴れ合い訴訟を阻止すれば十分であるとして，無理に請求を立てる必要はないとされている（井上治典『多数当事者訴訟の法理』〔弘文堂・1981〕299頁，徳田和幸『複雑訴訟の基礎理論』〔信山社・2008〕187頁，高橋・重点講義（下）520頁等）。

　またそもそも第三者再審では，当事者による再審の訴えのように，つねに本案請求についての独自の当事者適格が必要か，学説は疑問としている。判決効を受ける第三者としては，確定判決を取り消すことができれば目的を達する。現行法が再審を2段階構造に改め，再審の訴えの適法要件および再審事由の存否についての審判である第1段階をクリアして再審開始決定が確定してはじめて（346条），本案の審判に進む（348条）という2段階構造としていること［→問題77 1］からも，再審事由の存否，再審開始を審判する第

1段階の手続を提起する資格は，第2段階の本案の当事者適格の有無と切り離すべきではないか。金築意見は会社解散の訴えの被告適格が会社に限定されている以上，株主が単に請求棄却を求めて被告の立場で独立当事者参加を申し出ることはできないとするが，第三者としては，まず再審開始決定が得られればよく，その確定後は本案訴訟に参加できればよいのである。その訴訟で当事者となれずとも，しかし会社より強い利害をもって本案訴訟の原告の請求棄却を求める地位に立てることこそ重要である。山浦反対意見も，無理に技巧的な請求を立てることを要求するのは実情に合わないと指摘している。

4 再審事由

参考判例②の原決定も原々決定も，会社の存続理由がないとの本案判断が先立ってか，3号の再審事由は否定して再審請求を棄却していた。上記の金築意見からは，Y_1らには会社の精算後も抵抗するXらを排除して解散の認容判決を得ることが会社法上認められているといえるのかもしれない。

しかし，本問のモデルとした参考判例①の事案では，11名の株主しかいない会社において解散反対者3名の関与を排除した訴訟をし，会社が積極的に争わなかっただけでなく，元の訴訟の原告（本問のY_2）が会社の顧問弁護士と相談して訴状を作成していた等，山浦反対意見によれば3号再審事由が認められる余地があった。参考判例①では，元の訴訟係属前から会社に対して株式発行の有効性を主張していた株主に訴訟係属を知らせず，元の訴訟で被告会社が原告の請求をまったく争わなかったこと等が，会社の訴訟活動が著しく信義に反し，Xの手続保障を害するとされていたことからすれば，参考判例②に基づく本問のほうが，3号再審事由に当たる可能性が高いのではないか。

●】参考文献【●

杉山悦子「第三者による再審の訴え」一橋法学13巻3号（2014）81頁／三木浩一・百選234頁／安西明子・新判例解説Watch16号（2015）145頁

（安西明子）

問題 79　確定判決の無効

　Yは，不動産仲介等を業となすX会社（代表者B）の仲介により，訴外A会社から土地および建物（以下，「本件土地建物」という）を代金3200万円で買い受けた。上記仲介に際しYに交付された重要事項説明書には，「市街化調整区域の建築制限あり」等の記載はあったが，その具体的内容等についての記載はなく説明もなかった。

　Yは，XおよびBの説明義務違反により，本件建物を居住および建替えが可能な物件であると誤信して取得し，これらの目的で本件土地建物を購入したことから，その代金と当時の適正価格との差額相当額の損害を被ったとして，不法行為に基づく損害賠償請求訴訟（前訴）を，XおよびBに対して提起した。前訴において，Xは，Yが，建築制限の具体的内容についてBから相応の説明を受けていたこと，知人から建築制限についての話を聞いておりその具体的内容を知り得たこと等を主張して争ったが，審理の結果，Yの請求を認容する旨の判決が言い渡され確定した。そして，Yは，前訴の確定判決に基づき強制執行を行い，認容額を取り立てた。

　その後，Xらは，前訴判決は前訴においてYが虚偽の事実を主張して裁判所を欺罔して取得されたものであると主張して，Yに対し，不法行為に基づく損害賠償請求訴訟（後訴）を提起した。前訴確定判決と後訴の関係に留意しながら，後訴について裁判所はどのように審理をすべきかについて検討せよ。

●】 参考判例 【●

① 最判昭和44・7・8民集23巻8号1407頁
② 最判平成10・9・10判時1661号81頁
③ 最判平成22・4・13集民234号31頁

●】解説【●

1　確定判決の無効

　確定した終局判決において示された判断が簡単に変更されるようなことがあれば，民事裁判の紛争解決機能は損なわれ，また紛争の蒸し返しを招くことにもなりかねない。このような事態を防ぐために既判力が認められている。そして，確定判決について生じた既判力を破るのが再審であり，再審によって確定した終局判決が取り消されない限り，既判力は否定されないのが原則である。

　判決が裁判官によって作成され言い渡された場合には，たとえ手続や判決内容に瑕疵があるとしても（瑕疵ある判決），判決による紛争処理の安定性維持の見地からは，当然に無効というわけにはいかない。適法に成立した以上，自己拘束力も生じることから，当事者は上訴によってその瑕疵を争うことができるにとどまり，判決確定後は再審によってのみ争いうるにすぎない。しかしながら，手続上は有効に成立し存在している判決であっても，既判力・執行力・形成力などの内容上の効力を認め得ない場合があり，これを確定判決の無効という。実在しない者を当事者とした判決，治外法権者に対する判決，当事者適格のない者の得た形成判決などがその例として挙げられる。

　それでは，確定判決が，一方当事者による相手方に対する訴訟手続への関与や訴訟資料の提出の妨害によって取得された場合や，判決の基礎資料の加工・偽造等により裁判所を欺罔し客観的真実に反する不当な内容のものであったような場合（確定判決の不当取得という）ではどうであろうか。確定判決の不当取得が再審事由（338条1項）に該当する場合には，相手方は再審を経ることによって救済されるのはいうまでもない。問題は，再審を経ることなく，確定判決の無効を後訴で主張することが認められるか，また不当取得した判決に基づく強制執行等によって損害を生じた場合に，不法行為に基づく損害賠償請求ないし不当利得返還請求が許されるか否かという点についてである。この問題は，既判力による法的安定要求と判決の具体的妥当性のいずれを重視すべきか，という問題に関わるものであるが，実際上の問題としては，再審手続の厳格さ（再審事由の限定列挙〔338条1項〕，再審期間の制

限〔342条〕等）にも起因するものといえる。

2　確定判決の不当取得の類型

　この問題に関するリーディングケースとされる参考判例①は，不当取得された確定判決の既判力と実質的に矛盾する後訴を許容しうる場合として，判決の成立過程において，訴訟当事者が相手方の権利を害する意図の下に，①作為または不作為によって相手方が訴訟手続に関与することを妨げ，あるいは，ⅱ虚偽の事実を主張して裁判所を欺罔するなどの不正な行為により，本来ありうべからざる内容の確定判決を取得しこれを執行した場合，といった2つの類型を挙げ，このような場合における救済可能性を認めた。その後，参考判例②は，「その行為が著しく正義に反し，確定判決の既判力による法的安定の要請を考慮してもなお容認し得ないような特別の事情がある場合」に限って再審を経ない救済を許容すべき，という要件の加重をしている。

　確定判決の不当取得の相手方からすれば，①類型では，手続関与の機会自体が奪われて手続権自体が侵害されているのに対して，ⅱ類型では，手続に関与して攻撃防御をする機会自体は与えられており虚偽の主張等を打ち破る可能性もあったはずであることから，両者について等しく救済を与える必要はないともいえる。そのため，学説においても，確定判決の不当取得に対する救済策として再審を経ない後訴を認めるべきか否かが主として争われるのは，ⅱ類型についてということになる。

3　確定判決の不当取得に対する救済策

　確定判決の不当取得に対する救済策として，当該判決を再審によって取り消すことなく不法行為に基づく損害賠償請求訴訟等によって救済を認めることができるか，という問題について，学説では，確定判決の不当取得を理由とする損害賠償請求訴訟は，前訴判決が既判力を有する以上これに牴触することを前提として，再審によって前訴判決を取り消したうえでないと損害賠償請求は既判力に牴触し許されないとする見解（否定説。兼子一『新修民事訴訟法体系〔増訂版〕』〔酒井書店・1965〕333頁，中野貞一郎『強制執行法判例問題研究』〔有斐閣・1975〕101頁，上田476頁など）がある。この見解に対しては，再審に要求される要件（例えば有罪判決の必要〔338条1項6号・2項〕など）や制限（例えば出訴期間の制限〔342条1項・2項〕など）が再審による救

済を迂遠なものとしている，との批判が挙げられている。

　他方，既判力の正当化根拠を手続保障の充足と捉え，判決の不当取得の場合にはこれが満たされないとして判決の当然無効を認め，再審を経ないでする損害賠償請求訴訟等を肯定する見解（肯定説。新堂 682 頁，重点講義㊤722 頁など）も存在する。この見解に対しては，損害賠償請求訴訟等が再審訴訟を完全に代替するものではない，といった批判が挙げられているが，不法行為等の認定の段階で再審事由の存否を判断すれば実質的には再審に等しく，既判力制度を揺るがすことにはならないという再反論がなされている。

4　本問に即して

⑴　**前訴と後訴の関係**　　確定判決の不当取得がなされた場合に，再審を経ることなく前訴確定判決の既判力と矛盾する請求を後訴においてすることができるかという問題に答えるには，まず前訴の確定判決の既判力が後訴請求に対して作用を及ぼすかどうかについて検討しなければならない。前訴確定判決の既判力が後訴に作用するのは，①前訴と後訴の訴訟物が同一の場合，ⅱ同一訴訟物ではないが後訴請求が前訴請求と矛盾関係に立つ場合，ⅲ前訴の訴訟物が後訴の訴訟物の先決問題となる場合，の３つが挙げられる。

　そこで本問における前訴と後訴との関係に着目してみる。本問における前訴は，ＹのＸに対する説明義務違反を理由とする不法行為に基づく損害賠償請求訴訟であり，他方，後訴は，ＸのＹに対するＹの前訴確定判決の不当取得を理由とする不法行為に基づく損害賠償請求訴訟である。いずれの訴訟においても，訴訟物とされているのは不法行為に基づく損害賠償請求権（旧訴訟物理論に従う）であり，一見すると既判力が作用する場合の①に該当するかのように思われるが，この２つの請求の主体は逆であり，また，訴訟物を特定することになる不法行為の事実関係は密接に関連するものとはいえ，形式上は別異であるから同一訴訟物ということはできない。

　この点については，後訴においてＸの請求を認容するためには，前訴既判力の基準時においてＹがＸに対して損害賠償請求権を有しないことを理論的前提とせざるを得ない以上，後訴における請求は前訴確定判決の主文の判断と矛盾しており，既判力の作用としてはⅲの場合に当たると解することができよう。あるいは，端的にＹの損害賠償請求権を認めた前訴判決と後訴にお

けるＸの損害賠償請求とは矛盾関係に立つものとして，⑪の場合に当たると
いった理解も可能といえる。いずれにせよ，Ｘの後訴請求は，前訴確定判決
の既判力に牴触するものと捉えることができる。

　なお，本問のベースとした参考判例③においては，「判決の成立過程にお
ける相手方の不法行為を理由として，その判決の既判力ある判断と実質的に
矛盾する損害賠償請求をすることは，確定判決の既判力による法的安定を著
しく害する結果となるから，原則として許されるべきではな」いと判示し，
本問の後訴に相当する請求を棄却しているが，前訴確定判決の既判力が後訴
にどのように作用するかについては明確な判示をしていない。

　(2)　**本問の類型**　　本問におけるＸの後訴請求が，前訴確定判決の既判力
に牴触するものであることを前提として，次に再審を経ない救済がＸに認め
られるかを検討する。

　参考判例①および参考判例②は，相手方の手続関与が実質的に妨げられて
いたという点で，いずれも①類型に属する事案であったといえる。これに対
し，参考判例③や本問は，Ｘには前訴において手続に関与する機会が与えら
れ，その機会を用いてＹの主張に対する攻撃防御活動が展開されていたこと
が看取できることから，①類型ではなく⑪類型の事案として位置づけること
ができる。

　上述の肯定説は，かかる場合にも後訴を適法な訴えと認め，不法行為に基
づく損害賠償請求についての本案審理を進めるということになる。そして，
肯定説は，この審理の過程において再審事由の存否についてもあわせて審理
すればよいとするが，本問の前訴においていかなる再審事由があると判断さ
れることになるのかについては疑問の残るところではある。他方，否定説の
立場に立てば，Ｘによる後訴は認められるべきではなく（前訴確定判決の既
判力の作用により後訴は請求棄却となる），再審を経て前訴確定判決の既判力
を破ることが必要となるが，この場合においてもやはり，本問の前訴におい
ていかなる再審事由があるかについては問題が残る。

　この点について，参考判例③の原審（名古屋高判平成21・3・19判時2060
号81頁）は，Ｙが市街化調整区域内の建築制限につき知っていながら居住
目的で本件土地建物を購入し，17年後に本件土地建物の譲渡に際し生じた

譲渡損を回復するために，X・Bの説明義務違反により損害を被った旨の虚偽の陳述の主張立証を巧妙にし，明確な証拠がないためにXの反論が制約されることを利用して前訴裁判所を欺罔し，本来なら請求が排斥されるはずの前訴において勝訴判決を詐取して強制執行に及んだ，との認定をし，「実質的に再審事由に当たるような場合だけではなく，公序良俗・正義に反するような結果がもたらされる場合にも，その主張が許されると解するのが相当である」として，Xの請求を一部認容した。これに対し，参考判例③は，「原審は，前訴判決と基本的には同一の証拠関係の下における信用性判断その他の証拠の評価が異なった結果，前訴判決と異なる事実を認定するに至ったにすぎない」事案であったと判断し，Xの請求を棄却したものである。Xによる主張や証拠関係が前訴と後訴において基本的に同じであったとすれば，これにつき，前訴の主張がYの虚偽の陳述によるものであったとして，前訴とまったく異なる事実認定をすることは，通常の既判力制度が防ごうとするものであることである。それゆえ，参考判例③が，「前訴におけるYの主張や供述が……原審の認定事実に反するというだけでは，Yが前訴において虚偽の事実を主張して裁判所を欺罔したというには足りない」と判示したことには説得力があるといえよう。

●】参考文献【●

浅野雄太・百選 170 頁／渡部美由紀「確定判決の取得と不法行為の成否」民商法雑誌 143 巻 3 号（2010）425 頁／坂田宏・平成 22 年度重判 164 頁

（畑　宏樹）

判例索引
（参考判例として掲載されたものは太字で示した）

410

413

■執筆者紹介■　　　　　*は編者を指す

＊山 本 和 彦（Yamamoto Kazuhiko）
昭和 36 年生まれ。昭和 59 年東京大学卒業
現在：一橋大学大学院法学研究科教授
主著：民事訴訟審理構造論（信山社・1995），よくわかる民事裁判〔第 4 版〕
　　　（有斐閣・2023），最新重要判例 250 民事訴訟法（弘文堂・2022），民
　　　事訴訟法の現代的課題（有斐閣・2016）

安 西 明 子（Anzai Akiko）
昭和 43 年生まれ。平成 3 年九州大学卒業
現在：上智大学法学部教授
主著：民事訴訟における争点形成（有斐閣・2016），民事訴訟法〔第 3 版〕
　　　（有斐閣・2023）（共著），新民事訴訟法講義〔第 3 版〕（有斐閣・2018）
　　　（共著）

杉 山 悦 子（Sugiyama Etsuko）
昭和 51 年生まれ。平成 11 年東京大学卒業
現在：一橋大学大学院法学研究科教授
主著：民事訴訟と専門家（有斐閣・2007），民事訴訟法 重要問題とその解法
　　　（日本評論社・2014），注釈民事訴訟法第 4 巻（有斐閣・2017）（共著），
　　　第 5 巻（有斐閣・2015）（共著），裁判手続と IT 化の重要論点（有斐
　　　閣・2021）（共著）

畑　　宏　樹（Hata Hiroki）
昭和 45 年生まれ。平成 4 年早稲田大学卒業
現在：明治学院大学法学部教授
主著：民事訴訟法〔第 3 版〕（有斐閣・2023）（共著），民事訴訟法〔第 2 版〕
　　　（弘文堂・2016）（共著），法学講義民事訴訟法（弘文堂・2018）（共
　　　著），オーストリア倒産法（岡山大学出版会・2010）（共著）

山田　　文（Yamada Aya）

昭和 42 年生まれ。平成 2 年東北大学卒業

現在：京都大学大学院法学研究科教授

主著：新コンメンタール民事訴訟法〔第 2 版〕（日本評論社・2013 ）（共
　　　著），基礎演習民事訴訟法〔第 3 版〕（弘文堂・2018 ）（共著），ロー
　　　スクール民事訴訟法〔第 5 版〕（有斐閣・2019 ）（共著）

Law Practice 民事訴訟法〔第 5 版〕

2011年 3 月30日　初　版第 1 刷発行
2014年 4 月 1 日　第 2 版第 1 刷発行
2018年 1 月20日　第 3 版第 1 刷発行
2021年 9 月15日　第 4 版第 1 刷発行
2024年 3 月25日　第 5 版第 1 刷発行

編 著 者　山　本　和　彦

著　　者　安　西　明　子　　杉　山　悦　子
　　　　　畑　　　宏　樹　　山　田　　　文

発 行 者　石　川　雅　規

発 行 所　株式会社 商 事 法 務
〒103-0027　東京都中央区日本橋3-6-2
TEL 03-6262-6756・FAX 03-6262-6804〔営業〕
TEL 03-6262-6769〔編集〕
https://www.shojihomu.co.jp/

落丁・乱丁本はお取り替えいたします。　印刷／そうめいコミュニケーションプリンティング